Claudia Wagener

Hermana

Das Prinzip ist Hoffnung

Eine wahre Geschichte zwischen faszinierenden Reiseerlebnissen,
tiefgründigen Beziehungen
und den Abgründen der menschlichen Seele

Über die Autorin: Claudia Wagener wurde am 04.01.1987 in Bad Karlshafen geboren und lebt seit ihrem ersten Lebensjahr im nordhessischen Bergland, erst in der Gemeinde Helsa und aktuell mit ihren beiden Kindern in einem Ortsteil von Großalmerode. Während und nach ihrer Zeit in Bolivien absolvierte sie in Kassel erst eine Ausbildung zur Erzieherin und dann ein Studium zur Sozialpädagogin. In Deutschland arbeitete sie unter anderem in einer Entgiftungsstation für Kinder, in einem Wohnheim für Jugendliche und einige Jahre als Jugendpflegerin einer Kleinstadt. Während der Elternzeit bildete sie sich als systemische Beraterin fort. Aktuell arbeitet sie mit seelisch erkrankten Menschen und begleitet sie in ihrem Lebensalltag.

Bisherige Veröffentlichungen:

„Das Prinzip ist Hoffnung – GRINGA", November 2020
„Das Prinzip ist Hoffnung – HERMANA", November 2022

1. Auflage
Taschenbuchausgabe November 2022
Copyright: Claudia Wagener

Für Fragen, Anregungen, Lesungs- oder Vortragsanfragen:
claudia_wagener@yahoo.com
Besuchen Sie mich gerne auch bei Facebook: „Claudia Wagener – Autorin".

Autorenpartnerin:	Kornelia Stenzel – Fremdsprachenkorrespondentin
Lektorat:	Christopher Ziermann – Tageszeitungsredakteur
Final-Leser	Benjamin Matthias – Stabsoffizier der Bundeswehr
Umschlaggestaltung:	Kevin Göbel – Artwork und Grafikdesign
Formatierung:	Marvin Kimm – Maschinenbauingenieur
Projektbegleiter:	Meine wundervolle Familie, meine liebsten Freunde und großartigen Herzmenschen

ISBN: 9 783756 861521

Herstellung und Verlag: BoD – Books on Demand, Norderstedt

Inhalt

Der Beginn von etwas Großem 7

San Pedro 12

Andere Welten 16

Los Chicos del Rio 22

Kurzurlaub in Sucre 29

Der Berg, der Menschen verschlingt 36

Abschied von Marie 46

Nähe zu David 52

Der alte Mann und die Begegnung mit Gott 61

Machtprobe 67

Mein Zuhause in La Paz 73

Der Mamani-Clan 76

Ein nächtliches Treffen mit den Chicos 83

Davids Entscheidung 103

Justin und sein größtes Geschenk 108

Rückschlag 111

Erwischt 116

Ivanos Rache 126

Wenn du ihn irgendwann siehst, bring dich in Sicherheit!!! 132

Maria Antonia muss ins Krankenhaus 138

Ostern im Rotlichtviertel 141

Unsere Liebeserklärung 150

Und noch mehr Rückschläge 157

Die reiche Gringa 164

David ist zurück und doch weit weg 168

Die weiße Hermana, die sich nachts auf die Straße traut 173

Der Moment, der alles in den Schatten stellt 185

Perspektivlose Ideen 193

Die Beichte 200

Die Suche nach David 207

Ein bedeutsamer letzter Abend 220

Abschied von Sucre und Maria Antonia 232

Trauer, Optimismus, Wut, Freude, Tränen... 238

Ankunft in Brasilien 256

Ein Tag in Sao Paulo 261

Eine weitere Begegnung mit meinem Schutzengel 264

Der Brasilienurlaub 266

Die Rückkehr nach Deutschland 273

Epilog 280

Nachwort der Autorin 286

Personenverzeichnis 290

Spendenprojekt 292

Angaben zum ersten Teil der Buchreihe „Das Prinzip ist Hoffnung" 294

Für meine Chicos und meine Hermanos.
Ihr seid in meinem Herzen.

Der Beginn von etwas Großem

Da steht er vor mir. Der Mann, der mich die folgenden Jahre immer in Gedanken begleiten wird. Der, wegen dem sich alles ändern wird. Er gibt mir seine Hand und stellt sich vor. „Ich bin David."
Es ist ein Samstag im Frühjahr 2007. Seit wenigen Wochen arbeite ich bei der Soforthilfe La Paz in Bolivien. Vor einem halben Jahr bin ich als 19-Jährige nach Bolivien gereist, um mich sozial zu engagieren. Damals war dieses Jahr im Ausland noch nicht so üblich wie heute und so hatte ich keine Organisation, die mich darauf vorbereitete, was ich erleben würde. Ich lernte vor Ort, was es heißt, in einer vollkommen fremden Kultur zu leben, zu reisen und zu arbeiten. Die Soforthilfe war eigentlich nur als zweiwöchiger Zwischenstopp gedacht. Die Kirchengemeinde eines Freundes von meinem Vater spendet regelmäßig an die christliche Hilfsorganisation. Er hatte mich darum gebeten, mir vor Ort einen Eindruck davon zu verschaffen, wie das Geld verwendet wird. Doch die Soforthilfe und die Menschen hier gaben mir ein Zuhause, das ich nun nicht mehr verlassen will.
Ich stehe im Eingangsbereich des Kontaktzentrums. Neben der Arbeit direkt vor Ort, bei den Gangs und Gruppen auf der Straße, ist es das Angebot der Hilfsorganisation, wo ich am meisten Zeit verbringe. Ich begrüße die Besucher. Es sind alles Menschen, die auf der Straße leben. Die Frauen, die üblicherweise samstagvormittags kommen, um auf der Außenterrasse ihre Wäsche zu waschen, sind bereits alle da und die Becken belegt. Ich bin überrascht, als ich Sombras, einen Jungen aus der Gang „Los Chicos del Rio", entdecke. Normalerweise sind die Jungs am Samstag nicht im Kontaktzentrum anzutreffen, weil sie Freitag- auf Samstagnacht ihren Drogengeschäften nach gehen und sich Samstagmorgen von der Nacht erholen. Er gibt mir wie immer höflich distanziert die Hand zum Gruß. Hinter ihm betritt ein junger Mann das Kontaktzentrum, den ich zuvor noch nie gesehen habe. Bevor er auf mich zutritt, um mir die Hand zu reichen, fangen seine dunklen, braunen Augen meinen Blick und lassen ihn nicht wieder los. Für wenige Sekunden blende ich sämtliche Nebengeräusche aus, die Welt steht still. Mein Herz schlägt wie wild. Ich kann das "Hallo", das er mir mit seiner rauen gehetzten Stimme entgegen raunt, kaum erwidern. Eine pechschwarze Strähne lugt unter der dunkelblauen Mütze auf seinem Kopf

hervor. Er trägt einen schweren braunen Zipper über seiner Kleidung. Den Bartwuchs auf seiner Oberlippe kann man gerade so erahnen. Sein kurzes Lächeln bei der Begrüßung ermöglicht den Blick auf seine (für die Verhältnisse auf der Straße) außergewöhnlich gesund aussehenden Zähne. Doch das Lächeln weicht sofort wieder einem ernsten und harten Gesichtsausdruck. Die Nase war offensichtlich schon gebrochen, was ihm einen etwas verwegenen Ausdruck verleiht. Seine Hand fühlt sich rau und schwielig an und seine Wärme scheint meinen Körper durch die Berührung unserer Hände zu durchdringen. Doch am fesselndsten an seiner Erscheinung sind diese tiefen dunklen Augen, mit denen er auch Minuten später noch meinen Blick gefangen hält. Obwohl ich meine labbrige Jogginghose und ein weites T-Shirt trage, habe ich das Gefühl, in einem viel zu engen Korsett zu stecken. Ich kann kaum atmen. Mein Herz pocht so laut, dass ich befürchte, dass gleich irgendjemand fragt, was mit mir los ist. Und obwohl ich normalerweise nicht auf den Mund gefallen bin, habe ich noch immer nicht mehr als ein gepresstes „Hallo" hervorgebracht. Nie zuvor in meinem Leben hatte ein Mann eine derartig überwältigende Wirkung auf mich. Ich wünsche mir, endlich wieder zu Sinnen zu kommen und gleichzeitig nie wieder aufzuwachen aus dem, was hier gerade passiert. Als ich mich nach viel zu langer Zeit von seinem Blick losreiße und meine Körperfunktionen wieder unter Kontrolle bekomme, erkenne ich, dass Sombras recht irritiert auf uns schaut. Mein Blick wird sofort wieder von David angezogen und ich meine, ein kurzes wissendes Lächeln aufblitzen zu sehen. Wie benommen folge ich seiner Aufforderung, mich mit ihm auf die Bank an der Wand zu setzen. Kurz wird mir bewusst, dass ich als Mitarbeiterin ihn hätte zu einem Gespräch auffordern müssen, doch es überfordert mich gerade schon, elegant auf der Bank neben ihm und Sombras Platz zu nehmen.

Als unerwartet Victor den Raum betritt, nehme ich wie ertappt eine professionelle Haltung ein und versuche, betont cool ein Gespräch zu beginnen. Victor, mein Hermano, mein stiller Verbündeter in La Paz, gesellt sich dazu und begrüßt David sehr herzlich mit einer festen Umarmung. Erst jetzt beim Beobachten wird mir klar, wer mir hier anscheinend gerade den Verstand vernebelt. Es trifft mich wie ein Schlag ins Gesicht. Der verwegen aussehende Typ, mit dem ich mich hier neben Sombras auf der Bank niedergelassen habe und zu dem sich mein Unterbewusstsein wohl auf nicht

gekannte Weise hingezogen fühlt, ist offensichtlich der Anführer der Chicos del Rio.
Viel zu nervös bin ich, um erkennen zu können, ob Victor bemerkt, dass mein Körper vor Adrenalin bebt. Ich gebe mich betont entspannt, während wir vier uns unterhalten. Victor hatte mir berichtet, dass er David schon seit vielen Jahren kennt und sie eine Zeit lang gemeinsam unter der großen Las-Americas-Brücke gewohnt haben, bis das große Feuer die Behausung und das Leben vieler ihrer Straßenbrüder auslöschte. Durch die Neuformierung wurde David zum Ganganführer. Der Brand tötete damals so viele Menschen, dass sich die übrig gebliebenen zu zwei neuen Gruppen zusammenfanden. Es waren zumeist die jungen Menschen, die den heißen Flammen in letzter Minute entkommen konnten, und so fanden sich zum einen die Jugendlichen und zum anderen die jungen Erwachsenen in zwei altersabhängigen Gruppen zusammen und wählten, anders als bei einer „normalen" Gang, ihren Chef, der fortan für sie existenzielle Entscheidungen treffen musste. Das war etwas vollkommen Neues. Normalerweise schart ein besonders dominanter und zumeist gewalttätiger starker Junge oder Mann nach erheblichen Prüfungen und brutalen Ritualen Menschen um sich, die ihm hörig sind, weil sie unter seiner Macht auf der Straße überleben können. Nun aber, da sich diese Überlebenden zusammengefunden hatten, wurde demokratisch entschieden, dass David als Gruppenältester die umfassendste Straßenerfahrung hatte und somit fortan als Anführer der Chicos del Rio fungierte.
Mit einem Schmunzeln stelle ich fest, dass David genau einen Tag jünger ist als ich. Wenn in Bolivien über das Alter gesprochen wird, benennt man häufig aus einem mir unbekannten Grund gleichzeitig mit dem Alter das Geburtsdatum. Ehrlicherweise hätte ich ihn anhand seines Aussehens deutlich älter geschätzt und merke, dass mich die Tatsache, dass wir gleich alt sind und tatsächlich auch gleich groß, irgendwie noch mal mehr berührt, weil ein unvermeidlicher Vergleich unserer Leben in meinem Kopf beginnt. Meine Stimme bricht, als ich ihn frage, wie er auf die Straße geraten ist. Mein Blick ruht während des Gesprächs wie gebannt auf ihm. Ab und zu schenkt er mir ein kleines angedeutetes Lächeln. Seit Victor den Raum betreten hat, wirkt David auf mich weicher und die Situation entspannt sich zunehmend. Da das CC (Centro de Contacto = Kontaktzentrum) heute ansonsten nur von

den Frauen zum Waschen ihrer Wäsche genutzt wird, haben wir genügend Zeit, uns unserer Unterhaltung hinzugeben. Um meine zitternden Hände zu beschäftigen, nehme ich mir den großen Sack Brötchen und beschmiere sie zur Hälfte mit Butter und die andere Hälfte mit Marmelade. Beides zusammen auf einem Brötchen wäre zu teuer.

David erzählt, dass er seine Eltern bei einem Verkehrsunfall verloren habe, als er fünf Jahre alt war. Fünf seiner zehn Geschwister seien dabei ebenfalls ums Leben gekommen. Ich muss meine gesamte Willenskraft aufbringen, um zu verhindern, dass mir nicht mal wieder die Tränen die Wange herunterlaufen, so betroffen bin ich von seiner Erzählung. Im Gegensatz zu mir bleibt er sehr nüchtern, während er erzählt, wie er sieben seiner Familienmitglieder verloren hat. Seine ältere Schwester habe sich nach dem Unfall viele Jahre um ihn und seine einzige noch jüngere Schwester gekümmert, bis sie einen Mann heiratete, der nicht alle „durchfüttern" konnte. So ging er auf die Straße, damit seine kleine Schwester bei der Familie der größeren bleiben durfte. Er erzählt das ohne Groll. Noch heute, sagt er, habe er guten Kontakt zu seinen beiden Schwestern. Es gebe da noch eine ältere Schwester und einen älteren Bruder, mit denen er jedoch nicht so viel zu tun habe.

Wenn ich all meinen Mut zusammennehme, um David auf Spanisch Rückfragen zu stellen, so schmunzelt er mich jedes Mal an. Ich schaue ihn irritiert an und frage, was es denn zu lachen gibt. Er erklärt mir, dass mein Akzent recht ungewöhnlich ist und er mich gerne sprechen hört. Ich bin zugleich peinlich berührt und geschmeichelt und erwarte, dass Victor in irgendeiner Weise zurechtweisend einwirken wird, doch das bleibt aus. Im Gegenteil: Irritiert nehme ich wahr, dass Victor unsere spontane Vertrautheit begrüßt. Aber vielleicht bilde ich mir das auch nur alles ein und ich versuche, dem nicht zu viel Bedeutung beizumessen.

Irgendwann schaut Victor auf die Uhr und fordert uns auf, in den Gemeinschaftsraum zu gehen, wo sich die anderen bereits zusammengefunden haben, um der täglichen Predigt zu lauschen. So gern ich mich dazugesetzt hätte, nur um David nicht aus dem Blick zu verlieren, muss ich mich jedoch losreißen, um in der Küche alles für die gemeinsame Teezeit vorzubereiten. Schon jetzt empfinde ich ein seltsames Gefühl von Sehnsucht, wenn ich daran denke, dass ich mit meinen Hermanos noch in das Gefängnis San Pedro gehe und danach alle ins Wochenende starten und erst zwei Tage später erneut die Möglichkeit besteht, David sehen zu können. Hermano, also Bruder, ist im Zusammenhang mit der Soforthilfe keine kumpelhafte Ansprache. Es ist ein ehrenvoller Titel, so wie er auch in Deutschland zum Beispiel in Klöstern üblich ist. Und so schwingt auch immer ein gewisser Respekt mit, wenn ich selbst als Hermana angesprochen werde. Etwas ungewohnt ist das für mich noch immer. Nach der Predigt von Hermano Diego öffnet sich die Tür in den Flur und Victor reicht gemeinsam mit mir den Tee und die Brötchen. David steht sehr weit hinten in der Reihe und ich versuche, jedem der Gäste die gleiche Aufmerksamkeit zu schenken und wünsche ein schönes Wochenende. Endlich steht David vor mir und nimmt den heißen Tee im Plastikbecher aus meiner fast schon schmerzenden Hand entgegen. Dabei berühren sich beinahe unmerklich unsere Finger. David bedankt sich und ich bin fast ein wenig traurig, dass er mich nicht, wie so viele der anderen, zum Abschied in den Arm nimmt, sondern nur mit einem zu mir gerichteten Lächeln die Ausgangstür passiert.

San Pedro

Nachdem wir das CC für das Wochenende geputzt und erneut Brötchen geschmiert, diesmal Kakao gekocht haben und Manuel, der Leiter der Gefängnisarbeit, aus dem Cati große Plakate mit Liedertexten geholt hat, schließen wir die kleine Eisentür des Gebäudes ab und verstauen die Lebensmittel und Plakate auf dem Geländewagen. Manuel und ich sind im selben Alter. Er ist ein wahnsinnig engagierter Hermano, der ein oder zwei Semester Medizin studiert hat und bei der Straßenarbeit den medizinischen Bedarf denkt. Das Cati ist ein Hort, in dem die Soforthilfe rund 40 Straßenkinder mit Bildung, Essen, medizinischer Versorgung und Freizeitaktivitäten versorgt. Täglich gibt es hier Bibelstunden. Das Material für diese Bibelstunden nehmen wir nun mit zu den Kindern, die hinter den Mauern des San-Pedro-Gefängnisses leben. Ich vergewissere mich erneut, ob ich meinen Reisepass dabeihabe und bin dankbar, als ich ihn in meiner Gürteltasche ertaste. Kurz schmunzele ich über meinen ersten „Einsatz" im berüchtigten Gefängnis San Pedro. Welch eine Frustration war es, als ich wieder gehen musste, weil ich meinen Pass vergessen hatte.

Manuel parkt das Auto direkt vor der Eingangstür des Gefängnisses. Die Besonderheit dieser Strafvollzugsanstalt ist, dass es nicht ein großer Gebäudekomplex ist, sondern ein komplett ummauertes und mit Maschendrahtzaun abgeriegeltes Stadtviertel. Auf der Mauer patrouillieren Polizisten, die mit Argusaugen und Sturmgewehren in den Händen das Geschehen von oben herab beobachten. Victor, Manuel und ich packen alle Sachen zusammen und stehen kurze Zeit später wieder in dem ohrenbetäubenden Lärm der Eingangshalle des Gefängnisses. Die Insassen strecken die Arme durch das Eisentor und schreien uns Dinge entgegen, die sie gerne von uns mitgebracht haben wollen. Ich als blonde Frau errege ungewollt Aufmerksamkeit, die für noch mehr Lärm sorgt. Leider bin ich nicht souverän. Nein, ich bin äußerst nervös. Die Vorstellung, mich gleich zwischen diesen Männern wiederzufinden, die wie Irre an den Gittern rütteln, beängstigt mich. Victor spürt meine Verunsicherung und sieht mich gütig an. Er zeigt mir, dass er mich beschützen wird, ohne dass er etwas sagen muss. Ich lasse mich von oben bis unten abtasten und zeige den Inhalt meiner Gürteltasche. Ich zeige den Pass vor und nach einem langen intensiven Blick der Wärter darf ich eintreten. Aus dem Seitengang, in dem die Kontrolle stattfindet, kehre ich zurück in die Eingangshalle. Manuel, Victor und ich können uns wegen des Lärms lediglich mit Blicken verständigen. Manuel fordert mich mit einem Kopfnicken auf, nah bei ihm und Victor zu bleiben. Ich positioniere mich zwischen den beiden Männern und schaue zu, wie ein Wärter das Tor öffnet, während drei weitere im Hintergrund die Szene mit angelegten Waffen beobachten. Die 20 Männer, die sich direkt am Tor aufhalten, teilen sich in zwei Gruppen. Zwischen ihnen entsteht ein kleiner Gang, durch den wir gehen können. Mein Herz klopft bis zum Hals. Ich weiß, dass unser einziger Schutz vor den Insassen in diesem Gefängnis ihre Akzeptanz unserer Arbeit für die Kinder ist. Die Polizei wird keinen Fuß in das Gefängnis setzen, um uns zu schützen. Wir werden geduldet im Sinne des Christentums. Wir dürfen den Kindern das Wort Gottes weitergeben. Das ist unsere einzige Berechtigung, uns in dem Gefängnis aufzuhalten. Mit dem Betreten des ummauerten Stadtviertels stehen wir schließlich auf einem großen Innenhof. In der Mitte gibt es einen Brunnen.

Viele Jahre später las ich ein Buch, in dem ein Schriftsteller das Leben eines britischen Insassen beschrieben hat. Der Brunnen wurde zu dieser Zeit immer wieder im Rahmen der Selbstjustiz genutzt, um Männer dort zu ertränken.

Das ganze Szenario erscheint mir absurd. Ich sehe kleine Tiendas, Restaurants und mit Dosen Fußball spielende Kinder. Als uns das erste Kind entdeckt, rennt es schreiend los. Es dauert einen Moment, bis ich begreife, dass es durch das ganze Viertel rennt, um alle Kinder zusammenzutrommeln. Schweigend folge ich Manuel und Victor. Beide laufen zielsicher durch die Straßengassen, die direkt gegenüber auf der anderen Seite des Innenhofs beginnen. Wir laufen an der äußersten Mauer der Umgrenzung entlang. Zwischenzeitlich werden wir immer wieder von Männern angesprochen, die uns um Hilfe bitten. Offensichtlich kennen Victor und Manuel diese Männer. Vermutlich sind es Menschen, mit denen die Hermanos durch die Arbeit zu tun hatten, als sie noch nicht hinter den Mauern des San Pedro Gefängnisses lebten.

Heute weiß ich, auch dank des Buches, dass die Menschen von der Straße, die hier landen, niemals die Möglichkeit bekommen, sich vor Gericht zu verteidigen. Wenn Menschen in Bolivien wegen einer vermeintlichen Straftat verhaftet werden, bekommen sie nicht automatisch eine Gerichtsverhandlung. Sie findet lediglich dann statt, wenn sie die finanziellen Mittel haben, sich einen Anwalt zu leisten und zusätzlich eine Gerichtsverhandlung zu bezahlen. Sie werden einfach in eines der Gefängnisse gesteckt. Hier im San Pedro bekommen sie keine Zelle zugewiesen, in der sie leben können. Die Zustände sind grauenvoll. Das „Gefängnisstadtviertel" ist in Sektoren aufgeteilt mit unterschiedlichen Wohnquartieren, die von der Mafia verwaltet werden. Die Ausstattung der Unterkünfte richtet sich nach der Zahlungsfähigkeit der Insassen. Wenn unsere Menschen von der Straße in das Gefängnis kommen, landen sie im ärmsten Sektor. Dieser bietet weder Schutz vor der Kälte noch irgendwelche anderen Hilfen zum Überleben. Die Männer schlafen in den Pissrinnen und müssen jede Nacht um ihr Leben bangen. Es herrscht gnadenlose Selbstjustiz. Für unsere Klienten gibt es faktisch keine Möglichkeit, das Gefängnis lebend wieder zu verlassen. Sämtliche Lebensmittel, Ausstattungen der Zellen und andere Gebrauchsgüter werden von den Frauen der Inhaftierten, die mit ihren Kindern ebenfalls im Gefängnis leben, mitgebracht. Sowohl die Kinder als auch die Frauen dürfen das Gefängnis nach Belieben verlassen und wieder betreten. Die Kinder gehen vom Gefängnis aus in die Schule und die Frauen auf den Markt. Die Herrschaft über den gesamten Innenbereich des Gefängnisses hat die Mafia. In mehreren Dokumentationen über das San Pedro kann man die „Bosse" über ihr „Reich" sprechen hören.

Als wir der Stadtmauer näherkommen, springen wohl beinahe 100 Kinder in einem großen Tumult auf. Manuel und Victor werden auf eine ruppige Art begrüßt. Ich werde lediglich mit teils misstrauischen, teils missbilligenden Blicken gemustert. Keines der Kinder geht auf meine herzlichen Begrüßungsworte ein. Mir wird schlecht bei dem Gedanken daran, was die Kinder in dieser Hölle bereits erlebt haben müssen. Im Vorfeld habe ich furchtbare Geschichten gehört, dass hier Kinder für eine Flasche Bier sexuell angeboten werden, sich Männer an den Müttern vergreifen und diese keinerlei Hilfe erwarten können und die kleinen hilflosen Geschöpfe dabei zusehen müssen, ganz zu schweigen davon, mit ansehen zu müssen, wie Menschen auf grausamste Art getötet werden. Bei dem Anblick, der sich mir hier bietet, erscheinen diese Horrorgeschichten sehr plausibel und es ist verständlich, dass die Kinder misstrauisch und ängstlich auf mich reagieren. Es dauert eine lange

Zeit, bis alle Kinder und wir als Schlusslicht eine Holztreppe hinaufgeklettert sind, um in ein Art Aufenthaltsraum zu gelangen. Wenn wir sonst Kindergruppen auf der Straße aufsuchen, sind die Kinder uns gegenüber sehr offen. Sie hören gebannt den christlichen Geschichten zu und freuen sich über unser Kommen. Hier scheinen die Kinder sich ebenfalls über unseren Besuch zu freuen, aber Ruhe kehrt während der ganzen Stunde, in der Manuel ein wunderschönes Programm bietet, nicht ein. Immer wieder werden die Kinder von begleitenden Müttern aufgefordert, ruhig zu sein, sich nicht zu streiten, nicht gegenseitig zu ärgern und aufmerksam den Geschichten zuzuhören. Doch die Kinder scheinen nicht in der Lage zu sein, sich mit Ruhe und Gelassenheit auf etwas einzulassen, das für sie vorbereitet wurde. Ich muss mich zusammenreißen, während der Kinderstunde nicht zu weinen. Ich bin tief betroffen von dem, was ich hier erlebe. Den Kakao und die Brötchen verteilen wir auf dem kleinen Platz unterhalb des Aufenthaltsraumes. Wieder dauert es eine Weile, bis alle die Treppe heruntergeklettert sind und wir gemeinsam auf festem Boden stehen. Als alles verteilt ist, treten einige Männer auf uns zu, die sich zuvor in den Nischen der Gassen aufgehalten haben. Sie versuchen, uns Briefe mitzugeben, fragen nach Geld und manche von ihnen wollen mit Victor oder Manuel beten.

Wir packen zusammen. Auch beim Verlassen des Gebäudes laufen meine beiden Hermanos schnell und zielstrebig auf den Ausgang zu. Die Ansage von Manuel, ich soll wahnsinnig achtsam sein, dass mir niemand etwas unbemerkt zusteckt, nehme ich mehr als ernst. Auch ohne seine Erklärung weiß ich, dass ich mich schützen soll, um nicht unbedacht zu einer Drogendealerin zu werden. Ich bin wahnsinnig erleichtert, als die Tore hinter uns wieder ins Schloss fallen. Bei all den Geschichten, die ich vorher über dieses berüchtigte Gefängnis gehört hatte, konnte mich nichts auf die eben erlebten Eindrücke vorbereiten, San Pedro war eine sehr berührende Erfahrung in meinem Leben.

Andere Welten

Das Wochenende vergeht so langsam, die wenigen Stunden fühlen sich an wie eine Ewigkeit. Marie, meine engste Freundin in Bolivien, ist mit Lorenzo, dem etwas abgehobenen Kölner, in der Salzwüste. Thomas, der Geografie-Student, und Till, der ebenfalls in Bolivien ein Praktikum für sein Studium macht, sind beide für die Arbeit unterwegs. Den Samstagabend verbringe ich allein und gehe, vielleicht ein wenig mit dem Wunsch, David zu sehen, den Prado rauf und runter. Doch außer den üblichen Gesichtern, zu denen ich nun langsam alle Namen kenne, sehe ich keinen „meiner" Jungs. Ja, so fühlt es sich an: meine Jungs, die Chicos del Rio.

Am Sonntag schlafe ich aus und fahre mittags in die Stadt, um mit meiner Familie und Paul zu telefonieren – meinem Freund, den ich nun schon über ein halbes Jahr lang nicht mehr gesehen habe. Ich muss meine gesamte Selbstbeherrschung aufbringen, um meinem Vater nicht von David zu erzählen. Na ja, so ganz schaffe ich es nicht. Ich erzähle ihm, dass ich den Gangchef der Chicos kennen gelernt habe. Er warnt mich, besonders vorsichtig zu sein, und ich kann es ihm nicht einmal verübeln, denn es erschreckt mich ja selbst immer wieder, wenn ich auf den Anführer einer der Gangs treffe. Zu viel habe ich davon gehört, welche Aufgaben sie den Anwärtern für eine Mitgliedschaft in ihrer Gang zumuten, um aufgenommen zu werden. Ich versuche, ihm zu erklären, dass das in diesem Fall anders ist, weil sich die Jungs ja in einer vollkommen neuen Struktur zusammengefunden haben und er versteht mich, glaube ich.

Paul erzählt mir, dass gestern der Geburtstag eines gemeinsamen Freundes gefeiert wurde und er einen ordentlichen Kater hat, den er auskurieren muss. Ich erwische mich, wie ich mit den Augen rolle. Wie lächerlich unwichtig sind seine Beschäftigungen in Deutschland? Es ist aber auch ein winziges bisschen Sehnsucht nach meinen Liebsten zu Hause zu fühlen. Ich ermahne mich innerlich, nicht so oberflächlich zu sein und bitte ihn mir, von dem Geburtstag zu erzählen. Während des ganzen Telefonats beherrscht mich ein schlechtes Gewissen. Ich kann dieses Gefühl nicht mal richtig benennen, aber die plötzliche und vollkommene Zuneigung David gegenüber bringt mich in eine seltsame Situation. Ich bin mit Paul zusammen. Mittlerweile sind es schon fünf Jahre, und während der ganzen Zeit hatte ich keinerlei

Interesse an einem anderen Mann, bis gestern plötzlich dieser Fremde den Raum betrat und mich von Grund auf durcheinanderbrachte.
Als das Telefonat mit Paul beendet ist, wähle ich schnell die Nummer von Samanta, meiner besten Freundin. Aufgeregt erzähle ich ihr detailgenau von meinem gestrigen Treffen mit David. Samanta und ich analysieren sämtliche Blicke und Berührungen, die zwischen David und mir stattgefunden haben. Ich bin so unendlich dankbar, dass es in dieser Freundschaft selbst auf eine solch weite Entfernung keinerlei Einbußen gibt. Ich genieße die Zeit mit ihr am Telefon und freue mich, dass sie anscheinend genau nachempfinden kann, wie sich dieses Treffen für mich angefühlt hat.
Den Abend verbringe ich gemeinsam mit Ulrike in einem wundervollen Restaurant, in dem wir schon einige Male waren. Ulrike ist die stellvertretende Chefin der Soforthilfe. Bei Kerzenlicht in einer alten Scheune gibt es frischen Fisch vom Lago Titicaca. Ich muss schmunzeln, als ich unter jedem Tisch etwas zu Essen entdecke. Außer uns befinden sich ausschließlich Einheimische in diesem Restaurant. Immer mal wieder habe ich mitbekommen, dass Pachamama, der nach wie vor mächtigen Urgöttin, vor dem Essen gehuldigt werden muss. So fordert es die Tradition des alten Glaubens, die trotz des allgegenwärtigen Katholizismus beibehalten wurde. Um das Essen anzuerkennen, muss es mit der Erdmutter geteilt werden, und deswegen lässt jeder Gast einen Teil seines Essens unter den Tisch auf den Boden fallen.
Unauffällig versuche ich, im Gespräch von Ulrike mehr Informationen über David zu erhalten, doch mir wird schnell klar, dass sie einfach andere Prioritäten hat. So viel sie von den Kindern aus dem Cati und Mi Casita, dem Kleinkinderhort, mit dem selben Konzept wie das Cati, nur mit Kindern zwischen zwei und sechs Jahren und deren Eltern weiß, so wenig kann sie mir über die Gangs ohne Kinder erzählen. Schnell wechsele ich das Thema, damit ihr nicht auffällt, dass meine Neugier in diesem Fall über das normale Interesse an den Menschen von der Straße hinausgeht.
Ich ertappe mich bei dem Gedanken, dass dieses Kerzenlicht und die heimelige Stimmung wie geschaffen dafür sind, in der Vorstellung zu schwelgen, gemeinsam mit David hier zu sitzen. Doch dieser Gedanke fühlt sich völlig falsch an. Es erschüttert mich, dass ich offensichtlich von einem Mann berührt bin, der als Chef einer gefährlichen Gang in La Paz agiert. Und außerdem passt dieser Gedanke so gar nicht in diese Welt. Erst beim Nachdenken

fällt mir auf, dass nicht nur die Lebensweisen, die Werte und Normen vollkommen anders sind, als die unserer deutschen Erziehung, sondern auch die Romantik ist eine ganz andere. Ich würde nicht behaupten, dass die Menschen in Bolivien keine Romantik leben. Nein, vielleicht würde ich sogar so weit gehen, dass die Männer in Bolivien durchaus offener und hingebungsvoller durch romantische Gesten auf sich aufmerksam machen. Dabei spielt der Gesang eine große Rolle. So passiert es immer wieder, dass ich in Restaurants miterlebe, dass angetrunkene Männer plötzlich herzzerreißende Lieder grölen, um ihrer Liebsten ihre Liebe zu beweisen. Aber aus meinen Beobachtungen heraus würde ich die These aufstellen, dass im Laufe einer Beziehung die Romantik keine Rolle mehr spielt. Ich glaube, dass solche „Nebensächlichkeiten" häufig auf der Strecke bleiben, weil es für viele Menschen in Bolivien im Alltag vor allem darum geht, ihre Existenz zu sichern. Unter diesen Gesichtspunkt werden auch Beziehungen geführt – gemeinsam ist das Leben einfacher. Schlussendlich passt der Gedanke für mich so absolut gar nicht, weil ein Chef der Chicos del Rio einfach niemals bei Kerzenschein in einem romantischen Restaurant sitzen würde.

Ich versuche, mich wieder auf das Gespräch zwischen Ulrike und mir zu konzentrieren. Wie aus dem Nichts heraus erzählt sie mir von Anna, der einzigen Volontärin, die vor mir bei der Soforthilfe gearbeitet hat. Fast erstarre ich, als sie mir erzählt, dass Anna sich damals in Manuel verliebt habe. Sie hätten nie darüber gesprochen, aber es sei so offensichtlich gewesen, dass Ulrike sich als Chefin gezwungen gesehen habe, Anna darauf hinzuweisen, dass die Soforthilfe keinerlei Beziehungen zwischen Angestellten und Klienten oder auch zwischen den Angestellten dulden würde. Anna sei damals sehr unangenehm berührt gewesen und habe sich daraufhin von Manuel emotional zurückgezogen.

Ich verstehe nicht, wieso Ulrike gerade heute Abend, einen Tag, nachdem ich David kennengelernt habe, nun mit diesem Thema anfängt. Sie kann unmöglich etwas wissen. Was denn auch? Kein Mensch kann erahnen, wie es in mir aussieht, noch nicht einmal ich selbst. Niemand sieht diese zwei Herzen in meiner Brust schlagen: das eine, das noch an meinem deutschen Leben festhält und dessen Priorität Paul ist, und das andere, das sich wie aus dem Nichts heraus von einem fremden Mann berühren lässt. Doch ich spüre, dass Ulrike diese Worte absolut berechnend zur jetzigen Zeit an mich richtet. Ich gebe mich desinteressiert und unangesprochen, aber in mir tobt es. Ich weiß um die Regel und es liegt mir absolut fern, das auszubauen, was auch immer zwischen David und mir gestern passiert ist. Wenn ich ja wenigstens selbst verstehen würde, wie es dazu gekommen ist, dass ich mich wie aus dem Nichts durch eine einzige Begegnung und kurze alltägliche kaum wahrnehmbare Berührungen dermaßen aus der Bahn werfen lasse. Vielleicht steigere ich mich auch in irgendeinen Gedanken hinein, der meiner Sehnsucht nach Nähe zu Paul geschuldet ist. Ich beschließe, diesen ganzen Quatsch zu vergessen. Wenn ich so darüber nachdenke, finde ich es fast lächerlich, dass ich mir überhaupt Gedanken über so einen Unsinn mache, aber so ganz loslassen wollen sie mich nicht.

Ich habe noch fünf Arbeitstage vor mir, bevor ich mich am Samstag mit Marie und Lorenzo in Sucre treffen werde. Wir werden gemeinsam drei Wochen „Urlaub zu Hause" machen. Ich bin nun schon einige Wochen in La Paz und merke, dass mich diese täglichen Ereignisse aufwühlen, und die schnelllebige Stadt tut ihr übriges. Da Lorenzo noch nicht in Sucre war und Marie und er gemeinsam im Anschluss nach Santa Cruz reisen werden, um von dort aus die Heimreise nach Deutschland anzutreten, bietet sich diese Auszeit an. In Sucre, gut 550 Kilometer von La Paz entfernt, habe ich meine ersten Monate verbracht. Die Stadt ist – mit damals noch etwas über 200.000 Einwohnern, mittlerweile sind es über 350.000 – deutlich kleiner und übersichtlicher als La Paz. La Paz geht fließend in die Großstadt El Alto über. Beide zusammen haben schon damals 1,4 Millionen Einwohner, heute sind es über zwei Millionen. Exakte Zahlen gibt es nicht. Dazu sind zu viele Menschen nirgendwo registriert.

Die folgenden drei Arbeitstage verlaufen ungewöhnlich ereignislos, fast schon zu ruhig. Nachdem keiner der Jungs in diesen Tagen im CC war, beginne ich, mich zu sorgen. Nicht einmal Ronald, der normalerweise täglich zumindest kurz vorbeischaut, hat sich blicken lassen. Ungeduldig warte ich auf Donnerstag: der Tag, an dem die Chicos auf dem Straßenarbeitsplan stehen. Als am Mittwochabend Ronald und Sombras nicht mal bei der wöchentlichen Redonda, der Armenspeisung auftauchen, frage ich Victor, ob er irgendwas von den Jungs gehört hat. Vor ihm muss ich nicht so tun, als wäre diese Frage beiläufig. Er weiß, wie seltsam nah mir die Jungs in der kurzen Zeit schon geworden sind. Doch auch er kann sich das Wegbleiben nicht erklären. Zudem teilt er mir mit, dass der Plan für morgen geändert wurde und der Platz, an dem wir uns üblicherweise mit den Jungs treffen, nicht angefahren werden soll. Bei seinen Worten beginne ich automatisch, mit dem Kopf zu schütteln. „Victor, wie ihr wisst, fahre ich Freitag nach Sucre und ich werde das nicht können, wenn ich mich nicht davon überzeugt habe, dass es den Jungs gut geht!" Er nickt verständnisvoll und geht aus dem Gespräch heraus direkt zu Manuel und unserem Prediger Diego. Eine kurze Diskussion entfacht. Ich stehe zu weit weg, um Einzelheiten mitzubekommen, doch ich denke, dass Victor das allein regeln sollte.

In solchen Augenblicken kommt mir das Gespräch einige Wochen zuvor zwischen mir und Victor wieder ins Gedächtnis: sein Angebot, mich in das Leben auf der Straße einzuführen und mit mir gemeinsam bei Bedarf unkonventionelle Wege einzuschlagen, um effektiver helfen zu können. Jedoch dürfen meine anderen Arbeitskollegen nichts davon wissen. Manchmal frage ich mich, wieso er gerade auf mich zukam. Er erklärte mir damals, dass er noch keine Mitarbeiterin kennengelernt habe, die ein solches Interesse an den Chicos del Rio hatte und dass ihm gerade diese Gang besonders am Herzen liegt. Nach einer Nacht mit vielen Telefonaten mit meinem Papa und meiner besten Freundin willigte ich ein. Der Nervenkitzel und vermutlich eine gehörige Portion Naivität waren der Ausschlag meiner Entscheidung. Noch habe ich keinerlei Auswirkungen durch unseren heimlichen Pakt gespürt, doch vermutlich konnte ich nur durch unsere Offenheit nun bewirken, dass Victor sich dafür einsetzt, dass wir morgen doch die Jungs besuchen werden und nachsehen, ob alles in Ordnung ist.

Gemeinsam bereiten Victor und ich die Lebensmittel für den Straßeneinsatz am Donnerstagmorgen vor. Ich versuche, mir meine innere Unruhe nicht anmerken zu lassen, doch irgendwie scheint es, als könnte Victor mich lesen. Ich habe das Gefühl, dass er ahnt, was mit mir los ist und worum meine Gedanken kreisen, auch wenn er mich nicht darauf anspricht.

In den ersten Wochen bei der Soforthilfe empfand ich Victor gegenüber eine seltsame Ungewissheit. Er wirkte auf mich fast ein wenig angsteinflößend. Immer wieder geschah es in den letzten Wochen, dass Victor mich auf Situationen ansprach, von denen ich in Gedanken gefesselt war, und langsam finde ich mich damit ab, dass ich Victor nichts vormachen kann. Er durchschaut mich immer wieder. Seltsamerweise scheinen wir auf emotionaler

Ebene eine besondere Verbindung zu haben. Wir leben solch unterschiedliche Leben, sind mit vollkommen verschiedenen Werten und Normen aufgewachsen, er könnte locker mein Großvater sein und doch fühle ich, noch ganz zart und angreifbar, aber nicht zu leugnen, ein Band, das uns verbindet.
Statt mir phrasenhaft Mut zuzusprechen, dass mit den Jungs sicher alles okay ist, wenn wir sie nun besuchen, sagt er einfach nichts. Damit fühle ich mich in meiner Sorge ernst genommen. Schweigend füllt Manuel im Büro den Erste-Hilfe-Koffer auf, damit wir für sämtliche Situationen vorbereitet sind, die uns während des Straßeneinsatzes begegnen könnten. Diego ist wie immer zu spät und so beladen wir bereits das Auto, als er hektisch angerannt kommt. Außer Atem sagt er jedem Anwesenden höflich und voller Respekt wie jeden Morgen „Guten Tag Hermano/Hermana". Keiner geht darauf ein, dass er nun zum vierten Mal in dieser Woche zu spät zur Arbeit kommt, viel zu gewöhnlich ist diese Situation. Wir steigen auf die Ladefläche des Autos und meine Anspannung wächst mit jeder Minute, die wir unserem Ziel näherkommen. Auch wenn ich mir fest vorgenommen hatte, nicht mehr über dieses seltsame Zusammentreffen zwischen David und mir nachzudenken, so ist es gerade jetzt eine willkommene Abwechslung bei der großen Sorge um die Jungs.
Statt also darüber nachzudenken, ob die Jungs tot, verletzt oder verschollen sind, weil sie in einen Hinterhalt der Polizei geraten sind oder ein Krieg zwischen ihrer und einer anderen Gang ausgebrochen ist und seinen Tribut gefordert hat, versuche ich, ganz bewusst noch mal nachzuempfinden, wie dieses erste Treffen mit David war. Seine dunklen Augen, die mich so scharf und intensiv angesehen haben, lassen noch jetzt mein Herz springen.

Los Chicos del Rio

Der Weg vom CC zu den Jungs ist sehr kurz und ich werde aus meinen Gedanken gerissen, als Manuel das Auto auf dem Schotterplatz parkt. Nichts rührt sich. Manuel beginnt das übliche Hupsignal abzugeben. Meine Anspannung steigt ins Unermessliche. Langsam müssten zumindest die Hunde, die den Jungs immer vorauslaufen, auf dem schmalen Pfad am Fluss entlang von der Kanalisation zum Parkplatz zu sehen sein. Plötzlich erhebt sich Victor und ich lenke meinen Blick auf ihn. Ich wundere mich über seine Gelassenheit, oder missdeute ich gerade seine Gefühle? Doch als ich wieder auf den Pfad schaue, erkenne ich zwei der größeren Hunde, die fröhlich auf uns zu rennen. Ich bin verwundert. Hat Victor die Hunde schon so viel früher gesehen, oder hat er gespürt, dass die Jungs auf dem Weg zu uns sind?

Nach kurzer Zeit kommen sie, sichtlich im Drogenrausch, den Weg entlang getorkelt. Seltsam, aber bei diesem Anblick überkommt mich Erleichterung. Kurz muss ich schmunzeln, dass ein Drogenrausch bei mir Erleichterung auslösen kann, und ein kalter Schauer überkommt mich bei dem Gedanken an andere Möglichkeiten, die zu einem Fernbleiben von dem heutigen Treffen hätten führen können.

Dieses Mal sind alle Jungs da: der kleine Milton mit seinem übergroßen Cappi, Ronald, mit dem ich seit Wochen ein Machtkämpfchen ausfechte, Sombras, schüchtern und zurückhaltend wie immer, Marcos, der vermutlich wegen der Aknenarben im Gesicht kaum Selbstvertrauen hat, Ronaldinho, der wie gewohnt seine Hand zur Selbstbefriedigung in der Hose hat, Diez, bei dem mir ein kalter Schauer über den Rücken läuft, wenn ich an seine Hinterhältigkeit denke, Amadeo, der trotz des Rausches immer noch vor Höflichkeit und Humor strotzt, Cintia, deren rechte Augenhöhle wieder ein fieses Hämatom ziert, und Justin, der Jüngste der Gang. Zu allerletzt kommt David auf uns zu gewankt. Er trägt eine viel zu große grobe graue Stoffhose und würdigt mich keines Blickes.

Diego schmettert ungeachtet dessen, dass die Jungs kaum aufnahmefähig sind, die Predigt aus seinem kleinen Körper. Mit seinen spastisch gelähmten Armen umkrampft er seine Bibel. Bevor Victor und ich den Tee und die Brötchen aus dem Auto holen, bemerke ich, dass mir Ronald einen unterwürfigen und freundlichen Blick zukommen lässt. Seit Wochen fordert er mich immer wieder heraus, um zu prüfen, ob ich mich nicht doch von ihm und seiner Gruppe abwende. Sein in diesem Moment freundlicher und aufgeschlossener Blick macht mir Hoffnung und ich glaube zu diesem Zeitpunkt, dass er nun akzeptiert hat, dass ich ihn nicht wie all die Menschen um ihn herum hängen lasse. Seine Mutter hat ihn damals auf die Straße gesetzt, als sie entschied, einer neuen Liebe nach Amerika zu folgen. Vermutlich hat diese Situation dafür gesorgt, dass er von jedem erwartet, im Stich gelassen zu werden. Mein Ziel war es, ihm während der vergangenen Wochen zu zeigen, dass ich hier bin, um ihm zu helfen – egal ob er Drogen nimmt, die Leute bestiehlt oder mein Handy klaut, um seine Mutter in Amerika anzurufen, und wenn ich es auch noch nicht ganz erreicht habe, so bin ich schon ein großes Stück weitergekommen.

In der kurzen Zeit der Predigt gestehe ich mir ein, dass ich vermutlich viel zu viel in dieses eine Treffen mit David hineininterpretiert habe. Von diesem „Besonderen", das ich zwischen uns gefühlt habe, scheint nichts mehr da zu sein und irgendwie erleichtert es mich. Welch ein Drama würde sich unweigerlich daraus entwickeln...

Und so verteile ich mit Victor nach der Predigt vollkommen entspannt und gelöst das Essen und den Tee. David ist einer der letzten, dem ich das Essen überreiche. Er steht in der Reihe und als ich zu ihm komme, stelle ich mit Bedauern fest, wie mein Herz doch wieder heftig zu schlagen beginnt. Ich bin irritiert von der Reaktion, die Davids Nähe in mir auslöst, und beginne, unmerklich zu zittern. Noch bevor ich ihn ansehen kann, greife ich konzentriert in die Brötchentüte. Als ich nach oben schaue, blicke ich direkt in seine dunklen, fast schon gefährlich aussehenden, von den Drogen glasigen Augen. Und obwohl ich mich so bemüht habe, Gelassenheit zu entwickeln, trifft es mich wieder. Ein kaum merkliches Lächeln statt eines „Danke" bekomme ich von ihm, als ich ihm die Brötchen überreiche. Für den Bruchteil einer Sekunde berühren sich unsere Hände und ein Stromschlag durchfährt meinen Körper. Ich versuche, mir nichts anmerken zu lassen, was mit Sicherheit bei den Jungs gelingt, da sie in ihrem Rausch sowieso kaum aufnahmefähig sind. Als ich mich jedoch auf den Rückweg zum Auto mache, blickt mich Victor mit einem ungewöhnlich seltsamen Blick an, den ich nicht deuten kann. Ich versuche, darüber hinwegzusehen und verhalte mich, als wären wir nur bei irgendeiner unter vielen Gruppen in La Paz und als hätte ich vollkommen normal irgendjemandem das Essen gereicht. Doch das war es ganz und gar nicht.

Bei der Verabschiedung teile ich den Jungs kurz und knapp mit, dass ich nun drei Wochen in Sucre sein werde. Ich werde also in den folgenden Wochen nicht arbeiten, sondern bei meiner Familie in Sucre Urlaub machen. Mit Sicherheit ist der darauffolgende Gefühlsausbruch der Jungs, abgesehen von David, den es anscheinend vollkommen kalt lässt, den Drogen geschuldet. Auffällig emotional bitten sie mich, in La Paz – bei ihnen – zu bleiben. Ich solle sie nicht alleine lassen und ich würde mit Sicherheit nicht wiederkommen, wenn ich erst einmal weg sei. Ehrlich gesagt belächele ich die Reaktion und schiebe sie nach diesen übertrieben pathetischen Worten gänzlich auf ihren Rausch, denn aus meiner Sicht habe ich bislang nichts für sie getan, was ihre Aussagen irgendwie rechtfertigen würde. Trotzdem fühle ich mich ein wenig geschmeichelt und gleichzeitig bestätigt, dass meine Arbeit nicht umsonst ist und dass meine Zuneigung zu den Chicos del Rio anscheinend nicht einseitig ist. Vermutlich um den Abschied etwas heraus zu zögern und noch mal die Möglichkeit zu haben, sie wieder zu sehen, denn tatsächlich sind drei Wochen auch für mich eine lange Zeit ohne die Jungs, schlage ich ihnen vor, dass sie ja den Nachmittag im CC verbringen könnten, dann hätten wir noch etwas gemeinsame Zeit. So verbleiben wir, und ich steige in die Camioneta, den Geländewagen.

Von der Ladefläche des Autos schaue ich auf die Straße und die umliegenden Häuser, um mir meinen inneren Kampf nicht anmerken zu lassen, bis ich mir einen Ruck gebe und so unauffällig wie irgend möglich Victor frage, was er heute für einen Eindruck von David hatte. Es gelingt mir, meine Worte bewusst kühl und desinteressiert klingen zu lassen und so wundert es mich nicht, dass Victor nicht direkt antwortet, sondern zuerst seinen Blick über die Stadt schweifen lässt.

Wie eine königliche Rede donnern plötzlich die Worte aus ihm heraus. Bedachte Worte, langsam, als wolle er von mir die größtmögliche Aufmerksamkeit. „Hermana, ich habe euch Samstag beobachtet. Ich kenne David schon sein ganzes Leben und er ist für mich wie mein eigener Sohn. Er mag dich, das konnte ich sehen. Ich kann all sein Handeln und seine Blicke deuten. Ich verstehe auch, warum er für dich bestimmt vollkommen desinteressiert und eher abschätzig wirkte, als ihr euch heute gesehen habt. Ich unterstelle ihm,

dass er seine Ignoranz auf seine Art als Schutzschild nutzt. Er will dich schützen, denn du bist zu gut für ihn. Er will dir zeigen, dass du dich nicht in ihn verlieben darfst. Außerdem unterstelle ich dir, dass deine Beharrlichkeit, die Gruppe heute zu besuchen, zumindest teilweise mit ihm zu tun hat, denn auch bei dir konnte ich am Samstag eine Veränderung spüren." Ich rutsche peinlich ertappt hin und her und wünsche mir nun, ich hätte mich zurückhalten können und ihn nicht gefragt. Doch gleichzeitig freue ich mich dermaßen über seine Einschätzung, dass David mich mag, dass ich Luftsprünge machen könnte. Aber was dann aus Victor heraussprudelt, lässt mich nur noch hysterisch auflachen. „Hermana, ich sehe in David Potenzial. Seine Geschichte hat ihn in das Leben gedrängt, das er nun als Gangchef der Chicos führt, aber er könnte so viel mehr. Nach dem, was ich am Samstag gespürt habe, würde ich mir nichts mehr wünschen, als dass du David mit nach Deutschland nehmen würdest, ihr heiratet und eine Familie gründet. Nimm ihn weg von diesem dreckigen, grausamen Ort."
Ohne nachzudenken fange ich an, wild auf ihn einzuplappern. „Ich bin mit Paul zusammen. In vier Monaten gehe ich zurück nach Deutschland. Ich werde zu meiner Familie zurückkehren und dort leben. Außerdem ist es vollkommen absurd, sich solche Gedanken über einen Mann zu machen, mal ganz abgesehen davon, dass er der Chef einer führenden Gang in La Paz ist, den ich gerade erst kennengelernt habe. Um sich solche Gedanken zu machen, gehört ja schließlich auch Liebe dazu. Und du denkst doch nicht, dass ich mich innerhalb weniger Momente verlieben würde, nur weil du das alles so passend fändest." Ich merke Gefühle in mir aufsteigen, die ich fast schon als Wut deute. Was denkt sich Victor denn?
Heute, viele Jahre später, weiß ich, dass es sich bei meinen Gefühlen nicht um Wut, sondern um Unsicherheit gehandelt hat.
Victor lässt meinen Ausbruch stoisch über sich ergehen. Als ich fertig bin und eingeschnappt und stur auf die vorbeiziehenden Häuser starre, antwortet er ruhig und vollkommen gelassen: „Hermana, wenn Gott es so will, kann alles passieren!"
Was wäre, wenn ich in Bolivien bliebe und mich von Paul trenne, vollkommen unabhängig von diesem Gangchef der Chicos del Rio... Meine Familie, meine Freunde, all das, was bisher mein Leben ausmachte, zurücklassen, um in einem fremden Land auf Dauer zu leben und zu helfen. Der Gedanke ge-

fällt mir. Obwohl es sich fremd und merkwürdig anfühlt, fühlt es sich auch irgendwie gut an. Jeden Tag aufzustehen mit dem Wissen, etwas wirklich Sinnvolles zu tun, Menschen zu helfen, sie auf ihrem Weg zu begleiten und da zu sein, wenn sie mich brauchen. Ein warmes Gefühl durchströmt meinen Körper.

Plötzlich erschreckt mich der Gedanke, dass ich mir ein Leben ohne Paul, ohne meine Familie, ohne meine Freunde in einem vollkommen fremden Land nicht nur gut vorstellen kann, nein, sogar auch noch als gut bewerte. Das ist doch eigenartig. Meine nun 20 Lebensjahre habe ich sehr nah mit meiner Familie und meinen Freunden verbracht. Mein Leben orientierte sich rund um die Uhr an Nähe zu geliebten Menschen. Gemeinsam wurden Freud und Leid geteilt. Es kann doch nicht sein, dass das alles infrage gestellt werden kann, nur weil ich das Gefühl, Menschen zu helfen und in diesem neuen Umfeld wertgeschätzt zu werden für das, was ich bin, als so wundervoll wahrnehme. Damit ändert sich der ganze Sinn meines Lebens.

In meine Verwirrtheit stiehlt sich plötzlich noch ein neuer Gedanke zwischen all die Zweifel, von dem es sich anfühlt, als habe ihn Victor in mein Hirn gepflanzt. Wie kommt er nur auf den Gedanken, dass ich, eine blonde junge Deutsche, mit einem drogenabhängigen Gangchef aus Bolivien eine Familie gründen sollte... Mal abgesehen davon, dass ich mir bei seiner Einschätzung bezüglich Davids Gefühlen nicht sicher bin, warum sollte David sein Leben auf der Straße aufgeben, eine Reha machen, um von den Drogen wegzukommen, damit er mit mir nach Deutschland kommen kann? Ich merke, wie mein Kopf sich wie von selbst hin und her bewegt. Sogar mein Unterbewusstsein scheint diesen Gedanken vollkommen grotesk zu finden.

Ich bin in Gedanken vertieft, als wir nach zwei weiteren Gangs, die ich mental kaum wahrnehmen kann, wieder vor dem CC stehen und die leeren Getränkebehälter in den zweiten Stock tragen.

Wir bereiten alles zur Öffnung des CC vor. Victor und ich sprechen nicht weiter über das Thema von vorhin. Schweigend stehen wir in der Küche und beschmieren die Brote mit Butter. Diego geht an die Tür und übernimmt den Kontrolldienst. Es werden nur Leute hereingelassen, die gerade nicht unter Drogeneinfluss stehen. Ich rechne nicht damit, dass die Jungs kommen, viel zu benebelt waren sie bei unserem Besuch am Morgen. Während ich in ein Gespräch mit Pati, einer jungen Frau, die ihr Baby auf dem Rücken trägt,

vertieft bin, steht plötzlich David im Raum und sieht sich anscheinend prüfend um, wer alles da ist. Mein Herz schlägt wild und wieder beginnen meine Hände zu zittern. Ich bemerke, wie Ärger in mir aufsteigt, dass dieser fremde Mann schlicht mit seiner Präsenz so viel Einfluss auf meinen Körper hat. Gleichzeitig freue ich mich unbeschreiblich, dass er hier ist, hier bei mir im CC, und ich erlaube mir kurz den Gedanken, dass er nur wegen mir gekommen ist und freue mich daran.
Unnahbar bleibt sein Blick auf mich gerichtet. Wir stehen beide einfach nur da, er auf der einen Seite des Raums, ich auf der anderen, und sehen uns in die Augen. Mein Herz droht zu platzen. Was macht dieser Mann mit seinen dunklen Augen mit mir?
Irgendwann unterbricht er unseren Blickkontakt und setzt sich in die einzige ruhige Ecke des CC, in den Gang vor den Toiletten. Ich versuche, es so aussehen zu lassen, als sei es ein Zufall, dass ich gerade nichts weiter zu tun hätte und mir nun ganz bewusst die Zeit nehmen kann, mich mit ihm zu unterhalten, doch hätte ich in diesem Moment wohl alles stehen und liegen gelassen, um auch nur ein Wort mit ihm wechseln zu können. Wir beginnen einen belanglosen Smalltalk. Ich frage, wie es kommt, dass er allein im CC ist und wo sich die anderen Jungs aufhalten. Er winkt ab und erklärt, dass sie ihren Geschäften nachgehen. Ich bin irritiert, aber sein Tonfall lässt keine Fragen zu.
Plötzlich fragt er, ob ich in einer Beziehung bin. Erschrocken stelle ich fest, dass ich den Bruchteil einer Sekunde darüber nachdenke, Paul zu verleugnen und entscheide mich dann nachdrücklich dagegen. Um die Frage zu beantworten nicke ich und stelle ihm die gleiche Frage. Er schüttelt mit dem Kopf und antwortet, dass er seit heute Morgen wieder allein sei. Es trifft mich wie ein Peitschenhieb. Ich sehe Traurigkeit in seinen Augen. Traurigkeit wegen einer anderen Frau. Ich muss schlucken, aber ohne dass ich ihn frage, erklärt er mir, dass Beziehungen auf der Straße andere Prioritäten haben, als man es vermutlich in meinen Kreisen kennen würde. Ich bilde mir ein, dass er „meine Kreise" etwas abschätzig betont und frage ihn, was er damit meint. Auf der Straße geht es nicht automatisch um Liebe, wenn man zusammen ist. Es geht um Sicherheit für die Frau und um das Gefühl, weniger allein zu sein. Im Gegensatz zu eben höre ich nun keinen Vorwurf heraus, als er mir sagt, dass ich dieses Arrangement zwischen zwei Menschen von der Straße

wohl nicht nachvollziehen kann. Ich lasse diese Aussage so stehen und gehe nicht weiter darauf ein. Nach einer kurzen Pause fragt er mich, ob ich ein Foto von meinem Freund habe. Ich bin verwundert, krame trotzdem mein Handy aus der Jackentasche und suche im Ordner nach einem Bild von Paul. David sieht sich das Bild an. Nach kurzer Zeit, und ohne mich um Erlaubnis zu fragen, drückt er auf das nächste Bild im Ordner. Es zeigt mich mit meinen Eltern und meinem Bruder. Wir halten uns in den Armen und grinsen in die Kamera. Lange sieht er auf das Display meines Handys, bevor er fast flüsternd feststellt: „Deine Eltern lieben dich, nicht wahr?" Ich lasse seine Worte im Raum verklingen, ohne ihm zu antworten. Seine Frage bedarf keiner Antwort.

Als wenn er plötzlich aus einer Trance erwacht schaut er auf und grinst mich provozierend an. „Nimmst du mich mit nach Deutschland?" Mit einem Knall spüre ich den nächsten Peitschenhieb auf meinem Rücken. War nicht vor wenigen Stunden genau das der Wunsch, den Victor geäußert hat. Auch auf diese Frage erhält David keine Antwort.

Viele Jahre später beim Erinnern an dieses Gespräch wird mir erst deutlich, wie viel Tragik in dieser damals scheinbar provokanten Frage lag. Eine tiefe Sehnsucht nach einem Abbruch von allem Bisherigen hin zu einem vermeintlich besseren Leben. Doch stellt man sich diesen „Weltenwechsel" mal bildlich vor, kann man nicht erahnen, wohin die Reise gehen würde. Wäre es für David der Neuanfang, den er aus seiner und aus Victors Sicht braucht, um ein besseres Leben führen zu können, oder würde er an den Unterschieden der Kulturen zerbrechen?

Kurzurlaub in Sucre

Am selben Abend finde ich mich, gemeinsam mit Thomas, im Bus nach Sucre wieder. Einige Wochen ist es her, dass ich das letzte Mal bei meiner Familie war. Ich habe die Tickets früh genug gekauft, sodass wir in der ersten Reihe auf den vordersten zwei Sitzen Platz nehmen können. Ich genieße noch immer die Busfahrten. Die Busse sind urgemütlich, und wenn man vorn sitzt, hat man die große Frontscheibe vor sich, aus der man den prächtigen Nachthimmel sehen kann. Ich lege mir schon vor der Fahrt meinen Schlafsack aus und stelle den Sitz in die funktionale Schlafposition. Plötzlich fühle ich einen Kloß in meinem Hals. Starr schaue ich aus dem Fenster, um nicht in die Verlegenheit zu kommen, mit Thomas reden zu müssen. Es ist meine erste Fahrt nach Sucre nach einer wirklich aufreibenden und mit Spannung geladenen Zeit. Nun merke ich, wie all meine Gefühle, die in den vergangenen Tagen immer in meinem Hinterkopf präsent waren, aber für die es keine Zeit gab, aus mir herausbrechen: Mitleid für die Geschichten der Menschen, die mir immer näher kommen, Wut auf das System und die Gegebenheiten, in denen die Menschen auf der Straße leben müssen, Erschöpfung, die nach vielen Tagen der Arbeit unwillkürlich auch mich einholt, und nicht zuletzt diese seltsame Bindung zu David, die ich mir nicht erklären kann. Die Tränen laufen über mein Gesicht, auch wenn ich nicht unbedingt Trauer fühle. Vielmehr ist es die Fülle an Emotionen, die sich auf diesem Weg Freiheit verschaffen und regelrecht aus mir herausbrechen. Und bei all dem fühle ich eine tiefe Ruhe und bereichernde Zufriedenheit. Trotz der Tränen lächele ich und ziehe den Schlafsack noch etwas tiefer ins Gesicht.
Noch kilometerweit außerhalb der Stadt fahren wir im Kegel der Millionen von Lichtern. Erst als wir sie nicht mehr wahrnehmen können, schaltet der Fahrer die Innenbeleuchtung aus. Auf einer Höhe von über 4000 Metern wird die Dunkelheit nur noch von den Sternen erhellt. Sie leuchten in Rot, Gelb und Blau und lassen meinen Atem stocken. Wie unfassbar schön ist diese Welt, in der so viel Ungerechtigkeit, Hass und Leid herrschen.
Ich bin erleichtert, dass Thomas anscheinend auch nicht nach Reden zumute ist. Entspannt sitzen wir schweigend beieinander. Schon nach einigen Minuten vernehme ich ein leises Schnarchen neben mir. Ich schmunzele, stecke mir die Ohrstöpsel in meine Ohren und höre auf meinen Lieblingsbeat von

„Freundeskreis": „So lang' es auf der Welt auch nur ein gallisches Dorf gibt, es sitzt in Bolivien, Morales im Office, und bei allen Rückschlägen, Leute, das ist ein Fortschritt. Das Prinzip ist Hoffnung."
Dieses Lied begleitet mich noch heute...
Plötzlich höre ich das Geräusch von rutschenden Reifen auf Schotter und erschrecke. Der Bus kommt zum Stehen. Die Passagiere schlafen weiter, nur ich, die noch immer ihren Gedanken nachhängt, nehme von der üblichen Reifenpanne Notiz. Ich klettere aus dem Bus in die bittere Nachtkälte und zünde mir eine Zigarette an. Die Männer, die mühselig die Reifen wechseln, beachten mich genauso wenig wie ich sie. Nachdem ich bei den ersten Reifenpannen, die ich in der Anfangszeit in Bolivien miterlebte, noch meine Hilfe aufdrängen wollte, habe ich mittlerweile gelernt, dass ich damit die Männer in ihrer Arbeit herabstufe. Also genieße ich einfach die klare Luft auf einer der höchsten Hochebenen der Welt.

Erst zu der einzigen Pause während der zwölfstündigen Fahrt erwacht Thomas und gemeinsam nutzen wir die Viertelstunde, um uns jeweils eine Hamburguesa von den Jolitas zu kaufen und genüsslich zu essen. Es kommt nichts heran an diese einfach in einer Pfanne über dem Feuer zubereitete Köstlichkeit. Schnell gehen wir noch mal auf die nicht sehr appetitlich aussehenden Toiletten, bezahlen den geforderten Boliviano und setzen uns zurück auf unsere Plätze. Unsere Wertgegenstände haben wir derweil immer nah am Körper. Auch während ich schlafe, stecken meine Kamera, mein Pass und mein Geld in dem Schlafsack, damit niemand die Möglichkeit hat, sich an meinem Hab und Gut zu bereichern. Mit uns im Bus reisen Menschen sämtlicher Gesellschaftsschichten. Die Fahrt kostet uns in diesem bequemen Reisebus 13 Euro. Er wird für Geschäftsreisen, Familienbesuche, Umzüge und Urlaube genutzt. Alternativ kann man auch einen deutlich günstigeren Reisebus nutzen, der jedoch deutlich unbequemer ist. Für diesen Bus bezahlt man für die gleiche Fahrtstrecke 8 Euro. Auch wenn wir in dem „besseren" Bus sitzen, reisen mit uns Menschen, die uns allein durch unsere Hautfarbe als deutlich reicher ansehen. Immer wieder kommt es zu Diebstählen, wenn sich die Gelegenheit anbietet. Da sich meine Sachen in Sicherheit befinden und die Müdigkeit mich übermannt, falle in einen tiefen Schlaf und erwache erst wieder, als wir die ersten Häuser von Sucre passieren. Diese Stadt ist so vollkommen anders als La Paz. Sie scheint gänzlich aus weißen Steinen zu

bestehen. Einladend und ruhig bilden die Straßen gleichförmige Quadrate. Auch hier schützen sich die Hausbewohner durch in die Mauerkrone eingemörtelte Scherben vor Eindringlingen, aber es sieht lange nicht so abschreckend aus wie in La Paz. In den frühen Morgenstunden laufen Kinder in ihren Uniformen, auch an einem Samstagmorgen, in die Schule. Verkäufer fahren mit dem Fahrrad und vollgepacktem Anhänger auf den Markt, um ihre Ware zu verkaufen. Ich genieße das entspannte Ankommen in dieser viel unaufgeregteren Stadt. Thomas und ich verabschieden uns am Terminal voneinander und ich nehme mir ein Taxi für 35 Cent zu meinem „Zuhause". Pünktlich zum Frühstück stecke ich den Schlüssel in das Schloss der Haustür. Noch bevor ich die Tür öffne, höre ich schon eine juchzende Kinderstimme und nehme ein Poltern von der Treppe wahr. Mercedes, meine wunderschöne kleine Gastschwester, springt in meinen Arm. Sie kuschelt sich mit ihrem Kopf an meine Brust. Ich bin gerührt, dass diese wunderbare Familie es geschafft hat, Mercedes ein Gefühl von so tiefer Liebe zu geben, dass sie nach all ihren schrecklichen Erlebnissen so frei in ihren Emotionen sein kann. Als ich dieses kleine verängstigte Kind das erste Mal gesehen habe, konnte sie keinerlei Gefühlsregungen zeigen. Nun blüht sie sichtbar auf. Dann erblicke ich Marie, die in den vergangenen Wochen in meinem Zimmer gewohnt hat. Auch wir fallen uns in die Arme und sind voller Freude, uns wieder zu sehen. Wir waren nur wenige Tage voneinander getrennt, aber es fühlt sich wie eine Ewigkeit an. Nachdem ich meine Familie in den Arm genommen habe und dankbar feststelle, dass sich alle riesig über mein „Heimkommen" freuen, setze ich mich an den Frühstückstisch. Die Mitglieder meiner Familie müssen unmittelbar nach dem Frühstück aufbrechen, und so nutze ich die Gelegenheit und fahre direkt mit in die Stadt, denn eine weitere wahnsinnige Sehnsucht will gestillt werden.
Wie immer fordere ich den Taxifahrer auf, kurz zu warten und springe aus dem Auto. Ich höre die Hundemeute schon angerannt kommen, als ich an dem unscheinbaren Gebäude klingele. Schnell verbarrikadiere ich mich wieder im Taxi. Schmunzelnd stelle ich fest, dass mir dieses lebenserhaltende Ritual mittlerweile in Fleisch und Blut übergegangen ist. Erst als die Tür geöffnet wird, bezahle ich meine Taxifahrt und springe mit einem Satz in den Flur des Kinderheims. Der Geruch und die Geräusche sind mir vertraut wie eh und je und ich erinnere mich an die ersten Monate, in denen ich hier ge-

arbeitet hatte. Noch bevor ich zu meiner kleinen Maria Antonia komme, denke ich darüber nach, wie es vor gefühlt ewiger Zeit war, als sie mir an meinem ersten Tag in den Arm gelegt wurde. Winzig klein und kaum lebensfähig lag sie da und kuschelte sich an mich. Die darauffolgenden Wochen waren ein permanenter Kampf ums Überleben. Wider alle Prognosen schaffte sie den Kampf gegen den Tod. Sie wuchs langsam heran und mit Hilfe eines Arztes unterstützte ich sie mit Übungen, damit sich ihre Lunge besser entwickeln konnte. Der Gedanke, dass sie nach kurzer Zeit nur noch einschlief, wenn ich bei ihr war, zaubert mir ein Lächeln ins Gesicht. Gleichzeitig bekomme ich einen Kloß im Hals, wenn ich daran denke, dass eigentlich immer noch die Entscheidung im Raum steht, sie zu adoptieren.

Ich öffne die Tür zu dem Schlafsaal, in dem ich „meine" Kleine vermute und stelle überrascht fest, dass zwar viele neue Babys in den Bettchen liegen, von Maria Antonia aber keine Spur zu sehen ist. Eine tiefe, kaum aushaltbare Angst schnürt mir die Kehle zu. Sollte sie es vielleicht doch nicht geschafft haben? War sie vielleicht letztlich zu schwach, um zu überleben? Ich stürme in das geräumige Spielzimmer, um die diensthabende Schwester zu suchen, aber dann sehe ich sie doch: Maria Antonia liegt quietschfidel im Spielzimmer auf dem Rücken mit einem Kuscheltier im Arm auf einer Decke. Ohne noch mehr Zeit zu verlieren nehme ich dieses kleine Wunder auf meinen Arm, küsse und liebkose sie, halte sie mit ein wenig Abstand von meinem Körper weg, um zu bewundern, wie sehr sie in dieser kurzen Zeit gewachsen ist, um sie direkt wieder an mich zu schmiegen und ihren Geruch einzuatmen. Glück durchströmt meinen Körper und sie strahlt mich an. Keine Frage, sie hat mich wiedererkannt.

Plötzlich unterbricht meine Lieblingsschwester unser Kuscheln und auch sie lächelt bei dem Anblick und sagt: „Nun hat Maria Antonia ihre Mama wieder." Mir laufen die Tränen über die Wangen und ich bin einfach nur selig vor Glück. Den Vormittag verbringe ich mit ihr und genieße es, ihre Fortschritte zu beobachten. Nachdem ich sie gefüttert habe und sie friedlich in ihrem Bett eingeschlafen ist, gehe ich nach Hause. Ich werde noch vier Monate in Bolivien bleiben, in dieser Zeit muss ich mich entscheiden. Soll ich nun doch meinen Freund aus Deutschland heiraten, um sie adoptieren zu können? Ich traue mich gar nicht, Paul zu fragen. Vielleicht, weil ich Angst vor seiner Zustimmung habe, vielleicht aber auch vor einer Ablehnung. Ich weiß es nicht, und so schiebe ich, wie schon so oft, diese Entscheidung beiseite.

Ich nehme den Bus nach Hause und verbringe den Nachmittag damit, mit meinen Lieben in Deutschland zu telefonieren. Danach machen Marie und ich uns schick, um in die Stadt zu gehen. Wir haben uns mit Lorenzo und Thomas in ihrem Hotel verabredet. Lorenzo hatte gesagt, dass er die letzten Tage in Bolivien für dieses Jahr noch mal richtig genießen will und hat sich ein Zimmer in dem luxuriösesten und teuersten Hotel in Sucre genommen. Sein Vater war zu Lebzeiten ein wichtiger Mann in der Politik. Seit seinem Tod erhält Lorenzo eine nicht unerhebliche Summe Halbwaisenrente. Ich kann es kaum fassen, als wir dem roten Teppich in die Eingangshalle des Plazahotels folgen. So viel Prunk habe ich schon lange nicht mehr gesehen. Als ich das Zimmer betrete, verschlägt es mir gänzlich die Sprache. Er hat eine Suite als ein für ihn angemessenes Zimmer gewählt. Die Zimmer sind so groß wie die Küche, das Wohnzimmer und der Flur von meiner Familie zusammen und sie leben schon in einem wirklich hochwertigen Haus. Im Badezimmer ist ein runder Whirlpool in den Boden eingelassen. Das Schlafzimmer schmückt ein übergroßes Himmelbett und zudem gibt es noch ein Wohnzimmer, in dem luxuriöse Sessel zum Verweilen einladen. Doch erst der Preis lässt mich mit komplettem Unverständnis dastehen. Dieser ganze Spaß kostet Lorenzo die Nacht gerade einmal 37 Euro. In seiner großen „Güte" hat Lorenzo Thomas angeboten, die letzte Nacht bei ihm zu schlafen. Der Abend verläuft irgendwie seltsam. Thomas ist krank und will ins Zimmer. Ich versuche, ihn zu überreden, dass er doch noch ein wenig bleibt, da es ja schließlich das letzte gemeinsame Beisammensein ist, doch er ranzt mich nur an, dass ich kein Verständnis dafür hätte, dass es ihm nicht gut geht. Also sitzen Marie, Lorenzo und ich in einer Bar und finden irgendwie keine Gesprächsthemen. Marie hat mir im Bus zum Hotel schon erzählt, dass sie sich mit Lorenzo während ihrer Zeit in der Salzwüste viel gestritten hat, weil er sich hochnäsig und arrogant verhalten hatte. Ich nehme jetzt eine kalte Distanz wahr und kann sie überhaupt nicht einordnen. Die letzten Wochen waren wir so vertraut, wuchsen an der durch die verschiedenen Herausforderungen verursachten Entwicklung unserer Charaktere und verstanden uns trotz unserer Unterschiede wirklich gut. Plötzlich habe ich das Gefühl, dass ich meinem Ärger über seine Arroganz Luft machen muss und es platzt aus mir heraus.

Wütende Worte gepaart mit Tränen treffen ihn. Ich frage ihn, was passiert ist, dass er plötzlich so hochnäsig geworden ist. Mir ist absolut bewusst, dass er weder Marie noch mich unter normalen Umständen angesprochen hätte. Wir spielen nicht in seiner Liga. Aber da die letzten Wochen doch so intensiv waren und unsere Beziehung und unsere gegenseitige Akzeptanz wuchs, wurde unsere Freundschaft doch zu etwas Besonderem. Ich erinnere ihn daran, dass er mal an einer dickeren Frau vorbeilief und sagte, dass er so etwas Hässliches noch nie gesehen hat. Dazu sage ich ihm, dass im Normalfall dies seine letzten Worte in meiner Gegenwart gewesen wären, weil ich ihn nie wieder hätte sehen wollen und dass nur unsere Toleranz ihm gegenüber dafür sorgte, dass wir uns auch nach dieser Aussage weiterhin trafen. Außerdem wage ich zu sagen, was ich mich vor diesem Moment nicht getraut hätte, dass auch ich schon solche Sätze von genauso arroganten und widerlichen Typen hinter vorgehaltener Hand gehört habe und er sich nicht vorstellen kann, wie verletzend so etwas ist. Lorenzo hört sich all meine Vorwürfe an und wirkt vollkommen abgeschottet von den Worten, die auf ihn einprasseln. Um ihn zu erreichen, werde ich lauter und ziehe die Blicke der anderen Menschen in der Bar auf mich, doch ich bin so in Rage, dass es mir egal ist und fahre fort. „Ich würde nie mit dir eine Whirlpoolparty machen, so wie du es vorhin vorgeschlagen hast. Ich würde mich nach deinen Aussagen hässlich und dick fühlen, weil ich eben nicht in deine Modelvorstellungen passe und überhaupt, wem willst du was mit deiner Suite und den wedelnden Scheinen beim Bezahlen beweisen. Ich dachte wirklich, dass du anders bist und dass deine Arroganz bei unserem Kennenlernen nur Fassade und Schutz war. Doch ich habe mich getäuscht, du bist tatsächlich einfach oberflächlich, ein nach materiellen Gütern süchtiger Snob." Damit stehe ich auf und verlasse die Bar. Marie folgt mir sichtlich erschüttert und wir fahren schweigend nach Hause. Ich weiß nicht, warum ich all das gesagt habe. Wahrscheinlich, weil es eben der letzte Abend war und ich danach nicht mehr die Chance bekommen hätte, ihm mal deutlich zu machen, wie sehr er die Menschen mit seinen Kommentaren und seinem Auftreten verletzt. In der Nacht erwache ich von dem SMS-Ton meines Handys. Mit noch verschlafenen Augen lese ich eine Nachricht:

„Danke für den aufschlussreichen Abend und sorry, wenn dich manche meiner Kommentare verletzt haben. Das war nie meine Absicht, in meinen Augen bist du eine attraktive und reife Frau und wenn du solo wärst, echt interessant für mich. Schlaf gut! Liebe Grüße Lorenzo."
Vermutlich ist alles gesagt, was nötig war. So treffen wir uns am folgenden Tag am Flughafen, um Lorenzo nach Deutschland zu verabschieden. Ich bin wahnsinnig traurig, aber nicht wegen Lorenzo, sondern weil ich weiß, dass ein viel schlimmerer Abschied kurz bevor steht. In wenigen Tagen muss ich Marie das letzte Mal in Bolivien „Lebe wohl!" sagen. Der Gedanke lässt mich schon jetzt verzweifeln. Wir nehmen uns alle ungeachtet des gestrigen Abends herzlich in die Arme und wünschen Lorenzo eine gute Reise, die er wohl haben würde auf seinem Erste-Klasse-Platz über den Atlantik.

Der Berg, der Menschen verschlingt

Ein letztes Mal gemeinsam im Hostel schlafen, gemeinsam aufwachen, gemeinsam ein Frühstück organisieren und gemeinsam eine Tour starten, bevor Marie ihre Reise nach Deutschland antritt. Für drei Euro nehmen wir uns ein Taxi, das uns drei Stunden über die Landstraße von Sucre nach Potosí, der berühmten Silberminenstadt, bringt. Da ich diese Strecke zumeist in der Abend- oder Morgendämmerung gefahren bin und vermutlich besonders, weil ich die letzten Wochen in dem eher kargen La Paz verbracht habe, bewundere ich das satte Grün der Bäume und Felder rund um Sucre im prallen Sonnenlicht. Wir fahren entlang des Flusses und passieren die Vorstadtgrenzposten. Die Luft wird während der Fahrt immer dünner. Das Taxi schlängelt sich den letzten großen Berg hinauf, von dem aus wir nun auf Potosí blicken können: diese Bergbaustadt, die gänzlich anders aussieht als das prächtige Sucre im Kolonialstil.

In Potosí dominiert der gigantische Cerro Rico, zu Deutsch der reiche Berg. Sein Gipfel ist mit rund 4800 Metern noch mal über 700 Meter höher gelegen als die Stadt. Er war früher aber noch deutlich größer – nämlich über 5000 Meter, bevor Menschen anfingen, ihn großflächig auszubeuten. Im 17. Jahrhundert wirkte dieser Berg wie ein Sog. Aus dem einst unbedeutenden Ort wurde eine der größten Städte der Welt. Jeder wollte ein Stück des Reichtums abbekommen. Bis zur Übernahme der Spanier im 16. Jahrhundert fanden die Inkas Gefallen an dem glänzenden Metall. Unter der Herrschaft der spanischen Krone wurde so viel Silber dem Berg entnommen, dass es in China und Europa zu einer Silberinflation kam. Noch heute erzählen sich die Bolivianer, dass die Spanier eine solche Menge Silber abbauten, dass sie eine Brücke über das Meer von Brasilien nach Spanien aus purem Silber hätten errichten können. Als die Spanier nach der Niederlage im Unabhängigkeitskrieg Anfang des 19. Jahrhunderts abzogen, hatten sie 36.000 Tonnen Silber aus dem Berg geholt. Das entspricht heute einem Wert von mehr als 21 Milliarden Euro. Damit hatten die Europäer mit Sklaven und Zwangsarbeitern das Silbervorkommen hier zu großen Teilen ausgebeutet. Doch noch heute gibt der reiche Berg Silber und auch Zink, Blei und Kupfer frei. Auch uns zieht die Silbermine nach Potosí. Wir wollen uns diese Besonderheit Boliviens nicht entgehen lassen. Von anderen Touristen haben wir erfahren, dass eine geführte Tour in den Berg etwas ganz Besonderes sein soll. Christa hingegen, meine Gastmama aus Sucre, war absolut nicht begeistert, als sie von unserem Plan erfuhr. Dieser Berg sei durchlöchert wie ein Schweizer Käse, und es sei mehr als dumm, sich einer solchen Gefahr auszusetzen. Mit ihrem gut gemeinten und letztlich auch absolut richtigen Rat konnte sie uns jedoch nicht von unserem Vorhaben abbringen.

Da es schon recht spät am Abend ist, als wir aus dem Taxi aussteigen, und die Touren zumeist am Morgen beginnen, entscheiden wir uns, direkt ein Hostel zu suchen und einzuchecken. Weil Potosí im Laufe der Jahrhunderte seinen einstigen Glanz eingebüßt hat, sind Lebensmittel, Touristenausflüge und Hostelzimmer sehr günstig. Im Anschluss an das Zimmerbeziehen suchen wir uns ein kleines Restaurant und essen an den obligatorischen roten Coca-Cola-Tischen, die in dem kahlen verputzten Raum aufgestellt sind. Die Portion Reis mit Fleisch und Tomaten ist reichlich und günstig. Marie verzichtet auf das Fleisch und bekommt das übliche Spiegelei dazu gebraten. Immer wieder scherzt sie bei dem Anblick und sagt, in den kommenden Jahren wird sie kein Ei mehr anrühren. Die Auswahl von Fleischersatz ist in Bolivien für Vegetarier ziemlich klein.

Tatsächlich isst sie seither bis heute keine Eier.

Gesättigt schlendern wir durch die Straßen und vergleichen die verschiedenen Touren, ohne viel darüber zu wissen. Auch das hätten wir uns mal wieder sparen können, denn alle Angebote sind absolut identisch und so buchen wir an einem der Häuser, an denen groß „Minentour" angepriesen steht, das Komplettpaket.

Noch bevor die Sonne aufgeht, werden wir und mit uns 20 andere Touristen von einem alten klapprigen Bus eingesammelt. Der Guide, der um die Uhrzeit wohl noch nicht so redselig ist, fordert uns mit wenigen Worten auf, den Bus zu verlassen, als dieser hält. Wir stehen vor einem älteren Gebäude. Es scheint das Wohnhaus des Guides zu sein. Dicht aneinandergedrängt fragt er unsere Kleidergröße ab und wir erhalten von ihm Minero-Schutzbekleidung. Die Mineros sind die Minenarbeiter. Marie und ich zücken direkt die Kameras und machen Fotos von uns in diesem lustigen Overall mit dem gelben Helm auf dem Kopf. Zudem erhalten wir eine Atemmaske. Nachdem sich alle angezogen haben, steigen wir zurück in den Bus und fahren auf einen großen Markt am Fuß des kahlen Berges. Schnell können wir erkennen, dass dieser Markt nicht ausschließlich für die Touristen ausgelegt ist, sondern die Mineros selbst ihr Werkzeug hier einkaufen. Noch heute herrscht ein reges Treiben um und im Cerro Rico. Es gibt Gerüchte, dass Familien tief unter der Erde arbeiten und leben. Es sollen sich Höhlen im Berg befinden, in denen Mütter Kinder gebären, die bis zu ihrem Tod viele Jahre später niemals das Tageslicht erblicken sollen. Diese Vorstellung scheint für mich vollkommen absurd. Klar ist jedoch, dass dieser Berg noch heute, wenn auch in viel geringerem Ausmaß als früher, ausgebeutet wird.

Der Guide feilscht kurz mit einem Marktstandbesitzer um den Preis, doch schnell werden sie sich einig. Dann stellt der Händler einige Schnapsgläser auf den Tresen und füllt 96-prozentigen Brennspiritus hinein. Diese Flaschen sind mir nicht unbekannt. Sie bestehen aus milchigem Plastik mit blauen Etiketten. Ich hätte allerdings nie vermutet, dass ich den Inhalt dieser Flaschen, die in den Straßengruppen in La Paz die Runde machen, einmal selbst angeboten bekommen würde. Nun stehe ich hier und halte dieses pure Gift in meinen Händen. Wir müssen es trinken, so lässt der Guide verlauten. Nur dann würde unsere Durchblutung so angeregt werden, dass wir dem Druck im Berg standhalten können. Meine Kehle brennt, als die Flüssigkeit meinen Hals herunterläuft. Direkt danach erhalten wir eine Portion Coca, die wir während der ganzen Tour kauen sollen, da sie die Durchblutung anregt und wir unter Tage mehr Energie benötigen, doch da muss ich streiken. Noch immer kann ich den Gestank im Bus von Santa Cruz nach Sucre riechen, als eine Campesina sich mehrere Stunden lang übergab und dabei unentwegt Coca kaute. Wenn ich dieses Zeug nun in meinen Mund führen würde, könnte ich die Tour direkt abblasen und die nächsten Stunden auf dem Klo verbringen.

Doch auch das ist nicht die letzte Vorbereitung, die wir für die Tour absolvieren müssen. Nun werden wir noch aufgefordert, uns eine Stange Dynamit zu kaufen. Der Händler legt uns verschiedene Pappkartons auf den Tresen und jeder von uns darf sich eine aussuchen und bezahlen. Mit dem Dynamit im Rucksack steigen wir zurück in den Bus. Die Gruppe, die bisher aus 20 Personen bestand, wird kurz darauf in vier kleine Gruppen geteilt. Mit einem Kleinbus geht es weiter, da die Straßen für große Busse unbefahrbar sind. Die Vorstellung, nun über diese Ruckelpiste mit einer Stange Dynamit im Gepäck zu fahren, bereitet mir ein mulmiges Gefühl in der Magengegend.

Gut, dass ich auf die Cocablätter verzichtet habe. Am Ende der unbefestigten Straße steigen wir aus dem Auto und laufen einen kleinen Trampelpfad entlang. Schon von Weitem sehen wir eine dunkle Öffnung im Berg. Wir befinden uns am unteren Drittel des Cerro Rico. Ein Mann neben dem Stolleneingang fordert uns auf, kurz zu warten. Wir sollen die Schienen, die aus dem Berg führen, nicht betreten.

So warten wir und sehen mit an, wie eine Lore, auf der drei auffällig kleine Männer mit ihrer Schutzkleidung sitzen, aus der Silbermine gefahren kommt. Erst als sie direkt vor uns sind, begreife ich, dass es sich bei den vermeintlichen kleinen Männern um Kinder handelt. Die Jungen sind ungefähr 10 Jahre alt und über und über mit Staub bedeckt. Ich bin betroffen von diesem Anblick. Die Männer reden mit den Jungs, als wären sie erwachsene vollwertige Mitarbeiter dieses Minengeschäfts. Tränen laufen meine Wange hinunter. Mein Kopf beginnt wie von alleine, sich abwehrend von rechts nach links zu bewegen. „Welcher Gott lässt ein solches Schicksal zu...?" Ich denke an die vielen Schuhputzkinder, die mir täglich in den Städten ihre Dienste anbieten, ich denke an die vielen Kinder, die mit ihren suchtkranken Eltern in Straßengangs auf der Straße leben, ich denke an die Geschichte von den Geschwistern, die ihre Eltern bei einem Autounfall verloren und um ihrer Sicherheit willen Anschluss an eine Kindergang suchten, wofür das viel zu junge Mädchen mit dem Anführer schlafen musste. Meine Knie werden weich. Ich habe das Gefühl, dass diese Schicksale, die ich täglich unverarbeitet in La Paz erlebe, just in diesem Moment noch deutlich tragischer scheinen. Vielleicht macht es der Abstand, der plötzlich die Tragik ungefiltert an den Tag bringt. Vielleicht stehen diese drei Jungen, die stolz ihre reichhaltigen Erzklumpen in die Höhe halten, um ihren Erfolg zu präsentieren, für all die Kinder und ihre Geschichten, die ich in den letzten Monaten kennenlernen durfte. Meine Knie versagen vollständig ihre Dienste und ich sitze auf der staubigen Erde, die täglich von Hunderten Männern, Frauen und Kindern betreten wird, die hier ihren Lebensunterhalt verdienen, und weine hemmungslos. Die Gruppenmitglieder verstehen meine Reaktion nicht, haben jedoch auch nicht das Bedürfnis nach einer Erklärung. Marie hingegen kennt meine Gefühlsausbrüche und streichelt mir liebevoll über den Rücken, es bedarf keine Worte. Der Guide fordert uns auf, die Helmlampen anzuschalten und hintereinander in den Berg einzutreten. Ich rappele mich auf und folge als Letzte der

Gruppe. Der Eingangsbereich ist noch relativ geräumig und da ich weiß, dass ich nicht unter Platzangst leide, mache ich mir auch keine Sorgen. Stattdessen hängen meine Gedanken noch bei den Kindern, bis der Stollen plötzlich in eine Art Höhle mündet. Sie ist mit Kerzen ausgeleuchtet und im zusätzlichen Licht unserer Lampen bietet sich uns ein schier absurdes Bild. Wie eine Gottesstatue liegt eine Puppe an die Wand gelehnt. Um sie herum sind Hunderte von Opfergaben angeordnet. Ich kann die milchigen Plastikflaschen mit dem blauen Etikett erkennen, einzelne Zigaretten, unechte Geldscheine, Dynamitstangen – und das ganze Durcheinander ist überhäuft mit Cocablättern. Keine Frage, wir befinden uns im Tempel des Minenteufels. Die Arbeiter erkaufen sich seine Gnade durch Opfergaben.

Allerdings hat der große „Tio de Achachila", der Schutzpatron der Mineros, mit Hunderttausenden und wahrscheinlich sogar Millionen Menschen keine Gnade walten lassen. Niemand weiß genau, wie viele der Berg verschlungen hat. Es gibt Wissenschaftler, die über die Jahrhunderte von einer Opferzahl von acht Millionen ausgehen. Die meisten davon waren Sklaven und Zwangsarbeiter der spanischen Herrscher.

Diese primitiv wirkende Geisterpuppe gruselt mich. Ein Schauer läuft mir über den Nacken. Unwirklich scheint sie jeden Ankommenden mit ihren grünen Onyx-Augen anzustarren. Erleichtert stelle ich fest, dass unser Guide und die folgenden Touristen unserer Gruppe ihre Gaben vor „El Tio" ablegen. Da ich die Letzte der Gruppe bin, kann mich niemand dabei erwischen, dass ich ihm nichts vor seine Knie lege, um damit seine Gnade zu erhalten. Stattdessen mache ich etwas anderes, das für mich ungewöhnlich ist. Ich schicke ein Stoßgebet in den Himmel zu dem Gott, den ich eben noch beim Anblick der Minenkinder infrage gestellt habe. Diese Mine, die Menschen, die engen Gänge, all das bewegt mich dazu, mich mit einem Gebet absichern zu wollen.

Ich beeile mich, um zur Gruppe aufzuschließen. Nachdem der Tempel einige Meter hinter uns liegt, erreichen wir einen Schacht. In das Gestein sind Stufen geschlagen, die uns fast senkrecht nach unten führen. Ich drehe mich herum und besteige die unsichere Treppe auf allen Vieren. Auf halber Höhe des Schachtes bekomme ich einen Schreck. Etwas berührt mich an meinem Rücken. Fast schon panisch versuche ich auszumachen, was es ist. Beim Versuch, mich umzudrehen, stoße ich mit dem Helm an die hinter mir liegende

Wand und begreife erst jetzt, dass der Schacht so eng geworden ist, dass ich gerade so durch passe. Mein Herz schlägt schnell. Ich versuche, meine Panik im Zaum zu halten. Erleichtert berühre ich nach vielen Stufen den festen Boden unter meinen Füßen. Es bleibt keine Zeit, um zu verschnaufen. Ich muss mich beeilen, damit ich die Gruppe nicht verliere. Dann wäre das meine letzte Reise in Bolivien. Aus diesem Labyrinth von Gängen würde ich es ohne fremde Hilfe nicht herausschaffen.

Der Guide erklärt nebenher, dass 500 Kilometer Stollen und Schächte in den Berg geschlagen sind. Eine Strecke in etwa von Berlin nach Frankfurt. Seine tragende Stimme hallt durch den Stollen und wird von den Wänden zurückgeworfen. Vollkommen unvorstellbar, dass eine solche Strecke verschlungen und verknotet in einen Berg passen soll. Da kann von der ursprünglichen Substanz nicht mehr viel übrig sein. Die Temperatur im tiefst gelegenen Stollen beträgt 40 Grad Celsius. So weit nach unten kommen wir im Rahmen unserer Tour zum Glück nicht. Die ist auch so schon herausfordernd genug. Ich muss mich als größte Teilnehmerin der Gruppe oft regelrecht durch die niedrigen Gänge zwängen. Schon bald bemerke ich, dass ich keinerlei Orientierung mehr habe. Ich weiß nicht mal, ob wir oberhalb des Eingangsbereichs sind oder tiefer im Berg herumkraxeln. Immer wieder sehen wir Mineros bei der Arbeit, mal ältere Männer, mal Kinder, die mit ihrem Pickel eine Vertiefung für die Dynamitstange in den Felsen hauen. Die älteren Männer grüßen uns freundlich. Man kann ihr Alter in der staubigen Dunkelheit kaum ausmachen. Aber der Guide hat uns erklärt, dass die Menschen, die unter Tage arbeiten, kaum älter als 30 Jahre werden, weil ihre Lungen derart verstaubt sind, dass sie daran sterben. „Ältere Männer", so wie ich dachte, dürfte es hier also fast überhaupt nicht geben.

Die Kinder, die wir bei ihrer Arbeit sehen, antworten auf Grüße sehr scheu, und auch hier bekommen wir die Erklärung. Ein neues Gesetz wurde herausgebracht, dass das Arbeiten unter Tage für Kinder unter 12 Jahren verbietet. Dieses Gesetz wurde erlassen, weil viele Kinder, die ihr Leben lang unter Tage verbracht haben, durch Vitamin-D-Mangel schon wenige Jahre nach ihrer Geburt starben. Der Mangel an Vitamin D führt zu einer Störung des Hormonhaushalts, der schlussendlich eine Entwicklungsstörung zur Folge hat, die für einen frühen Tod verantwortlich sein kann. Seither fühlen sich die Kinder, die das zwölfte Lebensjahr noch nicht vollendet haben, unsicher, wenn sie von Touristen angesprochen werden. Zu groß ist ihre Angst, dass sie aufgrund des neuen Gesetzes, das sie an sich schützen soll, ihren Familien beim Verdienen des Lebensunterhalts nicht mehr helfen können. Dann müssten sie in ein Heim, weil ihre Familien sie sonst nicht mit ernähren können. Auch wenn mir bewusst ist, dass noch vor 100 Jahren auch in Deutschland Kinder unter Tage arbeiteten, fühlt es sich vollkommen falsch an, was ich hier sehe.

Nachdem wir bereits zwei Drittel der Tour hinter uns gebracht haben und uns nach zwei Stunden die Erschöpfung schier übermannt, beginnt in mir eine Angst zu keimen, die ich kaum eindämmen kann. Immer wieder schaue ich nach hinten. Da ich noch immer das Schlusslicht bilde, kann sich eigentlich niemand hinter mir befinden. Doch plötzlich drängt sich mir das Gefühl auf, dass da etwas ist. Jetzt kann ich es einordnen. Ich sehe vor meinen Augen einen Waggon weit hinter mir im Stollen auf uns zu rollen. In Bruchteilen von Sekunden realisiere ich, dass wir keine Möglichkeit haben, auszuweichen. Der Gang, in dem wir uns befinden, ist so eng, dass wir weder rechts noch links davon stehen könnten, ohne dass uns der Waggon mit vollem Tempo erfassen würde. In meiner Panik fange ich an zu schreien, um die Gruppenmitglieder vor mir zu warnen. Direkt bemerke ich, dass mein Vorhaben sinnlos ist, denn auch eine Warnung ändert nichts an der anrollenden Katastrophe. Meine Schreie hallen durch die Stollen und werden von der Weite verschluckt.

Als meine Panik den Höhepunkt erreicht und ich kurz vor einer Ohnmacht stehe, merke ich eine unsanfte Berührung. Mein Körper wird geschüttelt, bis ich plötzlich wieder zur Besinnung komme. Direkt vor mir kann ich unseren Guide erkennen. Er umfasst unsanft mit beiden Händen meine Schultern und schüttelt mich noch immer. Ich starre in den dunklen Schacht hinter mir. Die Gefahr, die eben noch so real in meinem Kopf bestand, war nie existent. Sachlich und ohne Wertung erklärt er, dass dies die Auswirkungen des Sauerstoffmangels in Kombination mit dem vielen Staub und der massiven Enge sind, die ungeachtet der körperlichen Verfassung jeden treffen können. Von da an muss ich direkt hinter dem Guide als nun Gruppenerste laufen. Vorsorglich dreht er sich immer wieder herum, um sich davon zu überzeugen, dass es mir gut geht. Wie ein scheinbar nicht enden wollendes Labyrinth verästeln die Stollen und Schächte sich durch den Berg. Es ist mir

unbegreiflich, wie der Guide es schafft, sich zu orientieren. Nach einer weiteren Stunde erreichen wir eine Sackgasse. Drei ältere Mineros gehen fleißig ihrer Arbeit nach. Der Guide unterbricht sie und diskutiert mit den drei Männern. Irgendwann fordert er mich auf, mein Dynamit aus dem Rucksack zu holen. Da ich als Erste in der Reihe hinter dem Guide gelaufen bin, bin ich nun auch die Erste, die ihre Dynamitstange mit Hilfe der Mineros und einem Pickel in dem Gestein platzieren soll. Trotz der vielen Gänge habe ich keine realistische Vorstellung, wie gefährlich diese Aktion tatsächlich ist. Ich nutze den Pickel, um eine kleine Spalte in den Felsen zu klopfen und stecke die Dynamitstange in den Hohlraum. Dann werde ich aufgefordert, einen Sicherheitsabstand einzunehmen, der mir deutlich zu gering erscheint. Die Mineros zünden die kurze Lunte an und es ertönt wenig später ein ohrenbetäubender Schlag, der in ein Donnergrollen übergeht.
Die Staubwolke, die die Sprengung auslöst, will über mehrere Minuten nicht schwinden. Wohin auch, bei dieser Enge. Ich huste unter meiner Maske und habe das Gefühl, noch weniger Luft zu bekommen als sowieso schon. Die Mineros zeigen mir graue unscheinbare Erzklumpen. Diese unbearbeiteten Brocken sind so unauffällig wie Steine am Wegesrand. Ich kann mir nicht vorstellen, dass man daraus Silber schmelzen kann.
Direkt nach meinem Einsatz bittet mich der Guide, dem Weg, auf den er mit seinem Finger zeigt, bis zum Ausgang zu folgen. Es ist ein seltsamer Gedanke, dass ich allein durch den vor mir liegenden Stollen gehen soll. Doch nach der ersten Kurve stelle ich mit übergroßer Freude fest, dass ich Tageslicht sehen kann. Meine Erleichterung ist groß. Dann ertönt plötzlich der nächste laute Knall einer weiteren Dynamitstange und die Staubwolke holt mich noch einmal ein, bevor ich es aus der Mine herausschaffe. Die letzten Meter renne ich fast und reiße mir dann die Maske vom Gesicht, als ich über mir den Himmel erkennen kann.
Statt die frische Luft zu genießen, stecke ich mir direkt eine Zigarette an und setze mich vor den Stolleneingang. Erst jetzt bemerke ich, dass dieser ganze Berg lebt. Egal wo ich hinsehe, überall kann man Menschen arbeiten sehen. Es wirkt auf mich wie ein Ameisenhaufen, in dem kontinuierliche Bewegung herrscht. Am Fuß des Cerro Rico stehen große Förderbänder, die das Erz in riesige Hallen transportieren. Dort wird das Erz auf Scheidebänken zerkleinert, bevor es in die Schmelzöfen geschüttet wird. Aus den Schornsteinen

der Schmelzöfen steigen schwarze Rauchsäulen empor. Beim Schmelzen trennt sich die Schlacke vom Silber und das heiße Silber wird in Barren gegossen. All das findet hier vor meinen Augen statt. Es ist beeindruckend, wie viele Mineros und Arbeiter daran beteiligt sind, einen Barren Silber zu erhalten. Meine gedankliche Nachverfolgung des Silbers wird unterbrochen, als Marie aus dem Mundloch des Stollens tritt. Auch ihr steht die Anstrengung ins Gesicht geschrieben. Ihr verschwitztes Gesicht ist über und über mit Staub und Schmutz bedeckt. Vermutlich sehe ich genauso aus. Auch ihr ist nicht nach Reden. All die Eindrücke der letzten Stunden müssen sich erst einmal setzen. Nachdem sich die Gruppe samt Guide vor der Bergöffnung zusammengefunden hat und unser Begleiter uns noch einige Fakten über den Berg mit auf den Weg gegeben hat, nehmen Marie und ich direkt den Weg zum Busbahnhof, um die Heimreise nach Sucre anzutreten. Wir machen einen Zwischenstopp, um unsere Sachen aus dem Hostel zu holen und kurz zu duschen und lassen uns wenig später in die Sitze des Busses fallen.

Als wir am Abend mit meiner Familie am Essenstisch sitzen, unterhalten wir uns über die Erlebnisse. Christa ist noch immer nicht begeistert, dass wir diese Tour mitgemacht haben. Auch wir sehen sie im Nachhinein in einem anderen Licht. Welch eine seltsame Vorstellung, dass wir Geld bezahlen, um uns die unwirklich harte Arbeit der Mineros ansehen zu dürfen, die tagein, tagaus für absurd wenig Geld ihr Leben aufs Spiel setzen. Auch wird uns bewusst, wie gefährlich diese Dynamitgeschichte ist. Welch ein schlimmes Ende kann eine solche Tour nehmen, wenn das Dynamit an einer falschen Stelle platziert wird. Keiner weiß, welche Stelle falsch ist. Es kann immer wieder dazu kommen, dass durch eine Sprengung viele Menschen ums Leben kommen. Auf der anderen Seite wäre es gelogen, wenn ich behaupte, dass diese Tour nicht gleichzeitig wahnsinnig spannend gewesen wäre. Definitiv wird uns durch dieses Erlebnis sehr klar vor Augen geführt, dass wir auch in Deutschland unbewusst die Arbeit dieser Kinder ausnutzen, die Hunderte von Metern unter der Erde unter Einsatz ihres Lebens das Silber für den Schmuck schürfen, den wir unbedacht um den Hals tragen.

Ein dazu passendes Thema kommt beim Essen auch noch „auf den Tisch": das Gesetz, dass Kinder in Bolivien nun erst ab dem zwölften Lebensjahr arbeiten dürfen. Für uns Deutsche ein vollkommen absurdes Gesetz, weil wir nicht vor dem 16. Lebensjahr arbeiten dürfen. Für Bolivien hingegen eine großartige Chance. Nur durch diese Maßnahme können Kinder, die jünger sind, geschützt werden. Es finden Kontrollen statt und Eltern, die ihre jüngeren Kinder arbeiten lassen, müssen mit Strafen rechnen. Natürlich ist es gerade zur Einführung des Gesetzes nicht direkt umsetzbar und wenn man überlegt, dass Kinder die „kein Geld einbringen" einfach zu teuer sind, um sie mit zu versorgen und dann vielleicht in Heimen landen auch nicht zu verherrlichen. Aber es ist ein erster Schritt, um Kinder zu schützen und somit als Fortschritt zu sehen.

Abschied von Marie

Ich genieße die endgültig letzten Tage mit Marie. Es ist der Beginn des Herbstes in Bolivien und die Sonne scheint täglich mit ihrer vollen Kraft. Unsere Tage verbringen wir häufig im Kinderheim.
Maria Antonia liegt in meinen Armen und zieht sich langsam zum Sitzen hoch. Ihre Entwicklung ist erstaunlich. Ein weiteres Baby, ungewöhnlich wohlgenährt und gesund, hat in den letzten Tagen sein Zuhause im Kinderheim gefunden. Marie und ich sitzen oft in dem gefliesten Hof und genießen die Sonne mit „unseren" Babys auf dem Schoß. Es macht den Eindruck, als würden die Kleinen die Liebe, die sie von uns erhalten, regelrecht aufsaugen.
Den vorletzten Abend verbringen wir bei Michael, der sturmfrei hat und eine Party schmeißt. Er ist ein weiterer Freiwilliger aus Deutschland, mit dem ich viel Zeit verbracht habe, und auch er wird diese Woche abreisen. Mit so viel Trennungsschmerz kann ich diese Feier mit seinen Freunden kaum genießen. Hinzu kommt, dass seine Freunde aus den reichsten Familien von Sucre stammen. Schöne westlich gekleidete Männer, die mich verunsichern. Ich fühle mich unwohl in ihrer Gegenwart und habe das Gefühl, nicht dazu zu gehören. Doch wieder einmal muss ich feststellen, dass diese Distanz ihren Ursprung in meiner Unsicherheit hat, denn als ich mir einen Ruck gebe und ausgelassen mit Marie beginne, in dem Wohnzimmer von Michaels Tante zu tanzen, wird dieser Abend im Nachhinein zu einer schönen Erinnerung.
Nach dem ausgelassenen Abend, dem Abschied von Michael, der mir in den letzten Monaten ans Herz gewachsen ist, steht nun der Abschied von Marie an. Der letzte gemeinsame Tag.
Dieser Abschied führt bei mir zu einem Verhalten, das ich so ausgeprägt jetzt erstmals kennenlerne. Diese junge Frau ist für mich zu einer Schwester geworden. Mit all unseren Unterschieden sind wir uns in den letzten Monaten so nah gewesen, wie es wohl nur unter den gelebten Umständen sein kann. Und den letzten Tag verbringen wir nur damit, uns zu streiten und uns anzuzicken.
Ich habe wundervolle und starke Freundschaften in Deutschland. Freundschaften, die über die Distanz hinaus Bestand haben. Allen voran meine liebe Freundin Samanta, die mich während der ganzen Zeit in Bolivien über Email und Telefon treu begleitet. Gleichzeitig habe ich jedoch auch schmerzlich

miterleben müssen, wie die räumliche Entfernung zwischen Deutschland und Bolivien gelebte Freundschaft in eine solche Distanz gebracht hat, dass man keine Nähe mehr spüren kann. Besonders betroffen hat mich diese Distanz zwischen mir und Patricia gemacht. Eine junge selbstbewusste Frau, mit der ich in Deutschland viel Zeit verbracht habe. Sie lebt seit einigen Jahren mit ihrem Freund Jens zusammen. Paul und ich haben unsere freie Zeit fast gänzlich mit Patricia und Jens verbracht. Wir konnten zusammen feiern, reden und einfach wundervolle Tage miteinander verbringen. Seit ich jedoch in Bolivien bin, scheint mir Patricia mehr als fremd. Sie kann sich nicht vorstellen, welch ein Leben ich hier gerade führe, scheint auch kaum Interesse daran zu haben, und so wurden unsere Telefonate und Emails in der Zwischenzeit immer seltener und bangloser.

Ich höre immer wieder, dass dieser Lebenswechsel Partnerschaften und Freundschaften auf die Probe stellen. Jetzt könnte man die Überlegung anstellen, dass diese Freundschaften von Beginn an kein besonders starkes Fundament hatten. Aber ich denke, dass Patricia und ich eine gute gemeinsame Teenagerzeit hatten. Schon vor meiner Reise konnte ich dann erkennen, dass wir uns bezüglich unserer Werte in verschiedene Richtungen bewegten. Bestimmt hat mein Aufbruch nach Bolivien das Ende unserer Freundschaft beschleunigt, aber das macht die gemeinsame Zeit nicht schlechter. Die Trauer darüber fällt mir wahrscheinlich in diesem aufregenden Land um einiges leichter, als wenn wir schleichend in Deutschland hätten feststellen müssen, dass wir uns nichts mehr zu sagen haben. Paul hingegen lebt diese Freundschaft mit Patricia und Jens aktiv weiter. Doch mir geht es mit Paul vermutlich ähnlich wie Patricia mit mir, denn auch ich kann kaum tiefergehendes Interesse aufbringen, wenn er mir von gemeinsamen Partyabenden erzählt. Ich bin so fest in meinem bolivianischen Leben angekommen, dass ich die Zeit gerade nicht tauschen möchte.

Die Freundschaft zwischen Marie und mir ist noch mal eine ganz andere. Sie begann mit einer selbstgewählten Abhängigkeit. Wir entschieden uns, gemeinsam zu reisen, ohne uns zu kennen. Diese Entscheidung wurde nicht getroffen, weil wir uns unheimlich sympathisch waren oder gleiche Werte hatten. Nein, zu zweit ist es einfach angenehmer, günstiger und gefahrloser. Aus dieser Zweckgemeinschaft entwickelte sich langsam, fast schleichend eine Freundschaft, deren Wurzeln so stark sind, dass sie auch heute noch,

Jahre nach unserer gemeinsamen Zeit, Bestand hat. Noch immer stoßen wir mit unserer Unterschiedlichkeit ab und zu an unsere Grenzen, aber diese Freundschaft wird nicht infrage gestellt. Keine Zeit, keine Distanz und keine Verletzungen können diese Freundschaft angreifen. Vielleicht, weil sie ihren Ursprung in einem Alter fand, in dem wir mitten im Entwicklungsprozess waren und es uns trotz der Unterschiede in eine ähnliche Richtung getrieben hat.

Nun galt es jedoch, Abschied zu nehmen. Wenige Stunden bleiben uns, bis sie in den Bus nach Santa Cruz steigen und ihr Leben in Deutschland neu aufnehmen wird. Ich fühle eine solche Einsamkeit, dass ich plötzlich unbewusst nur noch das Negative zwischen uns wahrnehmen kann. Den Tag verbringen wir zum Großteil mit Streitereien über belangloses Zeug.

Irgendwann wird uns beiden klar, dass wir eine solche Angst vor der Zeit ohne die andere haben, dass wir aus purem Selbstschutz eine negative Distanz heraufbeschwören müssen. Ich bin so dankbar, dass Samanta, mein Papa und auch viele andere wundervolle Menschen aus Deutschland mich trotz der Distanz begleiten, doch letztendlich konnte nur Marie meine Sorgen, Ängste und Entscheidungen verstehen, weil sie hier war. Auch wenn die Sorgen, Ängste und Entscheidungen andere waren als bei ihr, weiß nur sie, wie das Leben hier vonstattengeht. Ich habe eine Scheißangst ohne sie und will sie nicht gehen lassen.

Um diesen Tag nicht gänzlich zu versauen, entscheiden wir, nach dem Abendessen noch einmal gemeinsam auszugehen. Einmal noch wollen wir zu der Straße am Plaza gehen, die von kleinen Cafés gesäumt ist, und uns den lateinamerikanischen Klängen und der Mentalität der gelebten Leichtigkeit hingeben. Sowohl Marie als auch ich konnten während unserer gemeinsamen Reise dem Alkohol nicht viel abgewinnen. Mal zum Essen ein Wein oder in der Disco ein Cocktail, aber seit ich als Teenager mal einen brutalen Absturz hatte, habe ich viele Jahre völlig auf Alkohol verzichtet. Wir betreten eine Bar, die während unserer Bolivien-Zeit neu eröffnet hat: gemütliches Ambiente, viele kleine Tische und schöne Musik. Es scheint, als würden sich die jungen Menschen der oberen Schicht von Sucre gerne hier aufhalten. Alle Plätze sind besetzt. Nur die Stühle vor der Theke, die sich seitlich im Eingangsbereich befindet, sind noch frei. Marie und ich schmunzeln. Wir hatten vor einiger Zeit mal darüber gesprochen, dass ein Abend an der Theke nie-

mals gut ausgehen kann. Wir entdecken gleichzeitig die freien Plätze und lachen bei der Erinnerung an unser Gespräch los. Keiner von uns zögert, denn wenn dieser Abend nicht in einem Absturz enden darf, welcher dann? Der einzige Schnaps, an dem wir beide Geschmack finden, ist der goldene Zimt-Tequila. Da diese Bar eher reicheren Menschen vorbehalten ist, sind auch die Preise eher europäisch. Wir setzen uns an die Theke. Kurzerhand fange ich an, mit dem Barkeeper zu diskutieren und feilsche mit ihm um den Preis eines Tequilas. Vermutlich, weil er uns nichts zutraut, lässt er sich zu der Äußerung hinreißen, mit dem Preis um die Hälfte heruntergehen, wenn wir den Abend über 20 Schnapsgläser Tequila verzehren. Aus einem mich selbst überraschenden Übermut heraus gehe ich direkt auf den Deal ein. Vermutlich denkt der Barkeeper, dass diese zwei Gringas für einige Lacher sorgen werden, wenn sie 20 Tequilas heruntergekippt haben. Wir können nur noch laut losprusten, als uns die ersten beiden Gläser auf die Theke gestellt werden. Hätten wir gewusst, dass die Gläser nicht mit 2 cl sondern 4 cl des hochprozentigen mexikanischen Getränks gefüllt sind, hätte ich vermutlich keine Miene über den Preis verzogen. Da haben wir den Salat! Der Abend wird legendär. Wir lachen ausgelassen und tanzen vor der Theke. Mehr ungewollt als gewollt werden wir für die anderen Gäste durch unser Verhalten der Mittelpunkt des Abends. Marie und ich sind in unserer kleinen Welt und bekommen kaum etwas mit von der Aufmerksamkeit, die uns zuteilwird. Die Kellner lächeln uns freudig an, jedes Mal wenn sie an uns vorüberziehen. Marie und ich tanzen eng umschlungen und küssen uns immer wieder, als wollen wir das Depot der Nähe, die wir die letzten Wochen gespürt haben, noch mal auftanken, bevor sie geht. Die Sorge um unsere Trennung ertränken wir sprichwörtlich im Alkohol.
Schon am nächsten Morgen denken wir jedoch reumütig an den Vorabend. Ich erwache, als Marie mit einem grellen Schrei feststellt, dass sie in ihrem Erbrochenen liegt. Sofort füllt die Frage, wie wir nach Hause gekommen sind, meinen Kopf aus. Langsam kommen die Erinnerungen und damit die Feststellung unserer Unachtsamkeit. Als wir die letzten Schnäpse herunter gekippt hatten, gesellte sich eine Gruppe Einheimischer zu uns, die schnell begriffen, dass wir weit über das Ziel hinausgeschossen waren. Wir wären auf der Straße zu dieser Uhrzeit mehr als leichte Beute gewesen und diese liebenswerte Gruppe verfrachtete uns erst in ihr Auto, fuhr uns nach Hause

und brachte uns dann durch die Garage auch noch bis in unser Zimmer. Wundervolle, liebenswerte Menschen, die unsere selbst herbeigeführte Situation nicht ausnutzten, um sich zu bereichern, sondern selbstlos dafür sorgten, dass wir heimkamen. Bis heute können weder Marie noch ich mich daran erinnern, woher die Gruppe wusste, wo wir wohnten.

Christa, Daniel, Alex, Mercedes und auch Pablo kommen mit an den Busbahnhof. Gemeinsam verabschieden wir Marie. Tränenreich geht eine so wertvolle Zeit zu Ende. Nun wird es kein Treffen mehr in Bolivien geben. Natürlich schwören wir uns, Kontakt zu halten, aber die Angst, dass es an der Umsetzung hapern wird, bleibt. Einfach so flüstert Marie mir kurz vor dem Abfahren ihres Busses noch ins Ohr, dass sie dankbar für die Zeit ist und sie in Erinnerung behalten wird, wie gut und selbstlos ich in ihren Augen mit anderen Menschen umgehe. Ich bin verblüfft und gleichzeitig so dankbar, sie kennengelernt zu haben. Ich lache auf und sage, dass ich mir vornehme, das Leben manchmal einfach ein wenig leichter zu nehmen, so wie ich es bei ihr erfahren durfte. Wir küssen und umarmen uns. Der Busfahrer hupt beim Verlassen des Terminals zum Abschied. Nun ist sie weg.

Den Sonntag verbringe ich traurig und melancholisch bei Maria Antonia. Sonntags ist der Besuchertag. Paare, die Kinder aus dem Kinderheim adoptieren wollen, kommen zu Besuch, und so ziehe ich mich mit Maria Antonia zurück und kuschele den ganzen Tag mit ihr auf dem Sofa des Schlafsaals. Ich habe das Gefühl, dass wir beide das gerade brauchen. Immer wieder stiehlt sich die Sorge um ihre Zukunft in meine Gedanken. Wie wird es mit ihr weiter gehen? Welche Wege werden sich ihr öffnen? Dass sie eine Chance auf eine Adoption hat, halte ich für unwahrscheinlich, da sie eben ein sehr schwaches kleines Mädchen ist. Automatisch geißele ich mich wieder mit dem Gedanken, ob ich nicht eigentlich die Pflicht hätte, sie zu adoptieren. Wir sind uns so nah.

Plötzlich keimt ein anderer Gedanke in meinem Kopf auf. Dieser wahnsinnig beeindruckende Mann David. Stark und geheimnisvoll nimmt er sich mein Herz. Wir sind uns so nah. Und plötzlich muss ich alles infrage stellen. Was ist denn überhaupt mit Paul? Welche Rolle wird er in der Zukunft in meinem Leben spielen? Wir sind uns so fremd. Vielleicht ist es das gleiche Phänomen wie zwischen Patricia und mir. Unsere Leben entwickeln sich in solch unterschiedliche Richtungen. Oder rede ich mir das nur ein, um meine plötzlich aufkommenden Gefühle für David zu rechtfertigen? Doch ist die Vorstellung, ein Leben mit David zu verbringen, selbst für meine Begriffe äußerst naiv. Aber warum ist dann diese Idee so verlockend? Ich versuche, mich wieder auf das wundervolle Wesen in meinen Armen zu konzentrieren und schiebe die Gedanken an David, Paul und die Zukunft von Maria Antonia beiseite.

Nähe zu David

Noch am selben Abend befinde ich mich wieder im Bus nach La Paz. Ab sofort werde ich für den Rest meiner Zeit in Bolivien hier arbeiten und leben. Nur an den Wochenenden werde ich zurück nach Sucre fahren, so habe ich es Christa versprochen. Außerdem wird mich allein die Sehnsucht nach Maria Antonia immer wieder zurück nach Sucre führen. Schon fast routiniert weine ich, als wir die letzten Häuser der Stadt hinter uns lassen. Ein fremder Mann sitzt neben mir. Ich bemühe mich, nicht allzu viel Platz einzunehmen. Schon bei diesen alltäglichen Situationen vermisse ich Marie. Ich verstaue wie immer meine Wertgegenstände am unteren Ende meines Schlafsacks und versuche, schnell einzuschlafen.

Motiviert erwache ich nach einer Fahrt mit den üblichen Reifenpannen und der einen „Pipi-Pause" am nächsten Morgen, als wir im El Alto, einige Kilometer von La Paz entfernt, die erste Haltestelle anfahren. Ich ersticke meinen Kummer, indem ich mich direkt nach Verlassen des Busses in La Paz auf den Weg in meine kleine Wohnung mache, um mich nur kurz frisch zu machen und dann direkt wieder durchzustarten, um pünktlich um 8 Uhr bei der Arbeit im CC zu sein. Amüsiert erwische ich mich dabei, dass ich achtgebe, meine Haare zu einer unauffälligen, schlichten aber schönen Frisur zusammenzubinden. Zum ersten Mal seit Langem lege ich sogar etwas Wimperntusche auf, um meine blauen Augen zu betonen. Ich bin so nervös vor dem ersten Aufeinandertreffen mit David, dass ich versuche, mir einzureden, dass sich bei dieser Begegnung herausstellen wird, dass die heftig aufgekommenen Gefühle ein Strohfeuer waren, keinerlei Bedeutung mehr haben werden und dass nur noch die Verbindung zwischen Paul und mir zählen wird. Dennoch muss ich mir eingestehen, dass mein Verhalten, besonderen Wert auf mein Äußeres zu legen, nicht so recht zu meinen Vorsätzen passen will.

Ich nehme den Bus zum Kontaktzentrum und bemerke zum ersten Mal einen Vorteil darin, auf mich allein gestellt zu sein. Niemand ist hier, der mir übersetzt oder mir dabei hilft, zu erklären, wo ich aussteigen möchte. Bewusst ignoriere ich die steigende Anspannung und betrete das CC voller Freude beim Anblick meiner Arbeitskollegen. Herzlich und voller Liebe werde ich in Empfang genommen. Es wird noch einige Stunden dauern, bis ich David wiedersehen werde. Jetzt gilt es erst mal, die Straßenarbeit vorzubereiten.

Routiniert brühe ich mit Victor den Tee auf und schmiere die Brötchen. Wie immer fallen unsere Gespräche wortkarg aus, was zwischen uns jedoch überhaupt keine Rolle spielt. Ich spüre nach wie vor eine tiefe und unbeschreibliche Verbundenheit. Hier bin ich richtig. Genau hier ist mein Platz.
Die Menschen der Straßengruppen, die wir anfahren, begrüßen mich überschwänglich. Ich genieße die Zeit. Die Aufregung in meinem Inneren bleibt ein ständiger Begleiter. Wie wird David wohl auf mich reagieren? Was wird er sagen, wird er überhaupt ins CC kommen? Wie viele Wochen hat er sich gar nicht blicken lassen, als ich meine Arbeit bei der Soforthilfe begonnen habe. Als Victor und ich während einer Fahrt zwischen zwei Straßengangs auf der Pritsche der Camioneta sitzen, frage ich ihn, peinlichst darauf achtend, dass es belanglos klingt, ob die Chicos del Rio denn in den letzten Wochen häufig da waren. Er grinst mich wissentlich an und bejaht, dass die Jungs häufig da waren. David habe sich sogar bei ihm noch mal vergewissert, ob ich an dem vereinbarten Tag auch wirklich wieder da sein werde. Deshalb geht er fest davon aus, dass sowohl die Jungs als auch David heute Nachmittag sicher im CC aufkreuzen werden. Ich lächele Victor schüchtern an und mein Stresspegel steigt wieder ins Unermessliche. Die Mittagspause will kaum vorüber gehen. So wie auch zu Zeiten mit Marie setze ich mich zu den Marktfrauen und esse einen Obstsalat und trinke einen Jugo de Frutilla.
Viel zu früh bin ich zurück am CC und klopfe an das Tor. Wie gewohnt sitzen die ersten Besucher bereits gegenüber im Park und warten auf die Öffnung. Beim Begrüßen der Leute stelle ich fest, dass keiner der Jungs dabei ist. Angst steigt in mir auf. Abgesehen davon, dass sie heute einfach aufgrund ihres Drogenkonsums von einem Besuch im CC absehen könnten, könnte es ebenso gut sein, dass ihnen irgendwas passiert ist. Ärger mit der Polizei, vielleicht ein Bandenkrieg – diese und ähnliche Szenarien versetzen mich gerade in eine wahnsinnige Panik. Es dauert noch wenige Minuten bis zur Öffnung und keine Spur von ihnen. Ich klopfe an das grüne Tor und warte, dass meine Hermanos uns die Tür öffnen. Heute hat Diego Türdienst und kontrolliert an der Pforte, ob die Menschen, die in das CC wollen, ansprechbar sind oder so von Alkohol und Drogen benebelt, dass sie keinen Einlass erhalten. Ich hoffe inständig, dass er, sollten die Chicos del Rio auftauchen und nicht mehr ganz nüchtern sein, ein Auge zu drückt. Ich denke, dass bei allen Hermanos aus meinem Arbeitsteam angekommen ist, dass mir die Jungs besonders am Her-

zen liegen und ich dankbar wäre, sie heute zu sehen. Auch wenn ich versuche, mich innerlich dagegen zu sträuben, so ist es immer wieder Davids Bild, das sich in meinen Geist stiehlt. Ich gehe mit dem Pulk der Obdachlosen ins CC und komme mit einzelnen ins Gespräch. Dabei lasse ich die Eingangstür nicht aus den Augen. Nach wenigen Minuten des anfänglichen Tumultes haben sich die Besucher langsam ihren Aufgaben gewidmet und es kehrt Ruhe ein in die vielen kleinen Räume, die nun zum Wäschewaschen, Duschen, den Besuch beim Arzt und für Gespräche genutzt werden. Während ich mich mit einem Mann von der Straße unterhalte, höre ich plötzlich, wie jemand die Holztreppe zum CC hinaufsteigt. Angespannt starre ich auf die Tür und nehme die Worte meines Gesprächspartners unverschämterweise kaum noch wahr. Es fühlt sich wie ewig andauernde Minuten an, bis sich der eintreffende Besucher zeigt.

Da steht David. Schnell scanne ich seinen Körper ab, er ist auf den ersten Blick unversehrt. Jetzt erlaube ich mir Bruchteile von Sekunden, zu genießen, ihn zu sehen. Stark und gleichzeitig düster steht er vor mir. Alle guten Vorsätze vergessen, zieht er mich sofort wieder in seinen Bann. Seine Augen blicken dunkel, fast schon gefährlich zu mir, nur ein großer Unterschied zu unseren vergangenen Treffen fällt mir sofort auf. Seine Gesichtszüge werden weich in dem Moment, in dem sich unsere Blicke treffen und er strahlt mich regelrecht an. Ohne etwas zu sagen stehe ich auf, unterbreche das Gespräch, das ich bis eben noch angeregt geführt habe, und gehe auf ihn zu. Ohne ein Zögern seinerseits und ohne den geringsten Widerstand meinerseits nimmt er mich fest in den Arm. Lange, viel zu lange stehen wir ungeniert so mitten zwischen all den anderen Klienten. Ich nehme seinen sanften und angenehm maskulinen Geruch wahr und wundere mich kurz, dass ihm der mir schon allzu vertraute Straßengeruch fehlt. Die Umarmung ist fest und ich fühle mich umschlossen von einer unbeschreiblichen Stärke. Meine Gefühle fahren Achterbahn. Zum einen fühle ich eine wahnsinnige Ruhe und Gelassenheit, als wäre jetzt in diesem Moment der Nähe einfach alles gut. Gleichermaßen fühle ich Tausende von Schmetterlingen, die durch meinen Körper flattern.

Erst als Hermano Victor aus der Küche herauslugt, löse ich mich abrupt aus der Umarmung und mir wird schmerzlich bewusst, dass wir hier gerade gegen eine der wichtigsten Regeln verstoßen, die es im CC gibt. Sofort steigt in mir ein Gefühl von Reue auf. Ich bin mir darüber im Klaren, dass ich mich unter gar keinen Umständen auf einen der Klienten einlassen darf. Diese Regel ist nichts Ungewöhnliches. Jeder Sozialpädagoge, jeder Arzt, jeder Gefängniswärter weiß um diese Regel, doch trotz aller Logik scheint sie durch ihre bloße Existenz nur noch mehr zu verführen. Doch so fühlt es sich mit David nicht an. Ich suche hier keinen Reiz des Verbotenen. Nein, ich kann nicht einmal beschreiben, was gerade tatsächlich passiert. Ich habe das Gefühl, plötzlich vollständig zu sein. Als wenn es niemals zuvor jemanden gegeben hätte, der so sehr zu mir gehört wie David. Und ich zu ihm. Es fühlt sich einfach so richtig an und gleichzeitig weiß ich, dass es zu absolut nichts führen wird, zu nichts führen darf. David zeigt keinerlei Reaktion auf das mir so offensichtlich unangenehme Erwischtwerden von Victor. Er begrüßt David herzlich und sie nehmen sich ebenfalls in den Arm. Es scheint fast so, als würde Victor diese Umarmung ausdehnen, um den Menschen um uns herum zu zeigen, dass lange Umarmungen manchmal einfach wichtig sind, um so den Fokus von uns zu nehmen. Er kommt mir zuvor, als er nach dem Rest der Gang fragt. David berichtet, dass zurzeit alles ruhig sei, die „Geschäfte" auf der Straße würden unauffällig verlaufen und auch sonst gebe es nichts groß zu berichten. Ich merke, wie sich meine immer noch andauernde Anspannung löst und bin noch erleichterter, als sich kurz nach Davids Eintreffen auch einige der Jungs im CC einfinden.

Gemeinsam ziehen wir uns in den fast leeren Aufenthaltsraum zurück. Die anderen Besucher gehen noch immer fleißig ihren Beschäftigungen nach und so kann ich mich ohne schlechtes Gewissen, meine Arbeit zu vernachlässigen, auf ein Gespräch nur mit den Jungs einlassen. Ich frage noch kurz, ob ich Victor in der Küche helfen kann, doch der lächelt nur und tut so, als würde er mich aus der Küche scheuchen. Wir setzen uns auf den schmutzigen Boden. Die Bänke, die um uns herum an der Wand stehen, sind von wenigen alten Menschen besetzt. Und von Babys, eingewickelt in Tücher, deren Mütter auf dem Balkon die Wäsche waschen. Wir unterhalten uns über die letzten Wochen, die wir getrennt verbracht haben und ich erzähle, dass ich meine liebe Freundin Marie verabschieden musste. Ronald, der auch zwischen den Jungs sitzt, scheint sehr traurig zu sein. Auch er hatte zu Marie eine Beziehung aufgebaut. Da ist sie wieder, diese tiefsitzende Trauer von Ronald, immer wieder verlassen zu werden. Ich berühre seinen Arm, um ihm zu zeigen, dass ich seine Trauer wahrnehme. Mit dieser Berührung setzt er sich gerade auf und scheint sofort wieder unnahbar zu sein. Wenn ich bisher eins auf der Straße erfahren habe, dann, dass Gefühle zu zeigen bedeutet, sich angreifbar zu machen. Das kann man sich auf der Straße nicht leisten. Ich nehme seine Reaktion keineswegs persönlich und denke trotzdem, dass es richtig war, ihm zu zeigen, dass ich ihn sehe. Die Blicke von David und mir treffen sich immer wieder im Gespräch, schon so unauffällig, dass es die Jungs nicht mitbekommen, aber doch so voller Macht, dass ich jedes Mal einen inneren Sturm an Gefühlen erlebe. Zum Abschied streichele ich allen leicht über die Schulter, eine Umarmung fühlt sich irgendwie nicht richtig an.

Abgesehen von den Frauen von der Straße halte ich mich mit Körperkontakt weitestgehend zurück, soweit es möglich ist. Die älteren Männer beim Straßeneinsatz nehmen mich zur Begrüßung immer in den Arm, aber auch das machen sie, wenn sie nüchtern sind, eher mit einer angenehmen Ehrfurcht, da ich ja nun auch eine Hermana bin. Ich trage diese Anrede voller Stolz. Ein Teil dieser fantastischen Organisation sein zu dürfen, das bedeutet mir mehr, als ich mir je hätte vorstellen können.

David ist einer der letzten Besucher, und außer ihm sind nur noch sehr wenige Klienten im CC. Meine Arbeitskollegen widmen sich schon dem Aufräumen.

Im Hinblick auf unsere lange Umarmung und das unangenehme Gefühl, dabei erwischt worden zu sein, bemühe ich mich, auch seine Schulter zum Abschied nur kühl zu berühren. Doch wie aus dem Nichts nimmt er mich fest in den Arm und gibt mir einen zärtlichen aber bestimmten Kuss auf die Wange. Im selben Moment dreht er sich um und verlässt das CC. Ich bleibe wie vom Blitz getroffen stehen, lasse diese innige Berührung auf mich wirken und fühle seine Lippen auf meiner Wange. Noch immer bewegungsunfähig nehme ich wahr, wie er wieder den Eingangsraum des CC betritt, an mir vorbei stürmt, seinen Rucksack, der noch im Aufenthaltsraum liegt, lässig über die Schulter wirft und wieder in meine Richtung läuft. Offensichtlich fällt ihm in diesem Moment auf, dass ich noch immer an derselben Stelle stehe und wie hypnotisiert mit den Augen seinen Schritten folge. Ein freches Grinsen kann er sich nicht verkneifen, nimmt mich mit der gleichen Intensität wie Sekunden zuvor noch mal in den Arm, drückt mir erneut einen Kuss auf die Wange und verschwindet.

In mir tobt ein Sturm. Mein Herz will vor Glück explodieren. Was auch immer ich für ihn fühle, welche Definition es haben könnte, ich weiß es nicht. Ich weiß nur, es ist ungeheuer intensiv und in diesem Moment bin ich überzeugt, dass ich es mir nicht einbilde, dass auch er sich zu mir hingezogen fühlt. Irgendwas, wie auch immer man es nennen will, passiert gerade zwischen uns. Und plötzlich trifft mich diese Erkenntnis wie ein Schlag. All die Freude muss ganz tief in meinem Herzen begraben werden. Ich darf keine Gefühle für David entwickeln. Bin ich überhaupt noch dabei oder sind sie nicht schon gänzlich vorhanden, haben mich eingenommen und überflutet? Ich bin eine Hermana, die Schwester, die auf die Straße kommt, um den Menschen zu helfen. David ist ein Gangchef, er führt ein Leben, das sogar für mich unvorstellbar ist, obwohl ich mich tagtäglich mit dem Leben auf der Straße auseinandersetze. Wenn ich mir für wenige Sekunden erlaube, meine Gefühle ihm gegenüber zuzulassen, dann kommt mir nicht die klitzekleinste Zukunftsidee. Es führt zu nichts. Außerdem bin ich seit einigen Jahren in einer Beziehung. Paul ist meine Zukunft. Es bleibt dabei, diese Gefühle sind nichts als irrational und würden mich in meiner professionellen Arbeit auf der Straße behindern.

Ich stecke in einem solchen Chaos, dass ich mich nach einem Gespräch mit Samanta sehne. Mit einer kurzen Ausrede, dass ich noch etwas erledigen müsse, entschuldige ich mich bei meinen Arbeitskollegen und steige die steile Treppe hinunter auf die Straße. Mein Ziel ist das nächstgelegene Callcenter, um das gerade Erlebte mit Samanta zu teilen. Ich hoffe darauf, dass sie sich kurz Zeit nimmt, mit mir diesen wundervollen Moment zu genießen, um dann jedoch klare Worte zu finden, die mir helfen, diesen Weg nicht weiter zu verfolgen. Ich verabschiede mich für diesen Abend von dem herzlichen und mir schon so ans Herz gewachsenen alten Pärchen neben dem CC, das tagein, tagaus in der Nähe des CC sitzt und mit dem mein Tag morgens beginnt und abends endet. Wenige Minuten später erreiche ich das Callcenter. Ich weiß, dass in diesem Internetcafé das Rauchen verboten ist. Ich versuche, mich etwas abseits zu stellen und ziehe meine Kapuze über den Kopf, um mit meinen blonden Haaren nicht schon von Weitem erkannt zu werden. Nach wie vor gilt es, als Christin in Bolivien nicht zu rauchen oder Alkohol zu trinken, daher darf ich nicht gesehen werden. Trotz der Angst, erwischt zu werden, kann ich meine Aufregung nicht zügeln und zünde mir eine Zigarette

an. Lächerlich, dass ich voller Inbrunst versuche, täglich Menschen davon zu überzeugen, gegen ihre Süchte anzukämpfen und selbst lasse ich keine Gelegenheit aus, mir eine Kippe anzuzünden. Ich lasse die Zigarette unauffällig vor mir auf den Boden fallen und trete sie mit dem Fuß aus.
Plötzlich höre ich, dass jemand hinter mir meinen Namen ruft und zucke sowohl erschrocken als auch ertappt zusammen. Gefangen in meinem schlechten Gewissen habe ich nicht wahrgenommen, dass David von hinten an mich herangetreten ist. Ich drehe mich herum und er steht ganz nah bei mir, viel zu nah. Sein Geruch umhüllt mich und ich genieße diese verbotene Zweisamkeit. Zum ersten Mal sind wir allein. Mitten zwischen den vielen Menschen, die sich ihren Weg bahnen, stehen wir in einer anonymen Blase und genießen den Moment. Bevor dieser Moment uns gänzlich überwältigen kann, nimmt David meine Hand und noch einmal darf ich seine Lippen auf meiner Wange spüren. Nun ist er der Ertappte, denn wir hören beide die Stimmen seiner Gangmitglieder und so plötzlich wie die Blase der Zweisamkeit uns umhüllte, so schnell ist sie wieder geplatzt. Diez und Sombras treten auf uns zu. Sie schauen beide erst David, dann mich prüfend an. Beiden ist ihre Irritation anzusehen. Sie haben offensichtlich Fragen, trauen sich aber nicht, sie zu stellen. Davids sanfte Zärtlichkeit, mit der er meine Hand berührt und meine Wange geküsst hat, weicht der gewohnten Härte der Straße. Er geht nicht auf die fragenden Blicke seiner Freunde ein, sondern ignoriert die Tatsache, dass Diez und Sombras nun gesehen haben, dass irgendwas zwischen ihm und mir läuft.
Schon immer war ich ein sehr visueller Mensch und wünsche mir, dass ich Samanta ein Bild von David schicken könnte, um ihr den Mann zu zeigen, der gerade mein Leben auf den Kopf stellt. Deshalb nehme ich all meinen Mut zusammen und fast schon schüchtern frage ich die drei, ob ich kurz noch ein Bild von ihnen machen darf. Diez, dessen Anwesenheit mich normalerweise verängstigt, kann mir gerade im Moment, vielleicht wegen der Anwesenheit von David, nichts anhaben. Er schaut direkt mit einem aufgesetzt finsteren Blick in die Kamera. Zum ersten Mal sehe ich Sombras, der sonst schüchtern im Hintergrund bleibt, frei lächeln und freue mich darüber. David umgibt noch immer diese Härte, jedoch werden im Moment des Abdrückens des Auslösers seine Gesichtszüge kurzzeitig weicher und ein Lächeln zeichnet sich ab. Noch hochmütig von diesem Moment verabschieden sich Diez

und Sombras flüchtig. Sie laufen bereits die Straße in Richtung ihres Schlafplatzes entlang. David nutzt diese kurze Gelegenheit und gibt mir nun den allerletzten Abschiedskuss für den heutigen Tag. Das Adrenalin strömt durch meine Adern. Noch einen Moment bleibe ich vor dem Internetcafé stehen und schaue David nach. Er dreht sich nicht noch mal um. Mit breiten Schultern und aufrechtem Gang geht er durch die Menschenmenge, bis ich ihn nicht mehr sehen kann.

Ich wende mich zum Callcenter, steige die zwei Stufen hinunter und suche mir einen freien PC. Bevor ich Samanta anrufen werde, möchte ich das Foto von den Jungs hochladen und ihr per Email zuschicken. Dann bezahle ich 25 Cent für die Viertelstunde Internet, um mir direkt im Anschluss eine Telefonkabine zu suchen und Samantas Nummer zu wählen. Ein Blick auf die Uhr verrät mir, dass es in Deutschland bereits 23 Uhr ist. Ich denke, dass ihre Mama diesen späten Anruf verkraften wird, sollte Samanta dieses Mal ihr Telefon nicht mit ans Bett genommen haben. Das Freizeichen erklingt zwei Mal, dann meldet sich direkt meine liebe Freundin.

Aufgeregt, ja überschwänglich berichte ich ihr vom heutigen Tag. Erst als alles ausgesprochen ist, meldet sich vehement und mit einer enormen Kraft mein schlechtes Gewissen Paul gegenüber. So wie ich es mir gewünscht habe, ist Samanta auch heute wieder voller Emotionen dabei, sich bedingungslos mit mir zu freuen. Bei meinen aufkommenden Zweifeln gibt sie mir jedoch sehr klar zu verstehen, dass David mir lediglich Küsse auf die Wange gegeben hat. Da wir eine unterschiedliche Meinung bezüglich Treue in der Partnerschaft haben, kommen wir in eine Diskussion, die mich nach kurzer Zeit davon überzeugt, dass ich mir zum jetzigen Zeitpunkt noch nichts vorzuwerfen habe. Sie argumentiert damit, dass es in Bolivien ja üblich ist, sich mit den obligatorischen Küssen zu begrüßen. Ich hingegen erkläre ihr, dass ja eigentlich nicht die Wangenküsse das Problem sind, sondern eher die emotionale Nähe, die zwischen uns besteht. Sie hingegen meint, dass ich es einfach mal genießen soll. Mir ist bewusst, dass ich mich auf Samantas Argumente einlasse, weil ich gerade im Moment an der Situation, wie sie ist, gar nichts ändern möchte. Dieses Gefühl von Zusammengehörigkeit ist dermaßen übermannend, dass ich mich weder dagegen wehren möchte, noch glaube ich, dass ich dazu im Stande wäre.

Das Gespräch hilft mir, die Entscheidung für mich zu treffen, dass ich Paul aktuell keine Erklärung schuldig bin. Das fühlt sich gut an. Ob es richtig ist, sei dahingestellt.

Der alte Mann und die Begegnung mit Gott

Am darauffolgenden Tag sitzen wir bepackt mit den Brötchen-Tüten, den mit Tee gefüllten Thermobehältern und dem frisch aufgefüllten Arztkoffer in der Camioneta und fahren die einzelnen Straßengruppen an. Die Sonne scheint ungetrübt von einem wolkenlosen Himmel, wie üblich in La Paz, und wärmt, obwohl es Herbst ist. Da ich mir bis zum heutigen Tag keinen eigenen Föhn angeschafft habe, sind meine Haare noch immer feucht von der morgendlichen Dusche. Am vorigen Abend war es so spät geworden, dass ich nicht mehr duschen wollte, um im Haus nicht so viel Lärm zu machen.

Noch immer beeindruckt mich diese mächtige Stadt. Ich genieße bei den täglichen Besuchen der Straßengangs die Autofahrten, um immer tiefer in die Stadt eintauchen zu können. Ich kann bereits die einzelnen Viertel den Gruppen zuordnen und würde selbst ihre Verstecke finden. Jetzt halten wir gleich an einem enormen Felsvorsprung, der so aussieht, als sei er bei einem der vielen Erdrutsche entstanden, die in der dicht besiedelten Stadt immer wieder zahlreiche Opfer fordern. Gemeinsam verlassen Diego, Victor, Manuel und ich gut gelaunt das Auto. Der Weg zum Quartier der folgenden Gruppe schlängelt sich am Vorsprung entlang bis hinunter in eine Schlucht. Das Versteck ist genial, denn tagsüber kann man schon von Weitem ungewollte Besucher sehen und bei Bedarf verschwinden, und nachts ist das Gelände so unwegsam, dass man sich auch nicht unauffällig nähern kann. Die Gruppe besteht aus mehreren alten, alkoholabhängigen Männern. Zwei der Gruppenmitglieder eilen den Pfad zu uns hinauf. Schon wie in den letzten Wochen empfinde ich es auch heute als nette Geste, dass die Männer uns offensichtlich die schweren Behälter und Tüten abnehmen wollen. Doch diesmal irre ich mich. Die Männer nehmen uns nichts ab. Schon von Weitem versuchen sie, uns durch Schreie aufzufordern, schneller zu ihnen zu kommen. Erschrocken schaue ich Victor an. Er ist nach wie vor meine feste Bezugsperson auf der Straße und ich scanne seinen Blick, um zu erspüren, wie er die Situation einschätzt. Ich erkenne Beunruhigung in seinem Gesicht, und obwohl er die beiden Thermobehälter trägt, wird sein Gang schneller. Auch Manuel und Diego beeilen sich, die Gruppe zu erreichen. Der Pfad lässt kein Überholen zu und so komme ich als Letzte unseres Teams bei den Männern an. Einer von ihnen sitzt zusammengesackt mit schlaffen Armen und einem hängenden

Kopf mit dem Rücken zu mir. Als Manuel ihn erreicht, stellt er unruhig den Arztkoffer vor ihm ab und wühlt hektisch nach Utensilien. Ich trete vor den Mann und der Schreck erschüttert mich im selben Moment so unerwartet, dass ich auf die Knie falle, die in diesem Moment keine Kraft mehr haben, mich zu halten.

Die letzten Wochen habe ich schon Einiges auf den Straßen von La Paz gesehen, doch dieser Anblick übertrifft das bisher Erlebte um Längen. Das Gesicht des Mannes ist nicht mehr als solches zu erkennen. Zu allererst fällt mir auf, dass anstelle von Augen nur noch zwei Schlitze zu sehen sind. Eine geschwollene Hautmasse hat sich über den Augenhöhlen gebildet. Die Nase ist seitlich weggeklappt, offensichtlich gebrochen. Unterhalb seines Mundes klebt getrocknetes Blut. Die geschwollenen Lippen sehen aus, als würden sie jeden Moment vor Druck aufplatzen. Quer über seine gesamte Stirn verläuft ein gebogener Messerschnitt. Durch die Wunde muss der Mann massiv Blut verloren haben, denn das ganze Gesicht ist zusätzlich zu den Hämatomen von einer krustigen Blutmasse überzogen. Die dicke, an den Herbst angepasste Kleidung, die der Mann trägt, ist an vielen Stellen zerrissen und blutüberströmt. Ich kann abgesehen von seinen schlimmen Verletzungen im Gesicht unter der zerrissenen Kleidung Verletzungen am ganzen Körper erkennen. Beim Anblick dieser massiven Gewalteinwirkung wird mir übel. Ich versuche, mich zusammenzureißen und möchte Manuel assistieren, doch Victor erkennt meine Not und übernimmt ohne Worte diese Aufgabe. Ich will mich wenigstens ein klein wenig nützlich machen, in dem Rahmen, in dem es mir gerade möglich ist, und nehme vorsichtig die ebenfalls angeschwollene Hand des verletzten Mannes, darauf bedacht, ihm durch die Berührung nicht noch mehr Schmerzen zuzufügen. Unentwegt laufen mir die Tränen über das Gesicht und die Situation macht mich so fassungslos, dass ich hörbar schluchze. Mühevoll versucht der offensichtlich betrunkene Verletzte, mir etwas zu sagen. Ich kann heraushören, dass er fast schon empört fragt, ob sein Anblick denn so schrecklich sei, dass ich weinen müsste. Irritiert und ertappt versuche ich, mir die Tränen wegzuwischen, doch es laufen immer wieder neue nach. Wieder setzt der Mann, merklich unter höllischen Schmerzen, zum Sprechen an: „Hermana Claudia, es gibt gerade keinen Grund, zu weinen." Dieser gottesfürchtige Mann löst sich von meiner Hand und erhebt seine gen Himmel. „Danke Gott, dass du mir zum jetzigen Zeitpunkt die Hermanos und die Hermana geschickt hast, damit sie mir helfen können und ich unter meinen Verletzungen nicht sterben muss." Ich kann nicht begreifen, was er da sagt. Noch immer desinfizieren Manuel und Victor die Wunden des Mannes und mir bleibt nichts anderes übrig, als dieses Szenario mit anzusehen. Ich bin entsetzt und kann nicht fassen, dass dieser Mann, der vermutlich ohne die Hilfe meiner Arbeitskollegen an seinen Verletzungen gestorben wäre, keinerlei Groll oder Wut empfindet, sondern lediglich pure Dankbarkeit.

Während ich noch verständnislos dasitze und zusehe, wie die Wunden fein säuberlich verarztet werden, soweit es auf der Straße möglich ist, fragt Manuel, ob der Mann wüsste, wie es zu diesem Gewaltausbruch gekommen ist. Er erklärt stockend, dass er eine Uhr am Handgelenk gehabt hatte. "Sie hatte keinen großen Wert. Auch glaube ich, dass dieser Gegenstand lediglich ein Vorwand war, um mich als ein Opfer auszuwählen, an dem die jungen Männer ihre Wut auslassen konnten." Er erklärt weiter, es seien vier Jungs gewesen, die seines Erachtens nach unter Drogeneinfluss standen. Die Worte kommen qualvoll aus seinem geschundenen Mund. Bei jedem Wort zuckt er vor Schmerz zusammen. Ich schenke ihm einen Becher Tee ein, mit dem er die Schmerzmittel, die Manuel ihm gegeben hat, mühevoll herunterspült. Victor fragt, ob er weiß, zu welcher Gang die Jungs gehören. Der Mann setzt wieder zum Sprechen an: "Ich kenne sie nur vom Kontaktzentrum." Diese Aussage trifft mich wie ein Schlag. Ich suche direkt Victors Blick, der kommentarlos weiter den Arztkoffer zusammenpackt. Es fühlt sich an, als würde er das bewusst machen, um mich nicht ansehen zu müssen. In den letzten Wochen habe ich nur "meine" Jungs, die Chicos del Rio, als Gruppe im Kontaktzentrum gesehen, auf die die Beschreibung der Täter passt. Ein eisiger Schauer kriecht mir den Rücken hinauf. Kann das wirklich sein? Sind "meine" Jungs in der Lage, einem wehrlosen betrunkenen Mann so etwas anzutun? Wieder merke ich, wie die Übelkeit in mir aufsteigt. Als wir den steilen Pfad zurück zum Auto antreten, nehme ich mir fest vor, die Jungs darauf anzusprechen. Ich muss mich davon überzeugen, dass sie es nicht waren. Das darf einfach nicht sein!

Während ich auf der Ladefläche der Camioneta sitze, schweifen meine Gedanken ab. Ich sehe vor meinen Augen den geschundenen Mann und unwillkürlich entstehen in meiner Vorstellung Bilder, wie diese grausame Tat zustande gekommen sein könnte. Was kann Menschen dazu bringen, auf solch animalische Weise anderen Menschen derartige Verletzungen zuzufügen? Kein Grund fällt mir ein, der das rechtfertigen würde. Und plötzlich sehe ich mich an dem Tisch mit Joseph sitzen. Mein Chef Joseph hatte mir zu Beginn meiner Zeit bei der Soforthilfe sehr klar zu verstehen gegeben, dass wir überhaupt kein Recht haben, irgendjemanden für sein Verhalten zu verurteilen. Wieder hallen die Worte in meinen Ohren, dass diese Arbeit mich an meine Grenzen bringen wird. Ich soll lernen, vorurteilsfrei für mich vollkommen absurde Situationen hinzunehmen. Nur Gott darf das letzte Urteil sprechen. Wie soll mir das gelingen? Einen kurzen Augenblick stelle ich mir vor, dass David oder Ronald, Diez, Sombras oder einer der anderen Jungen die Täter waren und diesem wehrlosen alten Mann fast tödliche Verletzungen zugefügt haben. Wie soll ich das vorurteilsfrei annehmen und die „Jungs vom Fluss" mit diesem Wissen weiterhin mit derselben Zuwendung behandeln? Sind wir Menschen überhaupt dazu fähig? Wäre nicht genau das göttlich? Kann nicht nur Gott die Menschen von ihrer Schuld befreien?

Victor ist meine gedankliche Abwesenheit natürlich nicht entgangen. Dirckt beim Eintreffen im CC bittet er in meiner Anwesenheit die anderen Hermanos, doch schon mal in die Pause zu gehen. Er sieht mich an und erklärt den Männern, dass ich ihm helfen werde, die Thermoskannen zu reinigen und den Erste-Hilfe-Koffer wieder aufzufüllen. Kurz bin ich gewillt, zu widersprechen. Die Vorstellung, nachher mit den Chicos del Rio zusammen im CC zu sitzen, raubt mir gedanklich schon so viel Kraft, dass ich eine Pause bitter nötig hätte, doch fehlt mir gerade der Mut, gegen Victors Bitte anzugehen. Ich hebe den Koffer und eine der beiden Thermoskannen von der Ladefläche und steige die steilen Stufen der Treppe nach oben. Als wir die Eingangstür des Catis im ersten Stock erreichen, dringen laute, fröhliche Kinderstimmen zu uns und ich muss unwillkürlich lächeln. Doch schon auf dem Anstieg in den zweiten Stock sehe ich die Bilder des verletzten Mannes wieder deutlich vor mir. So lange, dass es kaum auszuhalten ist, stehen Victor und ich schweigend nebeneinander in dieser engen kleinen Küche und reinigen die Behälter, bevor er schließlich das Wort ergreift. Er spricht mich mit dem Wort „Hermana" an. Dieses machtvolle Wort „Schwester" aus seinem Mund, aus den Mündern der Menschen von der Straße, aus denen „meiner Jungs vom Fluss" – es hüllt mich jedes einzelne Mal in eine wohltuende Wärme. Doch aus dem

Mund des alten geheimnisvollen Mannes fühlt es sich ganz besonders intensiv an. Als würde es diese seltsame, kaum erklärbare Verbindung zwischen uns beiden noch intensiver untermalen. „Hermana, die Worte, die der Verletzte ausgesprochen hat, haben dich tief getroffen. Du bist erst so kurz bei uns und es scheint, als würde es dir schwerfallen, zu glauben, dass die Chicos del Rio zu einer solchen Gewalttat fähig sind, habe ich recht?" Ich nicke nur kurz, denn die Frage ist eigentlich schon mit den Tränen, die mir die Wange herunterlaufen, beantwortet. Statt weiterzusprechen kann Victor seinen Blick nicht von der Wand lösen, als habe er sich an einem Fleck auf der Tapete festgeguckt. Erst nach einer gefühlten Ewigkeit spricht er weiter.

„Ich habe gerade nach Erklärungen gesucht, die eine solche Tat rechtfertigen würden. Doch dies ist nicht der Sinn unserer Arbeit. Ich kann dir nicht für jedes grausame Geschehen eine Erklärung liefern. Vielmehr kommt es darauf an, dich von solch allzu menschlichem Denken zu lösen. Selbst wenn ich versuchen würde, dir zu erklären, dass Menschen, die auf der Straße leben, permanent in Todesangst sind, weil ein menschliches Leben einfach nichts zählt, wirst du dies nicht wirklich nachvollziehen können. Und das sage ich keineswegs, um dich herabzusetzen. Das Leben auf der Straße schreibt seine eigenen Gesetze und du bist nicht hier, um diese Gesetze zu ändern. Wir Hermanos und Hermanas dienen Gott mit unserer Arbeit. Wir üben permanente Nächstenliebe, ohne das Handeln von Menschen in anderen Lebenslagen zu verurteilen. Es wäre anmaßend."

Mit diesen Worten schickt er mich in die Pause. Ich soll mir Zeit nehmen, mich von dem Zwang zu lösen, diese Tat zu verurteilen. In dieser Pause gehe ich nicht zum Markt, wo ich mich sonst zu den Frauen setze, um gemütlich einen frisch gepressten Saft zu trinken. Ich möchte allein sein. Natürlich verspüre ich das Gefühl, mit Victor weiter die Tat diskutierten zu müssen, doch wohin soll das führen? Wie er gesagt hat, muss ich mir eingestehen, dass es keine ausreichende Rechtfertigung geben wird, die mich zufrieden stellen kann. Ich sitze im Park auf einer Bank und spüre in diesem Moment deutlicher denn je, dass ich mich mit dem Wunsch, die Welt zu retten, ganz schön übernommen habe. Kurz gestatte ich mir ein Lächeln. Ja, genau diese Art von Arbeit wollte ich machen, dafür bin ich aufgebrochen und habe meine Familie und Freunde, mein entspanntes und vielleicht auch etwas langweiliges Leben zurückgelassen. Ich war mir meiner Kraft bewusst und fühlte mich ausreichend aufgestellt, um meine Liebe zu teilen, um anderen damit zu helfen. Doch ist die Bürde, mich in einem fremden Land zu befinden, den Menschen zu helfen, die selbst hier nicht gesehen werden, und mich dann auch noch zu einem Mann hingezogen zu fühlen, mit dem ich keine gemeinsamen Zukunftsaussichten habe, nicht schon groß genug? Reicht es nicht, dass ich diese unfassbar tragischen Lebensgeschichten einzelner Straßenleute kenne und ihnen trotz allem oder vielleicht gerade deshalb meine volle Aufmerksamkeit schenke? Soll das heute Erlebte – die Möglichkeit, dass meine Jungs, die ich in den letzten Wochen mit all ihren Päckchen akzeptieren und lieben gelernt habe, einen anscheinend willkürlich gewählten Menschen beinahe getötet haben – meine Prüfung werden? Bin ich alldem auch nur ansatzweise gewachsen?

Plötzlich verspüre ich einen mir schon lange fremd gewordenen Impuls. Wie automatisiert falte ich die Hände und beginne ein Gespräch mit Gott. Ich kann mir eine Entschuldigung für meine lange Abwesenheit nicht verkneifen und erkläre ihm dann ausführlich, in welch einem Zwiespalt ich mich befinde. Die Worte sprudeln aus mir heraus. Allen Ballast, der sich in meinem Herzen befindet, lasse ich los und überreiche ihn im Gespräch Gott. Nach vielen Sätzen voller Angst, Wut und Ungewissheit beende ich das Gebet und stehe auf, um zurück ins CC zu laufen. Ich merke, dass ich mich besser fühle. Ich schiebe die Überlegung, ob das tatsächlich an Gott liegt oder daran, dass ich meine Gedanken noch mal benennen und damit loslassen konnte, zur Seite und genieße einfach, dass ich mich freier als noch gerade eben vor dem Gebet fühle.

Machtprobe

Ich bin selbst überrascht von der inneren Ruhe, die in mir herrscht. Vollkommen gelassen und losgelöst von den Erlebnissen des Morgens kehre ich zurück in die Nachmittagsschicht ins CC. Obwohl die Welt soeben noch auf dem Kopf stand und ich nicht mal wusste, wie ich den Jungs vom Fluss zukünftig begegnen soll, nehme ich wahr, wie mein Körper sich in aufgeregter Erwartung, David womöglich wieder sehen zu können, anspannt. Natürlich brennt mir die Frage noch immer unter den Nägeln, ob die Chicos del Rio etwas mit dem Verbrechen an dem Mann zu tun haben, aber die Antwort hat nun weniger Macht. Sie wird nicht dazu führen, dass ich meinen Umgang mit den Jungs ändere, sondern viel mehr verspüre ich ein großes Interesse, mit ihnen darüber ins Gespräch zu kommen und verstehen zu wollen, was dazu geführt hat. Ich glaube, dass das vielleicht nicht in Josephs und Victors Sinn ist, jedoch erkenne ich in mir eine Sehnsucht nach Verstehen. Diese Sehnsucht geht aber nicht mit Wut oder der noch eben gespürten Abscheu einher, sondern vielmehr mit der Frage, wie ich den Jungs helfen kann, einen Weg zur Liebe zu finden, statt mit Wut und Gewalt auf Ängste zu reagieren und mit der Einsamkeit und den Gefahren der Straße umzugehen.

Ich nicke Hermano Victor zu und schenke ihm ein Lächeln, als er mich im Flur sieht und offensichtlich versucht, meinen Gemütszustand zu deuten. Er lächelt zurück und ich gehe in die Küche, um die Brötchen für das gemeinsame Abendessen der Obdachlosen mit Butter zu bestreichen. Mehr als Butter gibt es nicht. Je nach finanziellen Möglichkeiten gibt es ab und zu Dulce de Leche, eine klebrige Karamellcreme. Eine dankbar angenommene Abwechslung, über die sich die Straßengangs freuen, aber auch dann, wenn die Brötchen nur mit Butter beschmiert sind, sehe ich eine Dankbarkeit, die mich immer wieder verblüfft. Die Vorstellung, dass die Kinder, die Jugendlichen, die Erwachsenen und Alten zum großen Teil keine andere Nahrung zu sich nehmen als täglich die zwei Brote, die bei den Straßeneinsätzen oder im CC verteilt werden, und die eine warme Mahlzeit, die mittwochs bei der Straßenspeisung gereicht wird, macht mich oft nachdenklich. Natürlich könnten sich die Menschen von ihren Einnahmen durchs Schuheputzen und Dealen Essen kaufen. Zumeist geht dieser Erlös jedoch für Drogen und Alkohol drauf. Die Sucht ist einfach zu stark und der erlösende Gedanke zu verlockend, sich durch die Drogen und den viel zu hochprozentigen Alkohol zu betäuben. Dankbar nehme ich dann wahr, welch großes Geschenk es ist, dass ich in meinem Leben niemals Hunger leiden musste. Der Kühlschrank war immer gefüllt. Zudem hatten mein Bruder und ich das Privileg, dass meine Mutter bis zu unserem Jugendalter zu Hause war und wir jeden Mittag auch gemeinsam mit meinem Vater essen durften. Etwas, woran ich zuvor noch nie einen Gedanken verschwendet hatte. Als selbstverständlich habe ich es hingenommen. Dass es das eben nicht ist, bekomme ich in La Paz Tag für Tag vor Augen geführt.

Während ich die Brötchen bestreiche, erwische ich mich, dass ich immer wieder aus der Küchentür sehe, um Davids Eintreffen nicht zu verpassen, sollten er oder die Jungs heute überhaupt kommen. Ich erlaube mir, mit einem Lächeln im Gesicht an gestern zu denken, als er mir gleich mehrmals zum Abschied auf die Wange küsste.

Als er endlich im CC eintrifft, lasse ich mir meine Überraschung nicht anmerken und arbeite vollkommen monoton weiter, als er – obwohl er weiß, dass er sich als Klient nicht in der Küche aufhalten darf – einfach auf der Arbeitsfläche Platz nimmt. Sein Handeln fühlt sich nicht provokant an, vielmehr vollkommen normal und unaufgeregt. Statt ihm „Hallo" zu sagen, reiche ich ihm verbotenerweise ein Brötchen. Er isst es leicht versteckt, so dass die anderen Besucher nichts davon mitbekommen. Ich grübele darüber, wie ich ein Gespräch beginnen könnte, um ihn auf die Geschehnisse mit dem alten Mann anzusprechen. Doch mein Zögern dauert wohl zu lange, denn er ergreift das Wort.

„Claudia, was machst du hier, warum bist du hier bei uns?" Diese Frage trifft mich unerwartet. Es ist kein oberflächlicher Smalltalk. David fragt nach dem Sinn meines Aufenthalts. Ich lasse mir Zeit und denke über meine Antwort nach. Innerlich schüttele ich fast schon ertappt meinen Kopf. Ist es nicht genau die Frage, die ich mit Joseph und Victor immer wieder im Gespräch thematisiere? Die Schlagwörter „Vorurteilsfrei", „Nächstenliebe" und „Die Welt retten wollen" tauchen in meinen Gedanken auf. David drängt nicht auf eine schnelle Reaktion. Er sitzt ruhig da und beobachtet mich, wie ich innerlich eine Antwort formuliere. Als meine Gedanken für mich ausreichend geformt sind, treffen sich unsere Blicke und ich entgegne ihm auf seine Frage: „Mir ging es in Deutschland sehr gut, mir hat es an nichts gefehlt. Während eines Urlaubs in Afrika entwickelte ich ein Gefühl, dass ich die Liebe und die Kraft, die ich durch meine Kindheit erleben durfte, teilen wollte. Ich empfand es als nicht gerecht, dass es mir so gut geht, einfach nur durch das Glück, in ein reiches Land und in eine liebende Familie hineingeboren zu sein. Es entwickelte sich ein Pflichtgefühl, das, was ich habe, teilen zu wollen. Ich bin gern hier. Ich fühle mich wohl in eurer Nähe, besonders die Chicos del Rio sind mir wahnsinnig ans Herz gewachsen." Während ich meine Antwort gebe, stelle ich fest, dass die Frage, ob die Chicos del Rio die nächtlichen Täter waren, die dem alten Mann Scheußliches angetan haben, für mich an Bedeutung verliert. Nicht weil die Tat an sich an Grausamkeit verloren hat, sondern weil es mir gerade beim Besinnen auf meinen Grund, hier in La Paz zu sein, klar wird, dass es ja nicht mal für das Opfer eine große Rolle gespielt hat, wer die Täter waren. Erst auf Nachfrage wurden sie kurz und knapp von ihm beschrieben. Warum darf es dann für mich eine solch große Rolle spielen? Ich nehme mir vor, die Frage nicht zu stellen und das nicht unbedingt, weil ich vor der Antwort Angst habe, sondern weil ich mich im Aushalten des Nicht-Wissens versuchen möchte.

David reagiert nicht auf Einzelheiten, die ich in meiner Antwort benannt habe, sondern stellt direkt erneut eine Frage: „Wie lange wirst du hierbleiben?" Wieder bringt mich die Frage zum Nachdenken. Seit meiner Ankunft in Bolivien sind nun bereits sieben Monate vergangen und meinen letzten Monat werde ich in Brasilien mit einem befreundeten Pärchen und Paul im Urlaub verbringen, bis ich im Juni wieder nach Deutschland zurückkehren werde. Es bleiben also nur noch acht Wochen, bis ich in den Flieger nach Sao Paulo steige und Bolivien für immer verlassen werde. Meine Antwort fällt kurz und knapp aus: „Wenige Wochen." Seine Reaktion freut mich, als er ein wenig resigniert meint, nun die folgenden Tage und Wochen täglich ins CC kommen zu wollen, um die verbleibende Zeit mit mir gemeinsam verbringen zu können.

Wir verfallen in eine Plauderei. Er möchte wissen, wie wir zu Hause leben, wie ich mich mit meinen Eltern und meinem Bruder verstehe. Als ich von Marius erzähle, dass wir immer eine wahnsinnig innige Beziehung hatten und uns sehr gut verstehen, zeigt sich Trauer auf seinem Gesicht. Seine Eltern und seine Geschwister, die bei dem Autounfall ums Leben gekommen sind, liegen auf dem illegalen Friedhof, auf dem wir die Straßengang betreuen. Die Erinnerung an den Friedhof macht mich betroffen. Womöglich schlafen die Friedhofsbewohner nachts auf den Gräbern von Davids Familie. Nicht, dass mich der Anblick der vielen Gräber in Verbindung mit dem Hausen der Straßengang nicht sowieso jedes Mal betroffen machen würde, aber wenn man von einer solchen Verbindung erfährt, wirkt es noch mal intensiver.

Als ich David gerade von meinen Freunden aus Deutschland erzähle, unterbricht uns Diez. Er kommt in die Küche und ich bemerke, dass ich mich wieder extrem unprofessionell verhalte, denn wie könnte ich nun Diez aus der Küche verbannen, wenn David schon die ganze Zeit verbotenerweise bei mir in der Küche ist? Ich ärgere mich über mich selbst. Diez schaut uns beide provozierend an. Er grinst verschmitzt und fragt, was wir zwei denn hier alleine in der Küche so treiben würden. Ich merke, dass sich auch David in einer seltsamen Situation befindet. Er ist der Anführer der Gang und Diez stellt mit seiner aufsässigen Art Davids Machtposition in Frage. Indem David sich offen zu mir positioniert, macht er sich seinen Gangmitgliedern gegenüber angreifbar. Und auch ich werde offensichtlich in meiner Professionalität auf die Probe gestellt. Diez zeigt mir unmissverständlich, dass ich nun keine Chance mehr habe, ihm das Privileg zu verwehren, das David gerade hat. Auch wenn ich erst kurze Zeit auf der Straße arbeite, so habe ich doch begriffen, dass eine Paarbeziehung unter den Straßenleuten einen gänzlich anderen Stellenwert hat. Durch eine Beziehung zwischen David und mir, von der wir meilenweit entfernt sind, würde David nicht mehr zum Kreis der Straße gehören. Die Unterstellung, dass er dadurch ein Leben in zivilisierter Gesellschaft führen könnte, würde im Raum stehen und seine Stellung in der Gang würde er verlieren. In dem Moment, in dem er offen zeigen würde, dass er Gefühle für eine Frau entwickelt, die nicht aus ihrer Welt kommt, würde David sich angreifbar machen. Jungs, die seinen Rang in der Gang beanspruchen, wie in diesem Fall offensichtlich Diez, hätten ein leichtes Spiel, denn es gälte fortan, nicht mehr David anzugreifen, der erkennbar seine Rolle verteidigen kann, sondern ich wäre das Ziel, durch das sie David verletzen könnten. Fakt ist: Wir sind kein Paar. Es gilt nun, die Situation professionell zu lösen, und so fordere ich beide auf, die Küche zu verlassen. Ich mache es ihnen leicht, indem ich mich ihnen anschließe. Victor beweist mal wieder seinen siebten Sinn, was brenzlige Situationen angeht, und über-

nimmt direkt die Arbeit in der Küche, ohne im Vorfeld eingegriffen zu haben. Ich freue mich über seine Aufmerksamkeit und noch mehr, dass er mir anscheinend zugetraut hat, selbst eine Lösung für dieses Problem zu entwickeln.
Während Diez, David und ich gemeinsam im Flur stehen, gesellen sich Sombras, Marcos und Ronald zu uns. Wie aus dem Nichts versucht Diez erneut, David und mich auf die Probe zu stellen. Neben den illegalen Machenschaften der Drogendealerei putzen die Jungs der Gang Schuhe, um sich Geld zu verdienen. Diez greift sich Davids Schuhputzkoffer, den er wie alle Jungs immer mit sich trägt. Außer den Schuhputzutensilien befindet sich in diesem kleinen Kasten all ihr Hab und Gut. David ist merklich angespannt. Die Situation zwischen ihm und Diez spitzt sich zu und er muss auf alle Eventualitäten eingestellt sein. Diez durchwühlt vor den Augen der anderen Gangmitglieder den Kasten und stellt fest, dass Davids Schuhcreme alle ist und auch die Schwämme nicht mehr die Neusten sind. Er fragt mich provokant fordernd, ob ich David denn nicht gerne unterstützen würde, seiner Tätigkeit weiter nachgehen zu können, indem ich neue Creme und Schwämme besorge. Ich merke, dass David in die Situation eingreifen will und komme ihm zuvor. Natürlich sind alle Gesprächsteilnehmer gespannt, wie meine Reaktion ausfallen wird. Ich versuche, betont gelassen zu reagieren und erkläre, dass ich von Freunden und Familienmitgliedern aus Deutschland Geld bekomme, um Menschen von der Straße zu helfen. Da ich das Schuhputzen an sich als deutlich ehrlichere Tätigkeit ansehe als den Drogenverkauf und annehme, dass, wenn alle gut ausgestattet sind, wenigstens ein Drogengeschäft weniger stattfinden könnte, kann ich gut rechtfertigen, Geld für Schuhputzmittel für alle Jungs zu besorgen. Damit ist Diez der Wind aus den Segeln genommen und David hat sein Gesicht nicht verloren, indem er auf eine „milde" Gabe von mir angewiesen ist, denn alle Schuhputzkoffer werden nun frisch aufgefüllt. Wir verabreden uns für den folgenden Abend am Plaza San Francisco, um gemeinsam einkaufen zu gehen.
Auf dem Weg in meine kleine Wohnung muss ich über diese seltsame Situation nachdenken. Ich bin aus meiner Sicht gar nicht allzu sehr vom professionellen Weg abgewichen. Lediglich die unausgesprochene Duldung Davids in der Küche war ein tatsächlicher Regelverstoß. Vielleicht durch das Leben auf der Straße sind die Sinne der Jungs fokussiert auf zwischenmenschliche

Spannungen. Genauso wie ich nicht in der Lage bin, zu verdrängen, was auch immer zwischen David und mir ist, so spüren offensichtlich auch die Jungs, dass David in meiner Nähe angreifbarer zu sein scheint. Nach dieser Erfahrung, die mich gelehrt hat, dass schon die kleinste Abweichung von der Regel eine Art Revolte auslösen kann, beschließe ich, zukünftig um Davids Willen absolut regelkonform und professionell zu bleiben. Noch mal plastischer wird mir klar, dass ich mir sämtliche romantischen Gefühle zu David verbieten muss. Nach dieser lächerlichen Situation scheint es kaum überschaubar, was eine tatsächliche Liebesbeziehung zwischen uns auslösen könnte.

Mein Zuhause in La Paz

Der Minibus hält vor meinem vorübergehenden Zuhause und ich steige aus. Direkt gegenüber von meiner Haustür steht eine ältere Jolita mit ihrem Hamburguesa-Wagen. Sie sieht mich aussteigen und winkt mir zu, während sie mit dem Wender geschickt das Fleisch in der heißen Fettpfanne wendet und auf den Punkt gart. Das Fleisch legt sie gekonnt in einen Fladen und bestückt es mit einem Salatblatt und hauchdünn geschnittenen Zwiebeln. Ich gebe ihr die 60 Cent für dieses leckere Abendessen und genieße das Ritual des Heimkommens. Wir sprechen kurz, wie es mir und ihr geht, und ich wünsche ihr eine gute Nacht, bevor ich den Schlüssel in die Haustür stecke.

Im Reinkommen begrüße ich die Telefonistin der Taxistation, die geschäftig am Telefonieren und mit den Taxifahrern am Funken ist. Es ist noch nicht allzu spät, und so werden die Hunde meiner Gastfamilie im Flur hellhörig, als die Tür ins Schloss fällt. Sie rennen die Treppe hinunter und direkt im selben Moment höre ich Juanita mit ihrer lauten Stimme nach ihnen rufen, um sie, so vergeblich wie immer, von der Zwischentür wieder nach oben zu schicken. Ich warte, bis sie die Tür erreicht hat und alle drei kleinen Kläffer auf ihren Armen wieder nach oben bringt. Zwischen dem hohen Gebell fragt sie mich kurz, wie mein Tag war und ich drücke ihr einen Kuss auf die Wange. Wir winken, da jeder Ton bei dem Lärm untergeht, und lächeln, statt uns eine gute Nacht zu wünschen. Ich verschließe die Tür zu meinem Stockwerk und lasse mich kurz auf das mitten im Wohnzimmer stehende Sofa fallen. Es ist noch immer in Plastikfolie eingewickelt. Wie ich in den letzten Monaten immer wieder feststellen konnte, ist das nicht ungewöhnlich. Die Plastikfolie soll vor Schmutz schützen und dafür sorgen, dass die Möbel langlebiger sind, nimmt jedoch auch sämtliche Gemütlichkeit. Überhaupt ist der große Raum äußerst steril. Da mein Gastvater Arzt ist, vermute ich, dass dieser Raum für kollegiale Treffen genutzt wird. Statt gemütliche Wohnlichkeit auszustrahlen, zeigt er, dass die Familie gut betucht ist. Vom Wohnzimmer geht eine Tür in eine kleine ordentliche Küche, die ich bei Bedarf nutzen kann. Ansonsten führt ein kleiner Flur zu zwei weiteren Türen, einem Badezimmer mit Toilette, Waschbecken und Dusche und meinem Schlafzimmer. In dem Badezimmer befindet sich ein Fenster zum Flur ohne Sichtschutz. Äußerst peinlich war es, als ich eines Montagmorgens aus Sucre kam und vor der Arbeit schnell geduscht habe. Der Staub der Busfahrt schien sich in all meine Poren gefressen zu haben und die Vorstellung, mich noch schnell zu waschen, bevor ich mein Tagwerk beginne, war zu verlockend. Als ich meine kleine Wohnung betrat, bemerkte ich direkt, dass ich nicht allein war. Normalerweise wird dieses Stockwerk von einem Verwandten der Familie genutzt, der bei der Armee dient und somit so selten die Räumlichkeiten nutzt, dass meine Familie es nicht für nötig hielt, mich darauf hinzuweisen, dass er an manchen Wochenenden in La Paz ist. Während ich den Flur zu meinem Schlafzimmer betrat, schaute ich recht automatisch durch das Fenster ins Badezimmer. Plötzlich stand da ein wildfremder nackter Mann vor mir. Der Schreck war so groß, dass ich auf die ersehnte Dusche verzichtete und gleich nach dem Abladen meines Gepäcks die Wohnung wieder verließ. Die Situation war so prägend, dass ich es seitdem weitestgehend vermeide, direkt nach meiner montäglichen Ankunft in meine Wohnung zu gehen. Am Abend kann ich mir sicher sein, dass ich niemanden mehr antreffe.

Meinen Gastvater bekomme ich kaum zu Gesicht. Er arbeitet in einer Klinik und nebenher hilft er laut Erzählungen noch in hiesigen Hilfsorganisationen. Der ältere Sohn studiert Medizin, um ebenfalls Arzt zu werden. Was der jüngere Sohn beruflich macht, weiß ich bislang nicht. Er und seine Freundin leben gemeinsam mit dem Bruder und den Eltern im obersten Stock. Ich verstehe mich auf eine distanzierte Weise sehr gut mit ihnen.

Zu Beginn hätte ich mir ein ähnlich geborgenes Zuhause wie in Sucre bei meiner Gastfamilie gewünscht, andererseits würde das eben auch mit Verpflichtungen einhergehen. Zum Beispiel gemeinsames Essen und abendliche Zeit, die man zusammen verbringt.

Die Arbeit bei der Soforthilfe nimmt jedoch einen solchen Raum in meinem Leben ein, dass ich überhaupt nicht böse über die eher distanzierte Beziehung zwischen uns bin. So bin ich niemandem Rechenschaft schuldig, wenn es abends mal später wird oder ich nachts noch mal losmuss. Es ist gut, so wie es ist, und ich bin mehr als dankbar, dass ich an den selbstgewählten Wochenenden zu meiner lieben Gastmama in Sucre in den Arm kommen darf, wenn ich eine Pause von der turbulenten Zeit und der anspruchsvollen Arbeit brauche. Nachdem ich in meinem Schlafzimmer am Schreibtisch noch einige Zeilen in mein Tagebuch geschrieben habe, lege ich mich in mein kuscheliges Bett. Auf beiden Seiten des Zimmers befinden sich Fenster und ich genieße vom Bett aus den Blick auf die gigantische Stadt und das nächtliche Lichtermeer.

Der Mamani-Clan

Am kommenden Morgen lerne ich eine neue Gruppe kennen, die unser Team auf dem Weg zur Rehabilitationseinrichtung immer mal versorgt, so erklärt mir Victor. Die Gruppe ist ein Familienclan, der in drei kleinen Lehmhütten am Stadtrand zum El Alto lebt. Die Armut vom El Alto ist mir bereits bekannt, aber dieser Besuch sollte noch einmal alles an Hoffnungslosigkeit übertreffen, was ich bisher kennengelernt habe.

Während La Paz schon Mitte des 16. Jahrhunderts von den Spaniern gegründet wurde, eine historisch gewachsene Stadt ist und auch reichere Viertel hat, herrscht in großen Teilen von El Alto Mangel an fast allem. Ab den 50er-Jahren wuchs der damalige Stadtteil von La Paz rasant. Mittlerweile leben hier mehr Menschen als in La Paz, das wegen seines Tal-Kessels auch gar nicht weiterwachsen kann. Im El Alto ist Platz für Industrie und für jede Menge Elendssiedlungen.

Wir halten vor einer eisernen Wand, in der sich eine Tür befindet. Victor klopft massiv mit seiner Faust gegen die Tür. Schon von außen höre ich ein Gewirr aus Kinderstimmen. Ein kleiner Junge zerrt mit aller Kraft die schwere Tür auf. In meinen Händen halte ich die schwarzen Brötchentüten. Ich lasse meinen Hermanos den Vortritt und betrete als letzte den Hof, dessen Untergrund lediglich aus festgetretener Erde besteht. Ich kann nicht anders, als bei dem Anblick, der sich mir nun bietet, die Tür zu schließen und mich regungslos mit dem Rücken an die Wand zu lehnen. Was sich hier abspielt, ist dermaßen unfassbar, dass ich erst das Gesehene verarbeiten muss, bis ich wieder Herr meiner Sinne werde. Direkt neben dem Eisenzaun, der das ganze Grundstück abschottet, befindet sich ein dreckiger Bach, der milchig über den kleinen, vielleicht 10 mal 15 Meter großen leicht abschüssigen Hof fließt. An diesem dreckigen Wasser sitzt eine alte rundliche Jolita, vielleicht macht sie auch nur durch viele Schichten übereinander getragener Röcke einen rundlichen Eindruck. Sie kniet vor der Plörre und wäscht Kleidung. Eines der älteren Kinder nimmt ihr jedes frisch gewaschene Kleidungsstück ab und hängt es auf ein Seil, das quer über den Hof gespannt ist. Auf den ersten Blick kann man kaum einen Unterschied sehen zwischen der Wäscheleine und den vielen Stromkabeln, die von dem großen Wohnhaus links dieses kleinen Hofs abgehen. Die Wand des Wohnhauses schließt das Grundstück zur linken Seite ab. Zur rechten Seite befindet sich hinter dem Metallzaun eine riesige Müllhalde, die sich über den gesamten Hang bis hinunter nach La Paz erstreckt.

Auf dem Grundstück befinden sich in U-Form drei Lehmhütten, die jeweils mit drei mal vier Metern der Größe eines normalen Zimmers entsprechen. Vor der linken Hütte liegt auf einer Matratze ein Mann, anscheinend im Delirium. Auf die Schnelle kann ich keine Stelle an seinem Körper entdecken, die nicht schmutzig ist. Sein Haar klebt an seinem Kopf – fettig oder schlammig vom Dreck auf dem Boden, das ist nicht genau zu erkennen. Sein Gesicht ist offensichtlich vom Alkohol aufgedunsen, die Farbe schon leicht gelblich. An der rechten Hütte lehnt ein Mann im selben Zustand. Im Hof selbst spielen etliche Kinder verschiedenen Alters mit kaputten Spielsachen, sicherlich von der Müllhalde. Zudem schnattern Enten und regelrecht gerupft aussehende Hühner aufgeregt auf dem Hof herum. Die Hermanos richten das gemeinsame Essen und die Kinder beäugen neugierig die mitgebrachten Lebensmittel. Anders als sonst haben wir heute süßen Kakao in den Thermobehältern.

Das jüngste Kind traut sich als erstes und läuft auf mich zu. Ich löse mich aus meiner Schockstarre. Das unter all dem Schmutz kaum erkennbare Kind ist höchstens ein Jahr alt und ich wundere mich, dass es schon laufen kann. Eine Stoffwindel zeichnet sich unter der schmierigen zu kleinen Hose ab und die braunen Flecken an den sichtbaren Rändern zeigen, dass die Windel lange nicht mehr gewechselt wurde. Trotz der bitteren Kälte tragen die Kinder dünne ärmellose Kleidung. Beim Anblick der Wäscheleine und der daran hängenden Pullover schließe ich, dass die einzige wärmere Kleidung, die sie besitzen, gerade gewaschen wird. Noch bevor wir mit dem gemeinsamen Straßengottesdienst beginnen, geht Victor mit dem Verbandskoffer zu den Männern.

Beide Männer sind im Vollrausch und nicht ansprechbar. Anhand der Augenreaktionen erkenne ich, dass sie noch nicht ganz im Delirium sind. Der Mann, der auf der Matratze liegt, wird als erstes versorgt. Er hat einen Stofffetzen um seine Hand gewickelt. Langsam und vorsichtig löst Victor den provisorischen Verband. Zum Vorschein kommt eine tiefe Schnittwunde. Sofort, als der Druck von der Wunde genommen ist, beginnt sie, enorm zu bluten. Victor nimmt die Flasche mit dem medizinischen Alkohol aus dem Koffer und schüttet die Flüssigkeit großzügig auf die klaffende Wunde. Während dieser Prozedur halte ich mit aller Kraft die Hand, damit der Betrunkene sie nicht wegziehen kann. Seine Augen, die er nun geöffnet hat, sind milchig und beim näheren Hinsehen sind selbst die Sklera in den Augen gelb verfärbt. Ein deutliches Zeichen, dass seine Leber auf den Konsum des vielen Alkohols reagiert. Mit aller ihm noch zu Verfügung stehenden Kraft versucht er, sich gegen den Schmerz zu wehren. Sein Oberkörper bäumt sich auf und aus seinem Mund kommen stöhnende Laute. Ich bin tief erschüttert über diese Situation, an der ich nicht aktiv teilzunehmen scheine, sondern wie ein entsetzter Beobachter auf das Geschehen blicke. Nachdem die Wunde ausreichend desinfiziert ist, verbindet Victor sie mit einem sterilen Verband. Danach gehen wir zu dem anderen Mann, der vor der Hütte gegenüber sitzt. Auch sein Körper hat einige Wunden. Doch bei ihm erweisen sie sich eher als oberflächlich. Mit einem Tuch getränkt in Alkohol wischt Victor sie sauber. Er streicht eine weiße Creme auf die offenen Körperstellen und klebt Mullbinden auf die größeren Wunden, damit sie vor dem Schmutz etwas geschützt sind.

Manuel untersucht indessen die Kinder. Sie stehen in einer Reihe und werden nacheinander gründlich angesehen. Manuel hat eine wahrlich liebevolle Art, mit den Kindern ins Gespräch zu kommen und ich kann wahrnehmen, dass die Kinder sich über die kurz andauernde, aber ernsthafte Aufmerksamkeit freuen. Diego füllt währenddessen die Plastikbecher mit Kakao und stellt sie auf den festen Boden im Hof. Er fordert mich auf, in den Hütten nach weiteren Mitgliedern des Clans zu schauen und sie zu animieren, an dem gemeinsamen Gottesdienst teilzunehmen. Neugierig aber auch ängstlich, was mich erwartet, betrete ich die erste rechte Hütte, vor der der Mann auf seiner Matratze liegt. Ich merke, wie Wut in mir aufsteigt. Mächtige Wut, die all meine klaren Gedanken vertreiben will. Wie können Eltern ihren Kindern ein solches Leben antun? Die Männer – ich unterstelle, dass sie die Väter der Kinder sind – sind von ihrer Sucht offensichtlich so sehr eingenommen, dass ich ungerechterweise lediglich die Frauen mit meiner Wut bedenke. Mütter müssen ihre Kinder schützen vor einem solch grausamen Leben. So formt sich der Ärger in meinem Kopf.

Meine Augen müssen sich beim Betreten der Hütte erst an die Dunkelheit gewöhnen. Zwar sind in den Wänden der Lehmhütte Öffnungen für Fenster, aber es gibt keine Glasscheiben. Sie sind nur mit Tüchern verhängt, die provisorisch an den Wänden befestigt wurden. Es dringt kaum Tageslicht herein. Als sich meine Augen an die Dunkelheit gewöhnt haben, erkenne ich einen Berg Unrat in der Ecke. Ein Haufen Kleidung, Abfälle und Tücher türmen sich auf. Ansonsten befinden sich in der Hütte zwei einfache Betten mit dreckigen nicht bezogenen Matratzen und ein kleiner Tisch, auf dem ein Gaskocher mit zwei Platten steht. Überall steht altes, benutztes und beschädigtes Geschirr, auf dem teilweise angeschimmelte Essensreste kleben. Schüsseln sind im Raum verteilt, manche voll Wasser, die offensichtlich das durch das undichte Dach eindringende Regenwasser auffangen. Das ganze Bild, das sich mir bietet, ist ein großes Durcheinander. In einem der Betten liegt eine Person. Sie ist eingehüllt in vielen Schichten von Tüchern und Decken. Trotz der Tücher vor den Fenstern ist es bitterkalt in dem kleinen Raum. Ich trete auf die Frau zu und erkläre ihr sehr distanziert, immer noch wütend, dass wir von der Soforthilfe kommen und nun gemeinsam Gottesdienst feiern und im Anschluss gemeinsam essen wollen. Sie reagiert nicht.

Noch mal versuche ich, sie anzusprechen, dieses Mal etwas lauter und vielleicht auch aggressiver. Doch die Frau regt sich nicht. Plötzlich überkommt mich ein mulmiges Gefühl. Vorsichtig setze ich mich zu ihr und wie automatisch greife ich unter die Decke nach ihrer Hand. Ich habe eine furchtbare Angst, dass ich sie berühre und ihr Körper erkaltet ist. Deshalb muss ich mich zwingen, die Bewegung zu Ende zu führen. Meine Erleichterung ist groß, als ich die Hand berühre und ihre Körperwärme spüre. Ich versuche, mich zu besinnen, wie ich mit meinen Fingern den Puls kontrollieren kann. Ich kann ihn nicht fühlen. Panik steigt in mir auf. Müsste die Frau nicht kalt sein, wenn sie keinen Puls mehr hat, oder ist ihr Puls vielleicht so flach, dass ich ihn mit meinen Fingern nicht erfühlen kann? Vielleicht habe ich es einfach nicht richtig gemacht, aber ich kann keinen Puls fühlen.

Hektisch springe ich auf und verlasse die Hütte. Ich rufe nach den Hermanos. Die Kinder sitzen ungeduldig auf der Erde und wollen nicht länger warten, bis Hermano Manuel endlich beginnt, die Geschichten von Gott zu erzählen. Victor reagiert auf meine Hilferufe und eilt zu mir. Er betritt vor mir die Hütte und ich schaue im Stehen auf das Szenario, das sich vor mir abspielt. Er streift die vielen Lagen Decken von dem Körper der Frau, zieht sie an die Bettkante, um ihren reglosen Körper an das Bettende zu lehnen. Als ihm das gelungen ist, nimmt er ihren Arm. Erst jetzt fällt mir auf, dass ich ihm gar nicht gesagt habe, warum ich nach ihm gerufen habe. Anscheinend ist ihm die Situation dennoch schon beim Betreten der Hütte klar. Er schiebt den schmutzigen Ärmel ihres Pullis nach oben und hält inne, als er ebenfalls versucht, den Puls zu erfühlen. Als wenn plötzlich der ganze Druck abfällt, entspannt sich Victors Körper. Er fühlt Puls. Langsam zieht er den Körper der jungen Frau wieder zurück auf das Bett und deckt sie wieder in die warmen Decken. Sie befindet sich im Delirium, ist aber am Leben. Ich bin erleichtert, jedoch gleichzeitig voller Sorge, dass sie in ihrem Zustand normalerweise in ein Krankenhaus müsste. Ohne dass ich mit Victor darüber sprechen muss, weiß ich, dass sie in einem Krankenhaus nicht mehr Zuwendung bekäme, als hier in ihrer kalten Lehmhütte. Auch wenn die Soforthilfe für die entstehenden Kosten aufkommen würde, so würde sich kein Arzt finden, der diese Frau aus solch ärmlichen Verhältnissen in ihrem Vollrausch behandeln würde. Ich muss Tränen runterschlucken und schäme mich. Vor wenigen Minuten war mein Kopf voller Wut und Hass auf die Mütter, die ihren Kindern solch eine Lebenssituation zumuten. Nun sehe ich, dass genau eine dieser Mütter selbst auf Hilfe angewiesen wäre und keine bekommen wird. Und wieder einmal muss ich mir vorwerfen, dass ich geurteilt habe.

Traurig und betroffen gehe ich in die anderen beiden Hütten, um nach weiteren Menschen zu schauen. Die Hütte direkt gegenüber vom Eingang gehört offensichtlich der Oma, die als einzige Erwachsene in der Lage ist, sowohl ihren Haushalt als auch die Kinder im Blick zu behalten. Es ist deutlich ordentlicher als in der ersten Hütte, und da einige Matratzen auf dem Boden ihrer Hütte liegen, vermute ich, dass die Kinder auch nachts die Möglichkeit haben, bei ihrer Abuela zu sein. Die letzte Hütte ist in einem ähnlich fürchterlichen Zustand wie die erste. Es erschreckt mich nicht mehr so sehr, als ich auf dem Bett wieder eine Frau entdecke. Nach lauter Ansprache regt sie sich. Ich fordere sie auf, mit auf den kleinen Hof zu kommen, um an dem Gottesdienst teilzunehmen. Sie folgt mir und wickelt sich in eine der schweren Decken ein. Dieses Mal übernimmt Manuel die Predigt. Ich vermute, das liegt an dem ungewöhnlichen Zustand, dass mehr Kinder als Erwachsene vor Ort sind. Keiner kann so wundervoll Geschichten für Kinder erzählen wie Hermano Manuel. Die Kinder hören gebannt auf seine Worte und man kann die Enttäuschung spüren, als Manuel viel später als normal mit seinen christlichen Geschichten zum Ende kommt. Stürmisch machen sich alle über den Kakao und die Brötchen her. Als jeder seine Ration bekommen hat, ermutige ich eines der Kinder, das immer wieder meinen Blick gesucht hat, sich auf meinen Schoß zu setzen. Ich schätze, dass das kleine Mädchen fünf Jahre alt ist. Den kleinen kalten Körper wickele ich fürsorglich in meine Jacke und ziehe sie an mich. Traurig über das, was ich heute erlebe und über die Tatsache, dass die Kinder das täglich erleben, sitzen wir gemeinsam auf der Stufe zur ersten Hütte mit dem Wissen, dass vielleicht ihre Mama oder ihre Tante in dieser Hütte im Delirium liegt und keiner weiß, ob sie daraus auch wieder erwacht.

Als wir auf die Ladefläche der Camioneta sitzen und sich das Auto in Bewegung setzt, klettert Victor mühsam zu mir und nimmt mich bei voller Fahrt in den Arm. Er sieht mir an, was der Besuch dieser Familie in mir ausgelöst hat. Ich bin erschöpft, traurig und vielleicht auch ein wenig resigniert. Ohne das aussprechen zu müssen, findet Victor wie immer die richtigen Worte und betont, dass wir gute Arbeit machen. Er fordert mich auf, nicht unsere Ziele aus dem Blick zu verlieren. „Unsere Arbeit ist doch schon mehr als erfolgreich, wenn wir es schaffen, dass sich die Kinder über die Zeit der Geschichten freuen, das kleine Mädchen über diese liebevolle, vielleicht noch nie zuvor erlebte Zuwendung von dir oder aber auch der Mann darüber, dass er eventuell durch die essenzielle erste Hilfe nicht an einer Blutvergiftung stirbt. Wir leben für diese Momente und die Hilfe, die wir weitergeben dürfen. Vielleicht können wir durch unsere Arbeit andere Menschen dazu bringen, ebenfalls Hilfe auf welchem Weg auch immer weiterzugeben. Gott ist dankbar, für jeden einzelnen, der nach seinem Gebot lebt: „Liebe deinen Nächsten wie dich selbst." Lass dich niemals davon beeinflussen, wenn Menschen sagen, dass unsere Arbeit ineffektiv sei. Menschen, die behaupten, dass es nichts bringen würde, in solchen Situationen zu helfen, sind vielleicht schon so sehr in ihrer kommerziellen Welt oder aber auch ihrem vollgepackten Alltag gefangen, dass sogar sie Hilfe benötigen würden, um sich für andere zu öffnen. Wenn man für sich akzeptieren kann, dass man ein gutes Leben führt, auch wenn eben nicht alles perfekt ist, wird man erkennen, dass das eigene Leben so viel schöner wird, wenn man anderen Menschen helfen kann. Wir müssen dranbleiben, um auf die Missstände aufmerksam zu machen, indem wir darüber sprechen, was wir alltäglich bei unserer Arbeit erleben."

In jeder Welt, sei sie noch so reich, kultiviert oder perfekt, kann ein Mensch kaum eine gänzliche Zufriedenheit empfinden. Immer wieder schauen wir auf das, was uns noch fehlt, um glücklich zu sein. Das muss nicht unbedingt materieller Natur sein. Manchmal sind es Beziehungen, die unser Leben besser machen würden, ein anderes Mal benötigen wir unbedingt einen besseren Job, damit wir das perfekte Leben führen können, aber natürlich auch das bessere Haus, Auto, Handy oder sonst etwas. Aber bei der Suche nach dem vermeintlich perfekten Leben hilft es uns tragischerweise auch, wenn wir sehen, dass es Menschen schlechter geht als uns. Beispielsweise fühlt sich der Arbeitende besser, wenn er den arbeitslosen Hartz-IV-Empfänger vor Augen hat oder eben wie in Bolivien die Straßenleute. Auch dieser Umstand, der so menschlich ist und trotzdem nur hinter vorgehaltener Hand ausgesprochen werden darf, hält uns ganz unbewusst davon ab, Menschen in schlechteren Lebenssituationen zu helfen.

Victor klopft an die Scheibe zum Fahrerhaus und bringt Manuel so dazu, anzuhalten. Ich wundere mich, denn wir sind in einer Gegend im El Alto, in der ich nicht unbedingt das Auto anhalten und mich so in eine größere Gefahr begeben würde. Manuel steigt aus dem Auto und stellt sich neben die Ladefläche. Diego, der Victor und meinem Gespräch still gefolgt ist, sitzt noch immer an seinem Platz. Statt Manuel zu erklären, was Victor vorhat, faltet er die Hände. Die Hermanos und auch ich tun es ihm nach. Er beginnt, zu Gott zu beten und erbittet Kraft für unsere tägliche Arbeit. Diego steigt in das Gebet mit ein und bedankt sich, dass ich Teil ihres Teams geworden bin. Mich durchströmt plötzlich eine unsagbare Kraft. Ich fühle mich Gott so nah wie nie zuvor. Es überkommt mich automatisch das Gefühl, dass ich diesen Weg, den ich hier in Bolivien eingeschlagen habe, den Ärmsten der Armen helfen zu wollen, ohne Gottes Kraft nicht schaffen werde. Ich bin gerührt von diesem unbeschreiblichen Gefühl und wir beenden das Gebet voller Energie und Tatendrang für die neuen Herausforderungen.

Ein nächtliches Treffen mit den Chicos

Nach diesem Morgen bin ich trotz der zunehmenden Energie durch die Gespräche mit meinen Hermanos und dem anschließenden Gebet ziemlich erschöpft von den vielen Eindrücken. Keiner der Jungs ist im Kontaktzentrum. Es beunruhigt mich nicht, denn wir sind für den Abend zum Kauf der Schuhputzmittel verabredet.
Die Besucher sind mit ihren Tätigkeiten beschäftigt. So nehme ich mir einen kurzen Moment und setze mich auf eine der an der Wand stehenden Bänke und denke über die Zeit bei der Soforthilfe nach. Ich habe in diesen wenigen Wochen so viele Menschen kennengelernt, die täglich von Gewalt betroffen sind, dass mir bei dem Gedanken daran ganz unwohl wird. Die junge Frau, die mit ihrem Stiefvater zusammenlebt, der alte Mann, der so heftig verprügelt wurde, dass er beinahe an seinen Verletzungen verstorben wäre, die Kinder, die unter der psychischen Gewalt leben müssen, weil sie täglich dem Suchtverhalten ihrer Eltern ausgesetzt sind – all das sind Situationen, die mich sehr belasten. Am tragischsten fühlt es sich an, dass ich gar nichts tun kann, um den Betroffenen zu helfen. Wir können präventiv arbeiten und darauf hoffen, dass wir Gehör bekommen, sich der eine oder andere die Predigten zu Herzen nimmt und sich vom Leben auf der Straße abwendet. Ich erinnere mich an die Worte von Victor, der mir sagte, dass wir mit unseren Besuchen den Kindern besonders in den Gefängnissen, auf der Straße und in den heruntergekommenen Armenvierteln eine wundervolle Zeit schenken und dass es in diesem Fall eben auch nur darauf ankommt. Würden wir uns diese Zeit nicht nehmen, gäbe es vermutlich keinen Lichtblick im Leben dieser kleinen wunderbaren Geschöpfe Gottes.
Ich denke darüber nach, dass es nach all den heftigen Erlebnissen wohl nichts mehr geben wird, was mich noch erschrecken kann. Wahrscheinlich könnte allein reine Todesangst das Erlebte noch übertreffen. Ich glaube, die Angst, die mich bei dem Gedanken an den Tod so beherrscht, ist begründet im Endgültigen des Todes. Es gibt keine Chance, irgendetwas an diesem Zustand zu ändern. Ich handele so häufig vollkommen bewusst mit diesem Wissen. Habe ich mal keine Lust, meine Oma zu besuchen, so sage ich mir immer in Gedanken, dass ich nicht damit leben könnte, wenn sie nun stirbt und ich nicht noch mal bei ihr war. Oder wenn jemand in den Urlaub fährt, habe ich ein

wahnsinniges Bedürfnis, mich mehrfach zu verabschieden, um auf keinen Fall mit der Bürde leben zu müssen, mich nicht verabschiedet zu haben, falls es zum Tod kommen sollte. Insgeheim wünsche ich mir, dass mich dieses Thema im Alltag nicht so begleiten würde. Dass ich die Möglichkeit hätte, meinen Frieden mit dem Tod zu finden. Meine Eltern sind sich so sicher, dass es ein Leben mit Gott nach dem Tod geben wird, dass sie diesbezüglich anscheinend kaum Ängste haben. Diese Sicherheit bewundere ich und frage mich, wie es wohl den Menschen auf der Straße mit dem Gedanken an den Tod gehen mag. Sie sind viel stärker von dem Thema betroffen. Wesentlich häufiger erleben sie, dass Menschen durch Gewalt, Drogen, Kälte und Krankheit ums Leben kommen. Ich schließe meine Gedanken ab mit dem Bewusstsein, dass der Tod für mich auch hier vermutlich kaum auszuhalten wäre und nehme mir vor, noch bewusster als sonst mit den Menschen ins Gespräch zu kommen, mich um sie zu kümmern und ihnen schöne Momente zu bereiten, weil es vielleicht auch ihr letzter Moment sein könnte.

Nach der gemeinsamen Mahlzeit und der Predigt säubere ich mit Victor so gut es geht die Küche. Ulrike hatte mich gefragt, ob wir gemeinsam Abendessen wollen. Da ich mich ja unerlaubterweise mit den Jungs treffen will, lehnte ich unter einem Vorwand ab. Ich ziehe meinen grünen Parker an und mache mich auf den Weg zum Plaza San Francisco. Dort angekommen, setze ich mich auf die Stufen der mächtigen Kirche und schaue dem abendlichen Treiben zu. Ich sehe Schuhputzer, die ihre Dienste anbieten, Bettler, die bei den Besuchern der Kirche um eine milde Gabe bitten, Geschäftsleute, die sich einen Bus für den Heimweg heranwinken, hupende Taxen, die sich einen Weg durch das Verkehrschaos bahnen, und Kinder, die in der Menschenmenge Fangen spielen. Nach einiger Zeit blicke ich auf die Uhr und bemerke, dass die Jungs bereits eine Stunde zu spät sind. Trotzdem gebe ich noch nicht auf. Ich merke, dass trotz des guten Vorsatzes, nun geduldiger zu sein, Unmut in mir aufsteigt. Nach einer weiteren halben Stunde stehe ich auf und laufe den Prado entlang. Ich ärgere mich, dass ich nicht mit Ulrike zu Abend gegessen habe und verstehe nicht, warum die Chicos nicht gekommen sind, obwohl sie doch von diesem Treffen mit neuem Schuhputzmaterial profitiert hätten. Schon von Weitem sehe ich die Reklametafel von Burger King, dem damals noch einzigen amerikanischen Fastfood-Restaurant in La Paz. Mittlerweile gibt es viele der für europäische und amerikanische Städte schon lange typischen Schnellrestaurants. Paul hat einige Jahre unserer Beziehung neben seinem Studium bei Burger King gearbeitet und ich saß Stunden lang allein an einem Tisch, aß Pommes und Burger, während ich Hausaufgaben machte, um auf das Ende seiner Schicht zu warten. Das Essen mochte ich schon damals nicht, doch seitdem habe ich keinen Burger King mehr betreten. Aber heute zieht es mich in das warme Lokal. Ich habe Sehnsucht nach Zuhause. Dass die Jungs mich versetzen, nehme ich persönlich und fühle mich alleingelassen. Wie sehr hatte ich mich auf das Treffen gefreut... Unabhängig von David hätte ich es spannend gefunden, einen Abend mit den Jungs zu verbringen. In diesem Moment kann ich mir gerade nichts Schöneres vorstellen, als bei meiner Familie und meinen Freunden in Deutschland zu sein. Stattdessen sitze ich trostlos in einem Restaurant, in dem an den anderen Tischen Familien gemeinsam essen und Freunde ihre letzten Bolivianos für ein Eis zusammenkratzen.

Ich sitze an einem Tisch etwas abseits direkt am Fenster. Plötzlich fällt mir ein Junge auf, der seine Kapuze tief ins Gesicht gezogen hat und in der rechten Hand seine Schuhputzkiste trägt. Als ich Sombras erkenne, schiebe ich die letzten kalten Pommes in meinen Mund und gebe auf dem Weg nach draußen noch das Tablett ab. Unauffällig folge ich Sombras, bis er sich auf eine Eingangstreppe setzt. Kurz zögere ich, setze mich dann aber neben ihn. Seine Körpersprache verrät gleichzeitig Freude und Verschlossenheit. Es scheint, als habe er immer Angst, anderen Menschen zur Last zu fallen und versuche deswegen, so unauffällig wie möglich zu sein. Ich frage ihn, wie es ihm geht. Nur ein nichts sagendes Schulterzucken folgt auf meine Frage. Auch auf die nächste Frage, warum die Jungs heute nicht zum verabredeten Zeitpunkt am Plaza waren, bekomme ich lediglich ein gleichgültiges und zugleich scheues Kopfschütteln. Eine unangenehme Stille entwickelt sich zwischen uns und ich überlege gerade, ob ich mich verabschieden soll, um ihn mit der dunklen Nacht als „Schatten" (Sombras) allein zu lassen, als sich ein weiterer jugendlicher Schuhputzer zu uns gesellt.

Ein mir bisher unbekannter ungewöhnlich groß gewachsener junger Mann, der durch seinen argentinischen Dialekt auffällt, setzt sich gut gelaunt zu uns. Er stellt sich charmant als Fabricio vor, deutet eine Kusshand an und fragt, ob ich ihn und Sombras auf ein Abendessen einladen würde. Ich muss lachen über seine sympathische Unverfrorenheit. Anscheinend ist er auf der Durchreise. Immer wieder gesellen sich neue Gangmitglieder, die nur kurz in der Stadt verweilen, zu Gangs. Sie müssen nicht die großen Prüfungen ableisten, um aufgenommen zu werden. Wenn es klar kommuniziert ist, dass sie nur kurz verweilen, dürfen sie bleiben und somit den Schutz der Gruppe in Anspruch nehmen. Kurz entschlossen gehe ich auf seine Bitte ein und schlendere mit ihnen auf den nächsten Markt.

Auf dem Weg stellt Fabricio ganz beiläufig fest, dass ich wohl Hermana Claudia sein muss. Ich freue mich insgeheim, dass ich offensichtlich schon einen Namen auf der Straße habe, muss aber gleichzeitig schmunzeln, weil es wohl einfach nicht allzu viele blonde Frauen gibt, die spät am Abend neben einem Schuhputzer in einer Eingangsnische sitzen. Wir sind auf dem Markt in direkter Nähe zu dem Platz, an dem wir uns während der Straßenarbeit mit den Chicos del Rio treffen. Die Jungs sind bekannt und die Marktfrauen schauen uns fragend hinterher. Wir müssen für sie ein absurdes Bild abgeben: die zwei Schuhputzjungen mit der Blondine im Schlepptau. Zielstrebig laufen die Jungs zu einem Stand und Fabricio fragt kurz, ob ich auch etwas mitessen möchte. Wieder muss ich über seine frech-charmante Art lächeln, denn ich werde bezahlen und es ist nett, dass er fragt, ob ich denn auch etwas essen möchte. Sombras steht wie immer etwas abseits. Im Gegensatz zu Fabricio ist ihm die Situation anscheinend unangenehm. Der Argentinier bestellt zwei Abendmenüs. Ich habe ja schon gegessen. Das Menü besteht aus einer großen Schüssel Gemüsesuppe als Vorspeise und zum Hauptgang eine Hähnchenkeule, Kartoffeln und Salat. Als das dampfende Essen vor den Jungs steht, verblüfft es mich, wie hungrig die Jungs sind. In wenigen Minuten sind die Teller leergeputzt. Das komplette Menü kostet 50 Cent und ich frage sie, ob sie noch eine weitere Portion möchten. Anscheinend haben sie seit Wochen nicht mehr so üppig essen können und beide nicken, während sie die letzten Bissen kauen. Die zweite Portion wird zwar etwas gemächlicher, aber nicht mit weniger Appetit verspeist. Während des Essens besteht kein Redebedarf. Ich schaue einfach zu, wie sie sich dem Genuss hingeben. Plötzlich fallen mir die Regeln der Organisation wieder ein und ich gehe still für mich im Kopf durch, gegen welch essenzielle Vorschriften ich gerade in diesem Moment verstoße:

- Du darfst dich nicht auf freundschaftlicher Ebene mit den Klienten treffen!
- Wenn du ein Treffen zur Hilfe der Klienten vereinbarst, muss ein Kollege darüber informiert werden, damit dieser im Notfall dazukommen kann!

Ich bin auch am Abend bei einem gänzlich zufälligen Treffen die Hermana, daher kann das ja kein Regelbruch sein. So rede ich mir die Situation schön. Das Schuhputzmittel kaufen war zwar verabredet, hat aber ja nicht stattgefunden. Dass es zu einem ungeplanten Abendessen kommt, konnte ja niemand vorher wissen. Aus dem Grund müsste es auch legitim sein, dass ich eben niemandem meiner Kollegen Bescheid gegeben habe.

Erst als die beiden Jungs satt sind, laufen die Gespräche wieder an. Auch jetzt hält sich Sombras im Hintergrund und die Gesprächsführung übernimmt Fabricio. Er bedankt sich für das Essen. Fast schon erschrocken über mich selbst höre ich meine plötzliche Bitte an die Jungs aus meinem Mund kommen. „Zeigt ihr mir euren Schlafplatz?" Anscheinend hat meine Neugier meinen Verstand ausgeschaltet. Es ist fast Mitternacht, ich habe schon lange nichts mehr auf den Straßen von La Paz zu suchen und über die Regeln müssen wir hier gar nicht mehr sprechen... Sombras, der ansonsten immer still ist und sich aus allem heraushält, rutscht unruhig auf seinem Platz hin und her und schüttelt fast schon aufgeregt mit seinem Kopf. Aus Fabricios aufgeschlossenem Gesicht weicht die Freundlichkeit einer harten Entschlossenheit. Sie erklären mir, dass es absolut unmöglich ist, den Pfad entlang an dem reißenden Fluss, der sich durch La Paz schlängelt, zu meistern, wenn man den Weg nicht kennt. Es ist dunkel und die Wege schlammig. Es ist einfach zu gefährlich, meinen die beiden. Ein absolut nachvollziehbares Argument, das ich in meiner Neugier nicht annehmen kann.

Ich beharre auf meinem Wunsch, mir ihren Schlafplatz ansehen zu wollen. Die Jungs sind mir so wichtig, dass ich mehr von ihnen sehen möchte, erkläre ich ihnen. Mein Gewissen zwickt mich, denn natürlich wünsche ich mir im gleichen Moment auch ganz besonders, David zu sehen und mich davon überzeugen zu können, dass es ihm und den anderen Jungs gut geht. Diese ganze Situation fühlt sich so verrückt an. Ich sitze hier auf einem Markt, auf den sich vielleicht noch keine Gringa vor mir verirrt hat, die Dunkelheit der Nacht macht mich mutig und dieses Leben hat mich bereits so in seinen Bann gezogen, dass ich tiefer eintauchen möchte. Ich will das reale Leben auf der Straße kennenlernen, nicht mehr nur als Besucherin bei den Straßeneinsätzen. Ich möchte ein Teil davon sein. Ich will das Leben bis ins kleinste Detail kennen und verstehen. Nach einer Diskussion, in der ich vehement bei meiner Bitte bleibe und jedes Argument, das dagegenspricht, abwehre, lassen sich Sombras und Fabricio überreden.

Mit erkennbarem Unbehagen führen sie mich auf den Platz, an dem wir uns sonst zu den Straßeneinsätzen treffen. Noch mal wagen sie einen halbherzigen Versuch, mich davon zu überzeugen, die Aktion zu verschieben, doch ich lenke nicht ein und folge stur dem schmalen Pfad, über den die Jungs morgens zu unserem Auto kommen. Auch wenn rings um uns herum die Hochhäuser der Stadt stehen, in denen sich die feinen Hotels befinden, so ist dieser Pfad von außen uneinsichtig. Keine Lichtquelle erhellt den Weg. Der Fluss zieht donnernd an uns vorbei. Er ist so laut, dass man sich kaum verständigen kann. Kurz warte ich auf die Jungs, die ein wenig hinter mir laufen. Ich weiß nicht, wie weit es noch ist, bis wir das Zuhause der Jungs erreichen, aber es ist so finster, dass ich den Weg kaum noch erkennen kann. Während ich warte, kommt plötzlich eine Gestalt auf mich zu. Mein Herz setzt einen Moment aus, als ich begreife, dass Diez direkt vor mir steht.

Es ist Nacht, der Fluss würde jeden Versuch, um Hilfe zu rufen, übertönen. Ich stehe hier, ihm vollkommen ausgeliefert. Wenn er unter Drogen steht, könnte dieser Abend in einer Katastrophe enden. Seit unserer ersten Begegnung testet Diez meine Grenzen. Er nimmt keinerlei Rücksicht auf sein Gegenüber und ich verspüre in diesem Moment eine lähmende Angst, die mich erstarren lässt. Als er direkt vor mir steht, ist er aber selbst erschrocken. „Was machst du hier?", schreit er mich an, um die Geräusche des Flusses zu übertönen. Ich zucke nur mit den Achseln und bin erleichtert, dass Fabricio und Sombras in der Dunkelheit auftauchen. Es entsteht ein kurzes Wortgefecht zwischen den dreien und ich schnappe nur „Weiß David, dass sie hier ist?" und „Wenn ihr was passiert, sind wir am Arsch", „Wir konnten sie nicht abhalten" auf.

Irgendwann geht Diez kopfschüttelnd voraus. Ich folge ihm und mein Herz beruhigt sich wieder ein wenig. Du naives Mädchen, tadele ich mich selbst. Ich hätte wissen müssen, dass Diez sich am Schlafplatz aufhalten könnte. Ich hätte bedenken müssen, dass er, wenn er unter Drogeneinfluss steht, gewaltbereit und skrupellos sein kann. Ich ärgere mich so sehr über mich selbst. Plötzlich werden meine Gedanken von einem starken aggressiven Geruch unterbrochen. Erst jetzt fällt mir ein, dass ich ja an meinem Handy eine Taschenlampe habe, und ich schalte sie ein. Der Pfad reicht nur noch wenige Meter und endet direkt vor einer Mauer. Die Mauer gehört zu der Brücke, die über den Fluss führt. Weiter geht es in die für Fremde anscheinend unendliche Kanalisation von La Paz. Von hier unten sehe ich nur diese Mauer und einen Holzverschlag, der sich wenige Meter entfernt von der Mauer befindet. Ich leuchte dort hin und erkenne unter dem Holzverschlag eine eigens angefertigte Latrine, eine rustikale sanitäre Vorrichtung, die von den Jungs genutzt wird. Aus dem ausgegrabenen Loch, das sich unter der Sitzvorrichtung befindet, quillen Kot und Urin heraus. Der Gestank ist erstickend und mir wird schlecht.

Was hatte ich denn gedacht? Dass die Chicos einen Toilettenwagen vor ihrem Schlafgemach stehen haben? Sie haben in Anbetracht ihrer Situation das Bestmögliche herausgeholt, und trotzdem macht mich dieser Anblick betroffen. Ich schaue mir den Platz vor der Mauer ganz genau an. Wie aus einem Loch kommt neben der Mauer der Fluss, der auch die Abwässer der Stadt einsammelt, herausgeschossen. Auf der rechten Seite der Fluss und auf der linken Seite das Klo. Ich stehe noch immer auf dem Pfad und frage mich, wie es wohl nun zu dem Schlafplatz geht. Fabricio und Diez scheinen sich zu langweilen, während ich alles durch den kleinen Kegel der Taschenlampe beleuchte. Plötzlich drehen sie sich herum und verabschieden sich. Sie müssten noch arbeiten.

Sombras bleibt entsetzt neben mir stehen. Kurz überlege ich, ob ich auch gehen sollte, um ihn nicht in Schwierigkeiten zu bringen, aber ich bin meinem Ziel so nah, da kann ich doch jetzt nicht aufgeben. Während in meinem Kopf der Konflikt tobt, winkt Sombras mich verdrießlich weiter. Die zwei Meter bis zur Mauer sind schnell erreicht. Und jetzt? Sombras schreit mir zu, dass wir nun die Mauer hochklettern müssen, um den Schlafplatz in den Gängen der Kanalisation zu erreichen. Diese zwei Meter hohe Hürde ragt vor mir empor wie ein unüberwindbares Hindernis. Geübt und flink klettert Sombras die Mauer senkrecht hoch. Von oben schaut er herunter und macht ein fragendes Gesicht. Als wenn er plötzlich begreifen würde, hält er mir seine Hand hin. Ich ergreife sie und weiß in dem Moment, dass Sombras niemals die Kraft besitzt, um mich hochzuziehen. Nun entsteht für mich eine peinliche Situation. Ich bin nicht in der Lage, diese Mauer hochzuklettern. Auch als Sombras wieder herunterkommt, um mir von unten eine Räuberleiter zu machen, gelingt es mir nicht, mich mit meinen Armen an dieser steilen Kante festzuhalten, um mich allein mit den Kräften meiner Arme heraufzuziehen. Nach dem dritten Versuch breche ich ab, um mir und Sombras weitere Peinlichkeiten zu ersparen. Und sollte ich abrutschen, besteht die große Gefahr, dass ich in den bitter kalten Fluss falle. Ich frage mich, wie die Jungs diese Hürde meistern, wenn ihre Sinne durch Drogen vernebelt sind. Vermutlich bleiben sie dann eben einfach vor der Mauer liegen.

Sombras hat eine Idee. Er nimmt meine Kamera und verschwindet mit ihr über die Mauer. Schon wieder schüttele ich den Kopf über meine Naivität. Vielleicht gibt es einen Hinterausgang. Bestimmt gibt es den. Wenn die Jungs in der Nacht überfallen werden, wäre es fahrlässig, einen Schlafplatz in einer Sackgasse zu haben. Das bedeutet, dass Sombras vollkommen entspannt türmen und meine Kamera auf dem Schwarzmarkt gegen ein wenig Geld verscherbeln könnte. Es fühlt sich an wie eine Ewigkeit, während ich auf ihn warte. Doch tatsächlich kommt er wieder. Er springt gekonnt und lässig die Mauer herunter und zeigt mir die Fotos vom Zuhause „meiner" Jungs. Es ist ein Vorsprung zwischen der Brücke und den beginnenden Tunneln der Kanalisation, in der sich die Jungs mit Decken ein tatsächlich gemütliches kleines Reich des Rückzugs geschaffen haben. Ich freue mich, dass sie bei all ihrem Schicksal trotzdem noch einen Sinn für ein gemütliches Heim entwickelt haben, um sich wohlfühlen zu können.

Sombras setzt sich auf einen von mehreren Steinen, die zwischen dem Toilettenhäuschen und der Mauer liegen. Ich tue es ihm gleich. Der Gestank ist kaum auszuhalten. Sombras wirkt auf mich, als wolle er nicht sofort wieder gehen. Es scheint mir, als fühle er sich hier in seiner vertrauten Umgebung sicherer als draußen auf der Straße. Die Steine sind etwas abseits vom Fluss und die Geräusche des reißenden Wassers sind nur noch gedämmt wahrzunehmen. Es besteht eine nicht unangenehme Ruhe zwischen uns. Meine Augen, die sich langsam an die Dunkelheit gewöhnt haben, inspizieren jeden Zentimeter. Ich fühle mich den Jungs näher als noch vor der Besichtigung ihres Zuhauses. Ich verschwende keinen Gedanken daran, ob David einverstanden wäre, dass ich hier bin.

Dann unterbricht Sombras die Stille. Er beginnt, ganz klar und ohne Umschweife zu erzählen. „Hermana, noch vor wenigen Jahren, lebte ich mit meinen Eltern und meinen Geschwistern zwar ärmlich aber voller Liebe zusammen. Meine Eltern gaben sich Mühe, uns drei Jungs zu ehrlichen und freundlichen Menschen zu erziehen. Meine Mutter nahm uns oft in den Arm und küsste uns bei jeder Gelegenheit. Auch mein Vater, der viel arbeitete, damit wir uns Essen und unser kleines Zuhause leisten konnten, war ein gütiger und freundlicher Mensch." Sombras macht eine Pause, als wolle er noch in diesen Erinnerungen schwelgen und die Wahrheit über sein weiteres Leben nicht wahrhaben. „Als ich zehn Jahre alt war und meine älteren Brüder bereits die Schule abgeschlossen hatten, für die unsere Eltern jeden Boliviano zurückgelegt haben, starben meine Eltern." Wieder hält er inne und erklärt nicht, woran sie verstarben. Ich bin betroffen von seinen Worten. Eine Träne läuft mir langsam über die Wange. Bei der Vorstellung, aus einem zwar ärmlichen aber liebevollen Zuhause entrissen zu werden und plötzlich allein zu sein, läuft mir ein Schauer über den Rücken. Er erzählt weiter: „Meine Brüder übernahmen die Verantwortung für mich und zogen mich so gut sie konnten auf. Als ich jedoch dreizehn Jahre alt war, wollten sie in eine andere Stadt gehen. Sie hatten die Vorstellung, dass sie woanders mehr verdienen würden und sich somit ein besseres Leben leisten könnten. Ich wollte nicht mit. Die Erinnerungen an meine Eltern waren so deutlich vor meinen Augen, dass es sich für mich wie ein Verrat anfühlte, hätte ich die Stadt samt der Erlebnisse verlassen. Bevor meine Brüder abreisten, haute ich von zu Hause ab. Ich schloss mich der großen Gruppe an, die unter der Las-Americas-Brücke schlief. Ich glaube, dass ich nie wirklich ein Teil dieser Gruppe war. Auch jetzt nach der Tragödie des Brandes, von dem du sicher gehört hast, bin ich zwar ein Mitglied der Chicos del Rio, aber nur, weil David schon immer mein engster Verbündeter auf der Straße war. Ich bin anders als die Anderen. Sie sind viel früher auf die Straße gekommen, haben Drogen genommen, die ihre Entwicklung verändert haben und sind skrupelloser und gewaltbereiter gewalttätiger als ich. Ich fühle manchmal die Hand meiner Mutter, wie sie über meine Wange streicht und sagt, dass sie stolz auf mich sei, dass ich mich nicht von den Versuchungen Drogen, Gewalt und Sex beeinflussen lasse, sondern meine Seele noch immer rein und friedlich ist." Als er seine Erzählung beendet, schluchze ich leise, kaum hörbar und wische mir die feuchten Wangen trocken. Ich begreife, dass er also nicht unbedingt schüchtern ist und deshalb immer wie ein Schatten um uns kreist, sondern dass das seine Strategie ist, sich nicht in Versuchung bringen zu lassen. Ich bin beeindruckt von seinen Worten. Zu gern möchte ich mit ihm darüber ins Gespräch kommen und forme in meinem Kopf einen Satz, der dieser Geschichte würdig ist, doch noch bevor ich das Wort ergreifen kann, steht Sombras auf und geht den Pfad in Richtung des Platzes, an dem wir uns bei der Straßenarbeit treffen. Ich folge ihm und weiß, dass es schwer wird, noch einmal sein wahres Gesicht sehen zu dürfen. Er hat all seinen Mut aufgebracht, um mir zu zeigen, dass er nicht der schüchterne Junge ist, den alle in ihm sehen, sondern der kluge Junge, der immer auf der Hut ist und den Versuchungen Widerstand leisten will. Ich stelle fest, wie beeindruckt ich von seinem Stolz bin.

Gemeinsam mit Sombras folge ich einem weiteren kleinen Pfad und finde mich zwischen den Hochhäusern auf dem Prado wieder. Es dauert ein wenig, bis ich mich nach der Dunkelheit an die grellen Lichter der Werbeschilder, der Busse und der Straßenlaternen gewöhne. In Gedanken suche ich mir schon einen Bus, den ich nehmen kann, um nach Hause zu kommen. Es ist bereits kurz vor Mitternacht. Der Prado ist gesäumt von Polizisten. Ich fühle mich trotz der späten Uhrzeit sicher, überlege aber trotzdem, ob es nicht doch klüger ist, ein Taxi zu nehmen, statt mit dem Bus zu fahren. Während ich überlege, drängen wir uns ziellos den Prado hoch bis zum Plaza San Francisco. Familien schieben sich an uns vorbei und winken sich Taxen heran, die sie nach dem Abendessen, das sie in einem der vielen Restaurants verzehrt haben, nun heimbringen sollen. Ich muss immer wieder, wenn ich an Deutschland denke, über die spätabendlichen Menschenmassen schmunzeln. Es ist verrückt, dass der Lebensrhythmus so gänzlich unterschiedlich ist. Wegen der langen Mittagspause wird gern erst gegen 22 Uhr zu Abend gegessen und so drängen sich jetzt mehr Menschen auf den breiten Bürgersteigen als zu jeder anderen Tageszeit. Inmitten der Menschenmenge erkenne ich Diez, der uns anscheinend schon von Weitem entdeckt hat und sich zielstrebig einen Weg zwischen den Menschen hindurch bahnt, was ihm offensichtlich nicht schwerfällt. Anscheinend erkennen ihn die Passanten als Straßengangmitglied und machen, besorgt um ihr Hab und Gut, Platz, um ihn durchzulassen. Er erreicht Sombras und mich und fordert mich auf, kurz zu warten.

Er will mit Sombras sprechen. Als ich so allein auf dem großen zugigen Platz stehe, merke ich, wie sich die Müdigkeit wie ein Mantel um mich legt. Ich freue mich auf mein Bett und die warmen Decken, wenn ich erst einmal unter ihnen liege und mein Körper sie wohlig erwärmt.

Ein paar Minuten später kommen Diez und Sombras zurück. Feierlich und bestimmt erklärt Diez mir, dass Sombras und er entschieden haben, dass sie mich nun mitnehmen werden. Ich soll den Teil von La Paz kennenlernen, der für Außenstehende tabu ist. Das haben sie beschlossen, so erklärt er hochgestochen, um mich zu schützen. Sie wollen mir den Teil von La Paz zeigen, in dem man schon tagsüber auf der Hut sein muss und in dem man einen nächtlichen Besuch möglicherweise mit dem Leben bezahlt. Die Müdigkeit fällt im selben Moment von mir ab, in dem ich begreife, was Diez sagt. Das Adrenalin schießt mir durch die Adern. Tausend Gedanken jagen durch meinen Kopf: Sagt Diez gerade, dass ich nun ein Teil von ihnen bin? Er war es, vor dem ich immer Angst hatte. Ist es eine Falle? Dann würde Sombras sicher nicht mitmachen. Kann ich ihnen vertrauen, den Jungs von der Straße? So lange kenne ich sie noch nicht, um wirklich sicher zu sein. In ihrem Territorium können sie alles mit mir machen. Niemand würde sich darum scheren. Aber meine Neugier ist riesig. Sollte ich heute tatsächlich nicht nur den Schlafplatz der Jungs, sondern auch ihr wirkliches Leben kennenlernen? Ich kann mich gegen meinen inneren Drang nicht wehren und lasse mich auf das Risiko ein. Kurz denke ich darüber nach, ob ich David sehen werde und, wenn ja, wie er wohl reagieren würde? Wird er sich freuen, mich zu sehen? Es bleibt keine Zeit, weiter zu grübeln. Diez fordert mich auf, meinen Schal über Mund und Nase zu legen. Zudem soll ich die Kapuze meines Parkers über den Kopf ziehen. Die Haare soll ich darunter verstecken. Zum einen darf mich keiner auf der Straße als Hermana Claudia erkennen, die Leute würden es meinen Kollegen erzählen, und zum anderen nicht als die Gringa, die deutlich mehr Geld hat als alle anderen, die sich dort aufhalten. Damit würde ich eine Gewalttat regelrecht provozieren. Wir lassen den Plaza San Francisco hinter uns und gehen eine Straße hinauf, die weit ab ist von den üblichen Touristenstraßen. Nur noch vereinzelt kommen uns Menschen entgegen. Man sieht ihnen an, dass sie nicht zum Vergnügen nachts auf der Straße unterwegs sind wie die Menschen auf dem Prado. Plötzlich verabschiedet sich Sombras. Ich bekomme einen Schrecken. Er ist doch meine gedankliche Versicherung. Solange er bei mir ist, kann es nicht gefährlich werden, so denke ich. Nun bin ich Diez gänzlich ausgeliefert. Es ist mehr als dumm, sich darauf einzulassen. Ich schüttele versteckt mit dem Kopf und will mich zwingen, das Vorhaben abzubrechen. Doch mit welcher Begründung könnte ich Diez erklären, dass ich nun doch einen Rückzieher mache? Vielleicht wird er sauer, dass ich ein solch selbstloses und gutgemeintes Angebot ausschlage. Ich habe ihn im Kontaktzentrum erlebt, da hat er sich einen Spaß daraus gemacht, mich zu demütigen und meine körperlichen Grenzen zu überschreiten. Sollte er wütend werden, was unumgänglich mit Aggressivität einhergehen würde, weil er den Umgang mit Konflikten von der Straße nicht anders kennt, hätte ich keine Chance gegen ihn. Um mir zu zeigen, wer hier und jetzt auf der Straße der Chef ist, könnte er mich vergewaltigen, er könnte mich sogar töten und niemand würde mir in dieser Situation helfen können. Doch genau das Gleiche könnte mir passieren, wenn ich mitgehe.

Ich ärgere mich. Wie dumm war ich, mich auf dieses „Angebot" einzulassen? Ich hätte mir der möglichen Konsequenzen bewusst sein müssen. Selbst wenn Sombras bei uns geblieben wäre, so hätte er womöglich gegen Diez keinen Widerstand leisten können. Nun ist er weg und ich bin mit Diez allein. Ich muss mich dieser Situation nun stellen und versuche, mit dem größtmöglichen Selbstbewusstsein aufzutreten, um ihm meine Angst und die damit einhergehende Schwäche nicht zu zeigen. Zuerst versuche ich, mich zu beruhigen. Schon der Weg allein wieder zum Plaza San Francisco wäre gefährlich für mich. Ich bin Diez von nun an ausgeliefert und muss darauf vertrauen, dass er mir nichts antun wird. Ich denke darüber nach, dass die Chicos del Rio in meinem bolivianischen Leben einen solch großen Stellenwert eingenommen haben, dass ich sogar mein Leben riskiere, um sie noch intensiver kennen zu lernen. Sollte heute Abend irgendetwas schief gehen, so wird sich auch die Tür zu dieser Arbeit verschließen.

Mitten in meinen Gedanken taucht wie aus dem Nichts in meinem Kopf das Bild des alten geschundenen Mannes auf, den wir vor wenigen Tagen auf der Straße angetroffen haben. Mit seinen massiven Verletzungen, die ihn beinahe das Leben kosteten. In dem Moment, als mir die Frage über die Lippen geht, ärgere ich mich schon über mich selbst. Wie blöd kann ein Mensch allein eigentlich sein? Betont unbeteiligt, fast schon beiläufig frage ich Diez, ob er sich an dem Abend vor unserem Straßeneinsatz bei dem Mann in dem Stadt-

viertel aufgehalten hat. Egal wie seine Antwort ausfallen wird, ich darf mir meine Erregung bezüglich dieses Themas nicht anmerken lassen. Er schaut mich fragend an, als würde er die letzten Tage im Kopf rekonstruieren. Als ihm das anscheinend nicht gelingen mag, fragt er, warum ich das wissen möchte. Ich erkläre ihm so ruhig, wie es mir gerade möglich ist, dass ich gerne wissen würde, ob die Chicos del Rio an dem Überfall und dem massiven Gewaltvergehen an dem alten Mann beteiligt waren. Er beginnt, hämisch zu grinsen. In diesem Moment, als ich sehen kann, dass er keinerlei Reue, sondern tatsächlich noch Stolz empfindet, verliere ich die Beherrschung. All meine Bedenken und Sorgen, dass ich mich cool geben muss in dieser aktuell ausweglosen Situation, schmeiße ich über Bord. Ich schreie Diez an, frage ihn, ob er denn überhaupt kein Gewissen hat. Der Mann ist beinahe an seinen Verletzungen gestorben. Er schaut irritiert, erkundigt sich, wo genau dieser Überfall stattgefunden haben soll. Ich erkläre ihm den Vorgang, so wie es mir der Alte beschrieben hat. Er schüttelt mit dem Kopf: „Nein, wir waren an diesem Abend zwar in der Nähe, aber wir haben unser Opfer nicht so übel zugerichtet, dass er an den Verletzungen hätte sterben können."
Ich kann nicht glauben, was ich da höre. Total durcheinander muss ich die Situation entzerren. Wie kann es denn sein, dass diese gewalttätigen Übergriffe so alltäglich sind, dass eine Verwechselung möglich ist? Mir wird schlecht, aber ich besinne mich, dass ich mich zusammenreißen muss. Ich bin nach wie vor Diez ausgeliefert und versuche, nicht weiter auf das Gehörte einzugehen. Diez erkennt offensichtlich meine Enttäuschung und erklärt mir, dass er nach einem Überfall auch immer ein schlechtes Gewissen habe, aber dass sie Drogen genommen hätten und die Gier nach Geld und Macht die Überhand gewann. Ich bin überzeugt, dass er das nur sagt, um mich zu beruhigen. Das hämische Grinsen als erste Reaktion auf meine Frage hat sich ehrlicher angefühlt als dieser Versuch, mir die Tat zu erklären. Anscheinend ist ihm bewusst geworden ist, dass er gerade mit mir als Hermana unterwegs ist und nicht mit einem Gangmitglied. Dadurch zeigt er, dass ihm der Kontakt zur Organisation schon etwas bedeutet, sonst würde er nicht versuchen, sein Handeln zu erklären. Ich kann die mögliche Antwort im jetzigen Moment nicht ertragen und frage Diez nicht, ob David an dem Abend mit ihm zusammen unterwegs war. Den Plaza San Francisco haben wir schon vor einiger Zeit hinter uns gelassen. Wir folgen den Wegen, die hinauf an den Hang

Richtung El Alto führen. Die Gegend wird immer dunkler. Viele Häuser, an denen wir vorbeikommen, stehen leer, und die Straßen sind teilweise unbeleuchtet. Auch habe ich seit dem Verlassen des Plaza bis hierher keine Polizei oder Nachtwächter mehr gesehen. Anscheinend trauen sich selbst die nicht mehr in diese Gegend. Die letzten Meter verbringen wir schweigend. Immer mehr Betrunkene und Drogenabhängige lungern nun in den Hauseingängen oder torkeln uns entgegen. Anscheinend haben sie für sich den Abend schon beendet.

Meine Anspannung steigt. Ich habe große Angst, erkannt zu werden und ziehe mir meine Kapuze noch tiefer ins Gesicht. Am Ende der Straße, die wir hinaufsteigen, empfängt uns ein Gewirr aus Menschen. Direkt vor uns befindet sich ein großer Plaza. Ich kann vereinzelt bekannte Gesichter erkennen und bin sehr erleichtert, dass sie keine Notiz von mir nehmen. Ob das an ihrem benebelten Zustand oder meiner Vermummung liegt, kann ich nicht beurteilen. Immer wieder fordert mich Diez auf, weiterzulaufen statt stehen zu bleiben. Anscheinend automatisch verharre ich immer wieder, um all das, was sich um mich herum abspielt, aufnehmen und verarbeiten zu können. Ich sehe Frauen, die an Ständen günstiges Essen anbieten. Viele Menschen, die die bekannten weißen Plastikflaschen mit den blauen Etiketten ansetzen und den darin befindlichen 96-prozentigen Alkohol herunter kippen. Der überwiegende Teil Menschen, die ich sehe, hat in einer Hand ein Wollknäuel und beträufelt es in regelmäßigen Abständen mit dem Klebstoff, der high macht. Die Autos, die vielen Taxen und Busse müssen ungemein vorsichtig fahren und hupen sich die Wege frei. Der Lärm der Autos, die Musik aus verschiedenen Ecken, die laut gegeneinander anklingt, und die Stimmen der vielen Menschen: All das zusammen ist ohrenbetäubend.

Ein ganz neues Thema eröffnet sich mir hier. Ich sehe leicht bekleidete Frauen an der Straße stehen, die ihre Dienste als Prostituierte meist vor heruntergekommenen Kneipen anbieten. Der Anblick der Frauen lässt mich frösteln, und das nicht nur, weil ihre Kleidung für die Temperaturen viel zu leicht ist und sie viel nackte Haut zeigen. Sie teilen sich anscheinend in zwei Gruppen. Die eine Gruppe sind die offensiven Frauen, die zwischen 20 und 30 Jahre alt sind und offensichtlich schon länger ihre Dienste anbieten, die sich provokativ vor die Autos stellen, um mitgenommen zu werden. Diesen

Frauen sieht man an, dass sie schon einige Zeit als Prostituierte arbeiten. Sie zeigen deutliche Anzeichen von Drogenkonsum, sind ungepflegt und haben wenige oder keine Zähne mehr. Ihre Haare sind fettig, mit einem Gummi zurückgebunden und sie scheinen jegliches Körpergefühl verloren zu haben. Sie wirken auf mich resigniert und überdreht, als wüssten sie, dass sie an ihrer Lebenssituation nichts mehr ändern können.

Das sichtbare Leid der anderen Gruppe trifft mich noch mehr. Es sind junge Mädchen, teilweise sehr jung, die aufreizend angezogen sind, aber eher schüchtern in den Nischen der Häuser auf ihren nächsten Freier warten. Ihre Blicke wandern nervös und ängstlich die Straße entlang. Immer wenn sich ihnen ein potenzieller Freier nähert, erkennt man einen Mix aus Verunsicherung und Zwang. Mir laufen allein bei dem Anblick dieser Kinder die Tränen an den Wangen herunter. Zwischen den heruntergekommenen Häusern, in denen man Alkohol, Drogen und Essen kaufen kann, stehen immer wieder Stundenhotels, in denen die Prostituierten mit ihren Freiern verschwinden. Vor dem Eingang dieser Etablissements stehen große, breite Männer, denen die Frauen vor ihrem Eintreten Geld geben, um das Zimmer zu bezahlen. Mir wird schlecht bei dem Anblick, als eines der Mädchen mit einem dicken, eindeutig wohlhabenden Mann darin verschwindet. Um alles, was um mich herum geschieht, aufnehmen zu können, müsste ich Stunden einfach nur dastehen und beobachten. Diez hingegen erklärt mir, dass ich mich viel zu auffällig verhalte. Ich dürfe nicht stehen bleiben, nur im Vorbeigehen könne ich mal einen verstohlenen Blick über den Plaza schweifen lassen. Mit meinem Verhalten würde jeder, der noch halbwegs klar ist, vermuten, dass ich eine Spionin oder Polizistin bin. Ich muss mich zusammenreißen. Jetzt kann ich verstehen, warum es so wichtig ist, dass ich als Touristin nicht erkannt werde. Dieses Leben, was mir hier begegnet, ist geprägt von Gewalt, Armut und Drogen. Meine Erleichterung ist groß, als ich zwischen all den Menschen Sombras ausmachen kann, wie er mit seiner viel zu großen Hose auf uns zu schlurft. In seiner Hand hat er wie immer seinen Schuhputzkoffer. Er grüßt uns mit einem Nicken und schließt sich uns ohne ein weiteres Wort an. Durch unser Gespräch, das wir vor nicht mal einer Stunde, aber gefühlt schon einer halben Ewigkeit geführt haben, vermittelt mir seine Anwesenheit Sicherheit. Plötzlich fällt mir auf, dass Diez sich nervös umsieht. Ich erkenne nicht, wonach er sucht, bis er mir plötzlich und absolut bestimmt befiehlt, dass ich mich in einer Hausnische verstecken soll. Er zeigt unauffällig in die Richtung und redet, als würde mir nicht mehr viel Zeit bleiben. Mein Herz schlägt bis zum Hals. Ich kann kein Problem erkennen, doch spüre ich, dass wir uns in einer gefährlichen Situation befinden. Noch bevor ich seinen Befehl ausführen kann, gibt Diez mir mit der Hand ein Zeichen, dass ich stehen bleiben soll. Erst jetzt erkenne ich einen Mann, der zielstrebig auf uns zukommt. Er passt nicht wirklich ins Bild. Der Mann ist gut gekleidet, trägt Gel in seinen Haaren und wirkt wohlhabend mit seinen goldenen Ringen an den Fingern. Eine dicke schwere Goldkette hängt um seinen Hals. Er funkelt uns gefährlich entgegen, während er in schnellem Tempo auf uns zuläuft. Seine Zähne sind makellos. Ich kann mir beim besten Willen nicht vorstellen, was er hier in dieser Gegend verloren haben könnte. Die Jungs treten einige Schritte auf den Mann zu, sodass ich etwas im Hintergrund stehen bleibe, wie mir befohlen wurde. Die Köpfe nah aneinander unterhalten sich die drei. Bei der enormen Geräuschkulisse um mich herum verstehe ich kein Wort. Ich muss mich zwingen, ruhig zu atmen. Noch immer weiß ich nicht einmal, wovor ich Angst haben soll, aber sie beherrscht mich.

Irgendwann schaut der Mann an Diez und Sombras vorbei, zeigt auf mich und kommt augenblicklich mit schnellen Schritten auf mich zu. Ich versuche, unauffällig nach hinten auszuweichen, als er gefühlt viel zu nah vor mir stehen bleibt. Diez ergreift das Wort und stellt mich dem Mann als Schwester Claudia vor. Auch den Namen des Mannes nennt Diez, aber meine Aufregung ist so groß, dass ich ihn nicht aufnehme, sondern mich darauf konzentriere, seinem eindringlichen Blick standzuhalten. Mit tiefer und drohender Stimme fragt er, was ich hier verloren habe. Ich versuche, die richtigen Worte zu finden, doch bevor ich ihm antworten kann, ist er schon wieder mit Diez und Sombras im Gespräch und verabschiedet sich nur kurze Zeit später. Mich bedenkt er mit einem Nicken. Es dauert einige Zeit, bis sich die Situation entspannt und wir rühren uns erst, als der Mann außer Sichtweite ist.

Von dem eben Erlebten noch nicht wirklich erholt, schrecke ich zurück, als Diez mich plötzlich an meiner Jacke packt und mein Gesicht zu sich zieht. Mit zusammen gekniffenen Augen schaut er mich ernst an. „Hermana, wenn du diesen Mann jemals in deinem Leben wiedersehen solltest, so machst du einen großen Bogen um ihn! Er ist in La Paz einer der großen Drogenbosse und arbeitet eng zusammen mit der Mafia. Es wäre für ihn ein Leichtes, dich um die Ecke zu bringen, ohne dass es jemals jemand erfahren würde." Ich schlucke bei den Worten, die auf mich eindonnern. Plötzlich passen die Puzzleteile zusammen. Schockiert über meine Ahnungslosigkeit schüttele ich mit dem Kopf. Noch vollgepumpt mit Adrenalin folge ich Diez und Sombras zu einer Gruppe Jungs. Es sind nicht die Chicos del Rio und ich halte mich, wie mir befohlen wurde, im Hintergrund. Noch mal möchte ich nicht in eine so brenzliche Lage kommen. Es kommt mir gerade gelegen, denn so habe ich die Zeit, mir in Ruhe das Straßenleben genauer anzusehen.

Meine Blicke bleiben bei einer Frau hängen, die zu der Gruppe gehört, mit der Diez und Sombras sprechen. Sie ist jung. Ob sie schon 20 ist, kann ich schwer einschätzen. Neben ihr sitzt ein kleines Mädchen, es ist vielleicht zwei Jahre alt. Die Kleine puhlt mit einem Stein zwischen den Ritzen der Pflastersteine. Mir kommt in den Sinn, dass es bereits nach Mitternacht sein muss und die Kleine eigentlich ins Bett gehört. Auf dem Rücken der Frau befindet sich in einem großen bunten Tuch ein Baby, das schläft. Der Bauch der Frau ist nach vorne gewölbt und zeigt deutlich, dass es bis zur Geburt ihres dritten Kindes nicht mehr allzu lang dauern wird. Das gesamte Bild macht mich wahnsinnig betroffen, denn die Mutter führt in regelmäßigen Abständen ihre Hand, in der sie einen mit Klebstoff beträufelten Wollebausch hält, zur Nase und inhaliert die giftige Substanz. Sie ist so benebelt von dem Klebstoff, dass sie nicht wahrnimmt, dass ihre kleine Tochter auf wackeligen Beinen vor ihr steht und sie immer wieder nach etwas zu essen fragt. Sie zupft zaghaft an der Hose der Mutter und versucht vehement, auf sich aufmerksam zu machen. Irgendwann greift die Mutter resigniert in ihre Jackentasche und holt ein Stück trockenes Brot heraus, was sie dem kleinen Mädchen in ihre Hand gibt. Die Kleine führt das Stück Brot an den Mund und versucht, es mit ihren Zähnen zu zerkleinern.

Sie ist so sehr damit beschäftigt, dass sie nicht mitbekommt, als ihre Mutter irgendwann abrupt aufsteht und geht. Die Frau steht so unter Drogen, dass sie wohl nicht daran denkt, ihre Tochter mitzunehmen. Es geht alles sehr schnell und als die Kleine begreift, dass sie von ihrer Mutter alleingelassen wurde, fällt ihr das Brot aus der Hand. Panisch sieht sie sich um, fängt an zu schreien. Ihre Lippen formen sich zu einem „Mamita", das schrill und laut aus ihrem Mund hervordringt. Die Tränen kullern ihr über die Wangen und ich suche Diez Blickkontakt. Er hat die ganze Szene mit angesehen und als sich unsere Blicke treffen, gibt er mir mit einem Nicken zu verstehen, das Mädchen zurück zur Mutter bringen zu dürfen. Panisch und auf wackeligen dünnen Beinchen läuft das Mädchen zwischen den Menschen hindurch, wird von Betrunkenen angerempelt, bis ich es sanft auf meinen Arm hebe. Ich streiche ihr über die Wange und erkläre ihr, dass ich ihr helfen möchte, ihre Mama zu suchen. Das Mädchen ist verängstigt und überrascht zugleich. Erst wehrt sie sich, doch dann lässt sie es geschehen, dass ich sie auf meine Hüfte setze und gemeinsam mit ihr der Straße folge, die kurz zuvor ihre Mutter entlanggelaufen ist.

Es dauert nicht lange, bis wir sie finden. Im Gesicht des Kindes erkenne ich Erleichterung und es versucht, sich aus meinem Arm zu befreien. Die Mutter hingegen zeigt keine Reaktion, als ich die Kleine vor ihr absetze. Es fällt mir nicht leicht, dieses kleine Wesen bei ihrer Mutter zu lassen, die offensichtlich gerade nicht in der Lage ist, sich um ihr Kind zu kümmern. Ich gehe zurück und sehe plötzlich das Stück Brot auf dem Boden liegen. Ich hebe es auf, suche abermals den Blick von Diez, der anscheinend die Szene bis jetzt im Blick behalten hat. Wieder erhalte ich ein Nicken und ich renne der Mutter mit ihren beiden Kindern erneut hinterher. Schnell erreiche ich sie und gebe dem kleinen Mädchen, das nun an der Hand seiner Mutter läuft, das Brot in die andere kleine Hand. Die Fingerchen umgreifen das Essen, das sie sich direkt wieder in den Mund schieben will. Ich drehe mich herum, um zurück zu Diez zu laufen und bin überrascht, als ich sehe, dass er in einem wahnsinnigen Tempo auf mich zu rennt. Ich begreife nicht, was geschieht. Sofort merke ich das Adrenalin wieder in meinen Adern und schaue mich angsterfüllt um. Er erreicht mich und hebt seine Hand. Ich ducke mich, um seinem vermeintlichen Schlag auszuweichen. Mir bleibt keine Sekunde, um zu überlegen, was gerade passiert, bis ich die Situation plötzlich überschaue. Diez hat mit seiner Hand in letzter Sekunde den Fausthieb der Mutter, der gegen meinen Kopf gerichtet war, abgefangen. Er redet wild gestikulierend auf sie ein. Seine Worte beruhigen sie offensichtlich. Nur das Wort „Hermana" kann ich aufschnappen und „Ajudar". Ich reime mir zusammen, dass er erklärt, dass ich eine Schwester bin, die ihr helfen wollte. Sie wendet sich mit bösem Blick ab und geht mit ihrer Tochter an der Hand ihrer Wege.

Diez erklärt mir, dass die Mutter dachte, ich habe ihrer Tochter vergiftetes Essen gegeben, um sie zu betäuben, damit ich sie, wenn sie bewusstlos ist, entführen kann. Ich begreife kaum, was Diez mir da sagt. Warum sollte ich denn ihre Tochter klauen? Er sagt, dass der Handel mit Kindern eine geschätzte Einnahmequelle ist. Die Kinder werden verschleppt und zur Arbeit oder Prostitution gezwungen. Wenn sie Glück haben, werden sie lediglich an ein kinderloses Ehepaar verkauft, bei dem es ihnen zumeist gut geht, aber der größere und lukrativere Markt für die Kidnapper ist die Kinderpornografie oder der Verkauf der Kinder an Pädophile, erklärt Diez. Mir wird schlecht. Was er mir da erzählt, macht mich fassungslos. Gleichzeitig bin ich überrascht, dass diese Frau, die eben noch ihr Kind in einem der schlimmsten, wenn nicht sogar dem schlimmsten Viertel von La Paz „vergessen" hat, trotz der Drogen in der Lage ist, mich als Bedrohung wahrzunehmen. Diez hat mich vor ihrem Fausthieb beschützt. Er hat mich in Schutz genommen. Diez, der Junge, vor dem ich Angst habe, zeigt sich von einer Seite, die ich niemals von ihm erwartet hätte.

Dieser Abend fühlt sich für mich revolutionär an. Ich habe das Gefühl, alles, was ich in den letzten Wochen erlebt habe, besser verstehen zu können. Sollte meine Chefin jemals mitbekommen, dass ich nachts mit „meinen" Jungs auf der Straße war, so werde ich ihr entgegnen, dass es eine notwendige und unersetzliche Erfahrung war. Erst jetzt weiß ich, was es bedeutet, auf der Straße zu sein. Lächerlich, dass ich heute Mittag noch darüber nachgedacht habe, dass mich nicht mehr viel schocken kann. Ich habe bis heute Abend gerade mal einen Spalt der Tür zu dieser mir vollkommen fremden Welt öffnen können. Alleine das Gefühl, auf der Straße beschützt worden zu sein, setzt alles in eine andere Relation. Ich war heute Abend zwar immer noch die Hermana, aber die Jungs waren zu meinem Schutz da. Nicht ich habe ihnen geholfen, dieses Mal haben sie mir geholfen, um mir ihr Leben verständlicher zu machen.

Nachdem Diez mir ein wenig Zeit zum Nachdenken gegeben hat, erklärt er mir, dass er mich nun zum Bus bringen wird. Er wird jetzt anfangen, Drogen zu nehmen und kann mir daher keinen Schutz mehr bieten. Ich respektiere seine Entscheidung und realisiere erst jetzt, wie viel er mir mit diesem Abend unter seinem Schutz gegeben hat. Er hat die Entscheidung getroffen, mir dieses Leben zu zeigen und dafür den ganzen Abend auf seinen gewohnten Drogenkonsum verzichtet. Das rechne ich ihm sehr hoch an und ich habe das Gefühl, dass sich unser Verhältnis zukünftig anders gestalten wird. Wir ver-

abschieden uns so wie auch sonst mit einem Nicken, nicht mit Küsschen oder einer Umarmung, doch es schwingt ein gegenseitiger Respekt bei dem Abschied mit. Ich lasse mich in den Sitz des Busses fallen.
Meine Gedanken wirbeln in meinem Kopf durcheinander. Mir ist bewusst, dass ich nach diesem Abend nicht einfach schlafen gehen kann, und so entscheide ich mich für einen Umweg zu einem Callcenter, das die ganze Nacht über geöffnet ist, um mit meinem Papa zu telefonieren. Es ist bereits Morgen bei ihm und es dauert nicht lang, bis er den Hörer abnimmt. Schweigend hört er sich meine Geschichten an. Ich erzähle ihm von dem Schlafplatz der Jungs, von Sombras, der mir seine Lebensgeschichte offenbart hat, Diez, der auf die Idee kam, mich mit in dieses gefährliche Viertel zu nehmen, das Gespräch zwischen uns, über den Mann, der verprügelt wurde, die große Angst, die ich hatte, als dieser Drogenbaron wissen wollte, wer ich bin und diese Geschichte von der Frau, die mich aus Angst um ihre Tochter schlagen wollte. Ich merke, dass in seinen Rückfragen Sorgen mitschwingen, doch er versucht, es mich nicht spüren zu lassen. Er ist einfach da, hört mir zu und ist mein liebender Papa, der daran teilhat, wie seine Tochter erwachsen wird. *So dachte ich damals. Natürlich war es viel mehr als das. Heute habe ich selbst Kinder und bewundere meinen Vater sehr dafür, auf welch unglaubliche Weise er für mich da war und dass ich ihm alles erzählen konnte. Dass er darauf vertrauen konnte, dass ich behütet werde. Denn egal, was ich damals dachte – ich konnte oft nicht überblicken, in welche Situationen ich mich begeben habe. Und wie sehr ich mich glücklich schätzen durfte, dass so viele liebe Menschen auf mich aufgepasst haben. Eine Hermana oder ein Hermano zu sein und damit den Menschen etwas Gutes zu tun, das heißt noch lange nicht, dass einem niemand etwas Böses will.*

Davids Entscheidung

Es ist ein sonniger Samstagmorgen. Ich stehe auf und schiebe die Gardinen zur Seite, um die eisige Morgenluft ins Zimmer zu lassen. Einen Moment bleibe ich am Fenster stehen und genieße die warmen Strahlen der Sonne, die sich über die Andengipfel schiebt. Nach einer heißen Dusche wickele ich meine Haare zu einem Knoten zusammen und ziehe meine Arbeitskleidung an, die aus einer Jogginghose und einem alten Pulli besteht. Zum einen möchte ich mich nicht durch hochwertige Kleidung von den Klienten abheben, zum anderen lohnt es sich nicht, ständig in einen Waschsalon zu gehen, um immer frische Kleidung anziehen zu können.

Im Hausflur steige ich einige Stufen hinauf, um meiner Gastfamilie ein schönes Wochenende zu wünschen. Sie sitzen gemeinsam am Frühstückstisch und beginnen ihren Tag gemächlich, winken kurz zum Abschied. Ich ziehe die Holztür hinter mir zu und winke mir den nächsten Bus heran, mit dem ich in die Innenstadt fahre. Ich genieße gleichermaßen die Nähe zu meiner Familie in Sucre wie hier die Distanz zu meiner Familie in La Paz. Diese Distanz lässt zu, dass ich vollkommen unabhängig mein Leben leben kann, ohne jegliche Rechtfertigung. In Sucre hingegen fühlt sich mein Leben wie ein „zu Hause sein" an. Dort habe ich die Möglichkeit, aufzutanken. Ich werde von Christa und der Familie als Mitglied angesehen und kann mich fallen lassen.

Ich steige aus dem Bus und winke schon von weitem dem alten Mann und seiner Frau, die wie jeden Tag gemeinsam in der Nähe des CC auf einer Decke sitzen und ihren Beschäftigungen nachgehen: sie dem Stricken und er dem Schuhputzen. Sie begrüßen mich freudig. Zu Beginn meiner Zeit in La Paz hatten wir uns mit netten Worten am Beginn des Tages und zum Abschied am Abend begnügt. Irgendwann änderte sich das und wir nehmen uns nun täglich freudig in den Arm und wünschen uns einen schönen Tag und am Abend eine gute Nacht.

Im Kontaktzentrum ist die Stimmung wie üblich an einem Samstagmorgen ruhig. Ich rechne nicht damit, dass die Jungs auftauchen. Seit der Nacht auf der Straße, die bereits zwei Tage zurück liegt, habe ich keinen von ihnen mehr gesehen. Das macht mich ein wenig traurig, da David ja gesagt hatte, dass er nun täglich ins CC kommen will, um die wenige Zeit, die uns ver-

bleibt, gemeinsam verbringen zu können. Aber nachdem er zu unserem Treffen vor wenigen Tagen nicht erschienen ist, glaube ich mittlerweile, dass das nur eine nett gemeinte Floskel war.
Ich gehe in die Küche, aus der mir ein Schwall heißer Luft entgegenweht. Das Teewasser in den großen Kochtöpfen köchelt vor sich hin, und ich nehme mir einen Sack Brote, um sie mit Butter zu beschmieren. Victor bereitet die Thermoskannen vor, um den Tee darin zu brühen, als wir plötzlich beide hochfahren, weil David ungefragt die Küche betritt. Sofort steigt mein Puls. Verlegen schiebe ich mir eine Strähne, die sich aus meinem Knoten gelöst hat, hinter mein Ohr und lächele ihn unsicher an. Er sieht schlimm aus und muss sich an eine Wand lehnen, um auf den Beinen zu bleiben. Ich habe nicht den Eindruck, dass er unter Drogeneinfluss steht oder Alkohol getrunken hat. Trotzdem scheint er nicht klar zu sein. Er wirkt zerstreut. So, als ob ihn etwas extrem belastet. Victor hakt ihn unter. Nicht weil David es körperlich nötig hätte, eher wie einen Freund, den er stützen möchte. Victor bringt ihn ins Büro. Ich bin hin- und hergerissen, würde gerne mit ins Büro gehen und bei David sein. Doch bevor Victor die Tür schließt, bedeutet er mir mit einem eindringlichen Blick, dafür zu sorgen, dass die beiden nicht gestört werden. Ich ziehe mich in die Küche zurück und bereite die gemeinsame Mahlzeit fertig zu. Gut, dass ich etwas zu tun habe. Sonst würde ich die Anspannung, die meinen Körper im Griff hat, nicht aushalten. Zu gerne würde ich wissen, was sich gerade im Büro abspielt. Als die Küchenarbeit erledigt ist, versuche ich, mit den Besuchern ins Gespräch zu kommen. Doch meine Aufmerksamkeit gilt der Holztür, die sich zwischen David und Victor und mir befindet. Nach einer Stunde kann ich meine Ungeduld nicht mehr zügeln und klopfe zaghaft an die Tür. Ich vernehme keinen Ton und öffne, ohne dass ich hereingebeten werde.
Erschrocken stelle ich fest, dass David weint und bin verblüfft, dass Victor daneben sitzt und sein ganzes Gesicht vor Freude strahlt. Ich schaue Victor fragend an, während ich mich David nähere. Bevor Victor auf meine unausgesprochene Frage reagieren kann, erreiche ich David und lege vorsichtig meine Hand auf seine Schulter. Er weicht meinem Blick aus und starrt unter sich auf den Boden. Victor ergreift das Wort und erzählt mir, dass David ihm soeben gesagt hat, dass er einen Platz in unserer Reha haben möchte. David unterbricht Victor, und mit gebrochener Stimme spricht er: „Ich möchte die-

ses Leben auf der Straße nicht mehr. Ich möchte was erreichen, eine Familie gründen und für sie sorgen können. Das stelle ich mir unter einem Leben vor, nicht täglich ums Überleben kämpfen." Ich sacke neben ihm auf die Knie und kann meine Emotionen nun nicht mehr zurückhalten. Voller Ehrfurcht und Überraschung nehme ich ihn fest in den Arm und beginne zu weinen. Zum ersten Mal in Bolivien weine ich voller Dankbarkeit und Freude. Es fällt ihm schwer, meine Umarmung anzunehmen und er sitzt steif und regungslos auf seinem Stuhl. Doch als er meine Tränen sieht und ich ihn vorbehaltlos und ungehemmt von Victors Anwesenheit auf die Wange küsse, erwidert er meine Umarmung. Mein Herz springt und die Freude sprudelt aus mir heraus. Er wischt sich die Tränen aus dem Gesicht und gemeinsam verlassen wir das Büro. Jeder neue Besucher des CC wird ungeachtet seines Interesses von mir freudig darüber informiert, dass David sich für eine Reha entschieden hat und nun sein Leben für immer ändern wird.

Erst heute, viele Jahre später, kann ich die Tragweite dieser Entscheidung überblicken. Es bedeutet für David, dass er seine Position auf der Straße aufgibt. Er hat sich dafür entschieden, das Leben ohne seine Gang zu leben. Man kann sagen, dass er sich damit gegen seine „Familie" entschieden hat. Erst jetzt verstehe ich, dass es gefährlich war, dass ich so vielen Besuchern davon erzählt habe. Wir können von Glück reden, dass zu diesem Zeitpunkt lediglich alte Männer und Mütter zum Wäschewaschen im CC waren, die sich nicht für das Leben der Straßengangs interessieren. Mit der Entscheidung, eine Reha zu machen, hat er gleichzeitig die Entscheidung getroffen, seinen Brüdern den Rücken zu kehren. So kann er sich auf ihren Schutz nicht mehr verlassen, ja, hat sie sogar mit dieser Entscheidung hintergangen. Er, der Anführer der Chicos del Rio, lässt seine Jungs im Stich.

Nach einer intensiven Zeit der Freude setzen wir uns auf die Bank und unterhalten uns, wie es nun weitergehen wird. Victor erklärt, dass David am Montag ins CC kommen soll, damit wir ihn in die Reha bringen können. Noch voller Euphorie fragt David, zu welchen Zeiten ich in der Reha arbeite, damit wir uns sehen können. Wenn er dort wohnt, kann er nicht mehr ins CC kommen, weil die Männer, die in der Reha leben, einige Monate in diesem geschützten Gebäude bleiben sollen, um keinerlei Versuchungen ausgesetzt zu sein. Ich erstarre, der Euphorie weicht Entsetzen. Erst jetzt wird mir klar, dass wir uns nicht mehr sehen können, wenn er die Reha macht. Ich erkläre

ihm, dass ich dort nicht arbeite. Dabei versuche ich, Gelassenheit vorzuspielen, die er mir wohl kaum abnimmt. Er schaut mich betroffen an und sagt: „Dann ist das wohl der Preis, den ich für meine Entscheidung zahlen muss, dich nicht mehr sehen zu können." Der Versuch, trotzdem alles in Rosarot zu malen, gelingt uns beiden nur bedingt. Viel länger als erlaubt verabschieden wir uns mit einer ausgiebigen Umarmung und er geht mit dem Versprechen, am Montagnachmittag zurück ins CC zu kommen, bereit für die Reha.
In diesem Gefühlschaos bereite ich gemeinsam mit Victor alles für den Nachmittagseinsatz im Gefängnis San Pedro vor. Ich bin von dem Vormittag emotional noch völlig ergriffen und die Tragik des Gefängnisses zusätzlich auszuhalten, fällt mir schwer. Auch wenn ich bereits bei einigen Einsätzen in dieser Hölle dabei war, haben die Kinder nach wie vor keinerlei Vertrauen zu mir und ich fühle mich oft fehl am Platz. Heute ganz besonders.
Ich bin dankbar, dass Ulrike und ich den Samstagabend danach zusammen verbringen. Gemeinsam gehen wir in ein kleines Restaurant, in dem sämtliche Möbel offenbar vom Sperrmüll zusammengesammelt sind. Auf jedem Tisch steht eine Kerze. Ich versuche, den richtigen Moment abzupassen, um so beiläufig wie möglich zu erzählen, dass der Anführer der Chicos del Rio sich für eine Rehabilitation entschieden hat. Und dass ich David gerne mit Victor zusammen ins El Alto bringen möchte. Ich setze alles daran, dass sie meine innere Anspannung nicht bemerkt. Davids Weg zur Reha wäre meine letzte Chance, ihn zu sehen, bevor ich wieder nach Deutschland fliege. Irgendetwas sagt mir, dass sie die Dringlichkeit meiner Bitte durchschaut. Sie überlegt kurz, bevor sie mir antwortet. Sie ist nicht einverstanden. Victor soll David allein begleiten. Sie begründet ihre Entscheidung damit, dass David ein neues Leben beginnen will und es sein könnte, dass er sich durch meine Anwesenheit von seinem Ziel ablenken lässt. Gespielt gelassen reagiere ich mit Verständnis auf ihre Ansage. Vielleicht hoffe ich, dass sie sich dadurch noch mal umstimmen lässt. Ich weiß, wenn ich ansatzweise anfangen würde, mit ihr zu diskutieren, hätte ich keine Chance mehr auf eine andere Entscheidung.
Stattdessen wechsele ich das Thema und bitte sie um etwas anderes. Seit Tagen geistert in meinem Kopf der Gedanke herum, das Osterfest gemeinsam mit den Chicos del Rio zu verbringen. Es ist bereits Herbst in Bolivien und in einer Woche werden in dem katholisch geprägten Land alle Vorbereitun-

gen für das Fest abgeschlossen sein. Ich erkläre ihr, dass ich es wichtig finde, dass wir Mitarbeiter der Organisation den Menschen von der Straße die Möglichkeit geben, dieses christliche Fest zu feiern. Wider Erwarten ist Ulrike damit einverstanden. Ich freue mich darüber und gleichzeitig will ich nicht verstehen, warum sie mir nicht erlaubt, David in die Reha zu begleiten. Ich lasse es aber so stehen und wir unterhalten uns den Rest des Abends über andere Dinge.

Justin und sein größtes Geschenk

Noch am Montagmorgen hoffe ich auf eine Möglichkeit, gemeinsam mit David am Nachmittag ins El Alto zu fahren. Ich fahre mit dem Bus zur Arbeit und bin vollkommen überrascht, dass Justin, das jüngste Gangmitglied der Chicos, bereits vor der Tür des CC steht und offenbar auf uns wartet. Ich bin die erste Mitarbeiterin, die ankommt. Er läuft sofort auf mich zu. Bevor ich auf seine Worte reagiere, die ungebremst aus ihm heraussprudeln, kontrolliere ich das dicke Hämatom um sein Auge. Die Haut ist dunkelblau verfärbt, sein Auge kann er nicht mehr öffnen. Aber es sieht nicht ernsthaft bedrohlich aus. Erst jetzt verstehe ich, was er mir erklären will.

Er erzählt, dass er vor ein paar Tagen ein tolles Paar Sneakers von irgendwelchen Touristen geschenkt bekommen hat. Etwas misstrauisch schaue ich ihn an. Justin beteuert aber, dass er sie nicht gestohlen hat. Er erzählt weiter, dass Samstagnacht Polizisten mit Schlagstöcken auf ihn eingeschlagen, ihm die Turnschuhe ausgezogen und ihn angebrüllt haben, dass er mit dem Klauen aufhören soll. Den Teil der Geschichte glaube ich sofort. Nun stecke ich in einem Zwiespalt. Seine Geschichte mit den Touristen ist nicht ungewöhnlich. Es kommt immer wieder vor, dass Touristen den ärmeren Menschen dieses bezaubernden Landes etwas Gutes tun wollen. Damit sich die Kinder von der Straße keine Drogen kaufen können, verzichten sie auf Bargeldgeschenke und kaufen ihnen stattdessen etwas Nützliches. Andererseits wäre es auch überhaupt keine Überraschung, wenn Justin die Schuhe irgendeinem Kind auf dem Schulweg abgenommen hätte. Ich beschließe, diese Ungewissheit so stehen zu lassen und denke bei mir, dass es ja gerade auch nicht relevant ist, wie sich die Geschichte tatsächlich zugetragen hat. Fakt ist, dass ihm die Schuhe gewaltsam von der Polizei abgenommen wurden.

Seine Bitte hingegen trifft mich unvorbereitet: „Hermana, bitte geh mit mir zusammen zur Polizei und sprich mit den Polizisten, dass ich meine Schuhe wiederbekomme. Es sind die schönsten Schuhe, die ich je besessen habe."
Mit Menschen von der Straße auf Spanisch zu kommunizieren ist eine Sache, aber Autoritäten meine Bedürfnisse mitzuteilen eine ganz andere. Ich erkläre ihm, dass ich auf meine Kollegen warten muss, um zu besprechen, ob ich das überhaupt darf. Gemeinsam setzen wir uns auf die Bank im Park direkt gegenüber vom CC. Ich bin ziemlich aufgewühlt und versuche schon, mir

Worte zurechtzulegen, mit denen ich den Polizisten die Situation erklären kann. Victor, der von allen Kollegen mit Abstand der Pünktlichste ist, kommt auf uns zu. Auch er schaut sich erst die Verletzung in Justins Gesicht an, bevor er auf seine Bitte eingeht. Er erlaubt mir, mit Justin zur Polizei zu gehen. Vorher schaut er sich unauffällig um und vergewissert sich, dass noch kein Kollege in der Nähe ist. Ich soll mich beeilen, damit ich zum Straßeneinsatz wieder zurück bin. Den Hermanos will Victor erzählen, dass ich mich verspäte. Und Diego ist ja generell immer zu spät. Vielleicht haben wir also ein größeres Zeitfenster.

Mit einem mulmigen Gefühl gehen Justin und ich gemeinsam zur Polizeidienststelle, die nur 500 Meter weiter ist. Im höflichsten Spanisch erkläre ich den beiden Polizisten, die bewaffnet mit ihren Schnellschussgewehren vor dem Eingang stehen, dass ich von der Soforthilfe komme und mit den diensthabenden Polizisten sprechen muss. Widerwillig lassen sie uns rein. Drin beginnt Justin sofort, auf die Polizisten einzureden. Ich ärgere mich, ihm nicht im Vorfeld erklärt zu haben, dass es vielleicht sinnvoller wäre, wenn ich den Polizisten die Situation schildere und er sich im Hintergrund hält. Die Männer schauen uns herablassend und verärgert an, bleiben hinter ihren Schreibtischen sitzen. Als Justin begreift, dass er mit seinem wütenden Auftreten nicht weiterkommt, bitte ich ihn, sich auf einen der Stühle im Flur zu setzen. Das macht er nun auch zum Glück. Ich wende mich den Polizisten zu.

In der nettesten Säuselstimme, die ich aufbringen kann, erkläre ich ihnen, dass Justin zwar auf der Straße lebt, aber ein guter Junge ist. Ganz überzeugt von diesen Worten bin ich selbst nicht. Es wäre doch nicht richtig, Justin zu zeigen, dass man nur mit Gewalt weiterkommt. Die Schuhe sind eines der größten Geschenke, die Justin jemals bekommen hat. Es wäre doch eine wundervolle Geste, sie ihm wieder zurückzugeben, sage ich. Die Polizisten schauen reichlich unbeeindruckt von ihren Stühlen zu mir auf. Fieberhaft überlege ich, ob ich die Strategie wechseln muss, weil ich wohl mit Freundlichkeit nicht weiterkomme. Gleichzeitig muss ich darauf achten, dass ich im Namen der Soforthilfe hier bin und daher keineswegs negativ auffallen darf. Ich versuche, meiner Bitte mehr Nachdruck zu verleihen. Die Polizei ist ja nun selbst in der Rolle der Diebe, werfe ich den beiden Männern vor. Ich rede und rede, aber es kommt keinerlei Reaktion. Irgendwann kramt dann doch einer der beiden unter dem Tisch, während er mich ansieht. Er wirft mir

die Sneakers vor die Füße. Dann sagt er mir noch in ruhigem Ton, dass ich ihn mit meinem schlechten Spanisch verschonen soll.
Strahlend hebe ich die Schuhe auf, bedanke mich mit einem Nicken und verlasse die Dienststelle gemeinsam mit dem überglücklichen Justin. Vor der Tür fällt er mir in die Arme und zieht direkt danach seine Schuhe an. Er begleitet mich noch zurück zum CC. Auf dem Weg dorthin frage ich ihn: „Waren die Schuhe ein Geschenk?" Er antwortet, als wäre es das Normalste der Welt: „Natürlich nicht, Hermana. Aber wenn du das gewusst hättest, hättest du mir ja nicht geholfen."
Tja, wo er recht hat...

Rückschlag

Ich komme tatsächlich noch vor Diego im CC an und errege keinerlei Aufsehen mit meiner Verspätung. Als Zeichen unseres Erfolgs nicke ich Victor unauffällig zu. Er schenkt mir ein kurzes Lächeln. Die Verbindung zwischen Victor und mir, die durch unseren geheimen Pakt entstanden ist, ist gleichermaßen unauffällig wie intensiv. Es fühlt sich an wie ein unsichtbares Band, das uns auf der emotionalen Ebene in Gleichklang bringt. Dieser Pakt, in besonderen Situationen die Grenzen der Organisation zu überschreiten, um in Ausnahmefällen auf die Bedürftigkeit jedes einzelnen intensiver eingehen zu können, findet überwiegend schweigend statt. Wenn wir Gespräche führen, dann um mir die Straßenwelt verständlicher zu machen. Kaum ein Mensch war mir je zuvor so nah wie mein gefühlter bolivianischer Opa. Wenig später sitzen wir in der Camioneta und fahren die einzelnen Gruppen ab. Während des gesamten Vormittages bin ich im Kopf immer wieder bei David. Er wird heute seine Reha beginnen. Das bedeutet, dass wir uns auch zum letzten Mal sehen werden. Eine starke Ambivalenz überkommt mich: tiefe Dankbarkeit, dass er diesen Schritt in ein neues Leben wagen wird, gepaart mit einer großen Trauer darüber, diesen faszinierenden Mann nicht mehr sehen zu können. Ich möchte so sehr, dass die Dankbarkeit überwiegt, fühle mich aber gleichzeitig machtlos. Es will mir nicht gelingen, die Trauer über unsere „Trennung" zu verdrängen. Noch immer habe ich große Hoffnung, dass Victor sich über Ulrikes Ansage hinwegsetzen wird und mir die Möglichkeit gibt, David auf seinem Weg in die Reha zu begleiten. Wie er das anstellen könnte, weiß ich nicht. Aber er wird einen Weg finden, davon bin ich überzeugt. Das Kontaktzentrum öffnet und Victor macht keinerlei Anstalten, mich in einen möglichen Plan einzuweihen, weicht mir regelrecht aus. Es bietet sich keine Gelegenheit, mit ihm alleine zu sprechen. Meine Anspannung steigt und ich warte auf den Moment, in dem David das CC betritt. Ich schaue immer wieder auf die Uhr, wundere mich, dass er nicht schon bei den ersten Klienten dabei war, aber er kommt nicht. Langsam werde ich ungeduldig. Victor kann ich nun auch nicht mehr entdecken.
Als ich die Hoffnung schon beinahe aufgegeben habe, höre ich Davids Stimme. Er ist nicht allein, was mich wundert. Ich kann mir nicht vorstellen, dass einer der Jungs ihn begleiten wird. Als sich die Tür öffnet, treffen sich

unsere Blicke sofort. Er bleibt wie angewurzelt stehen und mein Atem stockt. Was ich sehe, kann ich kaum glauben. Vor mir stehen zwei Jungs, die gänzlich unter Drogeneinfluss stehen. Sombras und David haben Mühe, sich auf den Beinen zu halten. David fühlt sich erwischt. Er weiß, dass er nüchtern ins CC kommen muss, wenn er eine Reha beginnen will. Er hat sich also nun doch gegen den Ausstieg aus dem Straßenleben entschieden. Mir steigen die Tränen in die Augen. Ich fühle mich verraten. Er wollte doch sein Leben ändern. Er war es, der zu Victor gekommen ist, um ihm mitzuteilen, dass er dem Leben auf der Straße den Rücken kehren möchte. Nun scheint er mehr denn je darin gefangen zu sein. Ohne ein Wort gebe ich den beiden zu verstehen, dass sie direkt ins Badezimmer gehen sollen.

Warum durften sie überhaupt ins CC? Mir fällt ein, dass Victor an der Tür steht und die Besucher kontrolliert. Er muss es gewesen sein, der David und Sombras trotz ihres Zustandes hineingelassen hat. Hat er sich über die Regeln hinweggesetzt, um mich auf die Probe zu stellen? Hätte ich ihm geglaubt, wenn er mir erzählt hätte, dass David zwar da war, er ihn aber nicht hereinlassen konnte, weil er zugedröhnt war? Victor konfrontiert mich wohl bewusst mit Davids Entscheidung gegen die Reha. Da höre ich in meinem Kopf Josephs Worte donnern: „Du wirst enttäuscht werden, all deine Kraft wirst du investieren, weil du die Hoffnung hast, dass der eine Straßenjunge eine Reha macht und damit sein Leben ändert. Und dann schafft er den letzten Schritt doch nicht. Doch genau dann musst du ihm erneut und vorbehaltlos die Hand reichen und weiter machen, ohne ihm das Gefühl zu geben, versagt zu haben. Schaffst du das, Hermana Claudia?" Hier und jetzt befinde ich mich in genau dieser Situation. Auch bin ich furchtbar erschrocken, dass Sombras so zugedröhnt ist. Er hatte mir ja erst vor wenigen Tagen gesagt, dass er mit Drogen nichts am Hut hätte. Ich fordere David und Sombras nachdrücklich zum Duschen auf, damit das eiskalte Wasser ihre Köpfe klärt. Ohne Widerstand folgen sie meiner Anweisung.

Während die beiden duschen, ziehe ich mich kurz ins Büro zurück. Ungesehen von den anderen gebe ich mich einen Moment meinem Selbstmitleid hin und beweine die Situation. Da ist wieder das ambivalente Gefühl. Mein Wunsch, dass David es schafft, ist aber nun eindeutig viel größer, als ihn weiter in meiner Nähe zu wissen. Nur ganz weit hinten in meinem Gewissen höre ich die Schlange, die unaufhörlich wispert, dass es für mich ja nun erst mal gut ausgegangen ist. Entschlossen wische ich mir mit dem Ärmel die Tränen aus dem Gesicht. Ich werde weiterkämpfen. Joseph hat mich vorgewarnt, und ich werde an dieser Prüfung nicht scheitern. Es bleibt bei meiner Aufgabe, David und allen anderen Menschen von der Straße dabei zu helfen, dass sie den Weg der Reha als den eigenen annehmen können.

Der Wille ist da und ich bemühe mich, souverän und professionell zu reagieren, als die beiden Jungs nach der kalten Dusche wieder nahezu klar im Kopf vor mir stehen. Erschrocken stelle ich fest, dass Davids Auge besorgniserregend entzündet ist. Beim Eintreten ins CC hatte ich gedacht, dass seine Augen lediglich vom Drogenkonsum blutunterlaufen sind. Jetzt erkenne ich aber, dass er medizinisch versorgt werden muss. Ich muss ihn später dazu bringen, mit mir zur Apotheke zu gehen, damit wir eine Salbe gegen die Entzündung kaufen können. Ich mustere die beiden Männer, wie sie mit ihren frischen Narben und blauen Flecken vor mir stehen, die sie sich vermutlich in ihrem Rausch zugezogen haben. All meinen guten Vorsätzen zum Trotz übermannen mich bei dem Anblick der beiden doch wieder die Tränen und ich kauere mich in die Ecke des Aufenthaltsraums, geschützt vor den Blicken der anderen Besucher. David setzt sich unvermittelt neben mich und legt den Arm um meine Schulter. Diese Geste nehme ich an und vermute, dass sein schlechtes Gewissen ihn dazu bringt.

Doch es bringt mich kurz aus der Fassung, als er mich fragt, was denn los sei. Ob irgendwas mit meiner Familie passiert ist, was mich zum Weinen gebracht hat? Nun packt mich die Wut. Viel zu laut fahre ich ihn an, was er sich denn denken würde, warum ich weine. Es geht mir um ihn. Ich bin verletzt, dass er hier nicht mit seinem Hab und Gut nüchtern für die Reha herkommt. Stattdessen taucht er mitten am Tag völlig zugedröhnt und unzurechnungsfähig auf und tut so, als wäre es das Normalste der Welt. Ich habe mich so sehr über seine Entscheidung, dass er sein Leben ändern möchte, gefreut und kann nicht glauben, dass nur ein Tag ihn all seine guten Vorsätze vergessen lässt. Wir sitzen unbeobachtet in der Ecke, die anderen Besucher sind bereits bei der Predigt im großen Aufenthaltsraum. Ich kann Davids Reaktion nicht einschätzen. Seltsam schüttelt er den Kopf, als würde er nicht verstehen, was ich ihm gerade gesagt habe. Plötzlich schlägt mein Herz höher, in seinen tiefen dunklen Augen sammeln sich Tränen. Jetzt bin ich die, die verwirrt neben ihm sitzt. Er nimmt meine Hand und legt sie in seine, sanft strei-

chelt er mir mit den Fingern über den Handrücken. Auch wenn er sein Gesicht gesenkt hält, erkenne ich die Tränen, die seine Wangen hinunterlaufen. Mir wird warm von seiner Berührung und gleichzeitig irritiert mich sein Verhalten vollkommen.
Bislang habe ich Südamerikaner als sehr stolze Männer kennengelernt und habe es nicht für möglich gehalten, dass ein Gangchef irgendwann vor mir sitzen wird und seinen Gefühlen dermaßen freien Lauf lässt. Ich lasse die Situation geschehen, frage nicht, was los ist. Ich möchte ihm die Zeit geben, selbst zu entscheiden, wann er wieder die Kontrolle übernimmt. Unvermittelt sieht er nach einer ganzen Weile auf und schaut mir tief in die Augen. Immer noch liegt meine Hand in seiner warmen Hand. Mein Herz scheint zu zerspringen, ich kann seinem Blick kaum Stand halten. Er sagt nur einen Satz, doch der erklärt alles: „Hermana Claudia, noch nie hat jemand um meinetwillen geweint, und du nun schon zweimal. Am Freitag bei meiner Entscheidung für die Reha und heute, weil ich mich dagegen entschieden habe."
Schweigend sitzen wir nebeneinander. Ich gebe meiner Versuchung nach und drücke seine Hand ein wenig, um ihm zu zeigen, dass ich da bin. Dass ich ihm zuhöre, dass ich ihn mehr mag, als ich dürfte.
Es vergehen noch ein paar Minuten, bis Sombras sich zu uns setzt. Ich ziehe automatisch meine Hand zurück, um uns vor den anderen zu schützen, aber David hält meine Hand fest und lässt nicht zu, dass ich sie wegnehme. David und Sombras müssen eine sehr tiefe Beziehung zueinander haben, dass er ihn nicht als Bedrohung ansieht. Es scheint, als will David mir zeigen, dass wir Sombras vertrauen können. Sombras reagiert nicht auf die Nähe zwischen David und mir. Zumindest lässt er sich nichts anmerken. Er fragt auch nicht, wieso die Stimmung so gedrückt ist. Nein, es scheint, als würde er die Empathie besitzen, ohne Erklärung die Situation verstehen zu können. Irgendwann beginne ich, Sombras meine Frustration zu erklären. Ich beschreibe, wie wichtig mir die Jungs sind und dass ich die große Hoffnung hatte, dass David in die Reha gehen wird und so vielleicht auch ihn dazu motivieren würde, diesen Schritt zu wagen. Auch Sombras ist betroffen, als ich ihm erkläre, dass ich für die Jungs da sein will und dass es mich traurig macht, wenn ich sie high sehe.
Als die Predigt vorbei ist, kommen viele der Besucher direkt heraus, um ihre Essensration in Empfang zu nehmen, die Victor währenddessen vorbereitet

hat. Wir stehen auf und sind darauf bedacht, uns die Intimität, die uns gerade noch eingehüllt hat, nicht anmerken zu lassen. Nachdem die Besucher weitestgehend versorgt sind, bittet David Victor, von uns ein Foto zu machen. Sombras scheut sich, er möchte nicht auf die Fotos und so entsteht ein wahrlich besonderes Foto von David, Victor und mir. Sombras überreicht David die Kamera und er schaut sich das Foto von uns Dreien lange und intensiv an. Irgendwann sagt er: „Das ist mein erstes Familienfoto."

Diese Worte treffen mich. Während ich in der Küche aufräume, sind meine Gedanken ganz woanders. Jede Sekunde mit David zieht mich stärker in seinen Bann. Jeder gemeinsame Moment ist so intensiv, und doch sind es Gefühle für einen Mann, die vollkommen unpassend sind. Ich zwinge mich, keine Zukunftsideen zuzulassen, aber es mag mir nicht gelingen. Seine Nähe bringt mich dazu, mein ganzes Umfeld viel bewusster wahrzunehmen. Seine Anwesenheit lässt mich die Facetten des Lebens viel klarer sehen. Wenn er sein Wort an mich richtet, hänge ich mit meinen Augen an seinen Lippen und verliere mich. Wenn die Vernunft mal wieder schläft, lasse ich den Gedanken an eine Beziehung mit ihm zu, mit ihm zu leben und Kinder zu bekommen. Welch eine verrückte Vorstellung! Ich weiß nicht einmal, wie dieser Mann Beziehung lebt. Ich kann sagen, dass er nicht die gleichen Werte und Normen hat, die ich in meiner Erziehung gelernt habe. Er denkt vollkommen anders, setzt völlig andere Prioritäten und wenn er Entscheidungen trifft, dann geht es nicht selten um Leben oder Tod. Welch eine absurde Vorstellung, dass wir ein Paar sein könnten. Wie lächerlich mache ich mich, dass ich überhaupt solche Gedanken zulasse? Aber ich kann mich nicht dagegen wehren. Es scheint, als würden wir irgendeine unerklärliche Verbindung haben. Er spielt eine viel größere Rolle in meinem Leben, als gut für mich ist. Und bei all meinen Gedanken bleiben noch so viele weitere Fragen offen. Wie sieht er mich? Bin ich die Hermana, die er mag, bin ich Claudia, zu der er die gleiche seltsame Verbindung spürt wie ich zu ihm oder bin ich lediglich die reiche Gringa, die ihm zu einem besseren Leben verhelfen könnte?

Erwischt

Nachdem das Kontaktzentrum geschlossen ist, treffe ich mich mit den Jungs. Keiner meiner Kollegen weiß etwas von unserer Verabredung. Wir holen unseren geplanten Einkauf nach. Ich möchte den Jungs von den Spendengeldern, die mir Verwandte und Freunde vor meiner Reise anvertraut haben, Schuhputzmittel kaufen. Etwas abseits, außerhalb des Blickfeldes von Kollegen oder anderen Straßenleuten, treffen wir uns in einem kleinen Park. Die Stimmung ist euphorisch. Diez, Sombras, Milton, Marcos, David und Justin warten bereits auf mich und die Jüngeren fragen offensiv, ob sie sich kaufen können, was sie wollen. Wild plappern sie durcheinander und springen um mich herum. David und Sombras sind entspannt, dabei haben sie aber trotzdem alles um uns herum im Blick. Sie fordern mich auf, mir die Kapuze über die blonden Haare zu ziehen, um nicht als Hermana erkannt zu werden.
Ich fühle mich wohl in der Gesellschaft „meiner" Jungs. Mich umhüllt ein unheimliches Glücksgefühl, eine fast schon unbeschreibliche Zufriedenheit. Sie passen auf mich auf. Die Jungs schützen mich und achten auch darauf, dass ich mich selbst vor Gefahren schütze.
Seltsamerweise spielt genau dieses Gefühl, „jemand passt auf mich auf", für mich eine ganz große Rolle. Bei Paul hatte ich immer Sehnsucht danach, dass er mir Schutz gab. Doch stattdessen wurde mir immer gespiegelt, dass ich scheinbar so stark bin, dass ich Schutz von jemand anderem nicht nötig hätte. Natürlich spielt es eine große Rolle, dass ich in Deutschland ein völlig ruhiges, ungefährliches und befriedigendes Leben führte und das auch ohne Paul hinbekommen hätte. Doch sollte es vielleicht schlussendlich gar nicht um Schutz gehen, sondern um eine Art Abhängigkeit, auf die ich mich gerne einlassen würde? Fühlte es sich so gut an, mit den Jungs unterwegs zu sein, weil ich mich damit von ihnen und ihrem Willen, mich zu schützen, abhängig machte?
Wir schlendern zum Viertel, in dem sämtliche Cremes, Schwämme und Bürsten verkauft werden, die man zum Schuhe putzen benötigt. Während die Jungs bereits aufgeregt nach den Utensilien suchen, stehe ich gedankenversunken daneben und überlege, was hier gerade geschieht. Ich werde traurig. Meine Jungs, die zwischen 12 und 20 Jahren alt sind, sind aufgeregt und euphorisch, weil sie Arbeitsmaterial bekommen. Sie haben nicht den Wunsch

nach irgendwelchen Markenklamotten oder einem Handy, einer Spielkonsole. Nein, es herrscht eine Stimmung, die freudiger kaum sein könnte, weil sie Dinge für ihren Arbeitsalltag bekommen, mit denen sie sich ihren Lebensunterhalt auf der Straße verdienen können.
Tatsächlich bin ich peinlich berührt, dass meine Jungs sich so erniedrigen, wenn sie sich vor die Menschen aus der Mittel- und Oberschicht knien. Dabei haben sie immer ihre Maske auf dem Kopf, die ihren Mund und ihre Nase vor Abgasen schützt und ihnen auch Anonymität verleiht, die sie und ihre Seele schützt. Diese stolzen Männer, wie sie sich gerne geben, sind gezwungen, Schuhe zu putzen, um essen zu können, um sich ihre Drogen zu finanzieren. Es scheint mir wie ein Teufelskreis, aus dem es kein Entrinnen gibt.
Sie sind aus den verschiedensten Gründen auf die Straße gekommen, ganz individuell, jeder mit seinem Leid und seinem Schicksal. Dort müssen sie eine Stärke entwickeln, die sie anscheinend regelrecht dazu zwingt, Drogen zu nehmen, um vergessen zu können, sich vielleicht auch mal sicher fühlen zu können. Oder eben einfach nur, um genügend Gleichgültigkeit aufzubringen, das eigene Schicksal zu ertragen. Für die Drogen brauchen sie eben Geld. Das können sie auf verschiedenen Wegen besorgen. Sie können klauen, können Drogen verkaufen und sie können Schuhe putzen.
Die einzige ehrliche Möglichkeit geht aus meiner Sicht mit Erniedrigung einher. Es ist nicht mit den stolzen Schuhputzern zu vergleichen, die ihr Handwerk in Deutschland nun leider kaum noch ausüben. Man geht nicht in einen Laden, um sich die Schuhe wieder glänzend polieren zu lassen. Die Kinder, Jugendlichen und Erwachsenen tragen einen kleinen Kasten mit sich, in dem sich ihr Putzzeug befindet. Wenn sie nach vielen Abweisungen endlich jemanden gefunden haben, der ihre Dienste in Anspruch nehmen will, nehmen sie die Sachen aus dem kleinen Holzkasten und ziehen ihn auseinander, sodass daraus zwei kleine Hocker werden. Auf den einen darf der Kunde seinen Fuß platzieren, auf dem anderen sitzen die Jungs, während sie den Schuh polieren.
Vor einiger Zeit habe ich eine junge Frau kennengelernt. Sie hat zwei Kinder. Ihre Tochter ist zwei Jahre alt und ihr Sohn erst vor kurzem geboren. Die Mutter ist taubstumm. Sie kann sich nur über Gestik und Mimik mit ihren Kindern verständigen. Die kleine aufgeweckte Tochter machte der Mutter alles nach. Ihre ganze Entwicklung war darauf bezogen, sich über andere

Wege als die Sprache zu verständigen. Ich war geschockt, als ich die kleine Familie eines Tages in der Stadt sah. Die Mutter ist ebenfalls eine Schuhputzerin. Sie saß auf ihrem kleinen Schemel und putzte einem stattlichen Mann seine schwarzen schicken Lederschuhe. Erst auf den zweiten Blick konnte ich einen weiteren Mann direkt daneben erkennen. Ich dachte im ersten Moment, er würde warten, um als nächster die Dienste der Frau anzunehmen, bis ich sah, dass ihm bereits die Schuhe geputzt wurden. Dieses kleine zweijährige Mädchen putzte mit einer Hingabe und ihrem ganzen Können die Schuhe, so wie neben ihr ihre Mutter. Dieses Bild brannte sich in meinen Kopf. Im Kontaktzentrum verdienen sich fast alle Besucher ihr Geld mit dem Schuheputzen, von kleinen Kindern bis hin zu gebrechlichen alten Menschen.

Ich erwache aus meinen Gedanken, als mir jemand zur Begrüßung unsanft auf den Rücken haut und mir die Kapuze vom Kopf zieht. Erst jetzt nehme ich die Jungs wieder wahr, die jeder für sich an unterschiedlichen Ständen ihre Pasten und Bürsten zusammensuchen. Allesamt sehen mich erschrocken an. Ich fahre herum und vor mir steht Ivano, mein Hermano aus dem Kontaktzentrum. Ivano ist ein Mitarbeiter Mitte 20, der häufig in seinem feinsten Zwirn an die Arbeit kommt. Man hat ständig die Vermutung, dass er nur im Kontaktzentrum arbeitet, um sich zu bestätigen, dass er zur besseren Gesellschaft gehört. Er macht keinen Hehl aus seiner Freude, mich dabei zu erwischen, wie ich gegen die Regel des Kontaktverbots zu Klienten außerhalb der Arbeitszeit verstoße. Hämisch grinst er mich an. Ich fahre zusammen und versuche, mich mit meinem Spanisch in großer Aufregung zu erklären. Ich stammle, dass wir uns nur zufällig hier getroffen haben. Im gleichen Moment schäme ich mich für diese unbedachte Aussage. Wie soll ich den Jungs ein gutes Vorbild sein, wenn ich vor ihren Augen lüge? Ich ärgere mich und meine Gedanken spielen Karussell. Wie komme ich aus dieser Situation heraus? Ich flehe Ivano an, niemandem von unserem Treffen zu erzählen. Ich bitte ihn darum, weil er weiß, dass es das Ende meiner Zeit bei der Soforthilfe wäre. Meine Gedanken rasen. Ich will nicht weg von der Organisation, ich will hierbleiben, bei den Jungs, bei den Menschen von der Straße und bei David. Wenn ich jetzt raus bin, dann habe ich alles verloren, was mir gerade wichtig ist. Ivano hört mir nicht einmal zu. Stattdessen hebt er seinen Zeigefinger drohend in die Höhe, funkelt mich arrogant an und sagt kopfschüttelnd

das einzige deutsche Wort, das er kennt. Aber dafür mit Nachdruck: „Scheiße, Claudia!" Er lässt mich hilflos zurück und verschwindet in der Menge.
Die Jungs stehen wie angewurzelt da. Wir sind über den ganzen Laden verteilt, aber jedem ist klar, was die Szene für Folgen haben könnte. Mir wird schlecht. Ohne dass ich etwas sagen muss, packen die Jungs ihre Sachen zusammen, ich bezahle alles und wir verschwinden. Ziellos und traurig laufen wir umher. Welch ein erschreckender Moment. Während dieser Szene mit Ivano sind die Jungs entwaffnet worden. Sie konnten mich gegen die unvorhersehbare Gefahr nicht schützen. Es fühlt sich an, als würde mir direkt nach meiner Überlegung, warum dieser Schutz eine solch große Bedeutung für mich hat, jemand beweisen müssen, dass ich schlussendlich doch auf mich allein gestellt bin. Denn bei diesem Problem können mir die Jungs kein bisschen helfen. Justin setzt sich auf die Treppe eines Hauseingangs. Wir tun es ihm gleich und sitzen schweigend und betreten nebeneinander. Niemand sagt etwas, bis David die Stille durchbricht. „Claudia, verlass uns nicht!" Ich höre seine Worte, doch meine Antwort geht in meinem Schluchzen unter. „Ich werde euch nicht verlassen", versuche ich zu sagen. Nun, wo der Gangchef die Stille unterbrochen hat, dürfen offenbar alle ihre Gedanken benennen. Milton sagt: „Ivano wird nichts sagen." Darauf antwortet Diez in gewohnt barschem Ton: „Milton du weißt genau, wie fies Ivano sein kann und er wird alles nutzen, was ihm zu mehr Macht verhilft." Kurz denke ich darüber nach, dass offensichtlich nicht nur ich Ivano als seltsam wahrnehme. Dann unterbricht Justin meine Gedanken und sagt: „Wir können behaupten, dass wir nie mit dir unterwegs waren, sondern dass wir uns zufällig getroffen haben." Einige andere wollen noch etwas zum Gespräch beitragen, doch David unterbricht das Wortgefecht: „Egal was wir sagen, keiner schenkt uns mehr Glauben als Ivano, einem Hermano. Wir sind Straßenjungs!" Alleine mit seiner Stimme macht er deutlich, dass er keine anderen Aussagen mehr hören will, und so wird wieder geschwiegen.

Damals dachte ich lediglich, dass David damit meinte, dass ihnen eben kein Gehör oder Glauben geschenkt wird. Später habe ich noch viele intensive Gespräche mit den Jungs geführt und weiß nun, dass der Hintergrund dieser Aussage ein anderer ist. Die Menschen von der Straße selbst und auch die aus besseren Schichten gehen fest davon aus, dass Obdachlose, Straßen-

gangmitglieder und Straßenkinder nichts anderes verdient haben als das Leben auf der Straße. Sie leiden, weil sie irgendwas gemacht haben, was Gottes Zorn auf sie gezogen hat. Sie werden bestraft. Die Aufgabe meiner Hermanos ist es, sie davon zu überzeugen, dass sie von Gott geliebt werden und er ihnen verzeiht, egal was sie gemacht haben. Sobald sie sich für ein Leben mit Gott entscheiden, haben sie die Chance, neu anzufangen und vor Gottes Angesicht ein neues gutes Leben zu führen. Doch die Gesellschaft ist von dem Gedanken geprägt, dass diesem „Gesocks" nichts Anderes zusteht, als zu leiden.
Nach geraumer Zeit erhebe ich mich von der Treppe und fordere David und die Jungs auf, nun in die Apotheke zu gehen. Noch immer nässt das Auge von David. Sie folgen meiner Aufforderung. Als wir bei einer der vielen kleinen Apotheken sind, bleiben die Jungs vor dem Laden stehen. Ich gehe hinein und stelle mich hinter einen Mann, der gerade von dem sympathisch aussehenden Apotheker bedient wird. Als ich an der Reihe bin, bemerke ich Unruhe beim Mann hinter dem Tresen. Er tut so, als hätte er meine Bitte nach einer Augensalbe gegen Entzündungen nicht verstanden und beugt sich ungewöhnlich nah über die Ladentheke zu mir herüber. Leise und unauffällig stellt er fest: „Sie sind in Not, sie werden von den Rateros (Diebe) gezwungen, hier Medikamente zu kaufen. Vertrauen sie mir, ich kann Ihnen helfen."
Ich bin fassungslos. Wut überkommt mich. Die sollte natürlich nicht den Mann treffen, der aufmerksam ist und mir helfen will. Trotzdem fahre ich ihn an, dass ich bei der Soforthilfe arbeite und den Jungs helfen möchte und ganz gewiss nicht dazu gezwungen werde. Irritiert packt er mir die Salbe ein und kassiert. Ich verlasse immer noch wütend und mit einem Gefühl von Ohnmacht den Laden. Ich bin doch hier, um etwas zu ändern. Immer wieder scheint mir, dass dieses Vorhaben unmöglich ist.
Ich beuge mich über David und creme ihm so behutsam wie möglich die Salbe ins Auge. Nach diesem heftigen Tag gebe ich mich dem Wunsch hin, ihm einfach dadurch nah zu sein. Ich bin irritiert, als die Jungs sich just in diesem Moment verabschieden. Auch die Art der Verabschiedung fühlt sich seltsam an. Die Stimmung ist nach wie vor gedrückt von dem Erlebnis mit Ivano, aber beim Gehen können sich die Jungs offensichtlich nicht verkneifen, David und mir noch ein wissendes und fast schon provokantes Grinsen zuzuwerfen. Habe ich mir das nur eingebildet? Denn sollte es so sein, würde es bedeuten, dass die Jungs Bescheid wüssten über... ja, über was überhaupt?

Mich überkommt ein großer Schreck. Hat David mit den Jungs über uns gesprochen? Ist es jetzt vielleicht so eine Art Wette, ob er die Hermana ins Bett bekommt? Bei diesem Gedanken und den dazugehörigen Bildern im Kopf muss ich unvermittelt loslachen. In welches Bett? Ich schiebe den Gedanken beiseite und lasse mich auf die gemeinsame Zeit mit ihm ein, ohne mich von meinen Vorbehalten beeinflussen zu lassen.

David und ich schlendern durch die Straßen von La Paz. Über das Verhalten der Jungs haben wir nicht gesprochen. Als wir am Plaza Murillo mit dem Gebäude des Regierungssitzes von Bolivien ankommen, setzen wir uns auf die Treppen, die sonst von den Regierenden des Landes genutzt werden. Es ist bereits dunkel und über uns flackert eine Lampe, die die Treppe beleuchtet. Wenn man davon absehen würde, dass hier gerade eine Hermana vollkommen verbotenerweise mit dem Chef einer gefährlichen bolivianischen Gang sitzt, könnte man die Situation als sehr romantisch bezeichnen. Und genau das ist sie auch. Wir unterhalten uns angeregt, rücken so unauffällig wie möglich immer näher zueinander, bis sich unsere Hände berühren. Genau in diesem Moment wird mir alles klar. Paul hat mit diesem Leben hier in Bolivien nichts zu tun. Dieses Gefühl, das mich vollkommen ungebeten begleitet, seit ich David zum ersten Mal getroffen habe, ist so stark und mächtig, dass ich nichts mehr dagegen tun kann und ich muss mir eingestehen, dass ich unsterblich verliebt bin. Dieser Mann berührt meine Seele wie kein anderer zuvor. Jetzt bin ich mir sicher. Ich werde alles daransetzen, um mit ihm zusammen sein zu können. Ich werde kämpfen, um mein Leben mit ihm verbringen zu können.

Wir sprechen über viel Belangloses an diesem Abend. Dann stellt mir David eine Frage, deren Bedeutung riesig ist: „Wirst du wirklich gehen, wenn deine Zeit hier abgelaufen ist?" In meinem Hals bildet sich ein Kloß. Mehr als die Frage fürchte ich meine Antwort. Dieser Mensch, der mir vor wenigen Wochen nicht einmal bekannt war, bedeutet mir so viel, dass ich keine Antwort auf die Frage geben möchte. Viel zu lange zögere ich sie hinaus. Erst jetzt begreife ich, welch eine seltsame Situation das alles ist. Ich ermutige die Jungs immer wieder auf, mir zu vertrauen, sich in meiner Gegenwart sicher fühlen zu können, doch diese Zeit ist eng begrenzt. Mit der Frage von David wird mir plötzlich klar, dass auch ich mich in einer Scheinwelt verstecke. Ich lebe, arbeite und fühle mich, als würde mein Leben hier niemals enden. Mit

meinem täglichen Handeln bringe ich meine Jungs dazu, mich als Bezugsperson anzunehmen. Doch wofür? Dafür, dass sie nun doch wieder verlassen werden. Denn genau dazu wird es kommen. Ich werde gehen. Hierzubleiben scheint mir überhaupt keine Option. Ich habe lediglich einen Schulabschluss, aber keine Ausbildung, keine Perspektive in Deutschland. Ich muss zurück. Oder habe ich mir einfach noch nicht gestattet, das Hierbleiben als Option zu beleuchten? Auch das ist nicht richtig. Ich bin so sehr in dieser Welt, dass der Abschied bislang kein Thema sein durfte. Jetzt sitze ich hier, neben einem Mann, der mir mehr bedeutet als jeder Mann, zu dem ich mich je hingezogen gefühlt habe. Was soll ich antworten?
Ich kann ihm die bittere Wahrheit nicht verschweigen, auch kann ich ihn nicht belügen und so nehme ich gegen meinen Willen all meinen Mut zusammen und beantworte ihm die Frage mit: „Ja David, ich werde gehen. Auch wenn sich mein Herz gerade in Bolivien so zu Hause fühlt, muss ich zurück nach Deutschland." Ich kann seine Reaktion zuerst nicht einschätzen, als er sich von mir wegdreht. Ist er wütend oder lässt es ihn einfach kalt? Doch bevor ich ihn fragen kann, dreht er sich mit Tränen in den Augen zurück zu mir, umschließt mit seinen Händen meine Hand und sagt: „Claudia, ich will nicht, dass du gehst. Mein Wunsch, dich hier zu haben, hat nichts damit zu tun, dass du uns Sachen und Essen kaufst. Nein, ich möchte nicht, dass du gehst, weil ich dich liebhabe. Ich fühle mich wohl in deiner Nähe. Du bist der erste Mensch, der mir das Gefühl gibt, so wie ich bin etwas wert zu sein. Bleib bei mir... Bleib bei uns, Claudia!" Unsere Blicke treffen sich und die unauffälligen und fast schon beiläufigen Berührungen unserer Hände fühlen sich warm und besonders an. Schweigend verharren wir in dieser Haltung. Es muss nichts mehr gesagt werden. Das Licht der Lampe hält uns noch immer in einer seltsam bedeutungsschwangeren Stimmung. Mir scheint, als sei die Schwere der Situation unerträglich für ihn und so durchbricht er die Stille und fragt mich, wie viele Beziehungen ich bislang hatte.
Eine Frage, die mich schon damals verwirrte und bis heute nicht losgelassen hat. Empfand er unsere Verbundenheit ähnlich wie ich? Warum sprach er gerade zu diesem Zeitpunkt dieses Thema an?
Ich erkläre ihm, dass ich mit Paul zusammen bin, seit ich 14 war, und davor lediglich eine weitere bedeutungsvolle, aber kurze Beziehung hatte. Er stutzt. „Was, echt?", fragt er. Nun ist er an der Reihe. Ich frage mit hochgezogenen

Augenbrauen, wie viele Beziehungen er denn hatte. Er dreht sich lachend weg und meint, das sei doch gar nicht so wichtig. Jetzt ist meine Neugierde erst recht geweckt. Wir steigen in ein lustiges Spielchen ein, bei dem wir uns gegenseitig necken. Irgendwann lässt er sich von mir in den Schwitzkasten nehmen und hält abwehrend und ergebend seine Arme nach oben. Die Stimmung wird abrupt ernst und er erklärt mir, als sei es das normalste der Welt: „Ich hatte bestimmt 30 Beziehungen, aber geschlafen habe ich nur mit vier Frauen." Darüber muss ich herzlich lachen. 30 Beziehungen sind vollkommen absurd für einen jungen Mann, der noch nicht mal 20 ist. Er sieht mich an, als wäre ich nun an der Reihe. Ich werde ernst. Sachlich und fast schon distanziert erkläre ich ihm, dass ich bislang nur mit Paul geschlafen habe. Ich schildere ihm kurz, dass ich sehr christlich erzogen wurde und dass zu Hause die Regel gilt, dass man lediglich in der Ehe Sex haben darf. Ich bin peinlich berührt und so bin ich nun diejenige, die unvermittelt mit einem neuen Thema anfängt.

Ich frage ihn, ob er zusammen mit mir essen gehen möchte. Thomas hat zu seinem Abschied aus Bolivien zum Abendessen eingeladen und in meiner Naivität halte ich es für eine wundervolle Idee, David als meinen Begleiter mitzubringen. Voller Stolz male ich mir aus, wie ich mit David das Restaurant betrete und jeder sehen kann, mit welch einem besonderen und wunderschönen Mann ich da bin. Wieder sehe ich ihn an und bewundere seine stattliche Erscheinung. Natürlich ist mir klar, dass ich damit wieder einmal gegen sämtliche Regeln der Organisation verstoßen würde. Beflügelt von dem Moment schiebe ich die Sorge aber zur Seite und denke: Was soll's. Meine Zeit in Bolivien ist begrenzt und ich möchte jede Gelegenheit nutzen, mit David oder den Chicos zusammen zu sein. David willigt erfreut ein. Gemeinsam stehen wir von den Stufen auf und er folgt mir bis zu dem Gringo-Restaurant in der Touristenstraße. Die Stimmung ist ausgelassen und ich genieße es, den Abend mit ihm zu verbringen. Doch plötzlich ändert sich alles. All das Besondere, das uns bis hierher begleitet hat, ist verflogen. Wir stehen vor dem Restaurant und schauen durchs Fenster hinein. Verärgert fragt er: „Was wollen wir hier?" Ich verstehe seine Frage nicht. Ich hatte ihm doch erklärt, dass wir Thomas' Abschied feiern wollen und gemeinsam essen gehen. Patzig fragt er mich, ob ich ihn bloßstellen will. „Warum sollte ich dich den bloßstellen wollen? Im Gegenteil, ich bin gerade voller Stolz, dass du als mein

Begleiter mit mir zu dieser Feier gehst." Er lacht bissig und schüttelt wütend den Kopf. „Claudia, hast du es nicht gemerkt, ich bin ein Sucio (Schmutziger), ein Straßenpenner. Die schmeißen mich hochkant aus dem Laden." Ich rede wild auf ihn ein: „Dann gehen wir eben zusammen wo anders hin, nur du und ich. Ich muss da nicht hin. Das Wichtigste ist mir, Zeit mit dir zu verbringen." Doch David schüttelt noch immer mit dem Kopf. Er dreht sich weg und blafft dabei: „Geh du mal zu der Feier, wir sehen uns morgen." Mit diesen Worten lässt er mich stehen und verschwindet.
Wütend betrete ich das Restaurant. Ich kann nicht mal einordnen, auf wen ich wütend bin. Warum hat David nur so wenig Selbstvertrauen? Oder schätzt er die Situation genau richtig ein und ich bin mal wieder die Naive, die die Realität nicht erkennt? Die Wut beherrscht mich den ganzen Abend und ich kann mich kaum auf die Gesellschaft einlassen. Nach dem Essen erkläre ich Thomas, dass ich gehen werde, weil es mir nicht so gut geht, womit ich keineswegs übertreibe. Da noch einige Menschen mit ihm am Tisch sitzen, die er nach Lorenzos und Maries Abschied kennengelernt hat, habe ich auch kein schlechtes Gewissen. Seit unsere La-Paz-Connection sich mit der Heimreise von Marie und Lorenzo halbiert hat, haben wir sehr wenig Zeit miteinander verbracht. Mir war die Arbeit bei der Soforthilfe wichtiger. Ich umarme Thomas, wünsche ihm eine gute Reise und verlasse das warme Restaurant. Nun stehe ich in der kalten Nacht.
Ich muss mit David noch mal sprechen. So kann ich diese Situation nicht stehen lassen. Auch wenn ich ein mulmiges Gefühl habe, mache ich mich auf und suche an Plätzen nach den Chicos, an denen sie sich gewöhnlich aufhalten. Doch meine Suche bleibt erfolglos. Kurz denke ich darüber nach, dass sie sicher in dem für mich verbotenen Stadtviertel sind. Aber ich nehme die Warnung von Diez und Sombras ernst, niemals allein und schon gar nicht nachts dort hinzugehen. Resigniert nehme ich mir ein Taxi und denke über diesen ereignis- und gefühlsreichen Tag nach. Erst jetzt schießt mir die Situation mit Ivano wieder ins Gedächtnis und die Betroffenheit der Jungs, als ich erwischt wurde. Auch über den Apotheker, der mich vor meinen Jungs beschützen wollte, denke ich nach. Doch mächtiger als alles andere ist diese Nähe zwischen David und mir, und sofort laufen mir wieder die Tränen über die Wange. Wie kann er so wenig von sich halten, dass er sogar als Gangchef nicht den Mut hat, mit mir in ein Restaurant zu gehen? Zu Hause lege ich

mich in mein Bett und bin immer noch in Gedanken bei David, als ich in einen unruhigen Schlaf falle.

Ivanos Rache

Mit einem schrecklichen Gefühl erwache ich. Wird heute mein letzter Arbeitstag sein? Wenn Ivano mich verpetzt, ist das realistisch. Ich habe in vollem Bewusstsein gegen die Regel verstoßen, mich nicht in meiner Freizeit mit den Klienten zu treffen. Missmutig gehe ich duschen und suche mir im Anschluss einen Bus, mit dem ich zur Arbeit komme. Ich zwinge mich, mir nichts anmerken zu lassen, als ich wie jeden Morgen das alte Schuhputzer-Paar in der Nähe des CC erblicke. Sie grüßen mich herzlich und ich wünsche ihnen einen schönen Tag. Wer weiß, wie der wohl verlaufen wird, bis wir uns am Abend wieder eine gute Nacht wünschen werden. Beim Blick Richtung CC erstarre ich. Ulrike steht vor dem grünen Eisentor und wartet anscheinend auf mich. Meine Knie werden weich. Hat Ivano ihr womöglich bereits alles erzählt? Wartet sie nun, um mich direkt aus der Organisation zu werfen, bevor ich noch einmal ins Gebäude komme? Mir wird schlecht. Es fühlt sich an, als würde ich in Zeitlupe zu ihr laufen. Geduldig wartet sie, bis ich direkt vor ihr stehe. Doch entgegen meiner Befürchtungen grüßt sie mich gewohnt freundlich und offen. Ganz offensichtlich weiß sie nichts, fragt, wie ich geschlafen habe und wirkt sehr entspannt. Ich hingegen erlebe nicht die gewünschte Erleichterung darüber, dass sie wohl noch nichts von meinem Regelverstoß gehört hat, sondern empfinde plötzlich ein massives schlechtes Gewissen.

Da der christliche Glaube auch ein fester Bestandteil meiner Erziehung war, kann ich mich an nur sehr wenige Situationen erinnern, bei denen ich meine Eltern bewusst angelogen habe. Wenn es tatsächlich dazu kam, dann weil ich meine pubertäre Rebellion ausleben wollte. Oft strafte ich mich selbst so sehr mit schlechtem Gewissen, dass ich bald den Spaß daran verlor. Doch nicht nur das Lügen galt als Tabu in der Familie. Auch das bewusste Weglassen von Details, von denen ich wusste, dass sie Ärger bringen würden, war nicht gewünscht. Zudem bin ich aber auch selbst ein Mensch, der Vertrauen einen hohen Stellenwert beimisst. So ist es für mich auch in außerfamiliären Kreisen ein kaum auszuhaltender Zustand, zu lügen oder eben wichtige Dinge zu verschweigen.

Abgesehen von meinem schlechten Gewissen hat Ivano mich in der Hand. Er hat die Möglichkeit, mich zu erpressen und leider glaube ich, dass er

schon alleine das genießen wird. Die Ungewissheit, wann er sein Wissen einsetzen wird, wann er es tatsächlich Ulrike oder Joseph sagen wird, ist für mich nicht aushaltbar. Also nehme ich all meinen Mut zusammen und bitte Ulrike, sich kurz Zeit zu nehmen und sich mit mir im Park auf eine Bank zu setzen. Wider Erwarten ist keiner der Klienten dort und so können wir ungestört reden. Sie merkt, dass es mir ernst ist und sitzt einfach ruhig neben mir. Sie gibt mir das Gefühl, mir Zeit lassen zu können, um die richtigen Worte zu finden. Wie automatisch sprudelt es dann aus mir heraus: „Ulrike, ich habe gegen eine unserer Regeln verstoßen. Ich habe mich gestern Abend heimlich mit den Chicos del Rio getroffen, um ihnen Schuhputzzeug zu kaufen. Wir wurden von Ivano erwischt und er wird es dir bestimmt sagen. Ich habe ein ganz schlechtes Gewissen, auch wenn ich die Sache an sich gar nicht als dramatisch ansehe, aber die Jungs und ich haben furchtbare Angst, dass ich deshalb rausgeschmissen werde." Da ich natürlich auch in dieser Situation meine Tränen nicht zurückhalten kann und sich meine Worte beinahe überschlagen, unterbricht mich Ulrike: „Claudia, ich finde es nicht gut, dass du wissentlich gegen die Regel verstoßen hast. Ich fühle mich für dich verantwortlich. Natürlich bist du volljährig, aber schlussendlich werde ich mich vor den Deutschen, deinen Eltern, der Organisation, den Behörden rechtfertigen müssen, warum ich als Deutsche nicht auf dich aufgepasst habe, wenn dir etwas zustößt. Die Regeln sind nicht aus dem Nichts gegriffen. Du kennst die Abläufe auf der Straße nicht. Zu kurz bist du hier, als dass du die Konsequenzen einkalkulieren könntest, die durch spontane Entscheidungen entstehen könnten, wenn du mit den Jungs unterwegs bist. Wie wäre es denn, wenn du beim nächsten Mal einfach fragst. Dann weiß ich wenigstens, wo du bist und kann handeln, sollte etwas schieflaufen." Vollkommen überrascht schaue ich sie an. Diese Möglichkeit habe ich überhaupt nicht in Betracht gezogen. Ich falle ihr erleichtert um den Hals und sage, dass ich das in Zukunft auf jeden Fall beachte und bedanke mich, dass ich weiterhin bei der Soforthilfe arbeiten darf.
Entspannt und losgelöst von der Angst gehe ich mit Ulrike zum CC zurück. Ich bereite mit Victor alles für die Öffnung des CC vor. Es ist Samstag. Wie üblich findet heute keine Straßenarbeit statt, sondern lediglich vormittags die Öffnung des CC und nachmittags der Besuch im San Pedro. Als Diego die Treppen hinabsteigt, um das Tor zu öffnen, gehe ich auf die Veranda. Ich sehe

einige meiner Chicos. Auch ihnen steht die Anspannung ins Gesicht geschrieben. Ich gehe wieder zurück in den Flur und renne ihnen die Treppe hinunter entgegen. David ist der erste, den ich erreiche: So freudig wie möglich, aber immer noch unauffällig teile ich ihnen mit, dass ich mit Ulrike selbst gesprochen habe und dass wir nichts zu befürchten haben. Ich darf bleiben! Es ist den Jungs anzusehen, dass ihnen ein Stein vom Herzen fällt. Wir reden nicht weiter, da zu viele Menschen an uns vorbei gehen, aber jeder Einzelne ist froh über diese Botschaft.

Als wir die Treppen ins CC hinaufsteigen wollen, lugt Ulrike aus dem Cati. Auch am Samstag ist der Kinderhort geöffnet und sie fragt, ob wir nicht Lust hätten, mit ihnen einen Zeichentrickfilm zu schauen. Froh über die Einladung stimmen wir zu. Ich begrüße die Kinder freudig und die Jungs und ich setzen uns zu den Kindern auf den Boden. Ein winziger Fernseher steht in der Ecke und ein spanischer Kinderfilm zieht die Aufmerksamkeit aller auf sich. Die aller... außer Davids und meiner. Erst jetzt kommt mir in den Sinn, dass wir gestern Abend einen blöden Abschluss hatten. Nach dem freudigen Ausgang des Gesprächs mit Ulrike kamen wir noch gar nicht dazu, über diese seltsame Situation zu sprechen. Anscheinend steht aber nichts zwischen uns, denn anders als bei allen anderen im Raum gilt unsere Aufmerksamkeit nur uns beiden. Wir können unsere Blicke kaum voneinander lösen und genießen die Zeit zusammen, auch wenn wir anfangs gar nicht nebeneinandersitzen. Irgendwann winkt David mich zu sich. Unauffällig umkreise ich die Gruppe, die gebannt auf den Fernseher starrt. Ich setze mich neben ihn und schaue ihn erwartungsvoll an. Noch immer habe ich keine Ahnung, wie er das, was zwischen uns passiert, empfindet. Ich denke aber auch nicht viel darüber nach. Tags zuvor habe ich mir vorgenommen, dass ich alles auf mich zukommen lassen will und so bleibe ich auch dabei. Er greift um seinen Hals und öffnet die Kette, die er trägt, beugt sich zu mir rüber und legt sie mir an. „Ich möchte nicht, dass du mich vergisst." Ich versuche, die Fassung zu bewahren. Dieses Geschenk bedeutet mir unsagbar viel. Ich weiß nicht, woher die Kette kommt. Sie ist mit Sicherheit geklaut, aber ich möchte es nicht wissen und schiebe den Gedanken beiseite. An der filigranen langen versilberten Kette aus feinen Kettengliedern hängt ein tropfenförmiger Anhänger, der gespickt ist mit kleinen silbernen Punkten. Sie ist wunderschön. Nun nehme ich meine Kette, die ich wenige Tage zuvor auf dem Markt gekauft habe, ab und lege sie ihm um den Hals. Die dicken schwarzen aneinander gereihten Nüsse, die mit einem Band zusammengehalten werden, sollten eigentlich den Hals einer Frau zieren, aber darauf kommt es nicht an. Er trägt sie offensichtlich mit Stolz, gut sichtbar über seinem Pulli. Ich habe Angst, dass die Besucher und meine Kollegen die Kette an Davids Hals erkennen. Aber ich sage nichts. Unauffällig nimmt er meine Hand in seine. Wärme fließt mir durch den Körper. Dieser Mann raubt mir den Atem. Wir sitzen einfach da, unsere Hände fest ineinander verschlungen, und schauen uns die letzten Szenen des Films an.

Die Kette, die David so offen trägt, kommt mir erneut in den Sinn. Ich denke, dass unsere Verbindung nicht so heimlich stattfindet, wie wir uns das erhoffen. Besonders die Menschen von der Straße werden spüren und auch sehen, dass mehr zwischen mir und David ist, aber vermutlich tun sie es eben auch als kleine Jugendliebelei ab, belächeln es vielleicht. Ich vermute, dass es nur dann gefährlich wird, wenn unser Verhältnis für die Chicos und die Hermanos allzu offensichtlich wird.

Nach dem Film verabschieden wir uns von den Kindern und steigen die Treppen hinauf. Schon im Flur steht Ivano mir gegenüber. Ich zucke zusammen. Auch wenn ich mit Ulrike alles geklärt habe, halte ich es kaum aus. Er straft mich mit Ignoranz. Zu Beginn rede ich auf ihn ein, erkläre ihm, dass ich mich bereits selbst gestellt habe und dass ich einen großen Fehler gemacht habe, doch er ignoriert mich. Irgendwann gebe ich auf. Ich habe keine Lust auf seine Spielchen. Es ärgert mich, dass er mich für etwas zappeln lässt, das längst geklärt ist. Gemeinsam mit den Besuchern nehmen wir an der Andacht teil. Ich verlasse als eine der ersten den Raum, um das Essen vorzubereiten. David sitzt nah bei der Tür und steht auch direkt auf. Er geht hinter mir aus dem Raum. Ivano, der mittlerweile den Tee gebrüht hat, empfängt uns vor der Küche. Ich drücke mich an ihm vorbei, um die Becher aus der Küche zu holen, als ich im Augenwinkel sehe, dass er in seine Hosentasche greift. Alles geht blitzschnell. Ivano holt aus und wirft ungeachtet der anderen Anwesenden seinen dicken Schlüsselbund in Davids Weichteile. David fällt mit schmerzverzerrtem Gesicht auf seine Knie. Sein Gesicht wird aschfahl. Ich schupse Ivano zur Seite und renne zu David. Während ich mich neben ihn auf den Boden hocke, schreie ich Ivano an, was das soll. Er funkelt mich fies an und antwortet ganz langsam und genießend: „Das ist eure Strafe für deinen Regelverstoß gestern." Ich bin außer mir vor Wut, schreie ihn an, dass Ulrike längst von all dem weiß und er sich hier gar nicht als Chef und Richter aufspielen muss. Ivano lächelt mich kalt an. David liegt noch immer auf dem Boden. Ich bette seinen Kopf auf meinen Beinen. Die Schmerzen müssen kaum auszuhalten sein. David kann nichts für meine Entscheidung, dass ich mich dem Verbot widersetzt und den Feierabend mit den Jungs verbracht habe. Aber er als Gangchef muss die Strafe tragen. Ich schäume vor Wut. Als David soweit ist, dass er auf einer der Bänke an den Wänden Platz nehmen kann, lasse ich ihn allein und gehe zu Ivano in die Küche. Ohne ihm eine Alternative zu lassen fordere ich den fünf Jahre älteren Mann, der hier fest angestellt ist, barsch auf, sofort mit mir ins Büro zu kommen.

Gelassen lässt er sich auf dem Sofa nieder. Ich kann mich nicht hinsetzen, so zornig bin ich. Das eiskalte Lächeln auf Ivanos Gesicht schürt meine Wut nur noch mehr. Ich schreie auf ihn ein, dass die Jungs unsere Schützlinge sind und frage ihn, warum er David für etwas bestraft, was ich verbrochen habe. Arrogant blickt er mich an. Er antwortet nicht auf meine Vorwürfe, wirkt fast schon entspannt. Er hört sich meine Tiraden gelassen an und als ich eine kurze Pause mache, immer noch voller Hoffnung, dass er nun in das Gespräch einsteigen wird, steht er einfach auf und verlässt den Raum.

Nun ist mein Handlungsspielraum aufgebraucht und ich setze mich verdrießlich auf das Sofa, auf dem vor wenigen Sekunden noch Ivano saß. Ich denke darüber nach, wie es sein kann, dass ein Hermano so handelt. Ist er eifersüchtig, dass ich bei den Chicos nach wenigen Wochen ein solch gutes Standing habe? Immer habe ich in der vergangenen Zeit beobachtet, dass er sich mit den Jungs auch gut verstehen wollte. Er gibt sich Mühe, bei ihnen anzukommen. Doch sein arrogantes Auftreten und seine Überheblichkeit, mit der er allen anderen Hermanos einschließlich mir begegnet, spiegelt, dass wir in seinen Augen deutlich weniger wert sind als er. Das steht ihm dabei im Weg. Immer wieder stelle ich mir die Frage, was seine Beweggründe sein könnten, bei der Soforthilfe zu arbeiten. Nur Joseph und Natascha werden von ihm geachtet und respektiert. Er begegnet ihnen mit fast kriecherischer Hochachtung. Ist ihm die Anerkennung der beiden so wichtig, dass er hier gerade Selbstjustiz ausübt? Aber ich kann mir kaum vorstellen, dass Joseph und Natascha Ivanos Verhalten gutheißen würden. Offensichtlich musste Ivano David mit dieser Tat zeigen, dass er am längeren Hebel sitzt. Aber was macht das mit Ivano? Ich könnte nicht einfach jemandem so dermaßen wehtun, mal ganz abgesehen von der Demütigung, die er David angetan hat. Ist Ivanos Hemmschwelle, andere zu verletzen, so gering? Vielleicht hat er so wenig Selbstachtung, dass er sich nur gut fühlen kann, wenn er andere verletzt und erniedrigt. Was muss mit ihm passiert sein, dass er so handelt? Dann vermischt sich meine Wut mit Mitleid. Natürlich sind wir in Bolivien und „Strafen" fallen deutlich anders aus als in Deutschland. Es stand ihm nicht zu, David zu bestrafen, denn er hatte nichts falsch gemacht. Aber nachdem Ivano uns erwischt hatte und ich David in Ivanos wirren Gedanken anscheinend einen höheren Stellenwert zugestand als ihm, indem ich meinen Feierabend mit den Jungs verbrachte, musste das Machtgefüge offensichtlich aus Ivanos Sicht wieder hergestellt werden.

Wenn du ihn irgendwann siehst, bring dich in Sicherheit!!!

David geht es wieder besser, er spielt mit Sombras am Kicker und ich setze mich zu einem mir unbekannten Besucher. Eigentlich kann ich die Menschen den einzelnen Gruppen zuordnen und so wundert es mich, dass ich diesen Mann zwar irgendwo schon mal gesehen habe, ihn aber nicht einordnen kann. Er ist viel besser gekleidet als die anderen Besucher und ich spreche ihn an. Ich reiche ihm meine Hand und frage ihn direkt, ob er zum ersten Mal das CC besucht. Er nickt knapp. Ich hake nach und will wissen, zu welcher Gruppe er gehört, doch er winkt nur lässig ab. Dieser vielleicht 40 Jahre alte Mann erklärt, dass er mal hier und mal dort wohnt. Ich werde misstrauisch. Eigentlich haben die Leute von der Straße ihre festen Gruppen und es wundert mich, dass er allein lebt. Ich frage ihn explizit, warum er ins CC kommt und bin schon fast überrascht, als er plötzlich offen aber mit ernster Miene beginnt zu erzählen.

„Ich komme aus einer sehr wohlhabenden Familie. Ich durfte zur Schule gehen und habe hier in La Paz studiert. Nach meinem Studium wanderte ich nach Los Angeles aus. Ich baute mir eine große Firma auf." Kurz scheint er seinen Gedanken nachzuhängen, bis er weiterspricht. „Ich war erfolgreich, besaß viel Geld und war ein angesehener Mann. Weißt du Hermana, mit dem Hintergrund, in einem Entwicklungsland aufgewachsen zu sein, ist es nicht einfach, sich etwas aufzubauen. Aber ich schaffte es. Ich hatte eine wundervolle Freundin, der ich nach einigen Jahren Beziehung einen Heiratsantrag machte. Sie freute sich über den Antrag und trug den Verlobungsring voller Stolz. Wir hatten eine wunderschöne Wohnung, die sie mit Geschick gemütlich eingerichtet hatte. Es war alles kindgerecht. Direkt nach der Hochzeit wollten wir Kinder bekommen. Irgendwann, kurz vor unserer Hochzeit, feierten wir ausgelassen einen neuen Geschäftsabschluss. Es floss viel Alkohol und im Laufe des Abends kam auch Kokain auf den Tisch. Weißt du Hermana, in diesen Kreisen ist das normal. Es gehört schon fast zum guten Ton, nach einem gemeinsamen Geschäftsabschluss zu koksen. Die Feier ging bis früh in den Morgen. Meine Verlobte und ich wollten in unsere Wohnung. Statt ein Taxi zu nehmen, stiegen wir in mein Auto. Ich saß am Steuer. Durch meinen benebelten Zustand bemerkte ich zu spät, dass ich von der Fahrbahn

abkam und knallte frontal in ein mir entgegenkommendes Auto. Dem Fahrer des anderen Autos passierte nichts Folgenschweres, aber meine Freundin kam bei dem Unfall ums Leben."
Ohne auf meine Reaktion zu warten redet er weiter. „Von dem Moment an, als ich kopfüber im Gurt meines Autos hing und nach rechts in die leblosen Augen meiner Frau schaute, war mein Leben vorbei. Die Feuerwehr schnitt uns aus dem vollkommen zerstörten Haufen Schrott. Obwohl ich mich wehrte, wurde ich direkt in den Krankenwagen gelegt. Neben dem Krankenwagen parkte ein schwarzer Leichenwagen.
Ich lag nicht lange im Krankenhaus, meine Verletzungen hielten sich in Grenzen, aber die Verletzung meiner Seele sollte nie wieder heilen. Meine Verlobte bedeutete mir alles. Diese Frau wäre die beste Mutter meiner Kinder geworden, die ich mir hätte vorstellen können. Ich habe mich bis heute nie wieder verliebt. Ich begann in meiner Trauer mit dem Trinken, mehr und immer mehr, um mich zu betäuben. Ich konnte kaum noch klare Gedanken fassen. So war es kein Wunder, dass ich in kürzester Zeit meine Firma, meine Autos, mein Geld, ja mein ganzes Leben verlor. Ich dachte mehr als einmal darüber nach, meinem Leben ein Ende zu setzen, aber ich war bislang zu feige, um es durchzuziehen. Irgendwann entschied ich, zurück nach Bolivien zu gehen. Ich besuchte immer mal wieder meine Familie, aber wir haben keine Verbindung mehr. Vermutlich, weil ich nur noch gefühlskalt durch die Welt irre."
Was dieser Mann mir erzählt, berührt mich zutiefst. Ich sitze weinend neben ihm und bin gefangen von seiner Erzählung. Die Vorstellung, den Menschen zu verlieren, der einem alles bedeutet, ist dermaßen grausam, dass man es kaum nachempfinden kann. Aber die Emotionen, die bei mir ankommen, umklammern mich so massiv, dass es mich schüttelt vor Trauer.
Heute, mit einem Studium und Praxiserfahrung, erkenne ich ein tiefsitzendes Trauma bei diesem Mann, der sich in seiner Angst vor einem erneuten Schicksalsschlag mutlos der Resignation hingab. Diese Furcht, noch einmal so innig zu lieben und einen ähnlichen Verlust zu erleiden, lähmte ihn in seinen Handlungsmöglichkeiten, sein Leben wieder aufzunehmen und einen Neustart zu wagen. Noch heute macht mich die Geschichte dieses Mannes sehr betroffen und ich muss mir unwillkürlich vorstellen, wie ich an seiner Stelle handeln würde. Ich möchte wissen, wie dieser Mann nun lebt und

durchbreche die Stille. Ich blicke ihn an und frage: „Aber wo genau lebst zu jetzt in La Paz? Ich kann dich keiner Straßengruppe zuordnen." Er hebt abwehrend die Hand. „Ach, mal hier in einem Hostel, mal dort in einem Hotel", gibt er mir als knappe Antwort. Ich runzele die Stirn und frage direkt: „Aber wie kannst du dir das leisten?"
Noch bevor er antworten kann, begreife ich plötzlich. Was eben noch im Nebel war, sehe ich nun klar vor mir. Die Wut schnürt mir meine Kehle zu. Jetzt sehe ich auch die Jungs, die ich vollkommen ausgeblendet hatte, so mitgenommen war ich von der Geschichte. David, der einige Meter hinter diesem Mann steht und mich mit ernster, fast schon bedrohlicher Miene ansieht und langsam, aber dadurch noch bestimmter mit dem Kopf schüttelt. Sombras, der sich außer Sichtweite des Mannes in der Ecke des Raums aufhält, steht das Entsetzen ins Gesicht geschrieben. Die einzige kluge Entscheidung, zu der mich die Jungs mit ihren Gesten und ihrer Mimik zu drängen versuchen, wäre nun, aufzustehen und mich in die Sicherheit meiner Kollegen zu begeben. Aber nein, die Wut, die in mir aufsteigt, lässt keine vernünftige Handlung zu. Während ich zu diesem Mann spreche, höre ich selbst den schrillen Ton in meiner Stimme. „Du bist einer dieser scheiß Drogendealer, der meinen Jungs das Zeug verkauft. Deine Hotelzimmer bezahlst du von dem dreckigen Geld, das meine Jungs für dich verdienen." Ich ignoriere sein hämisches Grinsen als Reaktion auf meine Worte. David und Sombras sind leichenblass, aber das bekomme ich kaum mit. Sie schütteln vehement mit den Köpfen, aber ich brülle dessen ungeachtet weiter auf den Mann ein. „Wie kannst du nach dem, was dir passiert ist, mit deinem Gewissen vereinbaren, ständig das Leben junger Menschen zu riskieren. Du verkaufst das Zeug, was dein Hirn so benebelte, dass du einen Autounfall verursacht und damit deine Frau getötet hast. Es dürfte einfach keine Drogendealer wie dich geben, dann wäre die Welt eine viel bessere. Was willst du überhaupt hier? Suchst du dir neue Kunden? Was bist du nur für ein Mensch?" Die Mimik des Mannes ändert sich abrupt. Er blickt mich bohrend an und spricht: „Hermana, wir beide kennen uns!"
Mein Atem stockt, mein Mund ist trocken und mein ganzer Körper beginnt zu zittern. Ich begreife plötzlich, was hier passiert und bin sofort gefangen in einer unbändigen Angst. Die Worte, die ich eben diesem Mann an den Kopf geknallt habe, sind schon gefährlich genug, wenn man mit einem Drogen-

dealer spricht. Aber die Erinnerung an unsere Verbindung lässt mir das Blut in den Adern gefrieren. Plötzlich macht alles so viel mehr Sinn. Sombras und David, die mich warnen wollten. Mir kommt Diez' Warnung in den Kopf: Hermana, wenn du diesen Mann irgendwo sehen solltest, geh... Er ist gefährlich. Dieser Mann arbeitet als Drogendealer für die Mafia und kann dich beseitigen, ohne Spuren zu hinterlassen.
Ja, denn genau dieser Mann, den wir bei unserem nächtlichen Ausflug auf der Straße gesehen haben, vor dem mich Diez gewarnt hat und von dem ich Abstand halten sollte, dieser Mann sitzt jetzt gerade mir gegenüber. Ohne Verstand habe ich ihn vor wenigen Sekunden angeschrien und mir unwissend mein eigenes Grab geschaufelt. Wieder steigen mir Tränen in die Augen, doch diesmal nicht aus Mitgefühl, sondern aus furchtbarer Angst. Mir ist heiß und kalt zugleich und fieberhaft denke ich nach, wie ich aus dieser Situation flüchten kann. Ich will am liebsten losrennen und mit Hilfe der Jungs untertauchen. Diesen Gedanken schiebe ich beiseite, als mir auffällt, wie dumm er ist. Als weiße Frau in Bolivien untertauchen... Die Sekunden, in denen niemand etwas sagt, vergehen wie Stunden. Der Raum, in dem sich nur noch meine Jungs, der Mann und ich aufhalten, ist von Anspannung ausgefüllt. Noch bevor ich eine neue Strategie entwickeln kann, ergreift der Mann das Wort: „Hermana, eigentlich könnte ich jetzt ganz anders..." Bei den Worten muss ich unwillkürlich schlucken.
„Aber ich mag dich. Ich bin deinetwegen hier. Ich wollte wissen, wo diese Frau arbeitet, die sich nachts in die dunkelsten Viertel wagt, um das wirkliche Leben der Jungs auf der Straße kennenzulernen. Du hast dir die Zeit für mich genommen, wolltest meine Geschichte hören und hast mir das Gefühl gegeben, jemand Wichtiges zu sein. Ich verstehe, warum die Jungs sich dir öffnen..." Er wirft einen Blick zu David und Sombras. „Ich habe vor dir noch keine Hermana kennengelernt, die sich so sehr auf die Jungs einlässt. Ich achte dich dafür und du hast trotz deiner harten Worte nichts zu befürchten. Wir werden uns nie wieder sehen, aber ich werde dich nicht vergessen!" Vor Erleichterung laufen mir die Tränen über die Wange.
Noch heute überlege ich, wie es dazu kommen konnte, dass ich ihn nicht erkannt habe.
Allein bleibe ich auf der Bank sitzen. Der Mann ist nach seinen letzten Worten aufgestanden und hat das CC verlassen. Mein Körper beruhigt sich

langsam und ich denke über die letzte Stunde nach. Welch eine absurde Situation! Wie konnte ich mich nur so von meiner Wut leiten lassen? Vollkommen unbedacht und ohne die Konsequenzen zu bedenken, habe ich wild gestikulierend über einen mir fremden Mann geurteilt, ihn ausgeschimpft, weil ich die Jungs schützen wollte. Doch auch im Interesse meiner Jungs hätte ich vorsichtig sein müssen, als mir klar wurde, dass vor mir ein Drogendealer der Mafia sitzt. Dabei spielt es schon fast keine Rolle mehr, ob es einfach irgendein Drogendealer ist oder, wie in diesem Fall, der Drogendealer der Drogendealer. Während ich noch erleichtert dasitze und über das Erlebte nachdenke, kommt David auf mich zu, nimmt mich unsanft an die Hand und zieht mich in den menschenleeren Aufenthaltsraum. Ich habe gar nicht mitbekommen, dass es bereits so spät ist, dass die Besucher nach und nach gegangen sind. Er schließt die Tür hinter uns. Fast schon aggressiv redet er auf mich ein, was ich mir dabei gedacht habe, so mit diesem Mann zu sprechen. Doch er wartet nicht auf meine Antwort, sondern nimmt mich stattdessen fest in den Arm und küsst mich immer wieder sanft auf die Wange. Zwischen den Küssen sagt er leise: „Wie konntest du nur so dumm sein...?"
Am Nachmittag dürfen wir wieder für eine Stunde in das berüchtigte Männergefängnis San Pedro. Die Prozedur des Eintritts ist bereits zur Routine geworden. Nur ganz langsam tauen die Kinder auf und lassen sich auch von mir auf den Schoß nehmen, während Manuel ihnen mit seiner wundervollen Art die Geschichten von Gott näherbringt. Solange ich jedoch im Inneren dieser „Festung" bin, bleibt ein mulmiges Gefühl der Schutzlosigkeit und ich spüre jedes Mal eine Erleichterung, wenn ich diese Hölle verlassen darf. Der Gedanke, dass diese Jungen und Mädchen ihre komplette Kindheit hier verbringen, zwischen Dieben, Mördern und Vergewaltigern, lässt mich schaudern.
Am Abend telefoniere ich mit meinen Eltern und erzähle ihnen von der unfassbaren Geschichte mit dem Drogendealer. Sie sind betroffen, aber gleichzeitig erleichtert über den Ausgang. Auf dem Heimweg treffe ich auf die Jüngsten der Chicos. Milton, Ronald und Justin haben ein Mädchen bei sich, das zugedröhnter nicht sein könnte. Ich bin erschrocken über den Anblick und frage sie, ob ich ihr helfen kann, doch sie winkt lachend ab. Sie steht so unter Drogen, dass ich sie nicht mehr erreichen kann. Die Jungs bitten mich, Fotos von ihnen zu machen. Sie lieben es, im Fokus der Linse zu sein und

ich tue ihnen den Gefallen. Es macht mich traurig zu sehen, dass sie sich als Hintergrund eine Schmuckboutique auswählen, vor der sie posieren. Wahrscheinlich glauben sie, dass sie durch den glitzernden Hintergrund wertvoller erscheinen. Nach kurzer Zeit verlieren sie das Interesse an der Fotosession und widmen sich den mit Klebstoff beträufelten Wollbauschen in ihren Händen. Dieser ereignisreiche Tag hat mich sehr müde gemacht und nachdem ich ein weiteres Mal von dem Mädchen, das America heißt, zurückgewiesen werde, fahre ich mit dem Bus nach Hause.

Maria Antonia muss ins Krankenhaus

Ziemlich angespannt fahre ich für ein paar Tage nach Sucre. Ich merke, dass ich eine Pause brauche. Erst jetzt fühle ich, wie sehr mich all die letzten Wochen mitgenommen haben. Diese vielen menschlichen Schicksale und die Begegnung mit David, seine Entscheidung für die Reha und dann doch dagegen – das alles geht mir nun noch näher als sonst.
Ich betrete das Haus in Sucre und direkt durchströmt dieses bekannte Gefühl der Sicherheit meinen Körper. Es zieht mich immer wieder hierher. Mercedes, die dieses Wochenende das erste Mal „zu Hause" bleiben darf, rennt auf ihren kurzen wackeligen Beinchen auf mich zu. Obwohl nun schon so viele Wochen vergangen sind, scheinen wir eine innere Verbindung zu haben.
Da ich wie üblich früh am Morgen mit dem Bus in Sucre angekommen bin, setze ich mich direkt zu meiner Familie an den Frühstückstisch. Ausgelassen erzähle ich, und Christa verdreht bei meinen Geschichten nicht nur einmal die Augen vor Sorge. Von David erzähle ich ihnen nicht. Ich kann mir gut vorstellen, was Christa dazu sagen würde. Gemeinsam hängen Christa und ich nach dem Frühstück die Wäsche im Garten auf. Sie berichtet mir, dass sie Mercedes nun in Zukunft häufiger am Wochenende bei sich haben dürften, wenn es diesmal gut funktioniert. Nach unserem Gespräch gehe ich zur Hauptstraße, um einen Bus zum Kinderheim zu nehmen. Ich laufe an den Tiendas vorbei, begrüße herzlich die Besitzerinnen und tausche höflich und interessiert ein paar Floskeln mit ihnen aus.
Im Bus steigt meine Sehnsucht nach Maria Antonia ins Unermessliche. Ich steige vor dem Kinderheim aus, vergewissere mich, dass die Hundemeute nicht in der Nähe ist und klingele. Beim Anblick der Krankenschwester an der Tür, die mir verboten hatte, die Kinder aus den Bettchen zu nehmen, zucke ich kurz zusammen. Wortkarg begrüßen wir uns und ich schleiche mich an ihr vorbei, um schnellstmöglich zu Maria Antonia zu gelangen. Erleichtert stelle ich fest, dass eine andere Freiwillige die Schwester in ein Gespräch verwickelt. So ist sie abgelenkt und kann mir nicht noch irgendwelche Anweisungen hinterherbrüllen. Auf direktem Weg gehe ich in den Schlafsaal. Es ist noch immer früh am Tag und so gehe ich davon aus, dass Maria Antonia noch ungewickelt in ihrem Bettchen liegen wird. Mein Herz springt bei dem Gedanken vor Freude, sie gleich an meine Brust zu drücken, ihren win-

zigen Körper zu waschen, sie für den Tag anzuziehen und einfach mit ihr zu kuscheln.

Stattdessen bekomme ich einen Schreck, als ich feststelle, dass zwar alle anderen Babys noch in ihren Bettchen liegen, Marias jedoch leer ist. Unruhig schaue ich in den Wickelraum, kann sie aber auch dort nicht entdecken. Mit zu schnellen Schritten laufe ich in den großen Spielraum und renne dabei fast die Freiwillige um, die sich eben noch mit der Krankenschwester unterhalten hatte. Ich frage sie panisch, ob sie Maria Antonia gesehen hat. Sie schüttelt mit dem Kopf und antwortet: „Maria Antonia liegt im Krankenhaus." Die Worte erschüttern mich zutiefst. Sie kann mir nicht erklären, warum sie im Krankenhaus ist, weil sie selbst erst seit Kurzem im Kinderheim arbeitet. Ich renne zurück in den Wickelraum und entdecke dort die Schwester. So ruhig, wie es mir in dieser Situation möglich ist, frage ich sie, ob sie mir sagen kann, wo das Krankenhaus ist. Sie kramt einen Zettel aus ihrem Kittel und schreibt die Adresse und den Namen des Krankenhauses auf. Ich bedanke mich überschwänglich und verlasse das Kinderheim sofort wieder. Ich muss einige Straßen rennen, um auf die Hauptstraße zu gelangen, damit ich mir ein Taxi heranwinken kann.

Im Eingangsbereich des Krankenhauses frage ich mich bei den vorbeieilenden Schwestern durch, bis mich jemand zu Maria Antonias Bett bringt. Wir befinden uns in einem großen Saal, in dem mindestens 20 Bettchen mit Babys und Kleinkindern stehen. An den meisten Bettchen sitzen Mütter, die ihr Kind streicheln oder im Arm halten. Die Stimmung ist gedrückt, die Luft stickig und geschwängert mit Krankenhausgerüchen.

Da liegt sie und schreit. Die Tränen schießen mir in die Augen. Meine kleine arme Maria Antonia. Ihr ganzer Körper ist angespannt und steif. Die Kinder um uns herum sind leise und zufrieden. Erst jetzt bemerke ich, wie mich die Mütter der anderen Kinder mustern. Sie scheinen jede meiner Bewegungen zu beobachten und heimlich für sich zu beurteilen. Ich nehme dieses kleine zarte Wesen auf meinen Arm. Mit meiner ersten Berührung, dem ersten Wahrnehmen meines Geruchs und meinen ersten Küssen auf ihre zarte Wange scheint sie sich zu beruhigen. Ich bilde mir ein, dass die missbilligenden Blicke der Mütter schwinden und sich in zufriedene „Es geht doch"-Blicke verwandeln. Viel zu lange scheint es mir zu dauern, bis ich einem Arzt begegne, der mir erklärt, dass Maria Antonia wegen anhaltender Koliken eingeliefert wurde. Sie hat trotz ihrer guten Entwicklung immer noch Anpassungsschwierigkeiten. Doch nun geht es ihr schon wieder besser und wenn sie stabil bleibt, dann kann sie morgen wieder zurück ins Kinderheim, sagt der Mann. Erleichtert drücke ich meine Kleine noch ein wenig fester an meinen Körper. Bis in die Abendstunden sitze ich auf ihrem Bettchen und wiege sie sanft hin und her, füttere sie regelmäßig mit der Flasche und wechsele ihre Windeln. Traurigkeit macht sich in mir breit bei dem Gedanken, dass sie den kompletten Krankenhausaufenthalt allein gewesen wäre, wenn ich nicht zufällig genau jetzt zurück nach Sucre gekommen wäre. Keiner hätte sie gestreichelt, sich die Zeit genommen, sie zu wiegen und ihren Bauch zu streicheln.

Diese Zeilen zu schreiben mit dem Wissen, wie mein Leben danach aussah, lässt mich schaudern. Ich kann die Traurigkeit von dem, was ich dort mit Maria erlebt habe, nicht von meinen Erfahrungen mit meinen eigenen Kindern abspalten. Ich kann den Gedanken kaum aushalten, dass ein Kind alleine hilf- und wehrlos im Krankenhaus ist, ohne dass jemand Liebendes die Zeit aufbringt, das Kind zu begleiten.

Ich bitte Christa am folgenden Morgen, im Krankenhaus zu erfragen, ob Maria Antonia wieder zurück ins Kinderheim kommt oder noch dortbleiben muss. Voller Glück und Dankbarkeit sehe ich, wie sich Christas Gesichtszüge entspannen und bin schon halb zur Tür heraus, als sie mir hinterherruft, dass ich direkt ins Kinderheim fahren kann, weil meine Kleine schon auf dem Weg dorthin ist.

Da sich Maria Antonia noch schonen soll, hat an diesem Tag nicht mal die Schwester etwas dagegen, dass ich mich im Schlafsaal mit ihr den ganzen Tag auf das Schwesternbett lege. Noch geschwächt schläft sie stundenlang auf meinem Bauch, während ich ihr über den Kopf und das Bäuchlein streichele. Zwei Tage und viele weitere Stunden auf dem Schwesternbett später fahre ich wieder zurück nach La Paz. Maria geht es wieder richtig gut und das Wochenende mit Mercedes und meiner Familie hat so gut funktioniert, dass sie direkt über Ostern wieder „nach Hause" kommen darf.

Ostern im Rotlichtviertel

Einige Tage sind vergangen und ich muss mich damit auseinandersetzen, dass auch meine Zeit in La Paz abläuft. Nur noch wenige Tage werde ich hier sein, bevor ich wieder nach Deutschland fliegen muss. Bis zum Sommer muss ich mir überlegen, wie mein Leben weiter gehen soll. Doch damit kann und will ich mich im Moment nicht auseinandersetzen. Mein Leben hier fühlt sich so perfekt und richtig an.
Diesmal spreche ich meinen Wunsch, Zeit mit den Jungs zu verbringen, direkt bei Ulrike an, so wie sie gebeten hatte. Nach meiner Beichte über den Kauf der Schuhputzmittel hatte sie mir ja auch schon gesagt, dass ich zu Ostern etwas mit den Chicos unternehmen darf. Ich bin überrascht, dass sie keine Einwände dagegen hat, dass ich auf dem Markt mit den Jungs essen gehen will. Dabei will ich ihnen die Besonderheit dieses christlichen Festes näherbringen. Umso trauriger bin ich, als David mir erzählt, dass Sombras und er über die Feiertage einen Job in Oruro angeboten bekommen haben und somit nicht in La Paz sein werden. Diese Großstadt liegt rund 230 Kilometer südlich. Es überrascht mich, dass gerade den Jungs von der Straße ein Job angeboten wurde. David erklärt mir, dass es sich dabei um Arbeiten auf dem Bau handelt. Sie würden als Tagelöhner für geleistete Arbeit bezahlt werden. Auf der einen Seite freute ich mich für die Jungs, dass sie die Möglichkeit bekommen, Geld auf legalem Weg zu verdienen, aber andererseits bin ich enttäuscht. David hatte mich für den Ostersamstag eingeladen, nur mit ihm zusammen zu einem See außerhalb von La Paz zu fahren. Wir wollten einen Tag zu zweit verbringen, aber nun ist er das ganze Wochenende weg.
Am Ostersamstag arbeite ich noch normal im CC. Nach den Vorbereitungen für die gemeinsame Mahlzeit trete ich aus der Küche und entdecke Marcos an einer Wand kauernd. Er ist von den Chicos der unscheinbarste. Mit seinen großen und auffälligen Aknenarben versucht er immer, im Hintergrund zu bleiben. Ich setze mich neben ihn, lege meinen Arm schützend um seine Schulter und frage, was mit ihm los ist. Er erklärt mir, dass er sich große Sorgen um seine ältere Schwester macht. Sie ist 23 Jahre alt und seit drei Monaten mit einem Zuhälter zusammen. Er hat seither nichts mehr von ihr gehört. Er würde sich alleine nicht trauen, nach ihr zu suchen, sagt er. Aber

die Sorge um sie, wie es ihr geht oder ob sie überhaupt noch lebt, macht ihn verrückt. Während er von ihr erzählt, betritt Ulrike den Flur und bekommt Bruchstücke des Gesprächs mit. Ohne groß darüber nachzudenken fasse ich all meinen Mut zusammen und frage sie, ob ich am Nachmittag mit Marcos seine Schwester suchen darf. Ich rechne fest mit einem Nein, aber sie gewährt mir die Bitte. Ulrike sagt, dass sie ihr Handy jederzeit dabeihat und ich sie anrufen kann, wenn irgendwas sein sollte. Ich bin gleichzeitig unglaublich dankbar und überrascht über das Vertrauen, das sie mir entgegenbringt. Ich fühle mich gerade wie ein vollwertiges Mitglied der Soforthilfe.

Am Nachmittag gehe ich mit Manuel und Ulrike wie üblich ins Gefängnis nach San Pedro. Die gewohnte aber immer noch unangenehme Prozedur der Leibesvisitation beginnt. Nachdem sich die Polizisten davon überzeugt haben, dass ich keinerlei Waffen, Drogen oder andere verbotene Ware mit mir führe, darf ich mit meinen Kollegen den großen Eingangsbereich des Gefängnisses betreten. Es ist immer wieder ein seltsames Gefühl, wenn sich die schweren Eisentore hinter uns schließen und wir uns vollkommen freiwillig in diesen gesetzlosen Bereich begeben. Als wir die Holztreppen zum Gemeinschaftraum betreten, in dem die Kinder bereits ungeduldig warten, hat Manuel große Mühe, gegen die vielen Stimmen anzukommen. Da es das Osterwochenende ist, erzählt er von der Kreuzigung Jesu. Als sich der Tumult langsam legt, hören die Jungen und Mädchen ihm aufmerksam zu. Ich habe mich mit in den Kreis gesetzt und zwei Kinder sitzen jeweils auf einem meiner Oberschenkel. Sie schmiegen sich an mich und genießen die Zeit der Ruhe und Geborgenheit. Ich schweife jedoch gedanklich immer wieder ab, denn die Aufgabe, die vor mir steht, geht mit einer großen Aufregung einher. Ich werde mit Marcos seine Schwester suchen. Sie muss irgendwo im Rotlichtmilieu sein. Erlaubterweise werde ich mich also heute noch einmal in dem Stadtviertel aufhalten, in dem ich mich nur in Begleitung der Jungs aufhalten darf. Ich frage mich, was David davon halten würde. Bis heute ist mir nicht bekannt, ob er weiß, dass ich bereits mit Sombras und Diez einen Abend dort verbracht habe.

Der Einsatz im Gefängnis verläuft wie gewohnt. Wir essen gemeinsam und trinken Kakao und nur anderthalb Stunden später stehen wir wieder vor den Toren. Ulrike hat offensichtlich meine Unruhe mitbekommen und fragt mich, ob ich nicht schon zu Marcos gehen möchte, um mit ihm die Suche zu be-

ginnen. Manuel und sie bringen die Thermoskannen zurück ins CC. Sie zeigt noch mal auf ihr Handy, als wir unsere Wertsachen aus der nächsten Tienda abholen, und wünscht mir viel Erfolg und einen schönen Ostersonntag mit den Chicos. Auf dem Weg zum Treffpunkt denke ich darüber nach, wie sehr es mich beeindruckt, dass Ulrike mir so viele Freiräume lässt. Gleichzeitig plagt mich ein schlechtes Gewissen, weil da immer noch meine Gefühle zu David sind, die alles andere als organisationskonform sind.
Am Prado finde ich Marcos sehr schnell, obwohl ich deutlich früher am Treffpunkt bin als verabredet. Es scheint, als sei er so aufgeregt, dass er schon seit der Verabschiedung im CC auf mich gewartet hat. Immer wieder bitte ich ihn, langsamer zu sprechen, denn er versucht mir in seiner Aufregung sehr schnell zu erklären, welchen Plan er sich überlegt hat. Er möchte nun zu dem Platz gehen, an dem ich bereits mit Diez und Sombras war. Er erklärt mir, dass es notwendig ist, dass ich meine Kapuze aufziehe und versuche, mich so unscheinbar wie möglich zu machen. Offensichtlich hat es sich nicht herumgesprochen, dass ich mich bereits einen Abend an dem Platz aufgehalten habe. Ich will ihn nicht unterbrechen, denn anscheinend ist es für Diez und Sombras wichtig, dass diese Information nicht geteilt wird. Also lasse ich Marcos erklären. Ich tue wie mir geheißen wird und ziehe meine Mütze tief ins Gesicht. Darüber schiebe ich die Kapuze und stecke meine hellen Hände in die Jackentaschen.
Leider haben wir kein Foto von Marcos Schwester. Ihr Name ist Miriam und gemeinsam klappern wir die verschiedenen kleinen Gruppen der Obdachlosen ab. Es stehen unzählig viele Menschen um diesen kleinen Park herum, ähnlich wie in einer gefüllten deutschen Innenstadt bei einem Volksfest, nur handelt es sich hier um Menschen, die ihre Zeit zum Großteil gezwungenermaßen auf diesem Plaza verbringen. Wieder fallen mir die vielen Prostituierten auf. Die kleinen Mädchen, die ängstlich in den Ecken kauern, um ihren Körper anzubieten, aber auch die älteren, bei denen man sowohl an ihrem Verhalten als auch am Äußeren erkennt, dass sie bereits länger im Geschäft sind. Ich versuche, mich so gut es geht im Hintergrund zu halten. Spätestens wenn mich jemand ansprechen würde und ich mit meinem gebrochenen Spanisch und meinem deutschen Dialekt antworten müsste, könnte ich nicht mehr verbergen, wer ich tatsächlich bin. Ich muss hier immer wieder feststellen, dass mein Geschmack, schon bevor ich nach Bolivien gekommen

bin, der Alltagsbekleidung der Straßenleute entsprochen hat. In meinem heiß geliebten olivgrünen abgetragenen Parker falle ich tatsächlich lediglich durch meine Größe auf. Meine blonden Haare sind unter meiner Mütze versteckt und ein Tuch in bolivianischen Farben verdeckt meinen Mund und meine Nase. Da es in den Abendstunden auf 4000 Metern Höhe bitterkalt wird, ist meine Erscheinung vollkommen unauffällig.

Marcos verhält sich zu Beginn der Suche so, wie ich ihn auch in den letzten Wochen kennengelernt habe: eher schüchtern. Es tut mir leid, dass ich ihn bei den Fragen und dem Ansprechen der Leute nicht unterstützen kann, sondern ihm lediglich mit meiner Anwesenheit den Rücken stärke. Auch muss ich zugeben, dass ich ein wenig Unruhe verspüre, denn ich kann keinen meiner Jungs sehen. Marcos ist bei den Chicos del Rio ein angesehenes Mitglied. Er wird geachtet und geschätzt. Doch im Straßenalltag ist er mehr als unauffällig. Wegen seiner tiefen Aknenarben scheint er sich in Gegenwart anderer Menschen zu schämen, und ich kann mir leider nicht vorstellen, dass er mich im Notfall schützen könnte. Nach einigen ablehnenden Antworten der Befragten wird er mutiger. Er beschreibt seine Schwester detailreich und bittet die Leute nachdrücklich, ihm zuzuhören. Doch niemand hat Miriam gesehen oder kann etwas zu ihrem Aufenthaltsort sagen. Diese Stadt ist riesig. Auch wenn wir sämtliche Reichenviertel aus unserer Suche streichen, ist es ein Ding der Unmöglichkeit, jemanden zu finden, von dem man nicht die geringste Ahnung hat, wo er sich aufhalten könnte. Irgendwann setzen wir uns auf den Bordstein, der die kleine Grünfläche auf der Mitte des Plaza umfasst. Marcos scheint zu resignieren. Bereits zwei Stunden dauert unsere Suche nun schon, aber niemand konnte uns bislang helfen.

Ich frage Marcos, wie es dazu gekommen ist, dass er auf der Straße lebt. Er schaut ins Nichts. Die vielen Lichter, die laute Musik, all das scheint ab diesem Moment wie ausgeblendet. Langsam und noch leiser als sonst beginnt er, zu erzählen. Er und seine Schwester sind in eine sehr liebevolle Familie hineingeboren worden. Die Mutter wartete täglich mit dem Essen auf ihn und seine ein Jahr ältere Schwester. Der Vater arbeitete und sie lebten in der soliden Mittelschicht der Bolivianer. Sie hatten ein kleines Häuschen, fließend Wasser und Strom, sie besaßen ein Auto und die Kinder jeweils ein Zimmer. Irgendwann wurde der Vater krank. Marcos geht nicht näher auf die Krankheit ein, doch der Vater starb daran und so versuchte die Mutter, die Familie mit den Ersparnissen über Wasser zu halten. Es dauerte nicht lange, da wurden die Reserven knapp. Marcos und seine Schwester Miriam begannen, neben der Schule zu arbeiten. Miriam spülte in der Küche eines Restaurants und Marcos verdiente als Schuhputzer etwas dazu. Damit seine Klassenkameraden ihn dort nicht erkannten, trug er während der Arbeit die typische Sturmmaske. Doch auch dieses Geld reichte nicht, um das Leben der Familie zu sichern. Nur wenig später verliebte sich ein Mann in die Mutter. Sie sah das als großes Glück für die Familie, denn so waren sie alle abgesichert. Als Witwe in ihrem Alter einen neuen Mann zu bekommen, war ein Geschenk. Sie wurde sehr schnell schwanger und bekam ein Baby. Zu diesem Zeitpunkt war Marcos 15 und Miriam 16 Jahre alt. Der neue Mann entschied, dass er nicht noch ein Kind durchfüttern wird. Also stellte er die Mutter von Marcos, Miriam und dem Neugeborenen vor die Wahl. Entweder du verbannst Marcos und Miriam aus unserem Haus (dem Haus, das der Vater erbaut hatte und das der Mutter nach seinem Tod nun zustand) oder ich nehme das Baby und ziehe aus. Dann könnt ihr sehen, wie ihr klarkommt. Für die Mutter war es eine furchtbare Situation. Sie konnte weder ihre zwei großen Kinder noch ihr Baby im Stich lassen. Sie setzte sich mit den beiden Teenagern an den Küchentisch und erklärte ihnen, dass sie ihnen zutrauen würde, mit dem Geld, das sie neben ihrer Schule verdienen, ihr eigenes Leben führen zu können. Miriam und Marcos verstanden ihre Entscheidung, und trotzdem blieb die Trauer, dass ihre Mutter sie weggeschickt hatte. Sie schafften es zusammen nur wenige Wochen. Auch wenn sie ihren Verdienst zusammenlegten, konnten sie sich nicht die Schule, eine Unterkunft und Essen leisten. Die Mutter versuchte, ihre Kinder heimlich zu unterstützen, doch der Mann bekam es raus und drohte ihr, das Baby zu nehmen und zu gehen. Somit wurde sie gezwungen, auch die kleinste Unterstützung zu unterlassen. Die beiden Teenager landeten auf der Straße.

Als Säugling in das Leben auf der Straße hineingeboren zu werden, ist unvorstellbar hart. Man hat kein Babybett, keinen geschützten Raum, um sich auszuruhen, keine Schulbildung, keine regelmäßige Nahrung, obendrein häufig süchtige Eltern und die Bedürfnisse der Kinder werden nicht wahrgenommen. Doch wenn man es überlebt, sind Körper und Geist auf das Leben der Straße vorbereitet. Man erlernt die Regeln, findet sich zurecht und schafft es, einen Weg zu finden, das Überleben zu sichern. Doch als Teenager aus einem zivilisierten Leben gerissen zu werden und auf die Straße zu müssen, ist die Hölle. Man muss sich einer Gang anschließen, weil man allein vollkommen schutzlos ist und keine Chance hat, zu überleben. Wenn man aber einer Gang beitreten will, ist man automatisch das schwächste Glied der Kette und muss einen fürchterlichen Kampf ausfechten, um sich hochzuarbeiten. Durch Josephs Erzählungen zu Beginn meiner Arbeit bei der Soforthilfe weiß ich, dass es üblich ist, dass die Kinder, die sich einer Gruppe anschließen wollen, in der Kloake der anderen schlafen müssen. Sie werden gezwungen, zu stehlen, andere Kinder zu verprügeln und werden oftmals vergewaltigt. All das mit dem Wissen, wie es sich anfühlt, in einem Bett zu schlafen, in die Schule zu gehen, täglich eine warme Mahlzeit zu bekommen, ist furchtbar. Schon der Körper ist den Witterungsverhältnissen gar nicht gewachsen, wenn man sie nicht von klein auf gewohnt ist.

Marcos und Miriam schlossen sich der Gruppe an, die unter der großen Americas-Brücke lebte. Es waren an die hundert Jugendliche, junge Erwachsene und Menschen, die mit der Gang in Verbindung standen. Gemeinsam lebten sie in Bretterverschlägen und regierten den Stadtteil rund um den Fluss. Die Geschwister waren noch nicht lang bei der Gruppe. Vielleicht war das ihr großes Glück, denn als die Polizisten in einer Nacht-und-Nebel-Aktion die Hütten und Schlafplätze der Gang mit Benzin übergossen und anzündeten, waren sie noch am Rand des Lagers. Sie waren die Neuen, die sich erst einen „gemütlicheren" Platz hätten erarbeiten müssen. Das half ihnen beim Überleben, denn im Gegensatz zu Dutzenden anderer konnten sie fliehen. Nach diesem schrecklichen Massaker formierten sich die Überlebenden in zwei neue Gruppen. Marcos durfte sich den Chicos del Rio anschließen. David wurde zum Anführer ernannt.

Miriam war zu Beginn ebenfalls ein Teil der Gang und rutschte nach und nach immer weiter ins Rotlichtmilieu ab. Marcos ist jünger, und so traf seine ältere Schwester ihre Entscheidung. Er bat sie darum, ihn nicht allein zu lassen, aber schlussendlich war es für sie der einzige Weg, am Leben zu bleiben. Sie suchte sich immer wieder einen Zuhälter, der sie zwar ausnahm, aber auch ihr Überleben sicherte. Marcos hatte keine andere Wahl als zuzusehen, wie sie sich immer mehr veränderte. Bei seiner Erzählung beginne ich, zu resignieren. Ich bin tief betroffen von dem, was Marcos mir erzählt. Gleichzeitig schwindet die Hoffnung, seine Schwester zu finden. Wir bewegen uns

mitten im Rotlichtmilieu, daher müsste sie sich mit ihrem Zuhälter-Freund irgendwo hier aufhalten. Frustriert überlegen wir, die Strategie zu wechseln und wollen alle Stundenhotels im Viertel systematisch abklappern.
Dazu überqueren wir den Plaza und biegen in eine Straße ein, die hoch Richtung El Alto führt. Ich muss ehrlich zugeben, dass ich bei der Vorstellung eine ganz schöne Angst verspüre. Die Hotels werden von Türstehern bewacht, die gleichzeitig die Zuhälter der Frauen sind, die dort ihre Körper anbieten. Keiner dieser Männer sieht aus, als habe er Lust, auch nur einen Gedanken an eine vermisste Frau zu verschwenden und uns dabei zu helfen, eine Schwester zu suchen, die seit drei Monaten verschwunden ist. Sie stehen mit ihren Lederjacken und zumeist dicken Bäuchen vor den Türen und beobachten grimmig die Frauen, die die Männer von der Straße in das Innere des Gebäudes locken wollen. Vor dem ersten Gespräch weist Marcos mich noch mal darauf hin, dass es wichtig ist, dass ich einige Meter entfernt auf ihn warte. Ich mache mir hier nichts vor. Die Männer haben die Straße im Blick und es wird ihnen definitiv auffallen, dass ich zu Marcos gehöre. Bewusst schaue ich in die andere Richtung, damit sie meine blauen Augen nicht sehen können.
Während ich angespannt auf Marcos warte, ziehen die Gerüche der Garküchen in meine Nase. Um mich herum herrscht ein unübersichtliches Treiben. Am äußeren Rand der Fahrbahnen der Hauptstraße stehen auf beiden Seiten Jolitas mit ihren fahrbaren Küchen. Es handelt sich dabei um Schubkarren im entferntesten Sinne. Auf dem Karren befindet sich ein Aufsatz mit einem Gaskocher und damit kochen die Frauen die verschiedensten Gerichte. Von Hamburguesas über Salchichas (eine Art Bratwürstchen), Empanadas, Eintöpfen, Chips und Nüssen und Hähnchen bis hin zu leckeren frisch gepressten Säften bekommt man alles für sehr wenig Geld. Die Bürgersteige sind überfüllt von Menschen. Zwischen den Garküchen findet man auch Händler, die allerhand illegale Waren anbieten. Aus den Boxen dieser Händler dröhnt laute bolivianische Popmusik. Selbst gebrannte DVDs und CDs, gefälschte Kleidung und Schuhe sind auf den Tischen ausgebreitet. Immer wieder entdecke ich auch Händler, die Messer und Schlagringe anbieten. Überall zwischen den Menschen sehe ich trotz der kalten Temperaturen leicht bekleidete Frauen, die gezielt die vorbeilaufenden Männer ansprechen. Ich erschrecke, als Marcos mich anstupst.

Er hatte, wie zu erwarten war, keinen Erfolg bei seiner Befragung. Ich biete ihm an, dass er sich erst einmal etwas zu essen aussuchen soll. So steuern wir eine der Köchinnen an, die Marcos und mir Hamburger macht. Während wir uns dicht an den Karren stellen, auf dem die Gasflamme lodert, sprechen wir darüber, welches Stundenhotel wir als nächstes anlaufen. Die Frau wird hellhörig und ohne ihr Kochen zu unterbrechen fragt sie, nach wem wir suchen. Marcos beschreibt seine Schwester und die Frau nickt. Sie hat Miriam gesehen. Erst jetzt wird mir klar, dass die Frau sowohl Marcos als auch seine Schwester bereits kennt. Sie nennt den Namen eines Stundenhotels und behauptet, dass Miriam sich seit drei Monaten mit ihrem Zuhälter-Freund dort aufhalten würde.

Ich kann unser Glück kaum fassen und bemerke in meiner Euphorie nicht sofort, dass Marcos sich nicht von dieser Freude anstecken lässt. Kurz halte ich inne und dann wird mir klar, dass ich mich gerade darüber gefreut habe, dass wir eine Frau gefunden haben, die sich seit drei Monaten unter den schlimmsten vorstellbaren Bedingungen zum Sex zwingen lässt. Schweigend essen wir unsere Hamburguesas auf und ich gehe fest davon aus, dass wir nun dieses Stundenhotel suchen werden, um Miriam da rauszuhelfen. In mir lodert erneut eine euphorische Freude auf. Wir können Miriam nun helfen. Marcos erhebt sich und gemeinsam laufen wir durch die Menschenmenge, um Miriam weiter zu suchen. Wir finden das Stundenhotel schneller als gedacht und beobachten es von der gegenüberliegenden Straßenseite. Die Vorstellung, dass diese junge Frau, die bis zu ihrem 16. Lebensjahr ein weitgehend normales Leben führen durfte, nun in einem dieser schäbigen Zimmer liegt und vermutlich betäubt durch Drogen sämtliche Vorlieben ihrer Freier, seien sie noch so pervers, bedienen muss, widert mich an. Welche Ungerechtigkeit jeden Menschen treffen kann, nur weil das Leben eben nicht selbstverständlich ist, so wie wir es im sicheren Deutschland kennen…

Ich warte darauf, dass Marcos auf die andere Straßenseite geht. Das Gebäude ist heruntergekommen, der Putz fällt von den Wänden und die Scheiben der Fenster sind durch Gitter ersetzt. Drinnen muss es fürchterlich kalt sein. Diese zwei Männer, die mit ihren Lederjacken und dicken Bäuchen vor dem Gebäude stehen, ekeln mich an. Doch Marcos geht nicht. Er bleibt stehen, beobachtet alles genau, aber zurückhaltend. Irgendwann frage ich ihn, ob wir nun doch gemeinsam rübergehen sollen, doch er schüttelt nur leicht mit sei-

nem Kopf. Ich denke, dass es zu gefährlich für mich werden könnte und beziehe sein Kopfschütteln darauf. Erst einige Minuten später begreife ich, dass auch er nicht gehen wird.
Mein erster Impuls ist Wut. Wir haben so lange gesucht, um nun aufzugeben? Jetzt haben wir die Möglichkeit, sie zu retten, ihr einen Platz in einer Reha zu besorgen und sie von einem Neuanfang zu überzeugen. Doch dann sehe ich Joseph vor mir und höre ihn sagen: „Denk weiter, Hermana..." Plötzlich glaube ich, Marcos zu verstehen. Welche Perspektiven werden sich ihr nach einer Reha eröffnen? Sie kennt das „gute" Leben und darf es nun nicht mehr leben. Mal abgesehen davon: Wer weiß, ob Marcos überhaupt zu ihr darf? Werden diese Männer ihn reinlassen, und noch viel wichtiger, werden diese Männer sie raus lassen...?
Sollte Marcos hineindürfen, wie wird er sie vorfinden? Im Drogenrausch, um es auszuhalten, dass ein Mann sie gerade massiv und gewaltsam penetriert. Kann Marcos das überhaupt aushalten? Wird sie mitgehen wollen? Vielleicht erkennt sie ihren eigenen Bruder nicht einmal. Vielleicht denkt er auch darüber nach, wie es war, als sie noch kleine Kinder waren: an eine gemeinsame Mahlzeit, nach der sie dann auf den Schoss des Vaters kletterten und von ihm fest in den Arm genommen wurden, während die Mutter einen Pudding auf den Tisch stellte. Sie waren Kinder und hatten ein gutes Leben, und dann ist ein Unglück geschehen und ihr Leben hatte nichts Schönes mehr.
Vermutlich sind das genau die Gedanken, die ihm durch den Kopf gehen, bevor er sich umdreht und langsam Richtung Plaza San Francisco trottet. Ich spare mir jeglichen Kommentar und begleite ihn einfach. Ich lege meine Hand auf seinen Rücken. Ich kann nichts tun, um seine Situation zu verbessern, lediglich da sein. Irgendwann sagt er leise, mehr zu sich, als zu mir: „Ich weiß, dass sie lebt." Ich nicke kaum merklich. Wir gehen schweigend an der imposanten Kirche vorbei, die immer noch hell beleuchtet ist und von vielen gut gekleideten Menschen besucht wird. Es ist die Nacht vor dem Ostersonntag und kurz vor der Mitternachtsmesse. Welch ein Kulissenwechsel! Mit dem Wissen, nichts tun zu können, überkommt mich eine tiefe Traurigkeit.

Unsere Liebeserklärung

Marcos geht weiter zum Prado und wir laufen gemeinsam immer weiter und weiter. Wir haben kein Ziel und auch nichts, worüber es sich gerade zu sprechen lohnt. Dann bleibt er plötzlich unvermittelt stehen und bittet mich um mein Handy. Kurz kommt Misstrauen auf. Ich denke an Ronald, als er mein Handy genommen hatte, um seine Mutter in Amerika anzurufen, was mich ein kleines Vermögen kostete. Doch dann gebe ich es Marcos. Er ist so ein lieber Mensch, viel zu weich für die Straße, er würde nichts dergleichen anstellen. Ich gehe davon aus, dass er irgendjemanden über den Verbleib von Miriam informieren möchte und so frage ich nicht weiter nach. Er tippt eine Nummer in mein Handy und hält es sich ans Ohr. Am anderen Ende der Leitung hebt jemand ab und Marcos beginnt zu sprechen: „Hallo Hermano Victor, ich habe mich soeben entschieden, eine Reha zu machen. Würden du und Hermana Claudia mich morgen dort hinbringen?"
Noch eben stand ich etwas unbeteiligt neben Marcos, doch jetzt macht mein Herz einen Satz. Mein ganzer Körper vibriert vor Glück. Er legt auf und reicht mir das Handy. Ich nehme ihn fest in den Arm und hüpfe gemeinsam mit ihm freudetaumelnd umher. Seine Zurückhaltung hemmt ihn erst, doch irgendwann lässt er los und gemeinsam benehmen wir uns wie kleine Kinder an Weihnachten.

Jeder Mensch hat seine eigenen, ganz individuellen Strategien, um mit Ängsten oder subjektiv empfundenen elementaren Bedrohungen umzugehen. Immer wieder sind Menschen in unserem Umfeld gefangen in genau diesen Gefühlen. Jeder von uns ist auf der Suche nach seinem Weg. Marcos' Weg ist offensichtlich der Ausbruch. Ich vermute, dass es der härteste Weg ist, für den man sich in einer solchen Situation entscheiden kann. Statt sich als Opfer zu sehen und in seiner Trauer gefangen zu bleiben, steht er auf und möchte einen neuen Weg einschlagen. Ich bewundere ihn für seine Kraft und seinen Mut.

Wir nehmen kaum wahr, dass sich eine kleine dunkle Gestalt nähert. Die Sturmmaske über seinem Gesicht macht ihn unkenntlich. Doch als er uns anspricht und fragt, worüber wir uns freuen, erkenne ich Gustavo direkt an seiner Stimme. Der kleine Junge aus dem Cati, der offensichtlich wiedermal eine Nacht als Schuhputzer durcharbeitet, wartet gespannt auf eine Erklä-

rung. In meiner Euphorie hebe ich ihn hoch in die Luft und wirbele ihn einmal herum. Strahlend erkläre ich ihm, dass Marcos sich für eine Reha entschieden hat.
Gustavo kann sich die Konsequenz dieser Nachricht nicht wirklich ausmalen, aber anscheinend ist das auch nicht nötig. Trotz der Sturmmaske kann man seine Augen leuchten sehen. Kurz drauf gesellt sich seine Mutter zu uns. Auch sie lässt sich von unserer Freude anstecken, wobei ich mir einbilde, einen kleinen Wermutstropfen in ihren Augen erkennen zu können. Vielleicht ist es der kurze Gedanke daran, dass auch sie gerne diesen Weg gehen würde, ein neues Leben mit all ihren Kindern. Doch ich schiebe den Gedanken beiseite. Jetzt ist Marcos' Tag.
Marcos und ich schlendern vergnügt zurück zum Prado. Es fühlt sich nicht an, als hätten wir ein Ziel, aber anscheinend zieht es Marcos zu seiner „Familie", seinen Brüdern von der Straße. Auf der Höhe von Burger King, an der gleichen Stelle, an der ich ein paar Nächte zuvor auf Sombras getroffen war, sitzen nun Milton, Cintia, Justin, Ronaldinho und Amadeo. Die Stimmung ist im positiven Sinne angespannt, als wir auf die Gruppe treffen. Sie spüren sofort, dass es eine Neuigkeit gibt. Marcos positioniert sich vor der Treppe. Ich setze mich still zu den anderen und freue mich, Marcos so erleben zu dürfen. Es fühlt sich an, als habe er sämtliche Ängste verloren und würde vor Energie strotzen. Er räuspert sich, um die Aufmerksamkeit der Gruppe zu erhalten, was zu der nächtlichen Stunde und nach zahlreichen von Klebstoff geschwängerten Atemzügen gar nicht so einfach ist. Marcos berichtet kurz und knapp, dass er die Entscheidung getroffen hat, dem Leben auf der Straße den Rücken zu kehren und ab morgen eine Reha zu beginnen. Ein anerkennendes Raunen geht durch die Gruppe. Milton steht als Erster auf. Er nimmt Marcos anerkennend in den Arm und die anderen folgen seinem Beispiel. Nachdem auch der letzte seine Anerkennung gezeigt hat, entsteht ein Gemisch aus Lachen und euphorischem Gegröle. Bei dem einen oder anderen erkenne ich ein wenig Neid, aber die Freude für Marcos überwiegt. Er steht noch immer stolz vor der Treppe, während ich mit meiner Kamera versuche, die Szene festzuhalten.
Im Gegensatz zu David hat Marcos bei den Chicos del Rio keine wichtige Rolle. Dass er eine Reha machen möchte, hat keinerlei Auswirkungen auf die Gang, außer, dass er mit dieser Entscheidung austritt. Davids Entschei-

dung für eine Reha hätte hingegen bedeutende Konsequenzen für jeden einzelnen der Jungs. Somit wird Marcos gerade mit Anerkennung belohnt, wohingegen sich die Chicos in Davids Fall verraten fühlen würden.

Ich stelle meine Kamera um, damit ich ein Video aufnehmen kann, zoome auf Marcos heran, um seine Emotionen in diesem besonderen Moment festhalten zu können. Nachdem ich mich ein wenig entfernt habe und erneut eine Aufnahme starte, erschrecke ich, als ich durch das winzige Display plötzlich Milton direkt vor mir sehe. Auch die Gruppe nimmt Notiz davon und wird im Hintergrund leise. Milton ist so etwas wie der Anführer der Jüngeren. Als er beginnt, in die Kamera zu sprechen, wird mir im wahrsten Sinne des Wortes warm ums Herz.

„Schwester Claudia, wir wissen, dass du in einer Woche abreisen wirst und wir sind wahnsinnig traurig darüber. Wir wollen nicht, dass du gehst. Wir möchten, dass du für immer bei uns bleibst. Du gibst uns so viel Kraft und bist die erste Person, die uns in den Arm genommen hat und gesagt hat, dass sie uns liebhat. Du warst immer für uns da. Wenn wir Sorgen hatten, konnten wir zu dir kommen. Du bist für uns wie eine Mutter, die wir nie hatten. Bitte verlass uns nicht." Mir bleibt keine Zeit, auf diese wundervollen Worte zu reagieren, da ergreift bereits Marcos, beflügelt durch seinen gerade gefundenen Mut, das Wort. Ich richte die Kamera auf ihn: „Du hast mir geholfen, herauszufinden, wo meine Schwester ist und hast mir immer das Gefühl gegeben, dass du mich magst und so akzeptierst, wie ich bin. Ohne dich hätte ich mich niemals zu einer Reha entschlossen. Bitte bleib bei uns." Justin spricht weiter: „Wegen dir habe ich meine Schuhe wieder. Niemand sonst hätte sich die Zeit genommen, mit der Polizei zu diskutieren und dann auch noch so überzeugend, dass sie die Schuhe herausgerückt haben. Wir hatten nie eine Mutter, aber du hast uns das Gefühl geben, dass wir liebenswert sind, du darfst nicht gehen." Cintia, vor der ich bisher immer ein wenig Angst hatte, unterbricht mit weinerlicher Stimme: „Verlass uns nicht. Bitte verlass uns nicht." Ronaldinho wirft einen Satz ein, der mich zu Tränen rührt. So wie alles, was sie sagen. „Wenn deine Eltern und Freunde dieses Video sehen, übersetz ihnen bitte, dass wir ihnen sehr dankbar sind, dass sie dich haben ziehen lassen, um uns zu helfen. Sie sollen in Deutschland auf dich aufpassen, dass dir nichts passiert. Und sie sollen es dir erlauben, wenn du zu uns zurückkommen willst." Als Letzter kommt Amadeo. „Bitte bleib bei uns. Du

hast uns gezeigt, was Liebe ist und zeigst uns nun, was Schmerz ist, wenn du uns wieder verlässt. Bitte bleib bei uns."
Ich kann kaum begreifen, was hier gerade passiert. Ein Chaos aus Freude, Erstaunen und wahnsinniger Trauer tobt in meinem Herzen. Zu keiner Zeit bin ich mir bewusst gewesen, dass ich den Jungs so viel bedeute. Von meinen Gefühlen überwältigt setze ich mich auf die Treppe. Es fließen so viele Tränen, dass meine Wangen feucht und rot werden. Wir liegen uns in den Armen und ich streichle ihnen über ihre Köpfe, wie es auch eine Mutter tun würde. Einige legen ihren Kopf auf meinen Schoß und genießen die kurze Geborgenheit. Währenddessen bricht schier mein Herz. Ich will nicht abreisen. Hier ist mein Leben, meine Liebe, mein Sinn des Lebens, vielleicht meine Bestimmung. Doch mein Visum läuft in zwei Wochen ab und Paul und ein befreundetes Paar werden in den nächsten Tagen nach Brasilien fliegen, um mich zu besuchen und dann mit mir nach Deutschland zurückzukehren. Ich kann nicht hierbleiben, so sehr mein Herz sich auch danach sehnt. Aber ich werde wiederkommen, das steht fest. Ich versuche, die Jungs zu beruhigen, indem ich wie in einem Mantra immer wieder und wieder sage, dass ich in einem Jahr, wenn ich mir neues Geld für den Flug erarbeitet habe, wiederkommen werde. Marcos ergreift noch einmal das Wort.

„Hermana, wenn du in einem Jahr wiederkommen wirst, werden vielleicht einige von uns nicht mehr hier sein, weil sie durch ein Messer oder die Kälte auf der Straße ums Leben gekommen sind."

In meinen Adern gefriert das Blut. Für einen Moment stockt mir der Atem. Ich weiß, dass diese Worte keine Drohung sein sollen. Es ist der Alltag meiner Jungs. Milton erkennt meine Starre und beginnt unvermittelt, von Drei herunterzuzählen. Noch bevor ich begreife, was gerade passiert, stürzen sich bei Null die Jungs auf mich. Sie umarmen mich und brüllen durcheinander. Immer wieder: „Verlass uns nicht." Als sich die Stimmung wieder beruhigt, sitzen wir einfach nur weinend eng beieinander und sind innig miteinander verschlungen in unserer emotionalen Nähe. Ich halte inne. Wie ein Beobachter schaue ich mir diese Szene an. Ich kann kaum begreifen, wie viel Liebe mir in den zurückliegenden Momenten entgegengebracht wurde. Es ist unglaublich, dass die Jungs es zulassen, sich gänzlich echt und verletzlich zu

zeigen. In den letzten Monaten habe ich mit allem, was ich geben konnte, versucht, Liebe zu vermitteln. Soeben habe ich ein Vielfaches davon zurückbekommen. Es ist so viel mehr wert, als ich je hätte geben können. Ja, bestimmt ist eine gehörige Portion Naivität mein Begleiter. Aber vielleicht ist es gerade diese Naivität, die dazu geführt hat, dass diese Jungs sich öffnen konnten. Diese Straßengang, deren Mitglieder alle schon viele schlimme Verbrechen begangen haben, gibt mir gerade den Sinn in meinem Leben.
Dieser Tag sollte zu einem der wichtigsten in meinem Leben werden. Die Erinnerung an dieses Ereignis hat mir immer wieder dabei geholfen, mich darauf zu besinnen, dass ich mit und für Menschen arbeiten möchte, die es nicht so gut getroffen haben wie ich.
Dieser Tag ist ein Geschenk!
Wie vereinbart treffen Marcos, Victor und ich uns am Morgen des folgenden Tages am Plaza San Francisco. Victor hat bereits alles für einen Rehaplatz organisiert. Er hatte noch in der Nacht in einem Rehazentrum für Jugendliche in Cochabamba angerufen und mit der Nachtbetreuung besprochen, dass am folgenden Tag Marcos bei ihnen eintreffen soll. Er hat gefordert, dass Marcos dort vom Busterminal abgeholt wird, um ihm beim Schritt ins neue Leben zu helfen.
Marcos hat lediglich einen kleinen Rucksack auf seinem Rücken, in dem sein komplettes Hab und Gut enthalten ist. Von seiner gestrigen Euphorie ist nicht mehr viel zu spüren. Ich erkenne eher Angst und Unsicherheit in seinen Augen. Wie sehr ich mich auch anstrenge, ich schaffe es nicht, die Situation für ihn erträglicher zu machen. Irgendwann laufen wir drei nebeneinander schweigend zum Terminal und ich versuche mir einzureden, dass sich die Situation so anfühlen darf. Für Marcos beginnt von jetzt auf gleich ein neues Leben und er lässt seine „Straßenfamilie", seine Schwester und sein ganzes bisheriges Leben zurück. Wir erreichen den Terminal, und ich setze mich mit Marcos auf die Bank vor dem imposanten Gebäude. Victor geht hinein und kauft ein Busticket nach Cochabamba. Die Großstadt liegt eine rund zehnstündige Busfahrt östlich von La Paz. Ich nehme Marcos in den Arm. Sofort brechen bei ihm die Dämme und die Tränen bahnen sich ihren Weg über seine Wangen. Ich versuche, ihm Mut zu machen. Wie wunderbar wäre es, wenn ich in einem Jahr wiederkommen würde und ihn als gesunden Menschen, der sein Leben im Griff hat, wiedersehen darf. Noch bevor er antwor-

ten kann, tritt Victor auf uns zu. Er wedelt mit einem Busticket. Gemeinsam suchen wir den Bussteig. Es dauert eine Weile, bis wir uns durch die Menschenmenge gekämpft haben. Wegen des Osterfestes, das viele zu ihren Familien führt, ist es heute besonders voll. Als wir den Bus erreichen, in dessen Fenster ein großes Plakat befestigt ist, auf dem Cochabamba steht, steigen wir alle drei ein. Victor besteht darauf, dass ich mich neben Marcos setzen soll. Erst jetzt wird mir klar, dass auch Victors Herz schmerzt, weil wir Marcos ziehen lassen. Ich überreiche ihm so feierlich wie möglich ein Foto von uns beiden als Abschiedsgeschenk. Noch heute Morgen, bevor wir uns getroffen haben, habe ich es in einem Internetcafé ausdrucken lassen. Marcos nimmt es schweigend entgegen und wieder laufen ihm die Tränen übers Gesicht. Die Situation wird jäh unterbrochen, als der Busfahrer den Motor startet. Der Moment des Abschieds ist gekommen und wir umarmen uns ein letztes Mal, bevor wir den Bus verlassen. Victor und ich stellen uns vor Marcos' Fenster und winken, als der Bus sich in Bewegung setzt. Schweigend laufen wir zurück zur Kirche. Ich spüre Victors Trauer, Marcos ziehen zu lassen, aber gleichzeitig weiß ich, dass er sich für ihn freut. Irgendwann dreht er sich zu mir, umarmt mich und verabschiedet sich mit einem Nicken und dem leise gesprochenen hochachtungsvollen Wort: „Hermana". Nun bin ich alleine und laufe ziellos umher. Es ist Ostern und alle feiern gemeinsam mit ihren Familien das große Fest. Nach kurzer Zeit halte ich die Einsamkeit nicht mehr aus und beginne, die Plätze abzusuchen, auf denen sich normalerweise meine Jungs aufhalten. Ich will bei ihnen sein und gemeinsame Stunden mit ihnen verbringen, wo ich nun nur noch einige Tage da bin. Aber ich kann sie auch nach langer Suche nicht finden und steuere stattdessen ein Callcenter an. Ich brauche die Stimme meines Papas.
Er hört sich die Erzählung über den letzten Tag an und spricht erst, als mein Schluchzen leiser wird. „Claudia, es gibt keine andere Möglichkeit, du musst erst einmal wieder nach Hause kommen. Wenn du hier bist, können wir gemeinsam überlegen, welche Möglichkeiten es gibt, um schnellstmöglich wieder nach Bolivien zu können. Aber mit einem Plan!" Ich weiß, dass er Recht hat, aber es frustriert mich. Der Abschied von Marcos, die darauffolgende Suche nach den Jungs und das lange Telefonat mit Papa haben den gesamten Tag eingenommen und überrascht stelle ich beim Verlassen des Callcenters fest, dass es bereits dunkel ist. Ich fahre mit einem Kleinbus nach

Hause und lege mich ins Bett. Ich weine mich in den Schlaf, begleitet von dem Gedanken, dass ich nicht gehen kann. Nicht jetzt, wo ich doch meinen Sinn des Lebens gefunden habe.
Seit ich in Bolivien bin, ist der Sonntag mein unbeliebtester Tag. Es ist der Tag, an dem ich nicht arbeiten kann. Seit der Abreise meiner Freunde ist es noch schlimmer geworden, weil ich nun sonntags gar nichts mehr mit mir anzufangen weiß. Heute entscheide ich mich, meine Chefin anzurufen und mich zu erkundigen, wie es ihr geht. Sie liegt mit einem grippalen Infekt im Bett. Ich kann sie nicht erreichen. Es ist bereits Mittag und der sonst so satte blaue Himmel in La Paz ist von dunklen Wolken bedeckt und strahlt absolute Hoffnungslosigkeit aus. Kurzerhand schnappe ich mir meine Gürteltasche, in der sich wie immer mein Geld, meine Zigaretten und mein Handy befinden. Ich steuere eine Pizzeria an, bestelle zwei Pizzen und fahre mit dem Bus zum Haus meiner Chefin. Erst irritiert, dann aber strahlend öffnet sie mir die Tür, damit ich eintreten kann. Sie legt ein Video in den Rekorder und so verbringen wir den Nachmittag mit Pizza und einem Film.
Am Abend setze ich mich ins Internetcafé und schreibe Paul und meinen Freunden einen Packzettel. Es dauert nicht mehr lange, bis wir uns in Brasilien treffen werden. Allein der Gedanke daran ist dermaßen surreal, dass ich mich kaum konzentrieren kann. Es gibt so viele Dinge, an die ich sie erinnern wollte, damit sie gewappnet sind, in einem Land Tausende Kilometer entfernt von ihrer gewohnten Umgebung klarzukommen. Ich hingegen werde nur wenige hundert Kilometer entfernt sein von meiner aktuellen Heimat. Aber die gefühlte Distanz zwischen diesem Urlaub und meinem eigentlichen Leben hier in La Paz beträgt Welten. Allein beim Gedanken daran, dass ich bald am Flughafen stehe und Paul in Empfang nehmen soll, obwohl ich ihn hier täglich mit meinem Handeln verletze, schmerzt mich sehr. Er ist ein so lieber Mensch und ich verhalte mich ihm gegenüber so gemein. Trotz allem hält mein schlechtes Gewissen mich nicht davon ab, mich nach diesem belanglosen Tag in froher Erwartung auf morgen in mein Bett zu legen. Ich werde David wiedersehen und ich werde meine Jungs wiedersehen. Diese letzten Tage kann ich noch nutzen, um zu helfen. Dafür bin ich hier.

Und noch mehr Rückschläge

Während der Busfahrt am folgenden Morgen lasse ich das Wochenende mit all den Erlebnissen noch mal Revue passieren: Dieser besondere Abend, erst mit Marcos, dann mit meinen Jungs, der Start von Marcos' Rehabilitation und die vielen Emotionen, die in dieser Zeit in mich Einzug genommen haben, kann ich durch die Erinnerungen wieder aufrufen. Lächelnd eingehüllt in meine Gefühle betrete ich das Kontaktzentrum.
Ivano öffnet mir die grüne Eisentür. Kurz scheint es mir, als habe er ein schelmisches Grinsen auf seinen Lippen, bevor er mich anspricht. „Guten Morgen, Hermana. Weißt du schon, dass Marcos nie in Cochabamba angekommen ist? Er wurde stattdessen hier in La Paz auf der Straße gesehen. Offensichtlich hat er den Bus bereits im El Alto wieder verlassen und ist nun untergetaucht." Es fühlt sich an wie ein Stich in mein Herz. Ich antworte ihm nicht, lasse ihn an der Tür stehen und renne die Stufen zum zweiten Stock hinauf. Ich muss Victor sehen, er weiß bestimmt mehr. Während ich die Treppe erklimme, sammeln sich bereits Tränen in meinen Augen. Warum sollte Marcos aus dem Bus ausgestiegen sein? Er hat sich doch selbst dafür entschieden. Das alles ergibt überhaupt keinen Sinn.
Weinend und atemlos erreiche ich Victor, der offensichtlich weiß, was in meinem Kopf los ist. Er zieht mich an sich und hält mich mit seinen starken Armen fest. Langsam beruhige ich mich. Ich versuche zwischendurch, Victor anzusprechen, doch er entlässt mich nicht aus seinen Armen. Ich merke, dass sich mein Atem beruhigt und mein Herz langsamer schlägt. Erst als ich das Gefühl habe, wieder klar zu denken und sich mein Körper beruhigt, drückt mich Victor von sich weg und nickt mir wissend zu. Bevor ich etwas sagen kann, beginnt er zu sprechen.
„Hermana, ich verstehe, dass es für dich schwer zu akzeptieren ist, was du soeben vermutlich von Ivano erfahren hast. Marcos darf seine eigenen Entscheidungen treffen. Er ist selbst verantwortlich für sein Leben. Menschen gehen unterschiedlich mit Herausforderungen um. Es gibt die Menschen, die sich dafür entscheiden, die Aufgaben anzupacken und Neues zu ergründen, aus ihrem sicheren Terrain auszubrechen. Und es gibt die, deren Ängste sie zum Bleiben beziehungsweise zum Rückzug zwingen. Marcos hat sich offensichtlich dafür entschieden, in der vermeintlichen Sicherheit des Vertrau-

ten zu bleiben. Dass du seine Entscheidung als Rückschlag empfindest, ist im Grunde anmaßend. Du meinst zu wissen, dass das Leben nach einer Rehabilitation für ihn besser ist. Doch mit welchen Argumenten begründest du diese Annahme? Du lebst nicht auf der Straße, du siehst in deinen Verbündeten und deinen Gangmitgliedern nicht deine Familie, du schaust von außen auf die Situation und kannst nicht nachempfinden wie es ist, der eigenen Familie den Rücken zu kehren. Unser Ziel als Hermanas und Hermanos ist es, den Menschen von der Straße eine Rehe nahezulegen. Das ist unser Job und auch meine Überzeugung, weil ich genau diesen Weg gegangen bin. Ich weiß, was es bedeutet, einen neuen Weg einzuschlagen. Einen gänzlich unbekannten. Aber dieser Weg war unsagbar schwer und immer wieder zwängten sich mir die Gedanken auf, abzubrechen und das alte Leben erneut aufzunehmen. Dann holte ich mir alle schlimmen Ereignisse, alle Lebensumstände von der Straße vor mein inneres Auge, um diese Entscheidung realistisch treffen zu können, aber es war jedes einzelne Mal ein Kraftakt. Ich verstehe, dass Menschen, so wie in diesem Fall Marcos, die erste Hürde nicht packen. Dies macht ihn aber nicht zu einem schlechteren Menschen. Hermana, es ist unsere Aufgabe, dranzubleiben. Und wenn es nur ein Mensch ist, der den Weg bis zum Schluss geht!"

Mit diesen Worten lässt mich Victor allein und verlässt das Büro. Ich lege mich auf das Sofa und wieder laufen mir die Tränen über das Gesicht. Ich bin nun drei Monate in La Paz, arbeite täglich mit „meinen" Jungs und hatte mir noch vor zwei Tagen eingebildet, diesen Job richtig gut zu machen. Doch nun ziehe ich alles in Zweifel. Was bringt die Arbeit, wenn man scheinbar einen Schritt vorankommt, um direkt wieder zwei zurückzugehen? Aber wenn kein Mensch da ist, der den Jungs aufzeigt, dass es noch einen anderen Weg gibt, woher sollen sie es dann auch wissen? Zu diesem Menschen brauchen sie Vertrauen. Und dieses Vertrauen habe ich bei ihnen wohl gewonnen. Ich erinnere mich an die Worte der Jungs an dem besonderen Oster-Abend am Prado. „Du bist die Mutter, die wir nie hatten", „Du hast uns in den Arm genommen", „Dir können wir vertrauen". Ich glaube zu verstehen. Ich habe erreicht, dass sie mir vertrauen und ich kann ihnen andere Wege aufzeigen, aber ob sie diese gehen, liegt ganz alleine bei ihnen. Trotzdem merke ich, dass ich nicht gänzlich in die Akzeptanz gehen kann. Ein Rest Frustration bleibt in meinem Herzen. Was habe ich schon erreicht während der letzten drei Monate? Nicht einmal David hat die Idee einer Reha weiterverfolgt. Plötzlich bin ich wieder im Hier und Jetzt. Wo ist David überhaupt? Während ich im Büro auf dem Sofa lag, hat das Kontaktzentrum bereits die Türen geöffnet. Ich wische mir meine Tränen vom Gesicht, atme tief durch und verlasse meinen Schutzraum. Mittlerweile versuche ich gar nicht mehr, mein verheultes Gesicht zu verdecken. Warum soll ich mich denn nicht echt zeigen, wenn ich es doch auch von meinem Gegenüber erwarte? Ich begrüße die zahlreichen Menschen, die sich in den verschiedenen Räumen aufhalten, und entdecke Sombras. Sofort bemerke ich, dass er aufgekratzter als sonst ist. Bislang kenne ich ihn eher zurückhaltend und ruhig. Bevor er erzählen kann, frage ich ihn, ob er weiß, wo David steckt. Doch er schüttelt nur mit dem Kopf.

Fast schon euphorisch für seine Verhältnisse erzählt er mir, dass er sich für eine Reha entschieden hat und bittet mich, ihm zu helfen. Ich bin irritiert, denn in meiner noch total präsenten Frustration kann ich seine Aussage kaum ernstnehmen. Trotzdem gehe ich zu Ramos, unserem Fahrer, der gerade einen Kaffee trinkt und in der kleinen Küche steht. Die großen Töpfe mit kochendem Wasser sorgen für eine hohe Luftfeuchtigkeit, die mich sofort ins Schwitzen bringt. Ich frage Ramos, ob er Sombras in eine Reha bringen kann. Er nickt und erzählt, dass er sowieso gleich ins El Alto fahren wird, um ein Mädchen, das sich ebenfalls heute für eine Reha entschieden hat, dort hinzubringen. Im El Alto gibt es ein paar wenige Rehabilitationen, für die Sombras vermeintlich geeignet ist. Marcos sollte nach Victors Ermessen nach Cochabamba, um dort eine Reha zu machen. Er wäre somit einige hundert Kilometer entfernt und komplett aus dem Gang-Geschehen raus. Es wird bei jedem individuell entschieden, zu welcher Reha-Form er passt. Schlussendlich kommt es aber auch immer darauf an, in welcher Rehabilitation überhaupt Plätze frei sind. Ich fordere Sombras auf, mit mir zum Auto zu kommen. Ich möchte ihn begleiten. Aber ich merke auch, dass es mir schwerfällt, mich auf diesen erneuten Prozess emotional einzulassen. Zu groß ist meine Angst, dass auch er seine Entscheidung revidieren wird.

Das mir unbekannte Mädchen, Sombras und ich steigen auf die Ladefläche. Ramos ist im ersten Moment irritiert, weil der Platz neben ihm im warmen Auto frei bleibt, aber auch ohne Worte versteht er anscheinend, dass ich lieber bei Sombras sitzen möchte. Die Straßen sind voll. Überall hupen genervte Autofahrer, um den Vordermann aufzufordern, den winzigen Platz vor sich zu nutzen und weiterzufahren. Die Luft riecht stark nach Abgasen. Es dauert eine Stunde, bis wir das El Alto erreichen und dann noch mal einige Minuten länger, bis wir an der Einrichtung für junge Männer ankommen. Ich stelle mich innerlich auf den Abschied ein. Ramos hingegen hat einen anderen Plan. Er teilt mir mit, dass er uns nur kurz rauslässt, um das Mädchen in ihre Einrichtung zu bringen. Danach kommt er wieder und holt mich ab. Ich freue mich, dass er mir offensichtlich zutraut, diese Aufgabe alleine zu meistern. Dann bin ich kurz beschämt, als mir auffällt, dass meine „Aufgabe" lediglich darin besteht, Sombras anzumelden und abzugeben. Die tatsächliche Aufgabe muss Sombras meistern.

Seine Euphorie ist bereits ein wenig abgeklungen. Verständlicherweise wird er sich viele Gedanken machen. Bevor er es sich anders überlegen kann, klopfe ich an das große Eisentor. Wie üblich ist das ganze Gebäude umschlossen von einem hohen Zaun, auf dem die eingeputzten Scherben herauslugen. Das Tor wird uns von einem Mann geöffnet. Im Gegensatz zu mir ist er ziemlich emotionslos, als ich ihm berichte, von welcher Organisation wir kommen und dass Sombras eine Reha bei ihnen machen will. Erst da fällt mir auf, dass ich Sombras' richtigen Namen nicht kenne. Doch der Mann lässt die Aussage so stehen, dass der junge Mann in seinem Kapuzenpullover „Schatten" heißt, und erfragt seinen richtigen Namen nicht. Stattdessen fordert er mich auf, zu warten und bittet Sombras in ein Büro. Er möchte mit ihm alleine sprechen.

Ich schaue mich in dem schönen alten Haus um. Von außen sieht man nicht, dass hinter der hohen Mauer ein solides Gebäude steht, in dem die Fenster vor der Kälte schützen. Ich stehe im Flur und schlendere den langen Korridor entlang, bis ich den Blick in eine gemütlich warme Küche werfe. Es steht Essen auf dem Gasherd und im Raum steht ein langer Tisch, an dem einige Jungs vermutlich über ihren Hausaufgaben sitzen. Es ist ruhig und auch als ich unaufgefordert den Raum betrete, bleiben die Jungs auf ihre Arbeiten konzentriert. Ich sehe an der Wand einen langen Schreibtisch, auf dem ein Computer steht. Erst als ich mich vorstelle und knapp grüße, schauen die Jungs auf. Auf die Frage, ob sie hier Internet an den Rechnern haben, antworten mir die Jungs, dass sie das nur bei gutem Wetter nutzen können, weil bei Regen, wie überall in Bolivien, das Internet nicht funktioniert. Sie schrei-

ben die Emailadresse der Einrichtung auf und so hoffe ich, dass ich auch von Deutschland aus mit Sombras in Kontakt bleiben kann.
Nach geraumer Zeit höre ich Schritte im Flur. Ich verlasse die Küche und bekomme gerade noch mit, wie sich der Mann, der wahrscheinlich der Leiter der Einrichtung ist, bei Sombras verabschiedet. Ich schüttele heftig mit dem Kopf. Diese Ruhe und Geborgenheit, die die Räumlichkeiten und die Jungs ausstrahlen, sind genau das Richtige für Sombras. Ich verstehe nicht, dass hier gerade ein Abschied stattfindet. Sombras ist hier, um zu bleiben. Unaufgefordert erklärt mir der Leiter, dass Sombras bereits 18 Jahre alt ist und diese Einrichtung ausschließlich für Minderjährige ist. Ich lasse meine Schultern hängen und bin den Tränen nahe. Die Wut packt mich. Ich habe Bolivien nicht als Land kennengelernt, in dem bürokratische Vorschriften besonders ernstgenommen werden. Innerlich werfe ich dem Mann vor, dass er Sombras unnötig Steine in den Weg legt. Wir verlassen die Einrichtung und ich schimpfe auf Deutsch vor mich hin. So ein Mist. Wie kleinkariert kann man denn sein? Da steht ein junger Mann, der sein Leben ändern will, und es hängt an einem kurzen Lebensjahr. Das macht in meinen Augen keinen Sinn. Gemeinsam warten wir auf Ramos. Ich schaue Sombras an und bemerke seinen verbissenen Gesichtsausdruck. Ich kann nicht erkennen, ob er erleichtert oder traurig über die Situation ist. In den letzten Monaten habe ich mich über jede kleine Gefühlsregung gefreut. Nun steht er da versteinert neben mir, und ich finde nicht die Kraft, ihn aus der Versteinerung zu locken, zu sehr bin ich selbst in meiner Wut gefangen.
Nach einer gefühlten Ewigkeit fährt Ramos vor. Er lässt sich von uns die Situation erklären und beschließt, selbst noch mal mit dem Leiter ins Gespräch zu kommen. Wir warten also, jedoch diesmal vor der Tür. Bis jetzt habe ich mir keine Zigarette angezündet. Während der Arbeitszeit darf ich offiziell nicht rauchen. So wissen die Jungs zwar, dass ich rauche, wenn ich abends mit ihnen unterwegs bin, aber im Rahmen meiner Arbeit unterlasse ich es. Jetzt ist meine Wut jedoch so groß und mein Verlangen zu rauchen so massiv, dass ich das Zeitfenster nutze, in dem Ramos mich nicht erwischen kann und hole meine Schachtel Zigaretten aus meinem grünen abgetragenen Parker. Ich biete Sombras ebenfalls eine Kippe an und so stehen wir auf der Straße und atmen den giftigen Qualm ein. Ja, kein gutes Beispiel von einer Hermana. Doch ich bin total fokussiert auf meine Wut darüber, dass Sombras

so viele Steine in den Weg gelegt werden. Nach zwei oder drei Zügen vernehme ich ein Geräusch, das mich aufhorchen lässt. Ich vermute, dass Ramos bereits wieder auf dem Weg zum Auto ist und so schmeiße ich die kaum gerauchte Zigarette auf den Boden und zertrete sie zwischen all dem anderen Müll. Sombras tut es mir gleich. Erwartungsvoll schauen wir in die Richtung des Hauses. Doch es tut sich nichts, das Tor bleibt verschlossen und aus der Richtung kommen keine weiteren Geräusche. Einige Momente später ist klar, dass es falscher Alarm war. Mit dem Blick auf meine kaum gerauchte kaputte Zigarette auf dem Boden erreicht meine Wut ihren Höhepunkt. Ich trete gegen den Reifen unseres Jeeps, und prompt springt die Alarmanlage an und erfüllt die Straße mit einem ohrenbetäubenden Lärm. Schnaubend stehe ich vor dem Auto, als ich feststelle, dass Sombras hinter mir steht und aus vollem Herzen lacht. Ich steige in das Lachen ein und genieße den Moment der Losgelöstheit. Es dauert nicht lange, da kommt Ramos wieder vor das Tor getreten, stellt die Alarmanlage aus und fordert uns mit einem Nicken auf, wieder auf den Jeep zu steigen. Offensichtlich ist auch er nicht weitergekommen. Betrübt sitzen wir die nächste Stunde auf der Ladefläche, bis das Auto auf dem überwachten Parkplatz abgestellt und verschlossen ist.
Ich lade Sombras zum Essen ein, um den Tag irgendwie noch sinnvoll zu beenden. Die gemeinsame Mahlzeit verbringen wir überwiegend schweigend. Keiner von uns weiß, was es gerade in dieser hoffnungslosen Situation zu sprechen geben könnte. So wie für Marcos hatte ich auch Sombras ein Foto von uns für die Reha mitgegeben. Eine Erinnerung an unsere gemeinsame Zeit. Als wir das Essen beendet haben, gibt er mir das Bild zurück und erklärt mir, dass es ihm so wichtig ist, dass er Angst hat, es auf der Straße zu verlieren oder dass es geklaut wird. Ich soll es ihm wieder geben, wenn er erneut die Entscheidung trifft, eine Reha zu machen. Ich bin kurz verwirrt, denn ich denke, dass die Suche nach einer Reha morgen weitergehen wird, doch was weiß ich schon? Vielleicht hat er sich bereits entschieden, doch auf der Straße zu bleiben. Zum Abschied bittet er mich um Geld. Er sagt, dass er seine Schuhputzutensilien schon verkauft hat. Ich spare mir die Frage, was mit den dadurch eingenommenen Bolivianos passiert ist, und gebe ihm etwas. Damit wird er nicht weit kommen, aber vielleicht nutzt er es ja wirklich, um sich erneut einen Schuhputzkoffer zu kaufen. Auf dem Heimweg drängt sich mir die Frage auf, warum Gott solche Schicksale zulässt. Ich frage mich,

warum er Sombras nicht die Möglichkeit gegeben hat, eine Reha zu beginnen. Ich erwische mich selbst bei dem Gedanken, dass ich nicht hätte garantieren können, dass Sombras die Reha durchzieht. Vielleicht hätte er nach einem Tag festgestellt, dass er sein Leben auf der Straße bevorzugt. Ist diese eine Nacht, die er warten muss, um gegebenenfalls morgen einen Platz für seine Reha zu finden, seine Prüfung, um selbst zu erkennen, wie wichtig ihm dieser Lebenswechsel ist?

Die reiche Gringa

Mein Aufenthalt in La Paz neigt sich immer mehr dem Ende und so frage ich Ulrike, was aktuell für die Arbeit mit Obdachlosen und Straßengangs benötigt wird. Ich habe noch einiges an Spendengeldern übrig und möchte es sinnvoll für die Organisation nutzen. Ulrike erklärt mir, dass in Zukunft einiges an Aufklärungsarbeit geplant ist. Themen wie Aids, Verhütung und Gesundheit stehen dabei im Fokus. Da das Medium Fernsehen eine starke Rolle in der bolivianischen Kultur spielt, schlägt sie vor, das Geld in ein neues Fernsehgerät und Aufklärungsvideos zu investieren.

Ich habe immer wieder festgestellt, dass Informationen, die über die Medien laufen, viel ernster genommen werden, als wenn wir etwas erklären. Also bin ich einverstanden, möchte aber auch einen Teil des Geldes für die Verbesserung der medizinischen Ausstattung verwenden. Ulrike schaut mich kurz unsicher an, nickt und ruft direkt bei Joseph an. Nur eine Stunde später sind Joseph und Ramos im Kontaktzentrum. Gemeinsam fahren wir auf den Markt, um ein Fernsehgerät zu suchen, das für die Zwecke der Organisation geeignet ist. Die Verkäufer feilschen mit Joseph um die Wette. Als ich die Preise höre, bitte ich Joseph um ein Gespräch. Ich sage ihm, dass ich auch noch Geld für Medikamente und Verbandsmaterial übrigbehalten möchte. Wir haben in den letzten Wochen immer wieder darüber gesprochen, wie wichtig ein gut gefülltes Depot ist. Der Arzt hatte mir gesagt, dass die Soforthilfe aktuell dafür kein Geld habe und daher auf meine Spendengelder angewiesen sei. Joseph hört sich meine Worte an und überlegt offensichtlich, wie er reagieren soll. Er lässt die Händler stehen und bedeutet mir mit einer Geste, ein paar Schritte mit ihm zu gehen.

„Hermana, du hast eine deutlich hellere Hautfarbe als wir. Du trägst andere Kleidung, auch wenn du versuchst, dich an unseren Stil anzupassen. Doch spätestens bei den langen blonden Haaren wissen alle Menschen, dass du Europäerin bist. Du hast das Leben hier kennengelernt und weißt, auch wenn es reichere und ärmere Menschen in Bolivien gibt, dass du als Europäerin andere finanzielle Möglichkeiten hast. Selbst wenn du nichts hast, hast du mehr, als viele andere Menschen, die du hier kennengelernt hast. Wenn du allein deine Jack-Wolfskin-Gürteltasche verkaufst, die vom Reisen bereits ziemlich abgenutzt ist, kannst du hier in Bolivien vielleicht eine Woche da-

von leben. Es wäre deutlich mehr Geld, als viele der Menschen hier aufbringen können. Somit wirst du in den Augen der Bolivianer immer die reiche Gringa sein." Joseph erzählt weiter, dass er, Ulrike und der Doci vor einigen Tagen losgezogen sind und von dem monatlichen Spendengeld Medikamente für mehrere Wochen gekauft haben. „So wie wir es in gewissen Abständen immer machen. Das weiß der Doci, und er weiß auch über die finanzielle Situation Bescheid. Wir haben einen Kreis von Spendern, der es uns erlaubt, auf unserem Niveau verlässlich arbeiten zu können."
Joseph legt mir väterlich den Arm auf die Schulter und rät mir, zu meinem eigenen Schutz zukünftig solche finanziellen Geschichten ausschließlich mit Ulrike und ihm zu besprechen. Mein Magen wird flau. Hat mir Joseph gerade durch die Blume gesagt, dass der Doci vorhatte, mich auszunutzen? Und sich vielleicht sogar das Geld selbst in die Tasche gesteckt hätte? Ich habe in meiner täglichen Arbeit nicht viel mit dem Doci zu tun, doch wir sind alle ein Team. Ich bin schockiert. Von der restlichen Verhandlung zwischen den Händlern und Joseph bekomme ich kaum etwas mit. Ich bleibe etwas abseitsstehen. Erst als Joseph mich darum bittet, einen von ihm gewählten Fernseher zu bezahlen, komme ich wieder im Hier und Jetzt an. Ich helfe Joseph und Ramos dabei, das Gerät auf der Ladefläche des Jeeps zu sichern und setze mich daneben auf meinen Lieblingsplatz. Auch um den Fernseher zu sichern, aber noch mehr, um nach diesem Schock kurz für mich zu sein.
Unter großem Aufruhr wird der im Aufenthaltsraum aufgestellte Fernseher von den Ankömmlingen im CC begutachtet. Die Besucher bitten mich darum, Fotos von ihnen gemeinsam mit diesem wertvollen Gegenstand zu machen. Auch von den Chicos kommen einige ganz aufgeregt herbei. Immer wieder bedanken sich die Leute, dass ich ihnen ein so großes Geschenk mache. Ich will den Dank gar nicht annehmen und erkläre immer wieder, dass der Fernseher zu Aufklärungszwecken da ist und von meinen Freunden in Deutschland bezahlt wurde.
Als sich die Stimmung beruhigt, sitzen die Jungs und ich im Aufenthaltsraum und ich frage, so beiläufig wie möglich, ob einer von ihnen David gesehen hat. Sie nicken desinteressiert. Ungeschickt und viel auffälliger, als ich es will, frage ich, ob sie mir sagen können, wo er ist. Milton antwortet, dass er seit einigen Tagen zum Drogen nehmen abgetaucht ist. Ernüchterung macht sich in mir breit. Hatte ich David mit meinem Weinen vor einigen Tagen zu

sehr unter Druck gesetzt? Jetzt stecke ich gedanklich in einem Zwiespalt. Wenn ich David nicht gesagt hätte, dass er aufhören soll mit den Drogen, wäre er ein Teil dieses besonderen Wochenendes gewesen. Nun habe ich ihn, während meine Tage in Bolivien zu Ende gehen, gar nicht mehr gesehen. Aber wenn ich anders auf seinen Rückzieher mit der Reha reagiert hätte, hätte ich meine Prinzipien gänzlich über Bord geworfen und mich selbst betrogen.

Beim Schreiben dieser Zeilen viele Jahre später erschrecke ich. Genau in diesem Zwiespalt habe ich mich in meinem weiteren Erwachsenenleben immer wieder gefunden. Es geht nicht immer um solch existenzielle Dinge wie Drogen, aber um den Mut des Benennens der eigenen Bedürfnisse. Darf ich meinem Gegenüber meine Wünsche mitteilen, auch wenn ich ihn damit vielleicht unter Druck setze? Ja, ich bin mir sicher, das darf ich. Aber welche Erwartungen darf ich an Menschen haben, die mir wichtig sind? Geht es im Leben nicht immer darum, Kompromisse zu schließen? Natürlich, aber dabei bleibt die Frage nach der Gewichtung. Darf ich den Wunsch äußern, eine höhere Gewichtung zu genießen – in diesem Fall eine höhere Gewichtung für David, als es die Drogen sind?

In diesem Beispiel geht es um eine Sucht. Für einen Süchtigen sticht ein anderer Mensch sein Suchtmittel nicht aus. Nur wenn der von der Sucht gebeutelte Mensch allein für sich die Entscheidung trifft, den Drogen abzuschwören, kann eine Reha gelingen.

Ein greifbareres Alltagsbeispiel aus unserem europäischen Leben: Darf ich den Wunsch äußern, dass ich bei einem Mann die Nummer eins sein möchte? Und was ist, wenn der Mann mir ganz klar sagt, dass er mir das nicht geben kann, aus welchen Gründen auch immer? Steckt nicht jeder von uns so sehr im eigenen Leben fest, dass wir uns freuen können, wenn wir in diesem Rahmen überhaupt noch Platz für einen anderen finden, der uns wichtig ist? Mir scheint, dass kaum jemand noch bereit ist, um Liebe und Partnerschaft zu kämpfen. Was heißt denn eigentlich kämpfen. Zu einfach scheint es, über Online-Dating-Plattformen etwas Neues, Leichteres zu finden, als sich von irgendwelchen Kompromissen „erdrücken" zu lassen. Somit wagt man kaum noch, die kleinsten Wünsche zu äußern, seien sie noch so belanglos. Ein großes Thema, das aktuell mehr Gewichtung denn je hat, zumindest in meiner jetzigen Lebenssituation.

Wenn ich zurück an David denke, dann würde ich es heute nicht mehr als ein Benennen von Bedürfnissen bezeichnen, sondern ein Klarstellen meiner Vorstellungen im Rahmen einer Beziehung. Ich möchte nicht mit einem drogensüchtigen Menschen zusammen sein und würde versuchen, dies vorbehaltlos zu äußern. Die Entscheidung für oder gegen eine Reha obliegt einzig David. Mir bleibt lediglich die Entscheidung, mir treu zu bleiben, dass sich unsere Wege eben trennen, wenn er sich für ein Leben mit Drogen entscheidet, um mich selbst davor zu schützen.

David ist zurück und doch weit weg

Da wir jede Straßengruppe in der Regel nur einmal wöchentlich besuchen, stehen nun täglich Abschiede an. Verabschiedungen liegen mir so gar nicht. Bereits beim Thema Tod bin ich darauf eingegangen. Abschied fällt für mich in die gleiche Kategorie. Ich habe immer noch Marcos' Worte im Ohr, der mich vor einigen Nächten ziemlich nüchtern darauf aufmerksam gemacht hat: Ich kann nicht davon ausgehen, dass alle Menschen, die mir so ans Herz gewachsen sind, noch am Leben sind, wenn ich tatsächlich in einem Jahr wiederkommen sollte. Diese Vorstellung macht alles noch viel dramatischer. Bei jedem einzelnen denke ich daran, dass es vielleicht die letzte Umarmung, der letzte Händedruck oder der letzte obligatorische Abschiedskuss ist.
Meine Hermanos bauen ungefragt die Information, dass ich heute zum letzten Mal dabei bin, in die Predigten mit ein. Das sorgt für reichlich Tränen, und ausnahmsweise mal nicht nur bei mir. Direkt nach der Predigt geht die Verabschiedung los. Jeder möchte noch einmal wenige Minuten ungeteilte Aufmerksamkeit. Für meine Hilfe bei den Einsätzen bleibt in dieser Woche keine Zeit. Die Verabschiedung nimmt alles ein. Immer wieder werde ich aufgefordert, zu erklären, warum ich nicht in Bolivien bleibe. Es fällt mir wahnsinnig schwer, diese Frage zu beantworten. Ich kann natürlich erklären, dass mein Visum abläuft. Auch verstehen sie, dass meine Eltern mich vermissen und ich zurück zu meinen Freunden möchte. Es fühlt sich jedoch eher so an, als wollte ich mit diesen Sätzen mich selbst davon überzeugen, dass ich keine andere Wahl habe. Denn mein Herz schreit mich innerlich an, dass ich hier genau richtig bin und den Mut haben sollte, zu bleiben.
Mein lieber Papa hat in Deutschland schon nach Erzieherausbildungen geschaut, die ich nach meiner Rückkehr antreten kann. Ich habe ihm sämtliche Unterlagen für die Bewerbung zugesendet und tatsächlich prompt eine Zusage bekommen. Zudem wird mir das Jahr in Bolivien angerechnet, sodass ich nicht, wie eigentlich üblich, zuvor die Ausbildung zur Sozialassistentin machen muss. Die würde zwei Jahre dauern. Eigentlich war es mein Wunsch, ein Studium zur Sozialpädagogin zu machen. Mein Fachabitur in Wirtschaft und Verwaltung habe ich jedoch dermaßen vergeigt, dass ich mit meinem schlechten Notenschnitt keine Chance auf einen Studienplatz habe. Dank meinem Papa weiß ich nun aber schon, dass ich nach der Zeit in Brasilien

mit meinen Freunden direkt nach den Sommerferien eine schulische Ausbildung zur Erzieherin beginnen kann. Ich sollte voller Glück und Freude sein, doch mein ganzes Herz ist voller Trauer.
Mir ist bewusst, dass mir das Handwerkszeug für die hauptamtliche Arbeit auf der Straße fehlt. Ich durfte sehr viel lernen, aber die Theorie fehlt mir. Wie kann ich wirklich helfen, welche Verhaltensweisen haben welchen psychologischen Hintergrund? Immer wieder bin ich die letzten Monate an meine Grenzen geraten und darüber hinausgegangen. Doch die Vorstellung, nun Menschen vielleicht für immer zu verabschieden, um in Deutschland die Schulbank zu drücken und Praktika in Kindergärten zu machen, scheint nicht zu mir zu passen. Schon die letzten Nächte habe ich furchtbar unruhig geschlafen. Jeden Tag, jedes Ereignis, jeden Abschied durchlebe ich im Traum noch einmal. Mir ist bewusst, dass ich bereits so viele Eindrücke auf den Straßen von La Paz gesammelt habe, dass ich kaum die Kraft habe, Neues aufzunehmen, bevor ich in die Verarbeitung gehe. Es sind viele rationale Gründe, die mich zum Gehen bewegen sollen, aber mein Herz schreit gegen die Realität an. Natürlich ist David einer der Gründe, die mich hierhalten. Aber genauso hänge ich an dem Land, dem Leben, der Kultur, in die ich eintauchen durfte, und den Herausforderungen, die mich zwingen, aus meinen europäischen Denkmustern auszubrechen.
Während meiner Pause lassen mich die Gedanken und diese scheinbar immer noch offene Entscheidung, ob ich tatsächlich gehen soll, nicht los. Ich sitze im Büro, habe mich in eine warme Decke eingewickelt und sinniere vor mich hin. Erschrocken stelle ich plötzlich fest, dass das Kontaktzentrum bereits geöffnet hat. Ich verlasse den Raum und ärgere mich darüber, dass ich in meine Gedanken vertieft war und so Zeit mit meinen lieben Menschen verpasst habe. Wenn man das Büro verlässt, kann man durch die Fenster direkt auf die Terrasse schauen, wo die Menschen ihre Wäsche an den Waschbecken waschen. Mich durchfährt ein Schreck. Mein Herz beginnt, heftig zu schlagen. Ich sehe David auf der Terrasse. Doch mein Glücksgefühl wird direkt wieder getrübt, als ich eine wunderschöne Frau an seiner Seite sehe. Offenbar hat sie ein Kind, das sich gerade bei David auf dem Arm befindet. Dieses Bild hat für mich etwas Bedrohliches. Ich weiß nicht, wie ich mich verhalten soll. Noch bevor ich aus dieser Situation flüchten kann, entdeckt mich David durch das Fenster. Schnellen Schrittes, als wollte er keine Zeit

verlieren, schreitet er durch die Tür in den Flur und nimmt meine Hand in seine freie. Mit dem anderen Arm hält er den kleinen Jungen auf seiner Hüfte fest. Er strahlt mich an und zieht mich hinter sich her. Erst als wir unmittelbar vor dieser wunderschönen Frau stehen, bleibt er stehen. Nur ihre Kleidung offenbart, dass sie ebenfalls auf der Straße lebt. Ihre Gesichtszüge sind ungewöhnlich weich. Sie hat dickes schwarzes und gesundes Haar. Wenn sie lächelt, sieht man eine Reihe gesunder Zähne. Ich bin beeindruckt von dieser natürlichen Schönheit und muss unwillkürlich ihr Lächeln erwidern.

David strahlt die Frau an und redet euphorisch auf sie ein: „Esta es mi novia, Claudia". Ich bekomme Gänsehaut. Er stellt mich als seine feste Freundin vor. Kurz muss ich über mich selbst schmunzeln. Voller Eifersucht habe ich angenommen, dass David mit dieser Frau ein engeres Verhältnis hat. Stattdessen scheint er voller Stolz zu sein, dass er ihr mitteilen kann, dass ich seine Freundin bin. Sie stellt sich mir mit Matilda vor und ich denke noch: Dieser Name passt gut zu ihr. Naiv wie eine Zwanzigjährige schaue ich David dabei zu, wie er liebevoll und voller Zuneigung mit ihrem kleinen Sohn spielt. Welch ein wunderschöner Moment. Dieser Boss einer Gang trägt offensichtlich so viel Liebe in sich, dass er sich die Zeit nimmt, mit diesem Jungen zu spielen. Ich erlaube mir den Gedanken, wie es wohl wäre, wenn wir beide ein Kind hätten. Behutsam streichelt er dem Kleinen durch seine Haare, die ebenso dick sind wie die seiner Mutter. Ich überlege, wie wohl unsere Kinder aussehen würden. Ich bin noch in meinen Gedanken versunken, als David mich darum bittet, ein Foto von dem Kleinen, Matilda und ihm zu machen. Meine Eifersucht ist sofort wieder da. Gemeinsam sehen die drei aus wie eine harmonische Familie. Ich versuche, meine hässlichen Gedanken beiseite zu schieben und nutze die übrige Zeit, um noch einmal mit einzelnen ins Gespräch zu kommen. Gemeinsam lachen wir, weinen, schwelgen in Erinnerungen der letzten Monate und verabschieden uns. Meine Zerrissenheit ist ein ständiger Begleiter.

Die meisten der Besucher haben das Kontaktzentrum bereits verlassen. Ich räume gerade noch einige Becher vom Abendtee in den Müll, als ich David alleine auf der Terrasse entdecke. Ich schaue mich verstohlen nach meinen Hermanos um und stelle fest, dass mich keiner sehen würde, wenn ich meine Arbeit einstelle und stattdessen zu David gehe. Ich öffne die schwere Eisentür und stehe ihm nun gegenüber. Er scheint abwesend zu sein. Es fühlt sich an, als würde ich ihn nicht erreichen können. Ich lasse nicht locker und spreche ihn an. „David, ich werde bald gehen, können wir die verbleibende Zeit zusammen verbringen?" Er schüttelt, scheinbar desinteressiert, den Kopf. Ich kann sein Verhalten nicht deuten. Hat er kein Interesse an mir, habe ich mir alles zwischen uns nur eingebildet? Ich lasse nicht locker und frage, wann es ihm denn dann passen würde.

Und schon wieder erschrecke ich bei dem, was ich hier gerade aufs Papier bringe. Sollte ich tatsächlich diese Verhaltensmuster nach so vielen Jahren noch immer leben? Ich erkenne mich im heutigen Leben als genau diese Zweiflerin wieder.

Er antwortet, dass wir uns am nächsten Abend treffen können. Ich nicke resignierend mit dem Kopf. Plötzlich schaut er mir direkt in die Augen. Es ist genau dieser Moment, in dem man sich wünscht, dass die Welt zum Stillstand kommt. Dass dieser Moment nicht vergeht. Mit seinen dunklen Augen zwingt er mich, seinem Blick standzuhalten. Kaum merklich berührt er mit seiner Hand meine und es durchfährt mich ein Schauer. Ein wunderschöner, ergreifender Schauer. Ich werde nicht schlau aus diesem besonderen Mann. Immer wieder scheint es mir, als mache er mir deutlich, dass auch er die Besonderheit unserer Verbindung spürt. Dann jedoch scheint er wieder sehr weit weg zu sein.

So schnell wie der Moment gekommen ist, ist er auch schon wieder vorbei. David dreht sich um, lässt mich an Ort und Stelle stehen und rennt die Treppen hinunter. In meiner Frustration schreie ich ihm hinterher, dass er das Ganze mit unserem morgigen Treffen vergessen kann. Wieso ich das sage, verstehe ich selbst nicht. Vielleicht bin ich so verunsichert, dass ich es nicht aushalten würde, wenn er nicht kommt. Vielleicht ist es eine Trotzreaktion, weil ich sein Desinteresse nicht deuten kann. Ich weiß es nicht. Ich glaube, dass ich gerade meine Hilflosigkeit an ihm ausgelassen habe. Ich bin dermaßen unter Druck, weil ich bald in ein Leben zurückgehen werde, das ich mir für mich selbst nicht mehr vorstellen kann. Ich erkenne mich selbst nicht mehr wieder. Ich höre David noch die Treppe hinunterpoltern und das kleine Eisentor, wie es ins Schloss fällt. Traurig schaue ich ihm von der Terrasse aus hinterher, wie er in Richtung Prado läuft. Nachdem sämtliche Räume des Kontaktzentrums aufgeräumt sind, verabschiede ich mich von meinen Hermanos und verlasse das Haus. Wie jeden Abend wünsche ich dem süßen alten

Pärchen, das an der Parkecke auf dem Bürgersteig sitzt, einen schönen Abend und gehe ebenfalls wie David in Richtung Prado.

Ich suche das nächste Callcenter auf und rufe meine Eltern an. Mein Papa geht wie jedes Mal schnell an sein Telefon. Ich erzähle ihm von meinem Zwiespalt und meinem Wunsch, in Bolivien zu bleiben. Ich glaube, tief in seinem Herzen versteht er meinen Wunsch, aber wie jeder Papa möchte er sein Kind in Sicherheit wissen. Dazu gehört in unserem deutschen Leben eben auch eine Ausbildung, um abgesichert zu sein. Er versucht, mich zu beruhigen und mir klarzumachen, dass nichts dagegenspricht, wieder zurück nach Bolivien zu fliegen, wenn meine Ausbildung abgeschlossen ist. Ich versuche, ihm zu erklären, was mir kurz zuvor von Marcos erklärt worden ist. Aber wie könnte mein Papa das verstehen? Ich kenne diese wundervollen Menschen von der Straße nun, habe in den vergangenen Wochen Beziehungen zu Leuten aufgebaut, die sowohl hier als auch in Deutschland als Verbrecher, Asoziale und wertlos angesehen werden. Meinen Kontakt zu diesen Menschen sehe ich aber als großes Geschenk. Ich durfte hinter ihre Kulissen schauen, um meinen Horizont zu erweitern. Unglücklich lege ich mich ins Bett und hoffe, dass das Treffen mit David trotz meiner Ansage morgen Abend stattfinden wird.

Die weiße Hermana, die sich nachts auf die Straße traut

Ironischerweise ist heute Freitag der 13. Aberglaube ist nichts für mich, aber trotzdem soll dieser Tag einige Überraschungen für mich bereithalten. In meinem Zimmer beginne ich schon damit, den großen Reiserucksack zu packen. Dinge, von denen ich weiß, dass ich sie bis zu meinem Abschied nicht mehr benötige. Ich dusche und trete danach raus in die mittlerweile winterlich-kalte klare Bergluft. Trotz des Smogs, der sich in der ganzen Stadt verteilt, habe ich immer wieder den Eindruck, dass die Luft und dieser eisblaue Himmel klar und befreiend auf mich wirken. Den Vormittag verbringen wir mit den Straßengangs. Wieder überwiegt dabei traurige Abschiedsstimmung. Die Gedanken an den kommenden Abend, den ich gerne mit David verbringen würde, rücken in den Hintergrund. Ich versuche, mich uneingeschränkt auf diese letzten liebevollen Begegnungen zu konzentrieren. Als wir uns bei der letzten Gruppe verabschiedet haben, laden mich meine Hermanos zum Mittagessen ein. Sie halten bei einem kleinen Stand, der gebratene Würstchen anbietet. Ich freue mich über diese Geste, doch die Freude hält nicht lange an. Zu sehr steht der allgegenwärtige Abschied im Raum.
Gemeinsam fahren wir zum CC und bereiten alles für die Nachmittagsandacht und die Besucher vor. Die ersten warten bereits, doch anders als sonst ist die Stimmung gedrückt. Der sonst so stimmenerfüllte Raum ist nun mit Ruhe erfüllt. Und mit Weinen. Auch meine Arbeitskollegen lassen ihre Arbeit ruhen und wir sitzen im Flur auf den orangefarbenen Bänken, die an den Wänden stehen. Einigen laufen die Tränen die Wangen hinunter und keiner traut sich, die Stille zu durchbrechen. Mit ungefähr 20 weiteren Menschen sitzen die Hermanos und ich einfach da und trauern schweigend gemeinsam um meinen Abschied. Mich beschleicht ein schlechtes Gewissen. Ich bin diejenige, die diese Trauer mit einer einzigen Entscheidung beenden könnte. Ich bin eine erwachsene Frau und könnte hier und jetzt aufstehen und sagen, dass ich mich umentschieden habe und bleiben werde. Doch diesen Mut habe ich offensichtlich nicht.
Die Stille wird erst unterbrochen, als wir einen neuen Besucher die Treppe hinaufsteigen hören. Es muss ein junger Mensch sein, denke ich noch bei mir, denn die Stufen werden schnell und hektisch genommen. Das Kontaktzentrum ist erst wenige Minuten geöffnet und so wundere ich mich, dass es

dieser Besucher besonders eilig zu haben scheint. Sonst würde er diese steile Treppe nicht mit so einem Eifer besteigen. Neugierig drehen sich die Köpfe der Besucher zum Eingang des Flurs. David, der enthusiastisch den Raum betritt, bleibt abrupt stehen. Er mustert jeden Anwesenden, bis sich unsere Blicke treffen. Passend zur Stimmung schleicht er nun, fast auf Zehenspitzen, in meine Richtung, als wolle er niemanden aus seiner Trauer reißen. Ich sitze nicht wie die anderen auf einer Bank, sondern mit angewinkelten Knien auf dem Boden. Genau über meinem Kopf hängen die Regeln des Kontaktzentrums an der Wand. In Gedanken sehe ich Ulrike vor mir: „Halte Distanz zu den Klienten!" Offensichtlich lässt sich David nun kurz vor meinem Abschied davon nicht mehr abschrecken, denn er setzt sich neben mich auf den Boden und legt ungeniert den Arm um meine Schulter. Damit brechen alle Dämme. Ich weine und kuschele mich an ihn. David hält mich mit einer Stärke fest, die ich noch nie gefühlt habe. Mit der freien Hand wischt er mir behutsam die Tränen aus dem Gesicht. Jeder der Anwesenden scheint die Nähe, die zwischen David und mir nun vollkommen offensichtlich herrscht, zu ignorieren. Es ist für alle eine Ausnahmesituation.

Kurz schäme ich mich wegen meiner gestrigen Ansage und denke gerade noch den Gedanken zu Ende, dass ich mir wünschen würde, das Ausgesprochene zurücknehmen zu können. Als hätte er meine Gedanken gehört, antwortet er. Er flüstert, auch wenn der Raum so leise ist, dass seine Stimme für jeden deutlich zu hören ist. „Claudia, nimmst du dir heute Abend Zeit für mich?" Bevor ich antworten kann, wiederholt er meinen Satz von gestern. „Du wirst bald gehen müssen und wir sollten die verbleibende Zeit zusammen verbringen. Was meinst du?" Bei seinen Worten hebe ich meinen Kopf. Als er seinen letzten Satz beendet, lasse ich ihn weinend wieder in seinen Arm sinken und nicke kaum merklich. Ich bin hier umgeben von solch wundervollen Menschen. Nein, nicht jeder ist seines Glückes Schmied. Manche Menschen kommen inmitten großer Not und großem Leid zur Welt, ohne irgendwelche Möglichkeiten. Ich habe aber lernen dürfen, dass jeder von uns die Möglichkeit hat, die Vorurteile über diese Menschen abzustreifen und sie anzunehmen.

Heute läuft alles anders als sonst. Es herrscht viel mehr Ruhe und die Hermanos und die Menschen von der Straße schaffen eine Atmosphäre, die für mich eine große Geborgenheit erzeugt. Meine Kollegen machen nebenher den Tee und die Brote fertig und anders als sonst bleiben wir im Flur, beten gemeinsam, weinen und erleben nah und innig die letzten Stunden. Ich verlasse als eine der letzten das CC. Diesmal fällt die Eisentür hinter mir in das Schloss und ich denke, dass ich dieses Geräusch nur noch morgen ein letztes Mal hören werde. In zwei Stunden werde ich mich mit David treffen, so haben wir es vereinbart. Und so nehme ich mir die Zeit, meine Zerrissenheit und meine Trauer aufzuschreiben und sende sie als letzte Rundmail aus Bolivien ab.

Im Nachhinein kann ich gar nicht erklären, warum ich die Entscheidung getroffen habe, aber es zieht mich noch einmal zur Reisegesellschaft, wo ich meine Heimreise gebucht habe. Vorige Woche habe ich meinen Flug bestätigt. Alle Formulare sind ausgefüllt und es gibt keinen Grund, das Büro erneut aufzusuchen. Trotzdem führt mich mein Gefühl dorthin. Ich habe noch eine halbe Stunde Zeit, bis ich bei unserem verabredeten Treffpunkt sein soll. Beim Betreten des Officina bin ich kurz irritiert, dass einige Menschen vor dem Schalter in der Schlange stehen. Ich stelle mich hinten an und warte gemeinsam mit den vielen anderen Menschen, die sich dicht gedrängt in dem Raum befinden. Als ich endlich an der Reihe bin, gebe ich meine Flugnummer durch und frage, ob es bei der Abflugzeit bleiben wird. Der Angestellte schaut mich irritiert an. Er ruft in seinem Computer die Flugnummer auf und sagt, dass natürlich auch dieser Flug ausfällt. Ich schüttele ungläubig den Kopf und frage, wie er das meint. „Die Fluggesellschaft ist insolvent und sämtliche Fluge fallen ersatzlos aus", bekomme ich zur Antwort.
Zwei gegensätzliche Gefühle machen sich in mir breit. Sollte das mein Zeichen sein? Ich werde in Bolivien bleiben! Das andere Gefühl lässt sich am besten mit Panik beschreiben. Wie komme ich denn nun zurück nach Deutschland, beziehungsweise zuerst einmal nach Brasilien? Ich rufe meine Mutter an, bei der eindeutig die Panik überwiegt. Sie legt direkt wieder auf und ruft bei den deutschen Ansprechpartnern der Fluggesellschaft an. Diese bestätigen die Informationen der bolivianischen Reisegesellschaft. Die einzige Möglichkeit ist nun, schnellstmöglich einen neuen Flug bei einer anderen Fluggesellschaft zu buchen. Das würde 400 Euro kosten, berichtet meine Mutter, als sie mich kurz danach zurückruft. Geld, das ich nicht mehr habe. Aber ich bin auch nicht bereit, es von meinen Eltern anzunehmen. Naiv und kindisch teile ich meiner Mutter mit, dass ich mich nun nicht mit diesem

Problem beschäftigen kann, weil ich gleich noch eine Verabredung habe. Ich verabschiede mich schnell und lege den Hörer aufs Telefon. Ich bezahle und verlasse das Callcenter. Die Gedanken an irgendwelche Flüge, die mich aus meinem geliebten Bolivien herausbringen könnten oder auch nicht, schiebe ich sofort gänzlich zur Seite.

Nun liegt Nervosität in der Luft. Der Grund dafür ist aber das Treffen mit David. Ich verspüre eine angenehme Aufregung. Mit einem Blick auf die Uhr stelle ich fest, dass ich immer noch 10 Minuten Zeit habe, bis ich am Treffpunkt sein muss. Wie immer, wenn ich aufgeregt bin, muss ich pinkeln. Ich überlege kurz und entscheide mich für den kurzen Weg zum Kontaktzentrum. Mit schnellen Schritten gehe ich los in der Hoffnung, dass die liebevolle Putzfrau noch ihrer Arbeit im Kinderhort nachgeht, sodass sie mir öffnen kann. Erst jetzt bemerke ich, dass mir ein junger Mann mit Kapuze entgegenkommt. Den Gang kenne ich doch. Es ist Sombras, der sich kurz irritiert umschaut und mich dann herzlich begrüßt. Peinlich berührt sage ich ihm, dass ich kurz zurück zum CC laufe, um noch mal die Toilette nutzen zu können. Ich gehe fest davon aus, dass wir den Abend gemeinsam mit den Jungs verbringen werden und so bin ich nicht überrascht, als er sagt, dass er mich begleiten wird und wir dann gemeinsam zum Plaza San Francisco gehen können. Ich lächele ihn an und denke darüber nach, dass ich unbedingt mit Victor sprechen muss, damit er die Suche nach einer geeigneten Reha für Sombras übernimmt, wenn er sich erneut für diesen Weg entscheidet. Die Straßenstände, die tagsüber geöffnet haben, sind fest verrammelt und Sombras überlässt mir ein wenig schelmisch lächelnd den Vortritt. Ich gehe am ersten Stand vorbei, als mir ein Schrei einen solchen Schrecken versetzt, dass ich nach Luft schnappe. Offensichtlich haben Sombras und David mich schon aus weiterer Entfernung gesehen. David hat sich versteckt, um mich zu erschrecken. Abgebrüht sagt er, dass ich anscheinend nichts auf der Straße gelernt habe, wenn ich so unaufmerksam herumspaziere. Ich muss lachen und liebevoll nehmen wir uns zur Begrüßung in den Arm. Er gibt mir einen unerwarteten sanften Kuss auf die Wange. Der Schreck hat die Stimmung gelockert und nun bewegen wir uns zu dritt in Richtung des nahegelegenen Kontaktzentrums.

Obwohl die Problematik nicht den Abend füllen soll, berichte ich den Jungs, dass meine Fluggesellschaft pleite ist und mein Flug ausfallen wird. Das war unbedacht. Die beiden Jungs reagieren mit Luftsprüngen und Jubelschreien. Ein unangenehmes Gefühl macht sich in mir breit. Natürlich haben sie keine Ahnung, dass es noch einige andere Gesellschaften gibt und ich trotz allem einen Flug bekommen werde, um abzureisen. Bevor ich das jedoch erklären kann, nehmen sie mich abwechselnd überschwänglich in den Arm und rufen mehr zu sich selbst als zu mir: „Claudia wird bei uns bleiben!" Wie immer auf der Straße befinden sich an jeder Ecke Klienten der Organisation. Euphorisch überbringen Sombras und David die Botschaft. Immer wieder: „Claudia wird bei uns bleiben!"

Mein Mund ist wie zugenäht. Ich kann nichts erwidern, lasse die Situation einfach wie hypnotisiert geschehen. Ich nehme wahr, wie Davids Freude langsam in Irritation umschlägt. Er sagt: „Claudia, du hast mir gesagt, dass du gehen musst, weil dein Visum abläuft. Wenn aber die Fluggesellschaft pleitegeht, dann kann dir doch niemand daraus einen Vorwurf machen. So stehen dir die Tore in Bolivien nun offen. Warum verdammt noch mal freust du dich nicht mit uns?" Fast schon wütend, auf wen auch immer, antworte ich barsch: „Wenn ich nicht ausreise, bevor mein Visum abgelaufen ist, dann werde ich ausgewiesen und darf für viele Jahre nicht mehr zurückkommen." Aus seiner Irritation wird Entsetzen.

„Mein größtes Problem ist gerade, dass ich nicht weiß, wie ich aus eigenen Mitteln das Geld beschaffen kann, um mir diesen Rückflug leisten zu können. Meine Eltern haben mir angeboten, das Geld vorzulegen. Aber dann muss ich länger arbeiten, um erst einmal die Schulden abzubezahlen und dann auf einen neuen Flug nach Bolivien sparen zu können." David schaut mich mit seinen großen dunklen Augen abschätzig an. „Claudia, wo genau ist dann das Problem? Du hast Eltern, die in der Lage sind, dir zu helfen. Sei froh, dass du eine Familie hast, die offenbar in allen Lebenslagen hinter dir steht." Beschämt stelle ich fest, dass David recht hat. Ich habe im Gegensatz zu den meisten hier eine Familie, die auch noch gewillt ist, mir in dieser Situation zu helfen. Welch ein Glück habe ich und mit welch einer Selbstgefälligkeit habe ich das nicht annehmen wollen?

Ich gehe gemeinsam mit David und Sombras nachdenklich Richtung Plaza. Der Plan ist klar, ich muss wie vorgesehen in drei Tagen abreisen. Zumindest erst mal nach Sucre, um von dort das weitere Vorgehen zu planen. Meine Gedanken schweifen ab und ich nehme mir vor, nun nicht mehr an morgen oder die Abreise zu denken. Heute Abend werde ich die Zeit mit meinen Leuten von der Straße verbringen. Auch wenn der Abschiedsschmerz tief im Bauch sitzt, ist die Stimmung ausgelassen. Ich nehme die Kamera und mache einige Fotos von David, Sombras und mir. Fotos, die mich das ganze nächste Jahr in Deutschland begleiten sollen.

Wir kommen am Plaza an und werden umringt von vielen bekannten Gesichtern. Pati ist mit all ihren Kindern da. Sie weint und nimmt mich immer wieder in den Arm. Ihre Tochter, auf deren Gesicht sich ein Pilz verbreitet hat, bleibt einige Zeit auf meinem Arm, während ich mich mit allen unterhalte. David habe ich gebeten, diese wertvollen Momente mit der Kamera festzuhalten. Meine Gefühlswelt ist dermaßen beansprucht, dass ich nicht mal mehr weinen kann. Es wird immer später am Abend und die Kinder spielen auf dem Plaza Fußball mit einer Dose. Die Mütter sitzen zusammen und stillen ihre Babys, die Älteren schnüffeln immer wieder zwischendurch ihren Klebstoff und ich nehme etwas abseits von den Geschehnissen Platz und versuche, meine Gedanken zu ordnen.

Jeder, den ich hier sehe, hat seine Geschichte. Die meisten habe ich in den letzten Monaten kennengelernt. Ich runzele jedes Mal unwillkürlich die Stirn, wenn ich sehe, dass Menschen, die nicht auf der Straße leben, einen großen Bogen um die bunte Gruppe machen. Angst spiegelt sich in ihren Augen wider, wenn sie verstohlene Blicke auf das rege Treiben werfen. Es verletzt mich, dabei zuzusehen, wie diese wundervollen Menschen abschätzig angestarrt oder gänzlich ignoriert werden. Doch nun denke ich zurück: War es vor ein paar Monaten nicht die gleiche Angst, die ich abends auf der Straße verspürte? Die vielen Straßenkinder, die mich mit ihren Schuhputzutensilien immer wieder darum baten, mir von ihnen die Schuhe putzen zu lassen... Nehme ich nicht noch heute meine Gürteltasche fester in den Griff, wenn ich Menschen von der Straße sehe, die mir unbekannt sind? Wovor genau haben wir Angst? Ist es der fremde Lebensstil, ist es die Gewaltbereitschaft, die wir hinter jedem einzelnen vermuten, oder ist es einfach die Angst vor dem Unbekannten? Vielleicht auch die Angst, dass ein solches Schicksal jeden von uns treffen kann? Jeder kann durch einen Schicksalsschlag plötzlich zu genau dieser Gruppierung gehören. Das gilt jedenfalls für die meisten Menschen in Bolivien. Ich habe keine Angst mehr. Mitten in der Nacht stehe ich hier in gefühlt vollkommener Sicherheit. Vielleicht weil ich gelernt habe,

dass auch dieses Leben lebenswert ist. Vielleicht aber auch einfach nur, weil ich weiß, dass diese wundervollen Menschen genau die gleichen Gefühle, Bedürfnisse und Ängste haben wie ich. Schlussendlich will jeder Mensch geliebt werden. Jeder möchte sich spüren können und jeder möchte überleben. Und natürlich gibt es Unterschiede. Natürlich gibt es Menschen, die böse sind. Aber gibt es das nicht in jeder Form des menschlichen Daseins? Bei Menschen jeglicher Hautfarbe, jeglichen Einkommens und jeglicher Herkunft gibt es das Böse und das Gute. Woran man nun messen kann, wer zu welcher Gruppierung gehört, kann und werde ich nicht beurteilen. Aber ich bin der absoluten Überzeugung: Wenn ich offen auf Menschen zugehe, werde ich auch offen empfangen. Es kommt nur auf die Authentizität an.
Ich denke darüber nach, ob sich dieses Jahr für mich gelohnt hat. Ich habe meine Familie, meinen Freund, meine Freunde, ja im Grunde alles, was mich bisher im Leben ausgemacht hat, verlassen. Der Plan war, in einem fremden Land die Welt zu retten. Bei diesem Gedanken muss ich mal wieder ein wenig über mich selbst lachen. Das Jahr ist deutlich anders verlaufen, als ich es zu Beginn vorgesehen hatte. Aber wie hätte ein Plan auch aufgehen sollen, wo mir die Gegebenheiten absolut unbekannt waren? Nein, ich habe nicht die Welt gerettet. Es wird sich vermutlich durch mich nicht allzu viel in Bolivien ändern. Aber vielleicht habe ich mit meiner Anwesenheit dem ein oder anderen einen anderen Blickwinkel auf sein Leben schenken dürfen. Die Aussagen meiner Jungs schießen in meinen Kopf. Ja, es ist möglich, dass ich durch meine Liebe Menschen ein gutes Gefühl geben durfte. Aber die größte Veränderung hat in mir selbst stattgefunden, denke ich. Ich habe mich geändert. Es wird wohl Jahre dauern, um diese Veränderung zu verstehen und in Worte zu fassen. Aber ich fühle, dass ich nicht mehr der Mensch bin, der vor einem Jahr in Frankfurt in das Flugzeug gestiegen ist und naiv, unwissend und ahnungslos die Reise ins Unbekannte antrat.
Mir ist schon zum jetzigen Zeitpunkt bewusst, dass die Beziehung zu Paul keine Zukunft mehr haben wird. Auch haben viele Freundschaften dieser Distanz nicht standgehalten. Aber was ich hier erleben durfte, diese Menschen, die mich offen eingeladen haben, ihr Leben kennenzulernen, die mich immer wieder zum Umdenken animiert haben, bereichern mein Leben. Ich spüre tiefe Verbundenheit und Dankbarkeit für die Geduld, die hier für mich aufgebracht wurde. Bei diesen Gedanken breitet sich eine wohlige Wärme in

mir aus. Ist das dieses Glück, von dem alle sprechen? Ja, so fühlt es sich an. Innerlich werde ich ruhig und ich sehe meinen Weg klar vor mir. Ich werde zurück nach Deutschland gehen und eine Ausbildung zur Erzieherin absolvieren. Und zwar nicht, weil meine Eltern diesen Wunsch haben, sondern weil ich dadurch das Handwerkszeug bekomme, das ich benötige, um besser arbeiten zu können. Dann werde ich zurückkehren und es zu meiner Lebensaufgabe machen, Menschen auf ihrem Weg zu begleiten, die in ein so entbehrungsreiches Leben hineingezwungen sind, wie wir es uns im reichen Deutschland gar nicht vorstellen können.

Plötzlich sehe ich eine Frau zielstrebig auf mich zulaufen. Auch David scheint plötzlich nervös. Er hat sich die ganze Zeit sehr nah bei mir aufgehalten, aber mir Raum gelassen, weil er wohl gemerkt hat, dass ich kurz Zeit für mich brauche. Mit wenigen Schritten stellt er sich schützend vor mich. Wir rechnen offensichtlich beide damit, dass die Frau keine guten Absichten hat. Sie kommt mir bekannt vor. Ich habe sie zuvor schon einmal gesehen, kenne aber weder ihren Namen noch ihre Geschichte. Aus meiner wohligen Wärme, der Zuversicht und der Entschlossenheit wird Angst. Doch diese einfache Geste von David, wie er sich schützend vor mich stellt, bringt die Ruhe zurück in meine Glieder. Viel zu nah vor uns bleibt die Frau stehen. Provokant und laut blafft sie mich an. Ihr Blick dringt einfach durch David hindurch. Als würde er nicht zwischen uns stehen, kommen ihre Worte aus ihrem Mund, gepaart mit Spucke, die sich beim Sprechen aus ihren Mundwinkeln löst. Es wundert mich, dass sie mich Hermana nennt. Ihre Wut scheint so groß, dass ich nicht mit dieser Betitelung gerechnet habe.

„Hermana Claudia, was machst du hier auf der Straße?" Auch die anderen werden hellhörig. Sie halten respektvollen Abstand. Schließlich steht David bei mir und sie wollen ihm offensichtlich nicht das Gefühl geben, seine Autorität zu untergraben. Doch die Neugierde und Sorge ist ihnen ins Gesicht geschrieben. Ich versuche, so souverän wie möglich zu antworten. Instinktiv sage ich: „Ich arbeite auf der Straße, weil ich euch liebhabe und euch helfen möchte." Sie beginnt, höhnisch zu lachen. Ich fühle mich verspottet, lasse mir aber nichts anmerken. Ich spüre, dass diese Situation bei einer unbedachten Handlung kippen wird. Vorsichtig lege ich meine Hand auf Davids Rücken. Ich möchte ihm darüber meine Ruhe vermitteln. Mein Herz schlägt mir bis zum Hals, aber trotzdem scheine ich dieser Aufgabe gewachsen. Ich funk-

tioniere. Sie schiebt David unbeeindruckt zur Seite. Ich drücke meine Hand fester auf seinen Rücken, um ihm zu bedeuten, dass es okay ist und er nicht weiter in die Situation eingreifen soll. Mein Gesicht und das der Frau sind nur noch wenige Zentimeter voneinander entfernt. Mit derselben Intensität spricht sie weiter: „Du kannst uns nicht lieben, Hermana." Das letzte Wort betont sie provokativ abwertend. Ich fühle ihren Speichel in meinem Gesicht. Ihr Atem ist warm und riecht nach hartem Alkohol. Ich spüre, dass sie noch nicht fertig ist, und schweige. „Wir nehmen Drogen, schlagen uns gegenseitig, leben in der Gosse, behandeln unsere Kinder häufig schlecht. Wir werden vergewaltigt und vergewaltigen. Und wenn es sein muss, oder auch nicht, morden wir."
Ich atme tief ein, um mir Zeit für eine Antwort zu verschaffen. Noch immer fühle ich, dass der kleinste Funken dazu führen könnte, dass die Situation eskaliert. Ich muss kurz darüber nachdenken, dass diese Frau offensichtlich nicht schon ihr ganzes Leben auf der Straße verbracht hat, denn sonst könnte sie nicht einen solch klaren Blick auf die Realität haben. Sie kennt also eine andere Welt und ist sich bewusst, dass sie nicht mehr dazu gehört. Bestimmter als geplant antworte ich noch mal dasselbe: „Ihr habt mir den Blick auf euer Leben eröffnet und mich sehen lassen, dass jeder einzelne von euch liebenswert ist. Ich arbeite auf der Straße, weil ich euch liebhabe." Wieder bekomme ich nur ein hämisches Grinsen als Antwort. Ich bin so voller Anspannung, dass ich zusammenfahre, als ich plötzlich David sprechen höre. Er redet so klar und laut, dass ich von seiner Ausstrahlung beeindruckt bin. „Sag mal, verstehst du es nicht, sie hat uns einfach lieb." Es sind so schöne Worte, die aus seinem Mund fast schon bitter klingen.
Die Frau hält inne. Noch immer durchbohrt ihr Blick mich misstrauisch. Ich stehe schweigend da. Davids Worte scheinen immer noch nachzuhallen. Erneut fahre ich vor Anspannung zusammen, als die Frau ruckartig ihr Tragetuch vom Rücken zieht. Bis jetzt habe ich mich auf ihr Gesicht konzentriert und nicht wahrgenommen, dass sie auf ihrem Rücken ein Baby trägt. Ohne einen weiteren Blick auf das Bündel hält sie es mir entgegen. Nun spricht sie wieder, aber ruhiger, und es fühlt sich an, als sei die Anspannung von ihr abgefallen. Meine hingegen erreicht ihren Höhepunkt. „Wenn du uns liebst, obwohl du weißt, wie wir wirklich sind, dann nimm mein Baby und zieh es mit dieser Liebe auf. Denn dann kannst du ihr mehr geben, als ich es je

könnte." Wie versteinert stehe ich da. Hilfesuchend schaue ich zu David, doch bevor dieser eingreifen kann, fängt die Frau an, hysterisch zu lachen. Als habe sie soeben ein Spiel gewonnen, bindet sie sich triumphierend das Bündel wieder auf den Rücken. Angespannt bleiben David und ich schweigend stehen, während sich die Frau im Gehen eine Alkoholflasche an den Mund hebt, die sie wohl zusammen mit ihrem Baby im Tragetuch deponiert. Ich schüttele leicht mit dem Kopf, bin total verunsichert.

Doch weder mir noch David bleibt Zeit, weiter über die Frau nachzudenken oder etwas zu sagen, denn eine andere Frau tritt auf uns zu. Sie ist deutlich jünger, vermutlich Mitte zwanzig. Sie hat lange schwarzgewellte Haare, die sie zu einem losen Pferdeschwanz zusammengebunden hat. Ihr Gesicht ist von Tränen aufgequollen. Sie reicht mir gerade mal bis zur Schulter. Schüchtern steht diese zierliche Gestalt vor mir. Mit zaghafter Stimme spricht sie mich an: „Bist du die weiße Hermana, die sich nachts auf die Straße traut, um uns zu helfen? So erzählt man sich unter den Obdachlosen." David steht direkt neben uns und antwortet mit einem Nicken, noch bevor ich etwas sagen kann. Die kleine Frau schlingt ihre Arme um mich. Überrascht lasse ich mich auf die Umarmung ein und schließe auch sie in meine Arme. David und mein Blick treffen sich kurz. Wir müssen nicht sprechen. Als würde er meine Gedanken lesen, geht er einige Schritte zur Seite. Er ist noch immer nah genug, damit er in einer Notsituation direkt handeln kann, aber trotzdem so weit weg, dass die Frau ungestört sagen kann, was ihr auf dem Herzen liegt. Nach einigen Momenten drücke ich die Frau sanft von mir weg, um sie dabei anzusehen, während ich sie frage, warum sie hier ist. Statt zu antworten drückt sie sich wieder an mich und hält mich noch fester als davor. David macht ein Foto von uns, während wir minutenlang eng umschlungen dastehen. Irgendwann löst sie sich aus der Umarmung und sieht mich mit ihren roten und verweinten Augen an. Die Tränen sind bereits versiegt. Nach wie vor sieht man ihr ihre Trauer an, aber mir scheint sie hoffnungsvoller als zu Beginn unserer Begegnung. „Danke, weiße Hermana, noch nie hat mich jemand bedingungslos in den Arm genommen." Mit diesen Worten verschwindet sie zwischen all den Menschen auf dem Plaza.

Ich bin etwas durcheinander, lasse die Situation dann aber so stehen und schaue mich suchend nach David um. Er ist nicht mehr ganz so nah bei mir und so brauche ich einen Moment, bis ich ihn in der Menschenmenge erkenne. Er läuft ziemlich schnell, fast schon hektisch, auf mich zu. Ich laufe ihm entgegen. Offenbar bin ich ihm nicht schnell genug. Als ich ihn erreiche, sagt er angespannt, dass er meine Hilfe braucht. Ich bin in Gedanken noch bei der Frau, die ich umarmt habe, und bin kurz überfordert. Offenbar hat sich in der Zwischenzeit ein neues Problem aufgetan. Bevor ich antworten kann, nimmt er mich an die Hand und zieht mich hinter sich her. Mein Herz bleibt eine Sekunde stehen. Diese weiche, aber kräftige Hand… Es ist eine Berührung, die mir eine wohlige Wärme schenkt. Ich versuche, meinen Kopf wieder freizubekommen und folge ihm, so schnell es mir zwischen all den Menschen möglich ist. Immer wieder fällt mein Blick auf unsere ineinander geschlossenen Hände und ich erwische mich dabei, dass sich meine Mundwinkel zu einem Lächeln formen. Viel zu abrupt bleibt er plötzlich stehen. Es fühlt sich an, als halte er bewusst meine Hand einen Moment länger als notwendig und ich muss mich zwingen, meine Aufmerksamkeit auf seine Worte zu lenken.

Er stellt mir eine junge Frau vor. Sie schaut betroffen auf den Boden, kann meinen Blick kaum länger als einen Moment standhalten. Sie ist nicht in der Lage, mir ihre Situation selbst zu schildern. So höre ich David zu und versuche, bei den vielen Worten den Sinn zu verstehen. Es dauert ein bisschen, bis er mir erklärt hat, dass diese Frau einer alten Dame den Hut geklaut hat. Ein Spiel, das ich bereits kenne. Kein sonderlich ehrenhaftes, aber ein gängiges unter den Jugendlichen in La Paz. Die Frauen tragen die hier traditionellen Melonenhüte, Jugendliche klauen sie und machen sich ein Spaß daraus. Nun ist die ältere Dame jedoch direkt zur Polizeiwache am Rand des Plaza gegangen und hat den Diebstahl gemeldet. Ich bemerke, dass sich – offenbar zufällig – zwei vollbewaffnete Polizisten nähern und erkläre der jungen Frau sehr bestimmt, dass wir nun selbst zur Wache gehen werden und sie der Dame den Hut zurückgeben wird. Ich verspreche ihr, dass ich sie begleite und dafür sorgen werde, dass ihr nichts passiert. Sie lässt sich darauf ein und so gehen wir schnurstracks in die Höhle der Löwen. Ich erkläre in meinem nach wie vor gebrochenem Spanisch, was passiert ist und fordere die junge Frau auf, den Hut an den Polizisten auszuhändigen. Der beginnt, die Frau zu beschimpfen. Sie gehöre zu dem Straßengesocks und würde es sowieso nicht weitbringen. Ich schreite ein und erkläre dem einen Kopf kleineren Polizisten barsch, dass er kein Recht hat, so mit ihr zu sprechen. Sie hat Reue gezeigt und das sollte er anerkennen. Noch bevor ich weitersprechen kann, greift der Mann in seine Uniformtasche. Mich überkommt Panik. Ich greife nach der Hand der Frau und ziehe sie so schnell ich kann mit mir aus dem Gebäude. Ich kann noch hören, dass der Polizist uns hinterherschreit, dass er für einen solchen Mist keine Zeit hat und sehe eine kleine Flasche Pfefferspray in seiner Hand. Wahrscheinlich wollte er uns nur drohen, denn er selbst und seine Kollegen hätten das Pfefferspray in dem kleinen Raum auch eingeatmet. Trotz allem bin ich erleichtert, als wir uns wieder im Freien befinden. Wären wir nicht auf die Polizeiwache gegangen, so hätte es sein können, dass die junge Frau anhand der Beschreibung der alten Dame von der Polizei aufgegriffen worden wäre. Wäre es dazu gekommen, hätte sie damit rechnen müssen, ins Gefängnis zu kommen, und dort wäre sie definitiv lebend nicht mehr herausgekommen. Da der Hut nun wieder zu seiner Besitzerin gelangt, können wir davon ausgehen, dass der Polizist von der Beschwerde der Dame genauso genervt sein wird wie von der Reue der jungen Frau. Sie hat nun wohl nichts mehr zu befürchten.

Der Moment, der alles in den Schatten stellt

Wir stehen wieder zusammen auf dem Plaza. Es ist bereits Mitternacht. Die Kinder von Pati spielen zwischen uns Fangen. Immer wieder kommen Menschen auf mich zu, umarmen mich, verabschieden mich und fordern mich auf, zu bleiben. Erst als sich mehr und mehr Leute zurückziehen, um ihren Geschäften nachzugehen, ihre nächtlichen Verschläge aufzusuchen oder weil sie einfach weiterziehen, nimmt David mich erneut an die Hand. Er zieht mich bis zu einer Mauer, die den Plaza umschließt. Dicht beieinander nehmen wir Platz. Unsere Hände bleiben umschlossen und ich genieße das wilde Treiben der Nacht. Die Lichter der Straßenlaternen und der Scheinwerfer vor der Kirche tauchen den Platz in ein sanftes Licht, das sich in Davids Augen widerspiegelt. Er drückt kurz meine Hand, bevor er zu sprechen beginnt. „Was bedeute ich dir, Claudia?" Ich halte kurz inne. Doch ich muss mir eingestehen, dass meine Worte nicht genügen, um ihm seine Frage zu beantworten. Ich greife in meine Tasche und nehme einen Umschlag heraus, den ich für den Abschied von David und mir vorbereitet habe. Er öffnet den Umschlag und nimmt zuerst die Fotos heraus, auf denen er und ich abgebildet sind. Ein Foto zeigt David, Victor und mich. Er nimmt es und sagt, erneut, dies sei sein Familienfoto. Er bemerkt nicht, dass sich Tränen in meinen Augen sammeln. Nun nimmt er einen gefalteten Brief aus dem Umschlag und beginnt zu lesen:

David, du bist ein so wundervoller Mensch,
ich möchte, dass du dir von niemandem einreden lässt,
dass du nichts wert seist!
Es ist eine Lüge, wenn jemand dies behauptet,
denn für mich bist du ein ganz besonderer Mensch.
Auch wenn ich bald nach Deutschland zurückgehen werde,
so werde ich in Gedanken bei dir und den Jungs sein.
Passt auf euch auf, ich habe euch lieb!

Nachdem David die letzte Zeile gelesen hat, faltet er den Zettel wieder zusammen und steckt ihn mit den Fotos zurück in den Umschlag. Er wendet sich ab und scheint gedankenverloren ins Nichts zu schauen. Ich gebe ihm

die Zeit, die er braucht, bis er mich wieder ansieht. Ich bin kurz verwirrt, denn er weint. Vollkommen ungeniert sitzt er mir gegenüber und die Tränen laufen seine Wangen herunter. Sofort beginne ich, auch wieder zu schluchzen. Ohne etwas zu sagen lehnen wir unsere Köpfe aneinander. Unsere Hände sind eng ineinander gefaltet. Tief schauen wir uns in die Augen, während wir uns Stirn an Stirn gegenübersitzen. Ich habe jedes Zeitgefühl verloren und so schrecke ich kurz auf, als ich Davids flüsternde Stimme höre: „Bitte, Claudia, bleib bei mir, verlass mich nicht!"
Das ist der Moment. Der Moment, der alles bisher Dagewesene in den Schatten stellt. Der Moment, der mich eine winzige Sekunde dazu zwingt, an Paul zu denken. Nein. Das, was hier gerade passiert, hat nichts mit Paul zu tun. Dieses Leben hat nichts mit Paul zu tun. Jetzt gerade, auf diesem Platz, zwischen all den Menschen, existieren nur David und ich. Unsere Köpfe schmiegen sich wieder aneinander und sanft berühre ich mit meinen Lippen seine Wange und hauche ihm einen Kuss entgegen. Langsam, ganz zaghaft dreht er sein Gesicht zu mir. Wir schauen uns in die Augen und ich habe zum ersten Mal das Gefühl, dass ich ihn in seiner ganzen Echtheit erleben und sehen darf. Er erlaubt mir, durch seine Augen bis in sein Herz sehen zu dürfen. Ich kann seine Verletzlichkeit sehen und fühle Verunsicherung, als er ganz langsam mit seinen weichen, zarten Lippen die meinen berührt. Er ist so vorsichtig, als habe er Angst, dass alleine diese Berührung mich verletzen könnte. Nach der ersten Berührung zieht er seinen Kopf zurück und sieht mir erneut tief in die Augen. Als wolle er herauslesen, ob ich die gleiche Sehnsucht nach ihm verspüre, gibt er sich nach dem ersten Blick diesem wundervollen Moment voller Liebe und Emotionen hin.
Viel fester und intensiver Berühren sich nun unsere Lippen. Wir küssen uns mit einer noch nie von mir gefühlten Leidenschaft. Unsere Münder öffnen sich und unsere Zungen ertasten einander. Nie zuvor habe ich ein so wundervolles Gefühl gespürt, eine noch nie dagewesene Sinnlichkeit, die alles einnimmt. Eine schier nie enden wollende Begierde nacheinander, doch voller Achtung voreinander. Seine Arme wandern an meinem Körper entlang und er zieht mich mit einer festen Bewegung an sich. Nichts kann uns in dieser Situation stören. Alles fühlt sich perfekt an. Keiner von uns beiden lässt auch nur eine Sekunde Stillstand zu, zu groß ist die Angst, dass dieser Moment vergeht. Wir küssen uns, seine Hände lösen sich aus der Umarmung und um-

schließen mein Gesicht. Mit einer Hand greift er in meine Haare und zieht meinen Kopf noch etwas näher an sein Gesicht. Ich atme voller Sinnlichkeit seinen Geruch ein und fühle seine Leidenschaft in jeder Bewegung. Stark und mächtig übernimmt er die Führung unserer Berührungen. Ich habe das Gefühl, mich zum ersten Mal vollkommen gehenlassen zu können. Als könne ich nichts machen, das diesen Moment in seiner Perfektion zerstört. Doch dann wird er doch zerstört. Als sich David nach einer Weile von mir löst, weichen auch die Stärke und die Macht. Mit tränenerfüllten Augen sieht er mich an. „Claudia, ich will nicht, dass du gehst! Bitte bleib bei mir." Es scheint, als würde ich nicht genug Luft bekommen, um antworten zu können. Ich versuche, mich stattdessen erneut seinen Lippen zu nähern. Ich will nicht, dass die Realität diesen Moment kaputtmacht. Ich will im Hier und Jetzt für immer mit David verschmelzen. Er lässt mich gewähren, aber anders als bei dem langen Kuss zuvor gelten meine Gedanken nun nicht mehr dem Moment, sondern der Zukunft. Ich fühle mich zerrissen. Ich kann nicht glauben, dass ich mich in dem bisher wundervollsten Moment meines Lebens befinde und gleichzeitig weiß, dass schon morgen alles vorbei sein wird. Ich werde nach Sucre fahren, mich um ein neues Flugticket kümmern müssen und schon in einer Woche mit Paul und meinen Freunden in Brasilien sein. Jetzt holt mich auch mein Gewissen ein. Ich muss kurz darüber nachdenken, schiebe es aber bewusst zur Seite. Es gehört hier nicht hin.

David legt den Arm um mich und drückt mich an sich. Ich sage nichts zu seiner Bitte. Ich kann nichts sagen, was die Situation verändern würde. Nach einigen Momenten springt David auf. Er hält mir seine Hand hin und ich bin neugierig, was er wohl vorhat. Doch meine Freude wird mit wenigen Worten zerschmettert: „Ich kann dich nicht länger im Arm halten. Je länger ich das tue, desto länger wird es dauern, den Schmerz zu überwinden. Du wirst mich verlassen, wie es alle getan haben." Er spielt auf seine Eltern an. Seine Worte treffen mich und mein Herz zieht sich zusammen. Kurz frage ich mich, ob er mich mit dem Gesagten bewusst unter Druck setzen will. Das traue ich ihm gerade nicht zu. Es fühlt sich eher nach Verzweiflung und Trauer an. Er zieht mich hinter sich her und ich frage aufgebracht, wo er mit mir hinwill. „Ich bringe dich zum Bus." Zwar nimmt er mich auf dem Weg immer wieder in den Arm und küsst mich, aber an seinem Plan, dass ich heimfahren soll, ist nicht zu rütteln. Fieberhaft suche ich nach einer Möglichkeit, um diesen Moment, diesen Abend nicht beenden zu müssen. Als wir an der vielbefahrenen Straße ankommen, wende ich mich ihm zu. „David, wenn ich noch einen Tag bleiben würde, würdest du diesen Tag mit mir zusammen verbringen?" Ich habe Angst vor der Antwort. Es wäre auch ein Tag, den er nicht mit seinen Drogen verbringen kann. Wofür wird er sich wohl entscheiden? Als würde diese Frage ihm keinerlei Kopfzerbrechen bereiten, drückt er mir lässig einen Kuss auf den Mund und sagt: „Wenn du mir einen weiteren Tag schenkst, werde ich ihn mit dir verbringen." Wir stehen an der Straße und er winkt einen Bus heran. Doch ich kann jetzt nicht einfach heimfahren. Ich werde laufen. Mein Entschluss steht fest. Ich weiß, dass es bereits tief in der Nacht ist und der Heimweg gefährlich wäre, aber ich kann einfach nicht zulassen, dass dieser Abend vorbei ist. Ich möchte in der Stadtluft laufen, ich möchte mich immer weiter in den Gedanken und Gefühlen der eben erlebten Situation verlieren. Ich erkläre David, dass ich keinen Bus benötige und will mich von ihm verabschieden.

Kurz scheint er meinen Willen nicht respektieren zu wollen, doch statt zu protestieren, berühren seine Lippen leicht meine Wange. Er küsst mich nicht. Er haucht mir eine Bitte ins Ohr, die in Wahrheit ein Befehl ist. So unauffällig, dass jeder denken muss, dass er mich küsst, flüstert er: „Claudia, siehst du die vier Halbstarken hinter mir? Sie sind uns gefolgt und haben es auf deine Kamera abgesehen. Tu mir den Gefallen und steig in den Bus. Ich möchte nicht, dass du dabei bist, wenn ich sie in ihre Schranken weise. Dieser Abend war etwas so Besonderes, dass wir ihn hier und jetzt beenden, okay?" Dann geht alles sehr schnell. Der Kleinbus öffnet seine Türen und ich steige ein. Zum Abschied küsst David mich sanft. Während der Bus losfährt, sehe ich, wie er auf die vier Jungs zu stolziert. Nichts ist mehr von dem warmherzigen Mann zu erkennen, der mich eben voller Liebe und Zuneigung geküsst hat. Ich fühle Stolz in meiner Brust. David ist ein Mann, der für mich einsteht.

Diese gerade geschrieben Zeilen lassen mich emotional nicht mehr los. 15 Jahre später treiben sie mich in ein Gedankenkarussell, in dem sämtliche Vorstellungen von Liebe und Partnerschaft durcheinandergewirbelt werden. Das erste Mal habe ich das Gefühl, dass ich tatsächlich meine Muster erkennen und durchbrechen könnte. Jeder, der diese Zeilen liest, kann sich vielleicht noch in eine ähnlich überwältigende Situation zurückdenken. Sei es der erste Kuss mit der großen Liebe, sei es eine sanfte Berührung, die alles bisher Erlebte in den Schatten stellt oder ein anderes Erlebnis, das im positiven Sinne lebensverändernd war. Während ich schreibe, setze ich mich gerade intensiv mit meinen gelebten Beziehungsmustern auseinander. Nun haben Konni und ich, wie schon so oft, diese Zeilen analysiert und dabei entsteht plötzlich so viel Verständnis für die Vergangenheit. Vielleicht geht es einigen Lesern ähnlich wie mir. Ich lande immer wieder im Vergleichen. Kein bisher erlebter Moment mit einem Mann fühlte sich so intensiv an wie dieser erste Kuss mit David, die ersten Berührungen, die Besonderheit unseres Zusammenseins. Ich habe immer diese tiefe Sehnsucht nach einem intensiveren Moment gehabt. Ich bin mir nicht einmal sicher, ob ich bis zum jetzigen Zeitpunkt wusste, dass dieser Kuss mit David der Maßstab war, mit dem ich bei meinen folgenden Beziehungen nach etwas noch Größerem gesucht habe.

Diese Sehnsucht hatte zur Folge, dass ich permanent in Zweifeln feststeckte. Ich habe mich immer wieder gefragt, ob ich mich mit dem, was ich nun lebe, so zufriedengeben sollte. Oder aber, ob ich weiter nach dieser vermeintlichen Perfektion dieses einen Momentes suchen muss. Während ich schrieb und mit Konni und weiteren lieben Menschen darüber ins Gespräch kam, wurde meine Idee, die sich im Gedankenkarussell entwickelte, immer stärker und mächtiger. Vielleicht liegt für die, die beim Lesen dieser Zeilen einen vergleichbaren Moment im Kopf haben, dieser Moment auch schon einige Zeit zurück. Solltest du, lieber Leser, in der wundervollen Situation sein, dass dieser Mensch, mit dem du dieses Erlebnis geteilt hast, noch immer an deiner Seite ist, dann gratuliere ich von ganzem Herzen. Sollte es nicht so sein, so bin ich gespannt, welche Gedanken du zu den folgenden Worten hast.

Ich bin heute überzeugt, dass es einer unfassbar aktiven Arbeit bedarf, sich soweit freizumachen, dass man einen solchen Moment viele Jahre später erneut erleben kann. Ich beobachte an mir Verhaltensmuster, die ich gerne hinter mir lassen würde und hoffe, dass diese Zeilen mein Durchbruch sind. Ich zweifle, hinterfrage, vergleiche und habe große Ängste, mich auf einen Partner gänzlich einzulassen. Ich bin der Meinung, dass ich an sich ein sehr offener, empathischer und authentischer Mensch sein kann, aber gerade derzeit muss ich erkennen, dass ich einem Partner gegenüber alles andere als offen bin und ich glaube, jetzt die Ursache dafür gefunden zu habe. Wir ha-

ben seit diesem besonderen Moment, den wir alle im Kopf haben, so viel erlebt. Wir wurden vielleicht verlassen, vielleicht betrogen oder auf anderem Wege in unserer Sicherheit erschüttert. Nun stehen wir da, mit diesem wundervollen Moment und diesen massiven Verletzungen und Erfahrungen im Gepäck. Meine These ist, dass diese Ängste, die aus Verletzungen heraus entstanden sind, dafür sorgen, dass wir – vielleicht gilt das ja auch nur für mich – kaum in der Lage sind, uns mit voller Hingabe einen neuen so besonderen Moment zu genehmigen. Ich weiß: Je mehr ich von mir gebe, desto mehr ist mein Gegenüber in der Lage, mich zu verletzen und mein emotionales Gepäck zu vergrößern.

Nun gehen wir einen Schritt weiter. Ich behaupte, dass ich in jeder möglichen neuen Partnerschaft die größere Zweiflerin sein werde. Und selbst wenn ich versuche, diese Zweifel zu verstecken und für mich zu behalten, so wird mein Gegenüber meine heimlichen Gefühle und Empfindungen doch immer wieder spüren. Es ist wissenschaftlich erwiesen, dass wir durch Spiegelneuronen unsere Gegenüber beeinflussen. So stelle ich jetzt die krasse Behauptung auf, dass ich durch meine Ängste jede Beziehung unterbewusst boykottieren werde. In den vergangenen Tagen scheint das für mich zur Gewissheit geworden zu sein. Meine Ängste und Zweifel werden jedem potenziellen neuen Partner bei jedem neuen Anfang gespiegelt, und so kommt auch der Mann spätestens auf lange Sicht ins Zweifeln. Wie tragisch, dass mich offensichtlich meine Ängste so sehr im Griff haben, dass ich bislang nicht in der Lage war, zuzulassen, einen solch wundervollen Moment erneut erleben zu dürfen, weil ich mein Muster bislang nicht erkannt habe. Wie dankbar bin ich, dass ich die Möglichkeit bekomme, diese Zeilen gemeinsam mit meiner lieben Freundin Konni zu schreiben, mit ihr und noch so vielen anderen besonderen Freunden in die Reflektion gehen kann und wir gemeinsam nach Lösungsstrategien suchen können.

Ich glaube nicht, dass wir in der Lage sind, all unsere Päckchen einfach hinter uns zu lassen. Je länger ich darüber nachdenke, all meine negativen Erfahrungen auszublenden, desto mehr fühle ich, dass dies nicht der Weg sein kann. Sie gehören zu mir: jede Erfahrung, jede Träne, jede Begegnung. Ich habe eher den Impuls, diesen Schmerz einzuladen, mein Begleiter zu sein. Denn wir kennen es doch alle, dass wir dem, was wir gerne aus unserem Leben streichen wollen, durch den Kampf noch viel mehr Nährboden geben.

Wenn wir uns jedoch von diesem Kampf lösen und unsere Erlebnisse unsere Begleiter sein können, so können wir die frei gewordene Kraft nutzen, um nach einem niederschmetternden Moment wieder aufzustehen. Natürlich ist das keine einfache Aufgabe. Es gehört viel Mut dazu. Vielleicht fragst du dich: warum Mut? Fühlt es sich nicht manchmal auch gut an, in Trauer und Wut steckenzubleiben? In die Problemtrance einzutauchen und sich dieser hinzugeben? Wir könnten es uns in ihr wie in einer neuen Wohnung gemütlich machen. Menschen, die uns wichtig sind, begleiten uns oft sehr intensiv. Dies und die Tatsache, dass wir der Experte unserer Trauer, unserer Verzweiflung, unserer Wut sind, bringt uns dazu, innezuhalten. Wir wissen genau, wie wir den Schmerz beispielsweise durch ein besonderes Lied verstärken, wir haben auch Ideen, wie wir den Schmerz lindern könnten. Wir können es kontrollieren, und wir leben dadurch in einem bekannten Terrain. Aus dieser Problemtrance herauszukommen, das bedeutet, Neues zu wagen, neue Wege einzuschlagen, mutig zu sein, ein neues Leben zu beginnen.

Ich habe beschlossen, mich aus dieser Trance zu befreien, neu anzufangen, meine Ängste zu erkennen und in meinen Rucksack zu packen. Ich möchte versuchen, die Ängste einzuladen und ich würde mich gerne mit ihnen anfreunden. Sie sollen mich durch mein Leben begleiten, sollen mir zeigen, wann es an der Zeit ist, vorsichtig zu sein. Aber ich möchte mich mit ihnen so gut verstehen wie mit meinen engsten Freunden, die mir Ratschläge geben und gleichzeitig sagen: „Claudia, das sind unsere Ideen zu deiner Situation, aber wir begleiten dich, auch wenn du das Gegenteil machst." Ja, ich werde mir gestatten, die Gefahr einzugehen. Ja, es kann passieren, wenn ich mich auf einen wundervollen Menschen einlasse, dass ich betrogen werde. Es kann sein, dass dieser Mensch mich mit meiner ganzen Echtheit sieht und es ihm nicht gefällt. Ja, es kann auch sein, dass wir diesen Menschen, den wir von Herzen lieben, verlieren.

All das kann sein, und trotzdem wage ich den Schritt, weil ich mir gleichermaßen erlaube, mir die schönen Möglichkeiten anzusehen. Es kann sein, dass dieser Mensch der Partner meines Lebens wird. Es kann sein, dass er loyal und liebend mein Wegbegleiter wird. Das und so viel mehr kann passieren, und ich möchte bewusst meinen Blick auf das Positive richten. Ich möchte meine Spiegelneuronen dazu bringen, dass sie meinem Gegenüber Hoffnung und Liebe übermitteln. Ich möchte mich selbst so wertschätzen, dass ich es mir wert bin, durch meine Gedanken und meine Hoffnung mehr Zuversicht in mein Leben zu lassen.

Perspektivlose Ideen

Ich wache in meinem Bett auf, die Sonne scheint durchs Fenster. Ich kann die Busse und das wilde Treiben der Straße hören, als wäre keine Scheibe im Rahmen. Ich genieße diese Geräusche, sie gehören zu meinem bolivianischen Leben. Ein Schreck durchfährt mich. Was ist gestern passiert? Kann es tatsächlich sein, dass David und ich uns geküsst haben? In Gedanken erlebe ich diesen Abend erneut und stehe nach einiger Zeit voller Bauchkribbeln und Lebensfreude auf. Ich bin bis über beide Ohren verliebt und werde ihn heute sehen, wir werden Zeit zusammen verbringen. Jetzt überkommt mich ein schaler Beigeschmack. Ja, heute werden wir Zeit miteinander verbringen. Aber nur noch heute. Denn dann muss ich nach Sucre, muss darauf hoffen, dass ich einen Flug nach Brasilien bekomme. Im besten Fall fliegt das Flugzeug von La Paz aus los, so dass ich noch einen Tag hier verbringen kann, aber rein realistisch fliegen von Santa Cruz aus deutlich mehr Flugzeuge nach Brasilien. So schwindet auch diese Hoffnung.

Ich ziehe mich an, nehme ein letztes Mal den Bus zum CC und steige aus. Ich bin bewusst früher gefahren, weil ich noch mal in einen Fotoladen möchte, um die Fotos, die David gestern auf dem Plaza gemacht hat, ausdrucken zu lassen. Sie sollen als Erinnerung im CC bleiben. Ich gebe meine Chipkarte ab und wähle gemeinsam mit dem Angestellten die Fotos aus, die eher unscheinbar wirken und an jedem beliebigen Tag bei der Arbeit hätten entstehen können. Dann setze ich mich auf eine Bank und warte. Es ist laut im Laden, denn direkt vor dem Fotogeschäft ist eine große Baustelle. Die Straße ist gesperrt und unbefahrbar. Nur ein kleiner Pfad steht den Fußgängern zur Verfügung, um in die Läden gehen zu können. Der Angestellte reißt mich aus meinen Gedanken an gestern heraus, denen ich schon wieder verfallen bin, und überreicht mir dir Fotos. Ich bezahle noch schnell und schon beim Verlassen des Geschäftes nehme ich die Bilder aus dem Umschlag. Jedes einzelne Foto versetzt mich zurück in die erlebte Situation. Ich bleibe gedankenversunken in der Tür stehen. Vor mir laufen eine Menge Menschen den kleinen Pfad entlang. Ich nehme kaum Notiz von ihnen. Die Tränen laufen mir übers Gesicht und ich fühle sämtliche Kraft aus meinem Körper weichen. Die Zerrissenheit in mir ist so einnehmend, dass ich verzweifelt auf die Knie sacke. Die Menschen drängen sich an mir vorbei, fragen, ob sie mir helfen können, aber ich kann nicht antworten. Ich sitze da auf dem nackten Boden und es schüttelt mich vor Hilflosigkeit. Kraftlos ziehe ich mein deutsches Handy aus der Tasche. Ein Anruf nach Hause ist kaum bezahlbar, aber ich muss jetzt sofort, auf meinen Knien kauernd, mit meinen Eltern telefonieren. Ich wähle die Nummer meiner Mutter. Überrascht meldet sie sich. Offensichtlich hat sie meine Nummer im Display gesehen. „Claudia, was ist passiert?" Sie weiß, dass es einen triftigen Grund geben muss, wenn ich vom Handy aus anrufe. Ich antworte ihr in all meiner Schwäche, wie sie mich gerade überkommen hat. „Mama, ich werde hierbleiben. Ich habe euch lieb, aber ich habe keine andere Wahl." Sie antwortet, als habe sie diesen Anruf bereits erwartet. „Claudia, wir brauchen dich hier, wir vermissen dich so sehr." Ich kann vor Kraftlosigkeit kaum antworten und es kommt nur ein leises: „Mama, *hier* werde ich viel mehr gebraucht. Bitte versuch, mich zu verstehen. Hier kann ich helfen und die Menschen flehen mich an, dass ich nicht gehen soll, bitte versteh mich. Ich halte diesen Zwiespalt nicht mehr aus." Sie beginnt zu schluchzen. „Claudia, wo bist du gerade? Bitte komm heim zu uns." Ich antworte ihr, dass ich gerade auf einem kalten Steinboden knie und meine Zerrissenheit mir sämtliche Kraft raubt.

Ich erschrecke, als mich plötzlich eine kräftige Hand hochzieht. Mein Kopf fährt rum, um zu erkennen, wer mich so grob anfasst. Es ist ein älterer Mann, den ich von einer der Straßengruppen kenne. Ich teile meiner Mutter mit, dass ich mich wieder melden werde und beende das Telefonat sofort, noch bevor sie antworten kann. Der Mann, der versucht, mich zu stützen, steht selbst unter Alkoholeinfluss und es muss ein seltsames Bild abgeben, denn während wir uns unbeholfen gegenseitig stützen, beobachten uns die vorbeiziehenden Passanten. Schon von der Terrasse aus sieht uns Diego. Wir hören, wie zwei Männer die Treppe hinabpoltern, um uns zur Hilfe zu kommen. Victor bugsiert mich die Treppe hinauf und Diego den alten eingefallenen Mann. Sie setzen uns in den Flur auf die orangefarbenen Bänke und geben uns beiden heißen Tee.

Es ist Samstagmorgen und normalerweise ist zu dieser Zeit das Kontaktzentrum nicht allzu gut besucht. Gewöhnlich sind nur die Mütter hier und waschen die Wäsche auf der Terrasse. Doch heute ist es anders. Das Kontaktzentrum ist voll. Es hat sich wohl herumgesprochen, dass ich wider Erwarten noch einen Tag länger bleibe. Viele wollen erneut Abschied nehmen. Es dauerte nicht lange, da betritt David das CC und begrüßt mich mit einem angedeuteten Wangenkuss. Sein Blick ist vielsagend. Nein, wir dürfen niemanden zeigen, dass wir eigentlich ein so viel größeres Bedürfnis nacheinander haben, als mit einem Wangenkuss befriedigt werden könnte. Er begrüßt die Hermanos respektvoll und setzt sich dann neben mich. Er rutscht so nah an mich heran, dass er unauffällig unter meiner Jacke meine Hand halten und sie liebevoll drücken kann. Es sind einige Besucher da, die am gestrigen Abend unsere leidenschaftlichen Küsse gesehen haben müssen, aber keiner gibt auch nur einen seltsamen Kommentar ab. Es scheint ein Geheimnis zwischen mir und meinen Menschen von der Straße zu sein. Ich weine unentwegt und David wischt mir sanft die Tränen aus meinem Gesicht. Während seine Finger durch mein Gesicht streicheln, berührt er sanft mit seinen Lippen mein Ohr und flüstert: „Claudi, hör auf zu weinen, wir schaffen das gemeinsam." Ich kann nicht aufhören zu weinen. So geht es, wie schon gestern, auch vielen anderen, die bei uns sitzen. Der Einzige, der nicht weint, ist David. Gestern stand er in seiner ehrlichen Verletzlichkeit vor mir und nun bin ich es, die sich schwach und verzweifelt zeigt, während er mich hält und trägt.

Irgendwann ergreift Diego das Wort und statt mit einer Predigt beschließt er heute den Tag mit einem Gebet: „Im Namen des Herrn, Jesucristo. Gepriesen seist du, Vater im Himmel, dass du uns Claudia hier nach Bolivien geschickt hast. Mit ihrer Liebe und Offenheit konnte sie die Menschen hier erreichen. Sie konnte helfen, das Leben der Menschen ein wenig zu verbessern. Du siehst ihre und unsere Hilflosigkeit. Wenn du es für richtig hältst, mach, dass sie bald wieder bei uns ist und den Menschen Hoffnung und Liebe vermitteln kann. Es gab für viele der Menschen hier niemanden, der sie erreichen konnte außer dir. Und Claudia hat es nun auch geschafft. Nimm ihnen ihre einzige Person auf dieser Welt nicht weg, sondern gib ihr Kraft, bald wieder bei uns zu sein. Segne ihre Eltern, dass sie ihr erlaubt haben, hier zu uns zu kommen und lass ihre Freunde auf sie aufpassen und sie beschützen in schweren Zeiten. Wir befehlen sie dir an. Danke. Amen."

Beschämt und gerührt sitze ich bewegungslos da. Die Worte fühlen sich zu groß an. Kurz überlege ich, wie viele Fehler ich gemacht habe, wie oft ich an meinen Grenzen war und nicht weiterwusste. Ich kann diese Worte nicht unausgesprochen machen, aber ich schaue beschämt drein, auch wenn ich

weiß, dass es eine wahnsinnig große Liebeserklärung und Wertschätzung meiner Hermanos ist.
Noch einmal verabschiede ich mich von den Besuchern, mit langen Umarmungen und intensiven Abschiedsgesprächen. Als auch der letzte das CC verlassen hat, betritt Ulrike den Raum. Sie sagt mir, dass sie heute Mittag gerne mit mir essen gehen möchte. Kurz bin ich hin- und her gerissen. Viel lieber würde ich die Zeit wie vereinbart mit David verbringen. Doch ihr nun abzusagen, wäre sehr unhöflich und fühlt sich falsch an. Mit einem dicken Kloß im Hals gehe ich zu Victor, um mich von ihm zu verabschieden. Ich nehme diesen wundervollen Mann fest in meinen Arm. So viel durfte ich von ihm lernen. Wo zu Beginn unseres Kennenlernens Misstrauen herrschte, ist nun nur noch tiefe Verbundenheit und Nähe. Ich drücke ihn, atme seinen Geruch ein und bedanke mich für alles, was er während meiner Zeit hier in Bolivien für mich getan hat. Offensichtlich hat er den Sinn einer Überraschung nicht ganz verstanden, denn irritiert sieht er mich an und sagt: „Aber Hermana, wir sehen uns doch gleich beim Essen." Ich muss lächeln und bin umso erleichterter, dass ich das Essen nicht abgesagt habe, sondern anscheinend all meine lieben Hermanos noch mal sehen darf. Auch wenn keine Besucher mehr im CC sind, scheint es niemanden meiner Kollegen zu wundern, dass David mir noch immer nicht von der Seite weicht. Als wir jedoch zum Essen aufbrechen, verabschieden wir uns eher distanziert und verabreden uns unauffällig für zwei Stunden später am Plaza San Francisco.
Gemeinsam als Team laufen wir zu Burger King. Das Überraschungsmoment entfällt durch die Ankündigung von Victor, wodurch diese Geste jedoch nicht im Geringsten an Bedeutung verliert. Wir sind so viele, dass wir einen Tisch mitten in dieser großes Speisehalle zugewiesen bekommen. Die Stimmung ist nicht nur wegen des Abschieds bedrückend. Wir passen einfach überhaupt nicht in dieses Restaurant. Anders als bei uns in Deutschland können sich damals in Bolivien nur die Reichen den Luxus leisten, bei Burger King zu speisen. So finden wir uns zwischen vielen Anzugträgern wieder, die gemeinsam mit ihren Vorzeigedamen stilvoll dinieren. Wir hingegen sitzen mit unseren Jogginganzügen mit dem Logo der Soforthilfe am Tisch, und statt nach Parfüm riechen wir nach Straße. Zu allem Überfluss scheint es mir, als seien einige meiner Kollegen zum ersten Mal in diesem Restaurant und fühlen sich sichtlich unwohl. Ich weiß, dass Joseph und Ulrike ganz bewusst

dieses Restaurant gewählt haben, um mir eine Freude zu bereiten, doch in dieser Gesellschaft würde ich mir wünschen, dass wir in entspannter Atmosphäre gemeinsam in einer der Suppenküchen auf dem Markt auf alten Schemeln zusammensitzen.
Nachdem wir unsere Burger gegessen haben und an den letzten Pommes herumknabbern, zieht Ulrike etwas aus ihrer Tasche: eine liebevoll geschriebene Karte, auf der alle unterschrieben haben, und dazu ein eingepacktes Geschenk. Vorsichtig löse ich den Klebestreifen und zum Vorschein kommt eine wunderschöne orangefarbene Tasche mit schwarzen Stickereien. Nacheinander bedanke ich mich bei jedem Einzelnen. Es ist gleichzeitig mein Abschied. Wieder weinen wir, halten uns fest in den Armen und küssen uns liebevoll die Wangen. Ich bin unglaublich dankbar, dass ich für heute noch eine Verabredung mit David habe und so diesen Abschiedsschmerz betäuben kann. Bewusst warte ich, bis sich alle verabschiedet haben und verlasse als Letzte das Schnellrestaurant. Ich habe noch eine Stunde Zeit bis zur Verabredung mit David. Diese Stunde möchte ich nutzen, um eine letzte Rundmail zu schreiben. Doch bevor ich mich an den alten dreckigen Rechner im Callcenter setze, lasse ich mir eine Telefonkabine zuweisen. Ich wähle Samantas Nummer. Voller Nervosität warte ich. In Deutschland ist es Samstagmorgen. Ihre Mutter nimmt den Hörer ab und ruft direkt nach Samanta. Während wir darauf warten, dass Samanta sich aus dem Bett quält, fragt sie, wie es mir geht. Eine Frage, die ich in Emails immer wieder lese. Ich weiß nie, was ich darauf antworten soll. Wie antwortet man denn auch bitte auf eine solch profane Frage, wenn man gerade ein solches Leben führt wie ich? Meistens sage ich ganz oberflächlich, dass alles okay sei. Wenn Menschen dann tatsächlich Interesse haben, beginne ich zu erzählen. Da diese Frage diesmal eindeutig als Zeitüberbrückung gestellt wird, belasse ich es bei einer offensichtlichen Floskel. Mein Herz schlägt heftig, als Samanta verschlafen das Telefon übernimmt.
„Samanta, ich muss dir unbedingt von gestern Abend erzählen." Geduldig und interessiert hört sie mir zu. Sie folgt all meinen blumigen Beschreibungen von David und unserer Annäherung bis hin zum großen Kuss-Finale. Als ich meine Erzählung abschließe, atmet sie tief durch. Sie wartet einen Moment und sagt dann: „Schöne Scheiße, und jetzt, Claudi?" Sofort beginne ich zu weinen. Wie immer sieht Samanta meine Not, ohne dass ich wortreich

beschreiben müsste, wie ich mich fühle. Sie fragt einfach nur: „Wirst du wieder heimkommen?" Ich antworte ihr: „Samanta, ich muss wieder nach Hause. Ich kann nicht einfach hierbleiben." Mal wieder versuche ich mit diesen Worten, vor allem mich selbst zu überzeugen. Samanta lässt meine Antwort so stehen und geht nicht weiter darauf ein. Ich glaube, sie ist erleichtert darüber, dass ich zurück nach Deutschland komme. Doch es bleibt ein weiteres Problem. „Wie willst du mit Paul weiter umgehen? Wirst du ihm davon erzählen?" Sie kennt mich und ich kenne mich. Mein Schweigen auf die Frage ist Antwort genug. Sie weiß genau, dass ich das Geschehene nie unausgesprochen lassen könnte. Nach einer längeren Gesprächspause seufze ich laut und erkläre ihr, dass mein Plan ist, mit Paul in Brasilien ins Gespräch zu kommen und ihm von dem Kuss zu erzählen. Unsere Beziehung wird wohl eh keine besonders großen Chancen mehr haben. Ich komme ins Stocken. „Samanta, ich weiß gar nicht, in welcher Situation ich mich gerade befinde. Bin ich jetzt mit David zusammen? Habe ich gerade zwei Freunde parallel?" Samanta muss kichern: „Claudia, das kann ich dir nicht beantworten. Viel wichtiger ist doch, was du willst..." Ich muss nachdenken. Es sind zwei völlig gegensätzliche Lebenswege für mich. Paul in Deutschland mit einem soliden Studium und einem Nebenjob. Ich käme mit meiner Ausbildung zur Erzieherin dazu, wir haben einen gemeinsamen Freundeskreis und verbringen unsere Freizeit ähnlich. Wahrscheinlich würden wir bald in eine gemeinsame Wohnung ziehen. Im Gegensatz dazu: David, Anführer einer bolivianischen Straßengang. Bei einer Beziehung mit David wäre ich trotzdem erst mal für meine Ausbildung in Deutschland, auf der anderen Seite des Ozeans. Das Einkommen von David... hängt von den „Geschäften" ab. Ich würde wohl bei meinen Eltern wohnen bleiben, er lebt unter einer Brücke in der Kanalisation von La Paz. „Ein guter Platz", höre ich Joseph sagen, als wir die Chicos zum ersten Mal besuchten... Freizeitgestaltung? David würde mich nach der Bedeutung dieses Wortes Fragen. Wir könnten uns maximal 6 Wochen im Sommer sehen, wenn ich die Ferien nutze, um nach Bolivien zu fliegen. Aber in den Sommerferien muss ich im Schwimmbadcafé arbeiten, um mir den Flug überhaupt leisten zu können. In meiner Vorstellung müsste David für eine gemeinsame Zukunft eine Reha machen. Das steht für mich fest. Auch wenn er die Idee einer Reha selbst schon mal hatte und sie nun im Raum steht, heißt das noch lange nicht, dass er es durchziehen würde. In Gedanken sehe ich Marcos vor meinen Augen, wie er den Bus auf dem Weg zur Reha wieder verlässt. Angst war sein Motiv. Wird David den Mut haben, eine Reha anzutreten und durchzuhalten? Und was würde er im Anschluss machen? Eine Rückkehr nach La Paz wäre unklug. Immer wieder höre ich Victor, wie er sagt, dass alle Rehabilitierten ihre Städte verlassen sollten, weil sie in ihrem gewohnten Umfeld allzu schnell Rückfälle haben können. Desillusioniert stelle ich fest, dass wir gemeinsam nicht mal in „meiner" Stadt leben könnten, in die ich mich so verliebt habe, mit den vertrauten und von mir so geliebten Menschen. Gemeinsam müssten wir in einer neuen Stadt bei Null anfangen. Vielleicht Sucre…? Mir wird bewusst, wie unmöglich diese Idee von einer Beziehung mit David ist. Ein weiterer tiefer Seufzer kommt aus meiner Brust. Ich bemerke wie ferngesteuert mein eigenes Kopfschütteln. „Ganz schön perspektivlos das Ganze…", sage ich zu Samanta. Ich bin ernüchtert und Trauer steigt in mir auf. Doch in mir wächst eine Erkenntnis: Der zweite Lebensweg scheint wenig erstrebenswert, aber tatsächlich fühlt sich die erste Variante regelrecht lähmend an.

Samanta und ich beenden das Telefonat. Es hat mich ziemlich aufgerüttelt. Schnell schreibe ich eine Rundmail für meine Familie, Freunde und Bekannte, in der ich ihnen berichte, wie schwer mir der Abschied fällt. Ich gehe nur oberflächlich darauf ein, weil meine Gedanken bereits bei David sind. Und so schreibe ich die letzten Zeilen. "Ich freue mich sehr auf das baldige Wiedersehen." Es fühlt sich wie eine Lüge an. Samanta weiß natürlich, wie es in mir aussieht. Auch meine Eltern haben eine Vorstellung von meinem Zwiespalt. Ich sende die Nachricht ab, bezahle mein Telefonat und die Internetzeit und verlasse das Callcenter mit einer wahnsinnigen Vorfreude. Gleich verbringe ich den Nachmittag mit David. Ich habe allerdings auch einen dicken Kloß im Hals, weil all meine Ideen so unglaublich perspektivlos scheinen.

Die Beichte

Ich sitze vor dem Internetcafé und warte auf David. Die Sonne scheint und hat die Stufen, auf denen ich sitze, aufgeheizt. Ich genieße die Strahlen. Die Sonne in dieser hoch gelegenen Stadt scheint so intensiv und der Himmel ist so strahlend blau, dass ich mich täglich wie in einer Postkartenkulisse fühle. Ich schaue mir die Menschen an, die zumeist eilig vorbeilaufen. Wir sind in einer der belebtesten Straßen der Stadt und die Mittagspause ist gleich zu Ende. Alle eilen zurück zur Arbeit. Mich überkommt ein dumpfes Gefühl. Schon lange Zeit war mir nicht mehr so bewusst wie jetzt gerade, dass ich so ganz anders aussehe als alle anderen. Mit meinen blonden Haaren und meiner hellen Haut, die für europäische Verhältnisse längst wahnsinnig braun geworden ist, bin ich so anders als alle Passanten, die vorbeiziehen. Ich fühle mich einsam und werde sogleich wütend auf mich selbst. Niemand hat mir hier das Gefühl gegeben, nicht dazuzugehören. Im Gegenteil, ich wurde dermaßen herzlich und liebevoll aufgenommen, dass dieses Einsamkeitsgefühl absolut daneben ist. Trotzdem fühle ich mich nicht besser.

Es ist einige Zeit vergangen. David und ich waren vor einer halben Stunde verabredet. Noch kein Grund zur Besorgnis. Die obligatorische halbe Stunde Verspätung gehört hier fast zum guten Ton. Trotzdem beginne ich, mit meinem Hintern unruhig auf den Stufen hin und her zu rutschen. Ich will ihn sehen, möchte ihn riechen und fühlen, wie es ist, wenn wir alleine sind. Gestern hat sich für mich mein Leben verändert. Dieser Kuss, diese Nähe, diese Besonderheit: Es ist mit nichts zu vergleichen. Nun möchte ich spüren, ob er auch so empfindet. Ich warte und tauche in meinen Erinnerungen an die Nacht ab. Mein Herz wird warm und meine Haut beginnt zu kribbeln. Ich erwische mich dabei, wie ich mit einem dümmlichen Lächeln ins Nichts starre und muss darüber lachen, was für die vorbeilaufenden Menschen vermutlich noch absurder scheint.

Nun ist es bereits eine Stunde nach unserer vereinbarten Zeit. Immer noch rutsche ich auf der Stufe hin und her. Zur Ungeduld kommt nun Unverständnis hinzu. David hatte doch gestern Abend so klar gesagt, dass er die Zeit, die ich ihm schenke, mit mir verbringen will. Nun verstreicht die Zeit einfach. Ich stehe auf. Die wohlige Wärme der Sonne umgibt mich nach wie vor. Ich schlendere zum Plaza hoch. Er ist nicht weit weg und die Chance,

dass David dort wartet, weil wir uns vielleicht missverstanden haben, ist groß. Er könnte aber auch doch noch zum Internetcafé kommen. Also laufe ich langsam, um ihn nicht zu verpassen, falls er mir entgegenkommt.
Auf dem Plaza angekommen, schaue ich mir die Schuhputzer genau an. Auch David verdient nebenher sein Geld mit Schuhe putzen. Ich vermute, dass er nicht möchte, dass ich ihn bei dieser Arbeit sehe.
Ich drängele mich durch die Menschenmenge. Dabei werde ich mehrmals angerempelt, weil ich unachtsam bin. Kinder schauen mich mit ihren großen braunen Augen an und ich fühle mich plötzlich wie bei meiner Ankunft in La Paz. Es herrscht wildes Treiben. Ich habe mich so heimisch in dieser Stadt gefühlt. Haben mich die Menschen, die mich offensichtlich immer noch als Ausländerin wahrnehmen, die ganzen letzten Monate so angesehen wie jetzt? Oder strahle ich nur heute etwas anderes aus, dass ich wieder als Touristin und Gringa wahrgenommen werde? Um mich herum versuchen Händler, mir ihre Waren anzupreisen und Kinder fragen mich, ob sie mir die Schuhe putzen dürfen. Alles läuft sehr hektisch ab. Ich stelle mich an den Rand des Plazas und lasse meine Augen über die maskierten Gesichter der Schuhputzer wandern. Ich kann David nicht finden. Aber ich entdecke Pati. Mit ihrem Baby auf dem Rücken steht sie gerade etwas abseits, macht offensichtlich eine Pause vom Schuhe putzen. Ich muss schnell zu ihr, damit ich sie in der Menschenmenge nicht aus den Augen verliere, krame aber vorher noch Zettel und Stift aus meiner Tasche. Ich schreibe meine Handynummer auf und bahne mir einen Weg zu Pati, bevor sie zwischen all den Passanten abtaucht. Ich gebe ihr den Zettel und schreie sie förmlich an, damit sie mich in dem Tumult versteht. „Bitte gib David diesen Zettel mit meiner Handynummer, wenn du ihn sehen solltest. Wir waren vor einiger Zeit verabredet, aber ich fürchte, dass wir uns verpasst haben." Irritiert schaut sie mich an. Sie schüttelt mit ihrem Kopf und versucht, mir den Zettel zurückzugeben, den ich nicht annehme. Sie erklärt mir, dass sie David gerade erst gesehen hat. Er sei so zugedröhnt, dass er sie nicht mal erkannt habe. Den Weg zum El Alto sei er hochgegangen.
In mir macht sich eine riesige Enttäuschung breit. Ich werde David heute nicht sehen. Ich bedanke mich bei Pati für die Information und erkenne einen mitleidigen Blick in ihrem Gesicht. Ja, natürlich war sie gestern Abend da und hat gesehen, dass ich verbotenerweise David geküsst habe. Aber vor al-

lem glaube ich, dass sie mir mit ihrem Blick sagen will, dass ich nicht viel verstehe von der Liebe auf der Straße. Darüber reden möchte ich gerade nicht. Von Pati habe ich mich schon dreimal verabschiedet, also drücke ich sie diesmal nur kurz und gebe dem Baby einen Kuss.
Frustriert lasse ich mich in der Menge treiben und bewege mich dabei viel langsamer als all die anderen Menschen auf dem Prado. Hatte ich mir die Nähe zwischen uns nur eingebildet? War ich für David nur eine Trophäe? Wie oft habe ich von Gringas gehört, die sich in irgendwelche Bolivianer verliebten, nur um dann festzustellen, dass sie ausgenutzt oder zu einer Urlaubsromanze degradiert wurden. Konnte auch ich mit meiner Wahrnehmung so falschliegen? Aber die Hingabe und Stärke von David, die ich auch heute noch im CC gespürt habe, die kann doch nicht gespielt gewesen sein. „Claudi, hör auf zu weinen, wir schaffen das gemeinsam." Das hat er noch vor wenigen Stunden zu mir gesagt. Ist er vielleicht von seinen Worten weniger überzeugt, als er mir zeigen wollte? Hat ihn vielleicht die Angst, dass wir es nicht „schaffen", was auch immer genau das bedeutet, dermaßen traurig gemacht, dass er sich zudröhnen musste, um den Abschied auszuhalten? In mir bleibt Leere.
Mein Handy klingelt. Hat Pati David getroffen, ist er doch nicht so zugedröhnt und ruft mich gerade an? Resigniert stelle ich fest, dass Ulrike am anderen Ende der Leitung ist. Ich seufze unauffällig, als sie mich fragt, ob wir den letzten Abend gemeinsam verbringen wollen und ich mit ihr essen gehen will. Mein Herz sträubt sich. Ich möchte mir nichts vornehmen, zu groß ist meine Hoffnung, dass David vielleicht doch noch mal anruft und wir uns treffen können. Aber ich weiß, dass die Chance darauf verschwindend gering ist. Also stimme ich widerwillig zu, bin zugleich aber auch ein wenig erleichtert, dass ich nun keine Möglichkeit habe, in meinem Selbstmitleid zu zerfließen.
Bis zu unserem Treffen ist noch Zeit, die ich weiterhin im Stadtzentrum verbringe. Vielleicht läuft mir David zwischen den Hunderttausenden von Menschen ja doch über den Weg? Mir kommen die Worte in den Sinn, die Christa vor Weihnachten zu mir gesagt hat: „Du kannst die Zeit in Bolivien nutzen oder sie mit Trauer verschwenden." Ich entscheide mich gegen das Verschwenden, denn das passt nicht zu mir. Also komme ich noch einmal mit einigen Straßenhändlern ins Gespräch, kaufe mir die leckeren Chips aus den

Schubkarren und trinke für 30 Cent frisch gepressten Orangensaft. Die Sonne scheint immer noch voller Kraft. Obwohl es langsam Winter wird, friere ich nicht. Es gelingt mir tatsächlich, den Nachmittag zu genießen, auch wenn ich mir immer wieder die Frage stelle, wie er wohl verlaufen wäre, wenn David und ich die Zeit gemeinsam verbracht hätten. Ich kaufe noch einige Souvenirs für meine Freunde in Deutschland: Ohrringe für die Frauen, geknüpfte Armbänder für die Männer, Tücher für Oma und Mama, einen hochwertigen Ledergürtel für Papa.

Ich muss schmunzeln. Wenn ich diese Zeit gerade nicht hätte, wäre es doch irgendwie peinlich geworden, so ganz mit leeren Händen zurück nach Deutschland zu kommen. Nur wo soll ich all die Sachen noch unterbringen? Mein Koffer ist bereits gepackt und ich hatte große Mühe, ihn zu verschließen. Aber damit setze ich mich erst auseinander, wenn ich muss. Ich fröstele und mir fällt auf, dass die Sonne gerade hinter dem Häusermeer, das sich im engen Talkessel drängt, verschwindet. Beim Blick auf mein Handy stelle ich fest, dass es schon einige Minuten nach unserer verabredeten Zeit ist. Wieder muss ich über mich selber lächeln. So sehr Gringa bin ich wohl nicht mehr. In Deutschland passiert es so gut wie nie, dass ich jemanden auf mich warten lasse.

Ich umarme Ulrike herzlich, als wir tatsächlich zeitgleich am Restaurant eintreffen. Wir haben uns mal wieder für diese süße kleine Gastwirtschaft entschieden, in der nur das Kerzenlicht die Räumlichkeiten erhellt und es den leckeren frischen Fisch vom Titicacasee gibt. Mist, ich hätte es mir denken können. Groß wie ein Goliath in mir bricht mein schlechtes Gewissen aus. Ich habe gegen sämtliche Regeln und insbesondere gegen die wichtigste Regel der Soforthilfe verstoßen. „Kein Mitarbeiter darf eine persönliche Beziehung zu einem Klienten eingehen!" Wenn dieser Goliath sich erst einmal einen Weg in mein Gewissen gebahnt hat, habe ich keine Chance mehr, aus der Situation herauszukommen, ohne die Karten auf den Tisch zu legen. Kein David weit und breit, der es mit diesem Goliath aufnehmen könnte. Es ist nicht die Frage, ob ich mit Ulrike über die Geschehnisse rede. Nur das Wie steht im Raum. Innerlich spinne ich mir die Konsequenzen zurecht. Es könnte sein, dass sie in diesem wundervollen Lokal an die Decke geht, wild mit den Armen gestikuliert, mir hysterisch eine Ansage macht und so sämtliche Aufmerksamkeit auf uns zieht. Das wäre mir äußerst peinlich, aber ich könnte es verstehen. Doch das sieht ihr nicht ähnlich. Also schiebe ich den Gedanken beiseite. Stattdessen überlege ich, wie es wäre, wenn ich meinen inneren Goliath besiege, ihr nichts von David und mir erzähle und sie es vielleicht im Nachhinein von einer dritten Person erzählt bekommt. Diese Variante finde ich tatsächlich noch unangenehmer. Sie wäre sicherlich maßlos enttäuscht von mir. Das wird sie auch sein, wenn ich es ihr sage, aber dann kann ich direkt fühlen, was dieser Regelverstoß in ihr auslöst. Es hilft alles nichts, ich muss es ihr einfach sagen und schauen, wie sie reagiert und mich mit sämtlichen Konsequenzen abfinden. Während ich diese in meinen Gedanken alle durchgehe, schrecke ich auf, als Ulrike plötzlich sagt: „Claudi, hörst du mir überhaupt zu?"

Ich wippe mit meinem Hintern auf dem Stuhl hin und her. Innerlich fechte ich noch immer meinen Kampf aus, ob ich den Mut habe, es auszusprechen. Intensiv studiert Ulrike meine Mimik und fordert mich auf, mit der Sprache herauszurücken. Mit leiser Stimme und gesenktem Blick beginne ich reumütig zu erzählen, dass ich eine der wichtigsten Regeln der Soforthilfe gebrochen habe. Ulrike unterbricht mich nicht. Fast schon quälend bedächtig sitzt sie mir gegenüber und wartet seelenruhig auch die langen Pausen ab, in denen ich mir Worte zurechtlege, um die Situation mit David und den Jungs zu erklären. Ich benenne mein Verhalten sehr ehrlich und gebe zu, dass ich mich in einen unserer Klienten verliebt habe, obwohl sie selbst mich eindringlich gewarnt hatte. Sie sieht mich durchdringend an und wartet, ob ich mit meinem Geständnis am Ende bin. Als sie davon ausgeht, weil ich das Schweigen nicht breche, tut sie es.

„Ich habe immer mal wieder darüber nachgedacht, ob zwischen dir und David mehr läuft als nur eine Klienten-Beziehung." Erschrocken starre ich sie an. Ich hatte nicht erwähnt, um welchen Mann es sich handelt. Zudem bin ich davon ausgegangen, dass sie David gar nicht kennt. Sie spricht weiter. „Ich habe bewusst nichts dazu gesagt. Ich wollte dir die Möglichkeit geben, mir zu erzählen, was du bereit bist zu erzählen. Ich bin für deine Offenheit sehr dankbar" Ihre Reaktion überrascht mich. Ich hoffe, dass das Gespräch und die Beichte damit beendet sind, aber dem ist nicht so. „Claudia, ich hoffe sehr, dass die Geschichte zwischen David und dir nicht allzu schmerzhaft für dich war und du nun gelernt hast, dass man keine Beziehung zu Menschen von der Straße führen sollte. Insbesondere nicht zu Klienten." Ich schlucke und verkneife mir eine direkte Antwort. „Wirst du mit deinem Freund in Deutschland darüber sprechen und hoffen, dass er dir verzeiht?" Nun hält sie der Pause so lange stand, dass ich einer Antwort nicht weiter ausweichen kann. Langsam und überzeugt von meinen Aussagen erkläre ich ihr, dass sich der von ihr gewünschte Lerneffekt nicht eingestellt hat, denn ich liebe David und wir sind uns sehr nah. Ich werde die Beziehung zu Paul in Deutschland beenden. Auch wenn David und ich vielleicht keine Hoffnung auf ein gemeinsames Leben haben, so hat die Beziehung zwischen Paul und mir nach so vielen Emotionen, so viel Nähe zu einem anderen Mann aus meiner Sicht keinen Sinn mehr.

Ulrikes Stimmung ändert sich. Sie versucht, mir sehr sachlich zu erklären, was ich selbst schon weiß. Ja, bei einem Drogenabhängigen bleibe ich immer die Nummer zwei. Ja, Beziehung wird hier nicht nur durch den kulturellen, sondern noch mehr durch den sozialen Hintergrund, die Einflüsse von der Straße, gänzlich anders gelebt, als ich es aus meinem sozialen Umfeld in Deutschland gewohnt bin. Sie rattert ihren Text recht monoton herunter, weil sie offenbar weiß, dass mir all diese Probleme durchaus bewusst sind. Sie muss mit mir darüber sprechen. Sie ist meine Chefin und ich weiß, dass sie Angst um mich hat und mich schützen will. Doch ich glaube, sie weiß, dass sie sagen kann, was sie will. Davon werde ich mich kaum beeinflussen lassen. So beenden wir das Thema. Trotz ihrer Frustration normalisiert sich unsere Stimmung im weiteren Verlauf des gemeinsamen Essens wieder.

Ich rechnete nach diesem unerfreulichen, aber trotzdem sehr offenen Gespräch mit keinerlei Konsequenzen. Ich dachte, dass sie diese bei dieser Gelegenheit auch benannt hätte. Einige Monate später sollte ich feststellen, wie sehr ich mich getäuscht hatte.

Ulrike fragt, wann morgen mein Bus nach Sucre abfahren wird. Ich erkläre ihr, dass ich erst am Abend den Nachtbus nehmen werde. Sie weiß, dass ich damit ziemlich spät dran bin, um in Sucre alles für meine Weiterreise nach Brasilien zu klären, erfragt die Gründe dafür aber nicht. Freundlich sagt sie, dass wir uns ja dann doch noch mal zu einem Nachmittagssnack treffen könnten, bevor ich in den Bus steige. Kurz bin ich gewillt, mir eine Ausrede zu überlegen, um mir die Zeit für ein eventuelles Treffen mit David freizuhalten. Ich kann und werde nicht akzeptieren, dass ich ihn vor meiner Abreise nicht mehr sehen soll. Doch es scheint mir, als wäre eine Absage zu dieser Einladung allzu offensichtlich. Somit willige ich mit vorgespielter Freude ein.

Wir teilen uns ein Taxi, da wir in die gleiche Richtung müssen. Nachdem Ulrike ausgestiegen ist, krame ich in meiner Tasche nach meiner Digitalkamera. Ich scrolle zurück, bis auf dem Bildschirm ein Bild von David erscheint und starre es an, bis mich der Taxifahrer auffordert, auszusteigen. Gedankenverloren suche ich das Geld zusammen, um ihn für die Fahrt zu bezahlen, und steige danach aus. Ich wasche mich kurz und lege mich sehnsüchtig in mein Bett. Ich weiß nicht, wo unter den Hunderttausenden Menschen in dieser Stadt ich David gerade finden könnte. Und doch bin ich ihm viel näher, als ich es nach meiner Rückkehr nach Deutschland sein werde. Dann werde ich 10.000 Kilometer weit weg sein und keine Ahnung davon haben, wie es ihm gerade geht, was er gerade macht, ob er überhaupt noch lebt. Ich werde furchtbar traurig. Wieder nehme ich meine Kamera in die Hand und sehe mir das Bild von David an. Welch eine hoffnungslose Situation. Und trotzdem bin ich nicht bereit, auch nur ein winziges bisschen Vernunft zuzulassen. Mit meiner Kamera in der Hand und einem schweren Herzen in der Brust schlafe ich ein.

Die Suche nach David

Ich erwache in dem Wissen, dass am Abend mein Bus nach Sucre gehen wird. Völlig unbeeindruckt von meinem Dilemma scheint die Sonne durch mein Fenster und taucht das Zimmer in strahlendes Licht. Auf der sonst so vielbefahrenen Straße vor meinem Fenster herrscht wenig Verkehr, denn es ist ein Sonntagmorgen. Es ist früh, die Menschen haben sich noch nicht auf den Weg zur Kirche gemacht. Ich sehe dem Tag sehr missmutig entgegen. Zunächst muss ich zum Bus-Terminal, denn ich benötige noch ein Ticket für die Fahrt nach Sucre. Mittags soll ich hier zu Hause sein, denn meine Gastfamilie, mit der ich kaum Kontakt habe, will ein Abschiedsessen geben. Kurz erwische ich mich bei der Frage, welche Ausrede es braucht, um diesen Termin für heute zu streichen. Ich schüttele bei diesem Gedanken gleich meinen Kopf, denn die Möglichkeit, hier wohnen zu können, war ein Geschenk. Eine Absage zu einem Abschiedsessen wäre mehr als unhöflich. Dann am Nachmittag werde ich mich mit Ulrike treffen. Aber eigentlich gibt es nur eins, was ich will: den ganzen Tag nach David suchen, wenn ich dadurch auch nur einen weiteren kurzen Moment mit ihm verbringen dürfte. Ich schaue mich in meinem Zimmer um, meine Koffer stehen zur Abfahrt bereit. Die Sonne bitzelt auf meiner Haut und plötzlich überkommt mich ein zwanghafter Aktionismus. Ich *muss* David heute noch einmal sehen. Komme was wolle! Euphorisch springe ich unter die Dusche, ziehe mir angemessene Kleidung für die Straße an, die nicht unbedingt passend für das gemeinsame Mittagessen mit meiner Familie aus der gehobenen Schicht ist, schiebe diesen Gedanken beiseite und trage, für mich ungewöhnlich, noch etwas Wimperntusche auf. Es dauert ein wenig, bis ein freies Taxi vorbeifährt, weil nun gefühlt die ganze Stadt auf dem Weg zu den vielen Kirchen ist. Dem Taxifahrer erkläre ich eilig, dass ich zum Terminal möchte. Dort angekommen fordere ich ihn auf, kurz auf mich zu warten, um dann sofort weiter in die Stadt zu fahren, zum Schlafplatz meiner Jungs. Ich steige aus und befinde mich auf dem Platz, auf dem wir normalerweise mit der Camioneta stehen, um das Essen an meine Jungs zu verteilen. Ich schaue mich kurz um. Keiner nimmt Notiz von mir und so folge ich, die Kapuze tief ins Gesicht gezogen, dem Trampelpfad zur Kanalisation unter der Brücke, in der meine Jungs ihren Schlafplatz haben. Erschrocken halte ich inne, als ich hinter einer Kurve vor mir

zwei Polizisten sehe. Sie stehen direkt vor dem Eingang der Kanalisation. Fieberhaft denke ich nach, wie ich meinen Jungs aus dieser Situation helfen kann. Die Polizisten könnten mich als Hermana der Soforthilfe erkennen und so kann ich mich nicht als ahnungslose Touristin ausgeben. Ich renne den Trampelpfad zurück und stelle fest, dass sich meine Ausdauer in der 4000 Meter hohen Stadt langsam angepasst hat, denn ich bin deutlich später außer Atem als noch vor einigen Wochen. Ich muss eine ziemlich lange Strecke zurücklegen, um auf die Brücke zu gelangen, unter der sich der Schlafplatz der Jungs befindet. Nun kann ich die Polizisten von oben sehen. Anscheinend warten sie darauf, dass die Jungs herauskommen, und haben sich bislang noch nicht zu erkennen gegeben. Sie liegen auf der Lauer, damit meine Jungs ihnen unbedacht aus ihrem Versteck heraus in die Arme laufen.
Mein Puls schlägt mir bis zum Hals. Angelehnt an die Brüstung der Brücke stehe ich drei Meter über den bewaffneten Männern. Trotz meiner Anspannung versuche ich, zu pfeifen. Eine geheime Melodie, die jeder Besucher pfeifen sollte, bevor er in das Reich der Jungs eindringt. Ich weiß nicht, ob es eine gute Idee ist, aber ich sehe keine andere, um meine Jungs vor der Polizei zu warnen. Im schlimmsten Falle erkennt einer der Jungs meine Pfeifstimme und geht unbedacht nach draußen und läuft damit den Polizisten direkt in die Arme. Ich versuche, mein Pfeifen warnend klingen zu lassen. Immer lauter und schriller pfeife ich die Melodie, doch der Alltagslärm lässt entweder meine Töne nicht zu den Jungs durchdringen oder sie haben meine Warnung wahrgenommen und bleiben wie erhofft in ihrem sicheren Reich. Oder aber, es ist gar keiner von ihnen da. Ich merke, wie sinnlos es ist, weiter auf der Brücke zu bleiben und mir die Luft aus den Lungen zu pfeifen.
Ich schaue auf meine Uhr. Es ist bereits 10 Uhr und in zwei Stunden muss ich am Mittagstisch meiner Gastfamilie sitzen. Wieder fühle ich den Puls in meinen Adern hämmern. Nein, ich werde nicht akzeptieren, David nicht noch einmal zu sehen! Ich renne zum Plaza, hoffe, dass einer meiner Jungs dort seinen Diensten als Schuhputzer nachgeht. Das würde einerseits Sinn ergeben, weil man an einem Sonntagmorgen vor der Kirche gutes Geld machen kann. Andererseits müssen vermutlich noch viele der Chicos ihren Drogenrausch ausschlafen. Hoffentlich nicht an ihrem gewöhnlichen Schlafplatz. Aufgeregt schaue ich in die Gesichter der vielen Schuhputzer, doch ich erkenne niemanden, der zu meiner Gruppe gehört. Bevor ich meinen Mut ver-

liere, nehme ich die Fotos heraus, auf denen David und ich zu sehen sind. Ich hatte einige ausdrucken lassen, um sie den Jungs zu schenken. David hatte ich seine bereits übergeben. Doch er hat sie mir noch einmal zurückgegeben aus Angst, dass sie ihm gestohlen werden. Ich soll sie ihm geben, wenn wir uns das letzte Mal sehen, hat er gesagt. Meine Handynummer steht auf einem der Fotos. Auf Spanisch habe ich daruntergeschrieben: Ich bin immer für dich erreichbar, wenn du in Not gerätst.
Was dieser kleine Satz und dieses Foto für eine große Bedeutung bekommen sollten, war mir zu diesem Zeitpunkt noch nicht klar.
Ich schaue mir das Bild an. Es ist einfach klar: Ich muss ihn vor meiner Abreise sehen. Nicht nur das, ich muss mich noch einmal in seinen Lippen verlieren, noch einmal dieses übermächtige Gefühl der scheinbar bedingungslosen Liebe spüren.
Ich blicke von dem Foto auf und schaue mich wieder nach meinen Jungs um, doch noch immer erkenne ich kein bekanntes Gesicht. Aber dann erspähe ich den jüngsten Sohn von Pati, der mit anderen Straßenkindern Fangen spielt. Ich halte ihn an und frage nach seiner Mutter. Er zeigt auf eine Schuhputzerin, die gerade die schicken Schuhe eines offensichtlich gut betuchten Mannes poliert. Ich warte ungeduldig, bis sie fertig ist und der Mann sie für ihre Dienste entlohnt hat. Dann umarme ich sie kurz und frage, ob sie die Jungs heute schon gesehen habe. Wieder schaut sie mich mit dem traurig wissenden Blick an und sagt, dass sie sie noch nicht gesehen habe. Ich bedanke mich für ihre Auskunft, drücke sie zum Abschied – es ist nun schon das fünfte Mal in den vergangenen drei Tagen – und beschließe, wieder zurück zum Schlafplatz der Jungs zu laufen.
Die Chance ist nicht allzu groß, aber ich hoffe, dass die Polizei unterdessen das Feld geräumt hat und ich die Möglichkeit bekomme, zumindest näher an den Schlafplatz heranzukommen. Ich muss kurz schmunzeln, als ich an den Abend zurückdenke, an dem ich erfolglos versuchte, die Wand zur Kanalisation zu erklimmen. Wider Erwarten habe ich Glück, denn die Polizei ist weg, als ich ankomme. Ich stelle mich unter die Kanalöffnung neben dem reißenden Fluss und pfeife erneut die Melodie. Ich bilde mir ein, dass sich mein Pfeifen dieses Mal deutlich erfreulicher anhört. Meine Jungs würden den Unterschied bestimmt erkennen und es als Aufforderung verstehen, vor die Kanalisation zu treten. Doch es geschieht nichts.

Wieder laufe ich zurück zum Prado und in meiner Not setze ich mich auf die Treppe. Dieselbe Treppe, an der mein nächtliches Abenteuer mit Sombras und Diez begonnen hatte und an der wenige Tage zuvor die Jungs in meine Kamera gesagt hatten, wie dankbar sie mir waren. Meine Arme verschränke ich auf meinen angezogenen Knien und lege meinen Kopf darauf. Was mache ich hier? Ich suche in einer Millionenstadt einen einzigen Mann, an dem mein Herz hängt. Ein Mann, der mir gesagt hatte, dass er den Tag mit mir verbringen will. Ich bemerke, wie sich mein Herzschlag beruhigt und auch meine Atmung gleichmäßiger wird. Ich werde nichts daran ändern können, wenn ich ihn nicht finde, aber ich möchte mir in Deutschland nicht vorwerfen, dass ich nicht alles versucht habe. In dem Moment, in dem ich diesen Gedanken zu Ende gedacht habe, hebe ich meinen Kopf und will die Suche wieder aufnehmen. Durch den Lärm um mich herum nehme ich eine Stimme wahr.

„Hola, Hermana." Ich drehe mich herum und sehe Fabricio. Der Argentinier, der vor Kurzem in La Paz gestrandet ist und Glück hatte, dass die Chicos ihn aufgenommen haben. Er ist anders als meine Jungs, lebt noch nicht lange auf der Straße. Er scheint so friedliebend, dass man ihn auf Anhieb gernhat. Er ist äußerst ruhig und hat für jeden ein Lächeln übrig. Besonders stechen seine blauen Augen heraus, die für dieses Land gänzlich untypisch sind. Sein Opa kam aus Europa und brachte die blauen Augen mit nach Argentinien, hat Fabricio mir mal erzählt. Er ist nach einem Streit mit seiner Mutter von zu Hause abgehauen. Mit seinen blauen Augen strahlt er mich nun an. Ich frage, wie es ihm geht und zügele dabei meine Neugierde, um nicht sofort nach David zu fragen. Aber tatsächlich interessiere ich mich auch sehr für das, was Fabricio zu erzählen hat. Bei Menschen, die erst kurz auf der Straße sind, ist die Sorge, dass sie dem Druck und der Lebensweise nicht gewachsen sind, besonders groß. Er lächelt mich gütig an und sagt, dass ich mich nicht sorgen soll. Es gehe ihm gut und die Menschen reagierten positiv auf ihn, sagt er. Er hält sich aus Streitereien heraus und kommt nicht in Schwierigkeiten. Das sagt er jedenfalls. Ich denke sofort, dass er sich nicht immer aus allem wird raushalten können, schiebe den Gedanken aber beiseite und frage ihn nun doch nach David. Fabricio weiß nicht genau, wo David ist, hilft mir aber bei der Suche. Nun ziehen wir also zu zweit ziellos umher. Wir unterhalten uns über dies und jenes, bis wir plötzlich eine Gestalt im roten Pulli einige Meter vor uns humpeln sehen. Ich erkenne ihn sofort. Es ist Marcos. Ich habe ihn seit dem Busterminal nicht mehr gesehen. Die Jungs sagten, dass er mich nicht sehen wolle, weil er sich so dafür schäme, dass er den Bus zur Reha verlassen hat. Ich bin voller Freude, ihn vor meiner Abreise noch einmal sehen zu dürfen und renne los. Es fällt mir nicht schwer, ihn einzuholen. Offensichtlich ist er verletzt. Als ich ihn erreiche, umarme ich ihn von hinten und drücke ihn fest. Er erschreckt furchtbar, strahlt aber, als er mich und meine Reaktion auf ihn erkennt. Wir drücken uns. Ich frage, was ihm passiert ist und ob ich mir die Wunde ansehen soll. Er lächelt mich etwas unsicher an und erklärt, dass er in eine Schlägerei geraten sei. Die Verletzungen seien nicht der Rede wert und ich müsse sie mir nicht ansehen. Ich akzeptiere widerwillig seinen Wunsch. Auf meine Frage, warum er sich nicht mehr im CC hat blicken lassen, senkt er seinen Kopf. Leise antwortet er und bestätigt, was mir die Jungs erzählt haben. Er hat sich geschämt, dass die Hermanos und ich so viel für ihn getan haben und er dann einfach aus Angst aus dem Bus gestiegen ist. Ich nehme ihn erneut in den Arm und erkläre ihm, dass ich mich wahnsinnig freue, ihn zu sehen.

Fabricio verabschiedet sich von uns. Ich bedanke mich für seine Hilfe und stelle fest, dass ich bereits in einer Stunde bei meiner Familie sein muss. Hektisch frage ich Marcos, ob er weiß, wo David ist. Ich erkläre ihm, dass ich noch Bilder von David und mir habe, die ich ihm gerne persönlich überreichen will. Marcos reagiert ziemlich gleichgültig. Vermutlich weiß er bereits von David und mir. Er nickt und ich brauche einen Moment, bis ich begreife, dass es seine Reaktion auf meine Frage ist. Er weiß, wo David ist. Ich schaue ihn erwartungsvoll an und er sagt, dass er mich hinbringen wird. Sombras, David und Diez sind gemeinsam im Park der Universität von La Paz. Ich bin erleichtert, dass Marcos mir anbietet, mich hinzubringen, denn ich kenne diesen Park nicht, zu selten habe ich mich in solchen Gegenden von La Paz aufgehalten. Ich frage Marcos, ob er weiß, was David dort macht. Wieder nickt er knapp und erklärt, dass die Jungs öfter im Park an der Universität sind, weil man dort sicher ist. Ich verstehe nicht und mein Gesichtsausdruck vermittelt Marcos das offensichtlich, denn er erklärt weiter: „Heute morgen war die Polizei vor unserem Schlafplatz. Wenn so etwas passiert, müssen wir uns einen Platz suchen, an dem wir sicher sind. David, Sombras und Diez hatten eine harte Nacht und mussten ihren Drogenrausch ausschlafen. Das geht im Park an der Uni gut, weil die Gefahr, ausgeraubt oder im Schlaf überwältigt zu werden, dort deutlich geringer ist als irgendwo sonst in La Paz." Fast jeder Mensch hat wohl schon einmal in einem Park auf einer Wiese gelegen und sich von der Sonne wärmen lassen. In diesem Fall geht es allerdings nicht um ein genießerisches Sonnenbad sondern darum, dass der Körper nach dem Drogenrausch seine Wärme hält, um weiter funktionieren zu können.

Wir laufen ein ganzes Stück die Straße hinab und gelangen in einer Seitenstraße zu einem wunderschön angelegten Park. Er wird von einem geschwungenen Eisenzaun umrundet und der Rasen wird offensichtlich bewässert, so grün strahlt er in dieser sonst sehr kargen Landschaft. Nur in Parks findet man hier so schöne Wiesen. Schon von weitem entdecke ich drei Männer, die auf der Wiese liegen. Die zwei Hunde, die bei ihnen sind, schauen aufmerksam umher. Ich sage nichts, spüre aber, wie mein Herz wieder anfängt, schneller zu schlagen und meine Atmung flacher wird. Nun trennt mich nur noch eine zweispurige Straße von David. Kurz kommen mir Zweifel. Ich habe so viel in die Suche investiert, aber offensichtlich wollte er sich nicht finden lassen. Nun stehe ich hier, obwohl er mich vielleicht gar nicht sehen will. Bevor ich jedoch zurückrudern kann, hat mich Diez bereits entdeckt. Er brüllt albern, wohl noch unter Drogeneinfluss, über die Straße: „Hola, Hermana Claudia".

Bevor ich reagieren kann, rüttelt er David bereits wach. In mir entsteht Panik. Ja, ich habe nun viele Stunden nach ihm gesucht, aber wie soll ich nun reagieren? Was soll ich sagen? Soll ich ihm meine Enttäuschung darüber zeigen, dass er nicht am vereinbarten Platz war, oder soll ich so tun, als sei das nebensächlich? Ich kann nicht länger überlegen, denn David ist bereits wach und erschreckt fürchterlich, als er mich sieht. Er krabbelt einige Meter nach hinten auf eine Anhöhe und blinzelt von dort zu mir runter. Sombras ist vom Lärm erwacht und schaut mich gelassen an. Marcos und ich haben bereits die Straße überquert und werden aufgeregt von den beiden Hunden begrüßt. Sombras ist der erste, der seine Stimme wiederfindet und fragt nach einer Zigarette. Ich wundere mich, denn er hat mich noch nie nach einer Zigarette gefragt. Kurz komme ich ins Hadern. Ich bin den letzten Tag in La Paz und Sombras nimmt weiß Gott schlimmere Drogen als Zigaretten, daher gebe ich ihm eine und biete dann auch Diez und zum Schluss David eine an. Marcos

lehnt als einziger ab. Selbst als David die Zigarette nimmt, schaut er mich dabei nicht an. Er schüttelt unentwegt mit seinem Kopf. Die drei scheinen eine harte Nacht gehabt zu haben, denn ihre Kleidung ist schmutzig, ihre Gesichter aufgedunsen und die Abdrücke der Grashalme bezeugen, dass sie bereits lange hier liegen und trotzdem noch nicht klar sind.
Meine Gedanken streiten sich, wie ich nun weitermachen soll. Der eine Gedanke brüllt in meinem Kopf, dass er wütend ist. Wie konnte David mich einen Tag vor meiner Abreise versetzen. Der andere Gedanke flüstert schlichtend, dass er bestimmt seine Gründe dafür hatte. Der wütende Gedanke setzt sich durch und ich fahre David unvermittelt an: „Warum hast du mich gestern an unserem letzten Abend versetzt?" David zuckt scheinbar gelangweilt mit den Schultern. Es scheint ihm nicht unangenehm zu sein, dass Diez und Sombras diese Unterhaltung mitbekommen, zumindest macht es nicht den Eindruck. David antwortet gefühlt gleichgültig: „Mir ging es nicht gut, und so habe ich mich ausgeruht." Nun brülle ich los: „Lüg mich nicht an. Pati hat dich gesehen. Du bist schnüffelnd ins Alto gelaufen."
Nun ist er es, der seine Stimme erhebt und ich schrecke zurück, denn so habe ich David noch nicht erlebt. „Ja, stimmt. *Hermana.*" Er betont das Wort mit bösem Sarkasmus. „Ich habe aber nicht nur geschnüffelt, ich habe getrunken und gekokst." Nun sieht er mir direkt in die Augen und ich habe Schwierigkeiten, seinem Blick standzuhalten. „Willst du wissen, warum ich das gemacht habe?" Seine Stimme bebt und ich bekomme weiche Knie. Er lässt mir keine Gelegenheit zu antworten, sondern schreit sofort weiter. „Als meine Eltern vor vielen Jahren bei dem Autounfall starben, hatte ich keine Möglichkeit, mich bei ihnen zu verabschieden. Ich musste mich einfach damit abfinden, dass ich sie niemals wiedersehen werde. Ich habe nie gelernt, mich zu verabschieden. Wie soll ich mich von dir verabschieden, mit dem Wissen, dass ich dich nicht wiedersehen werde? Woher soll ich das Vertrauen nehmen, dass du in einem Jahr wiederkommen wirst? Ich kenne dich kaum, ich weiß nur, dass du den Menschen hier guttust und dass ich nicht möchte, dass du gehst. Du sollst bei mir bleiben. Selbst wenn ich dich beim Wort nehme und du tatsächlich in einem Jahr wiederkommen wirst, woher weiß ich, was in einem Jahr ist? Vielleicht werde ich nicht mehr leben. Ja. Ich habe mich gestern mit Drogen abgeschossen, statt wie geplant den Abend mit dir zu verbringen, weil ich hilflos und verzweifelt bin." Verblüfft und verunsi-

chert schaue ich ihn an. Was soll ich sagen? Als Hermana müsste ich ihm klarmachen, was die Drogen alles kaputtmachen und dass er besonders in solchen Situationen nicht zu Suchtmitteln greifen sollte. In unserer speziellen Situation hingegen kann ich sein Handeln sogar verstehen. Auch ich würde mich gerne betäuben, um diese ganzen Entscheidungen und die Trauer für einen kurzen Moment vergessen zu können. Ich schweige, schaue ihn einfach nur lange an.

Dann rutsche ich ihm entgegen und wir lehnen wieder einmal verzweifelt unsere Köpfe aneinander. Diese Nähe zu ihm raubt mir fast den Atem. Wie blenden alles um uns herum aus. Unsere Berührungen fühlen sich unsagbar intensiv an, ich atme seinen Geruch ein und wir verschmelzen miteinander. Unsere Hände greifen ineinander und wir nehmen nichts anderes als nur uns beide wahr. Ich spüre seinen Herzschlag, und seine Hände umklammern meine. Wenn ich nun gehe, zerstöre ich nicht nur mich. Ich fühle, dass es auch ihn zerstören könnte. Unsere Köpfe lehnen noch immer aneinander, als ich seine weichen Lippen auf meinen spüre. Er nimmt mich fest in seine Arme und wir drücken uns aneinander. Jede einzelne Geste, jede Berührung, jeder Blick gibt mir das Gefühl, einzigartig zu sein. Ich fühle mich in seiner Gegenwart unvergleichlich wohl. Er drückt mich sanft, aber bestimmt von sich weg und schaut mich ernst an. Ich drücke mich wieder an ihn und flüstere ihm ins Ohr, wie sehr ich ihn brauche. Seine Stimme klingt fast schon kalt und bitter: „Du kannst alles ändern, Claudia. Bleib hier!" Schon wieder verfalle ich in Floskeln. Ich bringe Argumente, die so halbherzig klingen, dass ich sie selbst nicht ernstnehmen kann. Meine Zerrissenheit frisst mich auf. Ich schließe meinen Monolog damit ab, dass ich ihm sage, wie sehr ich ihn vermissen werde. Er antwortet: „Dein Vermissen wird nichts im Vergleich zu meinem Vermissen sein. Du verstehst nicht, was du mir gibst." Dabei schüttelt er vehement mit seinem Kopf, als wolle er seine Worte damit unterstreichen. Die Spannung ist nicht auszuhalten. Aber wir wissen, dass wir nichts an der Situation verändern können, außer ich entscheide, dass ich bleibe. Offensichtlich kann auch er dem Druck nicht mehr standhalten und flüchtet aus dem Gespräch, indem er anfängt, mich zu kitzeln. Wir albern herum und David schnappt sich meine Tasche, wühlt kurz darin herum und holt meine Kamera heraus. Er gibt sie Marcos und befiehlt ihm, uns zu fotografieren. Es ist ein Befehl, keine Bitte. Da David sich eben nicht wie viele

andere an die Spitze einer Gang gekämpft hat und eher diplomatisch als brutal mit den Jungs umgeht, irritieren mich solche Situationen, in denen David so klar von seiner Position Gebrauch macht. Aber ja. Er ist eben der Gangchef der Chicos del Rio und kann Befehle er erteilen. Leidenschaftlich nimmt er mein Gesicht zwischen seine Hände und zieht meinen Kopf an sich. Er küsst mich mit einer noch nie zuvor gefühlten Intensität. Ich verliere fast das Bewusstsein, so sehr nimmt er mich ein. Als er von mir ablässt, schaue ich ihn nachdenklich an. Das ist es also, das Gefühl, den Mann gefunden zu haben, der zu mir gehört. Ich spüre unsere Verbundenheit mit jeder Faser meines Seins.
Ich schaue kurz auf die Uhr und bekomme einen Schreck. Es wundert mich, dass mein Handy noch nicht geklingelt hat, denn ich müsste bereits seit einer halben Stunde zu Hause am Mittagstisch sitzen. In diesem Moment liebe ich die Unpünktlichkeit der Bolivianer. Ich erkläre kurz, dass ich zum Mittagessen zu meiner Familie muss, aber dass ich ihn unbedingt noch mal sehen will. Ich habe große Angst, dass er sich nun wieder zurückzieht und den Nachmittag mit Drogen vergeudet. Ich nehme seine Hände in meine und schaue ihn ernst an. „David, bitte flüchte dich nicht in die Betäubung durch die Drogen. Bitte lass uns den Nachmittag noch zusammen verbringen, bevor mein Bus heute Abend abfährt." Ich verschweige ihm, dass ich mich am Nachmittag noch mit Ulrike zum Kaffee treffen werde. Er schaut mich eindringlich an und fragt dann geradeheraus, ob er mit zu mir kommen kann. Ich bin kurz verwirrt, denke an die Situation, als er sich vor Scham weigerte, sich mit meinen Freunden im Restaurant zu treffen. Wieso will er jetzt mit zu mir und meiner reichen Familie kommen? Er schaut mich sehnsüchtig an und drückt meine Hand, als er seine Bitte wiederholt. „Bitte, lass mich mit zu dir kommen." Dann fällt der Groschen. „David, nein, du kannst nicht mit zu mir kommen und ich werde auch nicht mit dir schlafen."
Sichtlich enttäuscht schaut er mich schief an. Ich bin froh, dass sich die anderen etwas abseits hingesetzt haben und wir diese Unterhaltung nur unter uns führen. Offensichtlich erwartet er eine ausführlichere Erklärung. Ich bin verunsichert und auch ein wenig verärgert. Wie kann er denn denken, dass ich gleich mit ihm schlafen werde? Doch bei der Erinnerung an meine letzten Gedanken, dass er mein Mann ist, kommen auch bei mir Zweifel auf. Ich möchte ihm so nah sein, wie es nur geht, und ich habe Angst, ihn zu verlieren.

Mein Ärger über ihn verblasst, als ich an das Leben auf der Straße denke. Er kennt es nicht anders. Eine Beziehung zwischen zwei Menschen, die sich lieben, wird nicht mal annähernd so geführt, wie ich es aus der deutschen Kultur gewohnt bin, und selbst dort ist es für einige Menschen absolut üblich, sich schnell auf der sexuellen Ebene zu begegnen. Ich habe eben andere Vorstellungen und wurde auch absolut unter anderen Umständen erzogen. Nun stecke ich in dieser Zwickmühle. Dieser Mann zeigt mir mit all seinen Möglichkeiten, dass er mich liebt. Ich sehe ihn an und weiß, dass wir in völliger Verbundenheit zueinanderstehen. Wie soll er verstehen, dass ich mich ihm nicht, einfach so auf die Schnelle, kurz vor meiner Abreise hingeben werde? In meiner Vorstellung sollte dieses Ereignis gewürdigt werden. Es soll sich anfühlen wie ein Fest, das gemeinsam, nur zu zweit gefeiert wird. Diese Zeit haben wir nicht, aber ich bin nicht bereit, darauf zu verzichten und dieser wundervolle Mann, der mir gegenübersitzt und mich durchdringend mit seinen dunklen Augen ansieht, hätte vermutlich nicht mal eine Ahnung, wovon ich spreche, wenn ich ihm den Wunsch nach dieser Besonderheit erklären wollen würde. Vermutlich muss auf der Straße sogar ein Wachposten aufgestellt werden, wenn sich zwei Menschen der Liebe hingeben, zu groß ist die Gefahr, dass man in diesem Moment der Losgelöstheit überfallen wird.

Ich bin erleichtert, als David mir vorschlägt, dass wir uns in zwei Stunden am Schlafplatz der Intucables treffen können. Die Intucables (die Unantastbaren) sind eine Jungengang, die häufig mit den Chicos del Rio abhängt. Sie verbünden sich miteinander, wenn es Gangkriege gibt, oder helfen sich in anderen Lebenslagen aus. Ihr Schlafplatz ist nicht weit entfernt von dem der Chicos. Sie hausen im Rohbau eines Toilettenhäuschens, das nie fertig gestellt wurde. Hier haben die Jungs durch die kleinen Kabinen jeder sein eigenes „Zimmer". Für mich ist dieses Häuschen leicht zu erreichen. Ich muss also nicht das schwer zugängliche Versteck in der Kanalisation erklimmen. Und David wird mich nicht allein zu dieser Gang schicken. Also weiß ich, dass er auch kommen wird. Ich komme mir blöd und privilegiert vor, dass ich direkt an der Straße ein Taxi heranwinke. Ich steige ein, sage dem Taxifahrer die Adresse und fordere ihn auf, sich zu beeilen. Er kommt meiner Bitte nach und rast durch die vielbefahrenen Straßen von La Paz.

Als er vor der Haustür zum Stehen kommt, bezahle ich ihn fix und renne zur Haustür. Ich bin dankbar, dass der Schlüssel bei meinem Tempo nicht abbricht und trampele die Treppe hinauf. Ich erschrecke mich, als ich meine Gastmutter unvermittelt im Flur stehen sehe. Sie hat bereits eine Jacke an und wartet offensichtlich ungeduldig auf mich. Schnell lasse ich mir eine Ausrede einfallen, warum ich so spät dran bin, falle sofort in mein schlechtes Gewissen über diese Lüge und entschuldige mich, dass sie auf mich warten musste. Erst jetzt wundere ich mich, dass meine Mutter mit ihrer Jacke im Flur steht. Die Absprache war, dass wir gemeinsam zu Mittag essen. Sie erklärt kurz und knapp, anscheinend verärgert, dass der Rest der Familie bei einem Fußballspiel sei und wir zu zweit in ein Restaurant gehen. Ich bin nicht gekränkt, dass meine Familie ihren Nachmittag anderweitig verplant hat. Ich habe sie die letzten Wochen höchstens mal im Flur angetroffen und habe keinerlei Beziehung zu ihnen. Meine Dankbarkeit über die Möglichkeit, bei ihnen leben zu dürfen, bringe ich bei jeder zufälligen Begegnung zum Ausdruck, aber darüber hinaus unterhalten wir uns nicht.

Wir nehmen ein Taxi zurück in die Stadt. Ich habe noch nicht mitbekommen, ob meine Gastmutter vielleicht doch manchmal auch die normalen Busse nutzt. Sie ist die Frau eines Arztes, außerdem befindet sich im Erdgeschoss des Hauses ja auch ein Taxiunternehmen. Ich schaue aus dem Fenster und lasse meine Gedanken schweifen. Noch einmal rufe ich mir das Gefühl in Erinnerung, wenn Davids Lippen die meinen berühren und ein wohliger Schauer überkommt mich. Ich muss unwillkürlich lächeln. Das Taxi hält an. Ich wundere mich kurz, denn dieses Restaurant ist ein typisches Grillrestaurant, in dem die reichen Bolivianer mit großen Gruppen ihre Wochenenden verbringen. Ich kenne solche Restaurants aus Sucre. Gemeinsam mit meiner Familie haben wir dort auch schon gegessen. Da nur die wenigsten Einwohner von Städten Gärten haben, Barbecue aber ein beliebtes gesellschaftliches Event ist, haben sich schlaue Geschäftsleute überlegt, Restaurants wie kleine Parkanlagen aufzubauen und vor allem größere Gruppen mit den leckersten Grillspezialitäten zu bedienen. Wir betreten die kleine idyllische Oase in der sonst so geschäftigen Stadt und sofort stellt sich Urlaubsfeeling ein. Juanita spricht kurz mit dem Kellner, der uns am Eingang in Empfang nimmt, und er führt uns in den Garten. Dort sitzen sämtliche Mitglieder meiner Gastfamilie an einem Tisch und warten auf uns. Ich freue mich, dass nun doch alle da sind und bin gleichermaßen peinlich berührt, weil sie alle auf mich warten mussten. Ich entschuldige mich bei jedem einzelnen, als ich sie mit Küssen und Umarmungen begrüße. Sie haben alle großes Verständnis, weil sie es schon immer hoch angesehen haben, dass ich auf der Straße mit den Obdachlosen arbeite. In mir meldet sich mein schlechtes Gewissen, weil ich nicht klarstelle, dass ich mich eigentlich nur privat auf der Straße aufgehalten habe und mich nicht, wie sie annehmen, um irgendwelche Notfälle gekümmert habe.

Der Kellner bringt die Karte und ich schaue nervös auf die Uhr. Einer meiner Gastbrüder sieht das und fragt mich, ob ich unter Zeitdruck stehe. Ich erzähle ihnen, dass ich mich noch mit meiner Chefin zum Kaffee treffe und daher zeitlich recht eingeschränkt bin. Wieder höre ich das schlechte Gewissen anklopfen, weil ich erst zu spät komme und dann auch noch alles beschleunige, um David noch mal sehen zu können. Ein solches Barbecue, wie wir es gerade erleben, ist in Bolivien ein absolutes Highlight und ein Ausbrechen aus dem Alltag. Statt das zu würdigen bringe ich alle dazu, schnell zu bestellen. Wir essen und unterhalten uns nett. Die Gespräche bleiben jedoch oberflächlich, weil ich einfach keine intensive Beziehung zu meinen Familienmitgliedern habe. Ich erkläre immer wieder, wie dankbar ich bin, dass ich ihre kleine Wohnung nutzen durfte und ein Zuhause in La Paz hatte. Sie beschreiben, wie schon so oft, ausführlich ihren Besuch in Deutschland, der gefühlt Jahrzehnte zurückliegt. Ich bin dankbar, als der Kellner den Nachtisch bringt. Ich schlinge mein Eis herunter und entschuldige mich bei allen, dass ich schon aufbreche. Sie haben großes Verständnis. Ich schnalle mir meinen Reiserucksack, den ich bereits fertig gepackt mitgenommen habe, auf den Rücken und winke kurz zum Abschied.

Noch im Hinausgehen hole ich mein Handy aus meinem grünen Parker und wähle die Nummer von Ulrike. Während ich auf das Freizeichen warte, winke ich mir ein Taxi heran und fordere den Fahrer auf, mich zum Busterminal zu bringen. In der Leitung höre ich ein freudiges „Hallo" von Ulrike. Hektisch erkläre ich ihr, dass ich leider unser Kaffeetrinken absagen müsse, da meine Gastfamilie ein Abschiedsbarbecue organisiert hat. Ich höre das Verständnis in ihrer Stimme. Dann sagt sie: „Ich bringe dich dann zum Flughafen, wenn du nach Brasilien fliegst. Dann sehen wir uns auf jeden Fall noch." Ich bedanke mich freundlich und verabschiede mich von ihr. Im Taxi sinke ich in den Sitz und schließe die Augen. So ein Mist. Somit habe ich meine Familie und Ulrike angelogen, um Zeit mit David zu verbringen.

Ich schäme mich noch heute für solche Lügen und versuche besonders jetzt, viele Jahre später, nicht mehr in solche Situationen zu kommen. Doch kennen wir das nicht alle, dass wir aus Höflichkeit lügen, um das Gegenüber nicht zu verletzen? Da fallen mir Beispiele ein, in denen sich vermutlich jeder wiederfindet.
„Du, ich fühle mich etwas erkältet..." Eigentlich will man sich nur allein einen gemütlichen Fernsehabend machen. Oder man ist frisch verliebt und lässt sich irgendwelche Ausreden einfallen, um mehr Zeit mit der/dem Liebsten zu verbringen, anstatt beim Fußballtraining mit den Freunden. Trotzdem sind es Lügen, die ich damals nutzte, um Zeit mit David zu verbringen und ich habe an dieser Stelle das Bedürfnis, meiner lieben Chefin ein „Entschuldige bitte" auszusprechen!

Ein bedeutsamer letzter Abend

Ich schaue auf meine Uhr und stelle fest, dass es bereits kurz vor 15 Uhr ist und fordere den Taxifahrer auf, mich doch schon am Prado rauszulassen. Meinen Rucksack, den ich schon mal am Busterminal abgeben wollte, schnalle ich mir auf den Rücken. Ich will keine Zeit verschwenden. Auf dem Weg zum Schlafplatz der Intucables stoße ich auf Milton, Justin und Ronald. Sie begleiten mich bis zu dem nicht fertiggestellten Toilettengebäude. Da die Jungs ihre Hunde dabeihaben, die lauthals bellend unser Ankommen verkünden, werden wir von der Gang freudig begrüßt. Ich suche fieberhaft nach David, den ich zwischen all den Jungs nicht finden kann, und stehle mich heimlich in das Gebäude, während die anderen sich noch über dies und das unterhalten.

David schläft in einer der Kabinen. Ich lehne mich an die kahle Mauer und beobachte ihn ungesehen von den anderen, die sich vor dem Gebäude aufhalten. David sieht fast schon friedlich aus unter den schweren – vermutlich geklauten – Pferdedecken. Ich sehe, wie sich sein Oberkörper durch die Atmung gleichmäßig hebt und senkt. Seine Augen sind geschlossen und man könnte fast meinen, ein Lächeln würde sich auf seinen Lippen abzeichnen. In all den Wochen habe ich ihn nie so entspannt erlebt. Noch einen Moment möchte ich ihm einfach beim Schlafen zusehen. Ich setze mich wie zum Schutz vor die Kabinentür und zünde mir eine Zigarette an. Milton und Justin kommen laut herumalbernd herein, weil sie hoffen, dass sie uns in einer unangemessenen Situation erwischen. Als ich sie mit einem Zischen auffordere, leise zu sein, wirken ihre kindlichen Gesichter enttäuscht. Sie setzen sich zu mir und flüsternd kommen wir ins Gespräch.

„Hermana, wenn du in David verliebt bist, warum bleibst du dann nicht einfach bei uns?" Wieder diese Frage, die in mir eine Zerrissenheit auslöst, die ich kaum ertragen kann und auf die ich keine passende Antwort habe. Ich rattere emotionslos die Erklärung herunter, dass man in Deutschland eine Ausbildung benötigt, um irgendwo arbeiten zu können, und ich in den nächsten Wochen eben diese zur Erzieherin anfangen werde. Die Jungs schütteln verständnislos ihre Köpfe. „Aber wenn du doch in David verliebt bist, kannst du doch für immer hierbleiben. Dann brauchst du auch keine Ausbildung für Deutschland." Ich schaue auf David und nicke abwesend. Entschlossen fordere ich die Jungs auf, David und mich alleine zu lassen. Widerwillig kommen sie meiner Bitte nach. Nun sind wir alleine in dem Toilettenhäuschen. David und ich, nur wir beide. Ich betrete die Kabine und knie mich vorsichtig neben ihn und schaue mir sein Gesicht an. Aus der Nähe betrachtet sieht er nicht mehr ganz so friedlich aus. Seine Augen sind geschwollen, aber nicht wie nach einem Kampf. Es sieht eher so aus, als habe er lange nicht geschlafen. Die Drogen und der Alkohol haben sein Gesicht aufgeschwemmt. Zudem entdecke ich über sein ganzes Gesicht verteilt kleine und größere Narben. Narben, die von Rangeleien, Messerstechereien und Kämpfen erzählen. Ich lächele liebevoll, als ich ein winziges Muttermal unter seinem linken Auge erkenne. Sein sonst fein rasiertes Gesicht bedecken kurze Bartstoppeln. Erst jetzt wird mir klar, dass er sich offensichtlich täglich rasiert und ich fange an darüber nachzudenken, dass er trotz seiner widrigen Lebensumstände glücklicherweise nicht den Respekt vor sich selbst verloren hat. Mein Wunsch, ihm nah zu sein, ist so überwältigend, dass ich mich nicht mehr wehren kann und will. Vorsichtig lege ich mich neben ihn und kuschele mich an seinen Rücken. Meinen Arm lege ich um seinen Oberkörper, der von der schweren Decke bedeckt ist. Ich spüre, wie sein Brustkorb sich mit seinem Atem sanft auf und ab bewegt.

Eine winzige Sekunde des puren Glücks wird plötzlich wie aus dem Nichts zerstört. In einem Sekundenbruchteil zuckt David aus einer entspannten Schlafhaltung in eine angespannte Verteidigungsposition. Sein Blick ist verzerrt und ich erkenne Todesangst in seinen Augen. Mein Herz rast und mir wird bewusst, dass David nicht zum ersten Mal in seinem Leben im Schlaf überrascht wird und in seinem Unterbewusstsein verankert ist, dass dies große Gefahr bedeutet. Mir steigen vor Betroffenheit die Tränen in die Augen. David will sich rechtfertigen, als er sieht, dass mir der Schreck in den Gliedern sitzt, doch ich schüttele nur sanft mit dem Kopf und fordere ihn auf, sich wieder hinzulegen. Ich ziehe die Decke zur Seite, um ihm näher zu sein und mich mit darunterzulegen. Erst jetzt sehe ich, dass sein Oberkörper frei ist und noch bevor ich mich in seinen Arm schmiegen kann, nimmt er hektisch seinen Pulli und streift ihn über. Ich schaue ihn fragend an und erkenne in seinen Augen Scham. Seine Brust, sein Bauch und sein Rücken sind übersät von vernarbten Stichwunden. Wieder schaue ich ihn betroffen an. Bevor ich ihm erklären kann, dass das kein Grund für Scham ist, nimmt er mich fest

in den Arm und küsst mich zwar leidenschaftlich, aber sehr grob. Bevor ich mich richtig auf den Kuss einlassen kann, werden wir von einer Horde grölender Halbstarker unterbrochen. Milton und Justin hatten offensichtlich die Jungs der Intucables aufgestachelt, sie in das Toilettenhäuschen zu begleiten, um ihnen was Krasses zu zeigen. Offensichtlich ist ihr Plan aufgegangen, denn die Intucables sind aus dem Häuschen von der Show, die sich ihnen bietet. Der Boss der Chicos del Rio knutscht mit der Gringa-Hermana. Nun bin ich diejenige, die beschämt aufsieht. Die Jungs schreien aufgeregt durcheinander. „Hermana, warum knutscht du mit David?" „Hermana, bleibst du jetzt bei uns?" „David, ist die Hermana deine Freundin?" Bei dieser Frage kehrt plötzlich Ruhe ein. Alle schauen David gespannt an. Er sieht mich an. Die Zeit scheint stehenzubleiben, denn er wendet seinen Blick nicht ab. Als wolle er in meinen Augen die Antwort erkennen. Er holt tief Luft, scheint all seinen Mut zusammenzunehmen und wendet sich mit der ganzen Autorität eines Anführers der Gruppe zu.
„Ja, Hermana Claudia ist meine Freundin." Er hält den Blicken der Jungen einen weiteren Moment stand, bevor er mich mit der gleichen Stärke ansieht. Mein kurzer Moment des Unbehagens weicht einem übermäßigen Stolz. Doch bevor ich überhaupt reagieren kann, zucke ich zusammen, denn David spricht weiter: „So und nun reicht es mir. Verschwindet, ich will mit meiner Freundin alleine sein." Einen kurzen Moment erlaube ich mir, darüber nachzudenken, wie es wohl als Freundin eines Gangchefs ist.
Doch bevor ich mich weiter meinen Gedanken hingeben kann, hören die Jungs auf ihren Anführer und verlassen das Gebäude. Die Anspannung in der Luft ist kaum auszuhalten und ehe David oder ich etwas sagen können, beginnen wir, uns leidenschaftlich und stürmisch zu küssen. Unser Atem wird schwer und trotz unserer impulsiven Stimmung berührt er mich ganz sanft und vorsichtig an meinen Brüsten. Unsere Berührungen und Küsse werden noch intensiver. Erst als seine Hand über meinen Bauch zu meiner Hose wandert, werde ich nervös. Ich habe meine Periode und ich weiß auch nach so langer Zeit in diesem Land überhaupt nicht, ob man als Frau mit einem Mann darüber spricht. Meine Unsicherheit bringt mich zurück in die Realität. Innerlich unschlüssig, aber äußerlich bestimmt wehre ich seine Berührungen ab. Er ist irritiert und lässt sich im ersten Moment abwehren, aber während wir uns weiter küssen und voller Verlangen nacheinander miteinander ver-

schmelzen, versucht er es immer und immer wieder. Noch einmal mehr als die ganzen letzten Tage schon fühle ich eine innere Zerrissenheit. Mein Bus geht in drei Stunden. Wenn nicht jetzt, wann dann? Ja, meine Erziehung verbietet mir ein solches Handeln, aber die Sehnsucht, David so nah wie möglich zu sein, ist unbeschreiblich. Auch bei Paul habe ich mich gegen die Ideale meiner Erziehung und für den Sex entschieden. Allerdings waren wir ein festes Paar, und selbst da hat mein schlechtes Gewissen dazu geführt, dass wir die Nähe nicht genießen konnten. Ich überlege, ob es mir mit David anders gehen könnte, weil ich hier gerade ein solch anderes Leben führe und meilenweit von meinen Eltern mit ihren christlichen Vorstellungen entfernt bin. Ich merke, dass sich mein Herz zu einer Entscheidung verleiten lässt. Ich will diesem Mann, der in mir die leidenschaftlichsten Gefühle erweckt, so nah sein, wie es geht.

Bevor ich mich der Vorstellung, mit David gänzlich zu verschmelzen, hingeben kann, passiert plötzlich etwas, womit ich nicht gerechnet habe. David nimmt meine beiden Hände und stützt sich mit seinem ganzen Gewicht darauf. Mit einer Hand versucht er, fast schon aggressiv meine Hose zu öffnen. Meine Sehnsucht nach Nähe löst sich in Luft auf und übrig bleibt Angst. Ich schaue ihn erschrocken an. Meine zu Beginn halbherzigen Versuche, mich gegen seine Vehemenz zu wehren, wandeln sich in pure Panik. Ich schreie und schüttele ihn von mir ab. Mit all meiner Kraft befreie ich meine Arme von seinem festen Griff. Plötzlich habe ich Ulrikes Stimme im Ohr, die sagte: „Claudia, du weißt nicht mal, ob David schon mal jemanden vergewaltigt hat." Diesen Satz habe ich direkt wieder verdrängt, viel zu absurd kam er mir vor. Auch jetzt verbanne ich diesen Gedanken so schnell, wie er gekommen ist.

Ich fühle mich zurückversetzt in meine Teenagerzeit. Mit 13 Jahren verliebte ich mich Hals über Kopf in einen zwei Jahre älteren Jungen. Mit ihm erlebte ich meinen ersten Kuss. Er schmeckte nach Apfelsaft und fand bei uns im Garten statt. Hinter den Bäumen, geschützt vor den Blicken meiner Eltern, die diesen Jungen schon als einfachen Freund nicht gerne gesehen hatten. Hätten sie uns erwischt, wäre ich vermutlich mit 100 Jahren Hausarrest und er mit Hausverbot bestraft worden. Wir „gingen" wenige Wochen miteinander. In dieser Zeit kam es zwei Mal zu der Situation, dass er ähnlich wie David versuchte, besonders nachdrücklich, fast schon gewaltsam mit mir zu

schlafen. Meine Erziehung und meine schon damals vorhandene Stärke versetzten mich in die Lage, mich erfolgreich zu wehren. Ich hatte eine feste Mädels-Clique, der ich aber nur erzählte, dass dieser Junge „mit mir schlafen" wollte. Einige Jahre später erfuhr ich von meinen Freundinnen an einem Abend, an dem wir sehr offen miteinander sprachen, dass ihnen Ähnliches passiert war. Einige konnten sich erfolgreich zur Wehr setzen, andere nicht. Ein Gedanke, der mich noch heute traurig macht. Ich weiß keine Antwort darauf, warum es damals fast schon normal war, dass die Jungs das Gefühl hatten, sich auch gewaltsam nehmen zu können, was sie wollten. Aber deshalb nahm ich wohl auch Davids übergriffiges Verhalten als eher belanglos wahr.
Ich hoffe und glaube, dass sich die Situation für junge Mädchen heute drastisch verändert hat. Die Erziehung, die Politik und die Öffentlichkeitsarbeit zum Thema sexuelle Gewalt sind, Gott sei Dank, vorangeschritten, auch wenn es tatsächlich bis zum Jahr 2016 dauerte, bis das Sexualstrafrecht in Deutschland endlich reformiert wurde.
Als wenn nichts passiert sei, nimmt David mich liebevoll in den Arm. Meine Angst, die eben noch so präsent war, verfliegt. Ich möchte nicht zulassen, dass die unterschiedlichen Normen und Werte, Lebensweisen und kulturellen Gegensätzlichkeiten Distanz zwischen uns bringen. Ich entspanne mich und lasse mich in seinen Arm fallen. Er küsst mich sanft auf die Stirn und entschuldigt sich. Er sagt: „Claudia, ich wollte dir einfach nur so nah wie möglich sein." Ich nicke und streichele seine Brust. Ich weiß nicht, wann er zuletzt die Möglichkeit hatte, zu duschen, aber er riecht für mich so gut wie nichts Vergleichbares. Er drückt meine Hand, um mit dieser Berührung meine ganze Aufmerksamkeit zu bekommen. Als ob er sie nicht längst hätte. Er küsst mich noch mal sanft auf die Stirn und fragt, woran ich gerade denke. Mir schießen die Tränen in die Augen und ich flüstere mit weinerlicher Stimme: „Ich will niemals weg von dir." Er nimmt mich fester in den Arm. Niemand hätte es geschafft, uns in diesem Moment auseinander zu bringen. Wir küssen uns so fest, dass es weh tut. Die Tränen laufen uns beiden die Wange hinunter. Immer fester drücken wir unsere Körper aneinander. Der Schmerz des Abschieds ist so groß, dass wir alles um uns herum vergessen. Erst als ich direkt hinter uns ein Geräusch wahrnehme, drehe ich mich erschrocken um. Dort steht Ronaldinho. Wie immer hat er eine Hand mit Wol-

lebausch an seiner Nase und die andere Hand in der Hose und onaniert, aber für mich ist diese Situation nicht wie immer. Mir wird schlecht. Ich löse mich direkt aus Davids Umarmung. Ich setze mich in die Ecke mit dem Rücken an die Wand und ziehe meine Knie an mich. Kurz stelle ich mir die Frage, warum ich so peinlich berührt bin. Er ist derjenige, der schamlos vor uns steht und sich befriedigt. Er ist mein Schutzbefohlener und im Gegensatz zu den Situationen beim Straßeneinsatz, wenn er onaniert und ich nur noch gelangweilt Notiz davon nehme, befinde ich mich jetzt gerade in einer verletzlichen und unprofessionellen Lage, in die ich mich selbst hineinmanövriert habe.

Deshalb bin ich zwar erleichtert, dass David alleine mit seinem Blick so viel Macht ausstrahlt, dass Ronaldinho direkt abzieht, aber in mir bleibt ein fürchterliches Unwohlsein. Noch vor wenigen Jahrzehnten lebten auch in Deutschland Familien in einem Zimmer zusammen, so wie es in Bolivien häufig heute noch ist. Kinder, Eltern, Großeltern und manchmal sogar das Vieh schliefen unter einem Dach und es war vollkommen normal, dass eheliche Aktivitäten auch in diesem Raum stattfanden. Unsere heutige Erziehung und wohl besonders meine ist so weit weg von einer solchen Vorstellung, dass diese Situation, in der ich als Lustobjekt genutzt werde, mich bis ins Mark erschüttert. Wir sind wieder alleine und doch bleibt dieses entsetzliche Gefühl, vorgeführt worden zu sein. Ich kann mich der Leidenschaft nicht mehr hingeben. Davids Reaktion erleichtert und erfreut mich. Er ist verständnisvoll und wühlt in meiner Tasche, bis er findet, was er gesucht hat. Beim Anblick meiner Kamera muss ich lächeln.

David reicht mir die Kamera. Ich schalte sie an und halte sie umgedreht, damals noch ohne Selfie-Funktion, sodass sie uns zusammen aufnimmt. Nachdem wir das erste Foto geschossen haben, schaue ich es mir auf dem winzigen Display an. Ich erschrecke kurz. Meine Haare stehen wild von meinem Kopf ab, die natürlich unechte Perlenhaarspange hängt schief an einer Strähne herunter, die Farbe meiner Kleidung ist vor lauter Hundehaaren und Staub kaum noch zu erkennen und meine Wimperntusche ist vom vielen Weinen im Gesicht verschmiert. Erstaunlicherweise beruhige ich mich sofort wieder, denn David gibt mir das Gefühl, die schönste Frau der Welt zu sein, obwohl ich so niemals vor die Tür gegangen wäre. In seinen Armen fühle ich mich so sicher wie nirgendwo sonst auf dieser Welt. Alles zuvor Geschehene

ist vergessen und wir liegen vollkommen entspannt eng aneinander gekuschelt auf dem Lager. Ich habe meine Hand auf seinem Bauch und er umschließt sie mit seiner.
Wir unterhalten uns über Belanglosigkeiten, wohl bedacht, dass keiner anspricht, dass ich bald gehen muss.
Plötzlich hören wir draußen Tumult. Ich setze mich auf und schon steht Justin vor uns. Aufgeregt flüstert er, dass die Polizei da ist. Ich zucke zusammen. Was sollen wir machen? Zum Weglaufen ist es zu spät. Ich höre schon, wie die schweren Schritte der Polizeistiefel im Gang des Toilettenhäuschen näherkommen. Eigentlich dumm von mir, dass ich nicht genau damit gerechnet habe. Die Polizei geht bei ihrer Patrouille immer bei dem bewohnten Toilettenhäuschen vorbei, um nach dem Rechten zu sehen. Wir liegen in der hintersten Kabine und fieberhaft denke ich nach, wie wir aus dieser Misere herauskommen. Plötzlich spricht David mich mit sehr ernster Stimme an. „Hermana, was würdest du mir in einer solchen Situation raten?" Es dauert einen Moment, bis ich verstehe, was David vorhat. Ich streiche mir die Haare glatt und versuche, mir hektisch die verlaufene Schminke wegzuwischen, um mein Äußeres wieder vorzeigbar zu machen. Dann antworte ich professionell-distanziert: „Ich würde mit ihm noch mal darüber ins Gespräch kommen, was hältst du davon?"
Schon stehen die Polizisten mit ihren gezückten Waffen vor uns. Bedacht entspannt schaue ich auf. Mein Blut beginnt zu pulsieren. Zum einen, weil noch nie eine Schusswaffe auf mich gerichtet war und zum anderen, weil es sich bei den beiden Polizisten tatsächlich um die zwei Männer handelt, mit denen ich vor einigen Wochen auf dem Revier um Justins Schuhe gestritten habe. Betont lässig spricht der dickere der beiden Polizisten mich an, während er noch immer die Waffe auf mich gerichtet hat: „Hallo Hermana, so sieht man sich wieder... Was machst du denn hier?" Ich antworte ebenfalls betont lässig: „Was sollte ich hier wohl tun? Ich unterhalte mich mit meinem Klienten, ich arbeite. Mein Bus nach Sucre fährt in einer Stunde ab und da ich von einem Problem meines Klienten weiß, wollte ich nicht eher gehen, bevor es ausgeräumt ist." Ich muss den Satz mit meiner Abreise einschieben, zu groß ist meine Angst, dass wir mit aufs Revier müssen. Den Bonus, dass ich Weiße bin und damit Aufsehen erregen könnte, wenn mir was geschieht, muss ich in diesem Moment nutzen. Im schlimmsten Fall könnten die beiden

Polizisten mich ins Gefängnis stecken, da ich mich hier auf einem Grundstück der Stadt aufhalte, auf dem offensichtlicher Vandalismus betrieben wird. Mir läuft der Angstschweiß den Rücken herunter. Der Polizist kaut wie ein Cowboy auf einem Stück Holz herum. Er schaut mich eindringlich an, dann spuckt er das Stück Holz an seiner Schusswaffe vorbei vor unsere Füße. Dabei bleiben Speichelbläschen auf seiner Lippe zurück. Mit seiner Zunge leckt er sich die Lippen. Ich bete insgeheim, dass niemand das Toilettenhäuschen betritt und den Polizisten erschreckt, der mit seiner Waffe direkt vor uns steht. Provokant antwortet er: „An einem Sonntag?" Ich rutsche nervös auf meinen Pobacken hin und her und versuche mit allen Mitteln, meine Aufregung im Zaum zu halten und mir nichts anmerken zu lassen. „Ja, an einem Sonntag, weil wie gesagt mein Bus nach Sucre in einer Stunde abfährt." Eindringlich schaut er erst David an, dann mich. Davids Blick zuckt schon die ganze Zeit zwischen der Waffe und dem Gesicht des Polizisten hin und her. Der andere Polizist steht dermaßen im Hintergrund, dass er anscheinend überhaupt nichts mit der Szene zu tun hat. Der dicke Polizist beginnt zu nicken. Langsam, aber bestimmt. Ganz plötzlich und so abrupt, dass ich zusammenfahre, nimmt er die Waffe herunter. Mit einer kurzen Handbewegung fordert er seinen Kollegen auf, mit ihm das Toilettenhäuschen zu verlassen. Wie vom Donner gerührt bleiben David und ich zurück. Wir trauen uns kaum zu atmen und versuchen zu hören, ob die beiden das Gebäude tatsächlich verlassen haben.
Sie sind weg. Noch bevor David und ich es realisieren können, tauchen alle anderen Jungen vor unserer Kabine auf. Mein Herz schlägt mir noch immer bis zum Hals. Ich bekomme kaum mit, was um mich herum passiert. Die Jungs reden alle durcheinander. Plötzlich spüre ich Davids warme und feste Hand auf meinem Rücken. Unter dieser Berührung werde ich langsam wieder ruhig. Die Jungs diskutieren noch immer und reden wild auf mich ein, dass es total unfair sei, dass David an meinem letzten Tag so viel Zeit geschenkt bekommt. Nun wollen sie schließlich auch noch mit mir Zeit verbringen. Ich verstehe ihren Einwand und fühle mich schlecht. David erkennt meine Gefühle und nickt mir kaum merklich zustimmend zu. Ausgelassen beginnt eine alberne Fotosession. Alle wollen vor die Kamera. Die Stimmung ist vollkommen überdreht. Jeder der Jungs hat offensichtlich, während wir unsere Zweisamkeit genossen haben, geschnüffelt. Ich überlege kurz, ob

ich erneut mahnende Worte zu ihrem Konsum aufbringe und entscheide mich dagegen, weil es meine letzte Stunde bei ihnen ist und meine Worte ihr Ziel in ihrem Zustand ohnehin verfehlen würden – und die Stimmung würde ziemlich wahrscheinlich ins Negative kippen. Kurz bevor ich nun endgültig gehen muss, bitte ich die Jungs, David und mich noch für einen kurzen Moment alleine zu lassen. Widerwillig verlassen sie das Toilettenhäuschen. David streicht mir behutsam eine Haarsträhne aus meinem Gesicht und flüstert: „Bitte geh nicht, Claudia." Wieder beginne ich zu weinen und auch in seinen Augen sammeln sich Tränen. Ich schaue an ihm vorbei ins Nichts und erlebe in Gedanken unsere gemeinsame Zeit noch einmal. Ich will nicht gehen. Wieder stehe ich vor dieser Entscheidung und ich bin müde, immer und immer wieder darüber nachzudenken und diesen innerlichen Disput auszufechten. Paul, Katja und Simon werden in wenigen Tagen in Salvador de Bahia am Flughafen landen und erwarten dort, von mir abgeholt zu werden. Bilde ich mir nur ein, dass ich keine Wahl habe?

Ich weiß, dass ich nicht an diesem Flughafen stehen möchte. Nein, ich möchte hierbleiben. Bei David, in seinen sicheren Armen. Ich weiß, dass er nicht der Mann ist, der mir finanzielle Sicherheit bieten könnte. Gleichermaßen weiß ich, dass ich darauf keinen Wert lege, in Vergangenheit, Gegenwart und Zukunft. In meiner Vorstellung ist die emotionale Sicherheit so viel mehr wert. Ich will mir sicher sein, dass ich in Not beschützt werde, dass Ängste erkannt werden und von meinem Mann gelindert werden. Dass ich sein darf, wie ich bin und bedingungslose Liebe erfahren darf. Ich will genau das fühlen, was David mir ohne Worte zeigt. Dass ich für ihn die tollste Frau der Welt bin.

David schaut mich eindringlich an und fragt: „Was denkst du?" Statt ihm zu antworten, beginne ich, ihn leidenschaftlich zu küssen. In meinem Kopf stelle ich mir unsere Zukunft in den schillerndsten Farben vor. Dann wird mir klar, dass unsere gemeinsame Sanduhr abläuft und nur noch wenige Körner übrig sind. Mich überkommt eine tiefe Sehnsucht, diesem für mich perfekten Mann so nah zu sein, wie es nur geht. Ist nicht genau das der Sinn von Sexualität, mit einem anderen Menschen zu verschmelzen? Ich möchte, dass wir uns durch diesen ganz besonderen Akt für immer versprechen. Er soll mir gehören und ich werde für immer zu ihm gehören. Nun ist es meine Hand, die sich langsam über seinen muskulösen Bauch bis zu seinem Hosen-

bund hinabtastet. Mit einem festen Griff wird meine Berührung gestoppt. David schaut mich kopfschüttelnd an. „Nein Claudia, du warst nicht bereit dafür und nun entsteht der Wunsch, mit mir zu schlafen, aus der Panik der kurzen Zeit heraus. Wir warten, bis du nächstes Jahr wiederkommst."
Ich bin fasziniert von seiner Stärke und nicke ihm liebevoll zu. Er küsst mich sanft auf meine Stirn und wir wissen beide, dass es nun an der Zeit ist, sich zu verabschieden. Zaghaft greife ich nach dem letzten Strohhalm und frage ihn, ob er nicht mit mir nach Sucre kommen möchte. Ich rechne mit der Antwort, die ich dann auch bekomme: „Nein Claudia, mein Platz ist hier in La Paz." Ich lasse es so stehen und hake nicht weiter nach.
In Sucre muss ich einen Flug von La Paz nach Sao Paulo buchen, um von dort weiter nach Salvador fliegen zu können. Natürlich könnte ich den Flug auch in La Paz buchen, aber die Zeit hier ist mir zu kostbar. Es reicht, diesen in Sucre zu organisieren. Im Vorfeld hatte ich geplant, eine Woche früher in Brasilien zu sein, um für mich dort erst mal anzukommen und mit einer Art Verarbeitung beginnen zu können. Aber die Zeit, die ich mit David gemeinsam haben könnte, wäre doch so viel mehr wert. Wenn ich in Deutschland bin, habe ich noch genug Zeit, all das, was ich hier erleben durfte, zu verarbeiten. Und da ändert wohl kaum eine Woche in Brasilien etwas. Also entschließe ich nun kurzerhand, dass ich die Zeit lieber in La Paz mit David verbringen möchte. Mir würden vier Tage mit ihm bleiben, wenn ich aus Sucre wiederkomme. Ich frage David, ob er möchte, dass wir noch weitere vier Tage zusammen haben. Nach meiner Erklärung, wie wir nun doch noch zu mehr Zeit kommen könnten, strahlt er mich an: „Ja Claudia, das möchte ich auf jeden Fall." Dann wird er nachdenklich und senkt seinen Blick. „Wenn du noch einmal herkommst, dann müssen wir auch noch ein weiteres Mal Abschied nehmen. Es ist schon jetzt kaum auszuhalten, und dann geht das Ganze von vorne los." Ich überhöre seinen Einwand und sage vor Freude lachend, dass wir dann aber noch vier Tage länger Zeit haben, die wir gemeinsam verbringen können. Ich weiß, dass es schon sehr knapp wird, den Bus nach Sucre zu erreichen, aber ich kann diesen besonderen Mann nicht loslassen. Irgendwann sieht David mich ernst an. All seine Nähe ist aus seinen Augen gewichen. „Geh jetzt, es ist schon spät." Der Druck, der auf uns lastet, ist kaum auszuhalten. Rückwärts trete ich aus der Kabine. David bleibt stehen. Unsere Hände lösen sich und mein Herz scheint zu zerreißen. Ich

halte den Schmerz kaum aus. Doch bevor ich mich meiner Trauer hingeben kann, verlasse ich das Toilettenhäuschen, in dem David mit Tränen in den Augen zurückbleibt.

Im grellen Sonnenlicht erkenne ich erst nach ein paar Augenblicken die anderen Jungen, die vor dem Gebäude stehen. Noch immer ist die Stimmung der Gang gedämpft, weil alle in ihrem Drogenrausch hängen und die Trauer des Abschieds uns einhüllt. Sombras ist der erste, der auf mich zutritt. Er nimmt mich liebevoll in den Arm und bedankt sich für alles, was ich die letzten Monate für ihn getan habe. Es sind aufrichtige Worte, die mich zu Tränen rühren würden, wenn ich nicht sowieso schon unablässig weinen würde. Dann beginnt eine kurze, schmerzhafte, aber verständliche Tortur. Milton beginnt, mich auszuschimpfen: „Du verpisst dich einfach und lässt uns im Stich." Ronald steigt in das Geschrei mit ein: „Es interessiert dich einen Scheiß, was mit uns passiert." Nun schreit einer aus der Intucables-Gang mich an: „Wenn du jetzt gehst, dann musst du niemals wiederkommen." Langsam setze ich mich in Bewegung, um zur Hauptstraße zu gelangen.

Zum jetzigen Zeitpunkt kann ich diesen Frust verstehen und empfinde Verständnis für ihre Worte. Ich bin voller Trauer. Aber egal was ich ihnen erwidern würde, es würde sie nicht im Herzen erreichen. Als den Jungs klar wird, dass mich ihre Worte nicht aufhalten, werden sie aggressiv. In mir steigt Angst auf. Sie schreien mich an, dass ich eine blöde Nutte sei und dass sie mich nie wieder sehen wollen. Das ganze Szenario wird mit einem Satz von Milton beendet, der mit seiner Hilflosigkeit und Wut auf mein Gehen das Ganze erst ins Rollen gebracht hatte. Laut und hysterisch schreit er mich an: „Wag es dich, noch einmal nach La Paz zu kommen, dann wirst du uns richtig kennenlernen."

Es fühlt sich an, als würde mir jemand unbarmherzig mein Herz herausreißen. Ich verstehe ihr Verhalten. Mit meinem Gehen tue ich ihnen weh. Um sich dafür zu rächen beziehungsweise da sie mich als Ursache ihrer Schmerzen sehen, müssen sie mir im Gegenzug Schmerzen zufügen. Es tut einfach nur unsagbar weh. Wie fürchterlich müssen diese Jungs sich fühlen, die vor wenigen Tagen gesagt haben, dass ich für sie die Rolle einer Mutter eingenommen habe. Jeder von ihnen wurde offensichtlich von der Mutter verstoßen, und nun erleben sie diesen Schmerz erneut. Unermessliche Wut prasselt hier auf mich ein, von der nur ein Bruchteil tatsächlich mir gilt.

Abschied von Sucre und Maria Antonia

Ich steige in den Bus nach Sucre und setze mich auf meinen Lieblingssitz ganz vorne. Das Panoramafenster bietet mir eine überwältigende Sicht auf die Stadt in ihrem Tal-Kessel und bei dem Gedanken, dass ich diesen Ausblick bald nicht mehr haben kann, dass ich in wenigen Tagen in Brasilien sein werde und dann in Deutschland, laufen mir die Tränen in Rinnsalen die Wangen herunter. Meine Zeit in Bolivien war begrenzt, das wusste ich seit Beginn meines Abenteuers, aber nun fühlt es sich so an, als würde mit meinem Abschied ein Teil von mir sterben, so sehr lebe ich dieses Leben.
Die Zeit in Sucre kommt mir unwirklich vor. Ich besorge mir das Ticket nach Sao Paulo, telefoniere mit meiner Gastfamilie dort, die ich über meinen Onkel vermittelt bekommen habe, und habe täglich mit Katja Kontakt, die viele Fragen zu ihrer großen bevorstehenden Reise hat. Tagsüber besorge ich noch Mitbringsel, damit ich meiner Familie und meinen Freunden einen Teil dieses wundervollen Landes schenken kann.
Abends im Bett spiele ich immer wieder in Gedanken durch, wie ich es meiner Familie und meinen Freunden verständlich machen könnte, wenn ich in Bolivien bliebe. Doch so sehr ich auch mit mir ringe, ich komme immer wieder zum Schluss, dass ich zurück nach Deutschland muss. Ich sehe meine Mutter, die trotz unseres schwierigen Verhältnisses an dem Verlust zerbrechen würde. Ich weiß, dass ich mir der Unterstützung meiner Eltern sicher sein könnte, aber sie würden trauern. Wie auch immer ich es drehe und wende, ich muss eine Ausbildung in Deutschland machen.
In meiner Vorstellung kann ich nur nach La Paz zurückkehren, wenn ich die vier verbleibenden Tage auch im Kontaktzentrum arbeite. So steht ein wichtiger Anruf noch aus. Ulrike weiß von David und mir. Sie kann mir die Rückkehr verbieten. Ich habe Angst vor dieser Ablehnung. Ich bekomme nicht direkt eine Ablehnung von ihr, aber die ganz klare Auflage, nur zurückzukommen, wenn ich mich an die Regeln der Organisation halte. Sie benennt die Regel „Man darf sich nicht auf eine Liebesbeziehung mit einem Klienten einlassen" nicht noch mal extra. Zu klar ist uns beiden, was sie mit ihrer Aussage meint.
Daraus resultiert ein neues Problem, das mir nun meinen Schlaf raubt. Es war kein kluger Einfall, David und mir diese weiteren vier Tage einzuräu-

men. Natürlich war dieser Gedanke von meinen Gefühlen geleitet, aber erst jetzt wird mir bewusst, dass ich wohl kaum Ulrikes Segen bekommen werde, wenn ich in einem Jahr zurückkommen will – und mich nun nicht an die Regeln halte. Ich fühle mich hundselend. Egal was ich mache, es fühlt sich an, als würde ich in einer Sackgasse landen. Viele Stunden telefoniere ich mit Papa und wir überlegen gemeinsam, ob es eine Nische gibt, die ich in meiner eingeschränkten Sichtweise nicht erkennen kann, damit ich mit David zusammen sein kann und gleichzeitig der Organisation gegenüber loyal bin. Doch wir kommen auch gemeinsam zu keiner befriedigenden Lösung. Bei diesem Telefonat erzähle ich auch zum ersten Mal offen von meinen Gefühlen zu David. Mein Papa kennt mich und natürlich hat er bereits gewusst, dass mein Herz für David schlägt. Schambehaftet erzähle ich ihm auch von meinem Zwiespalt gegenüber Paul. Ich bin vollkommen verblüfft, dass mein Papa das Ganze recht nüchtern betrachtet. In meinem Kopf hatte ich ihn immer wieder vor Augen, wie er mit erhobenem Zeigefinger sagt: „Du sollst nicht Ehebrechen!" In direktem Bezug darauf sagt er: „Claudia, du bist nicht mit Paul verheiratet." Es fühlt sich vollkommen verrückt an, dass er mit seinen Worten eine für mich schlimme „Tat" relativiert. Ich bin erleichtert und irgendwie auch verunsichert.
Er kennt mich, weiß um meine Gefühle und seine Erfahrungen sagten ihm wohl schon viel früher, als ich noch gar nicht darüber nachgedacht habe, dass die Beziehung zwischen Paul und mir nach meiner Zeit in Bolivien keine Zukunft mehr haben wird.
Gleichzeitig meint er, ich könnte auch David vorschlagen, dass er mit nach Deutschland kommt und bei uns lebt. Ich weiß, dass David sich nicht darauf einlassen wird, aber der Vorschlag meines Vaters rührt mich und ich fühle mich sehr ernst genommen. Wir fokussieren uns wieder auf die Frage, wie ich mich nun die wenige Zeit verhalten kann, ohne ein mögliches Wiederkommen zu riskieren.
Ich denke an die Zukunft und entscheide mich dafür, mich von David fernzuhalten, damit ich im nächsten Jahr wiederkommen kann. Dann würde einem gemeinsamen Leben nichts im Weg stehen, denke ich. Aber ich bin unglücklich mit dieser Entscheidung und ich weiß, dass diese Rechnung nur aufgeht, wenn David das folgende Jahr nutzt, um eine Reha zu machen. Diese Hürde, die er meistern und die ich einfordern müsste, rechtfertige ich

mit meinem Entgegenkommen, dass ich mein Leben in Deutschland aufgeben würde, um mit ihm zusammen sein zu können. Dieser Vergleich hinkt, das sehe ich selbst, denn ich habe Sehnsucht nach einem Leben in Bolivien. Ich möchte auf der Straße arbeiten und Menschen helfen. David hat eine deutlich größere Hürde. Er muss sich durch eine Reha kämpfen und gleichzeitig seine Straßen-Familie verlassen. Ich weiß, dass ich jederzeit nach Deutschland zurückkehren könnte. Meine Familie würde mich mit offenen Armen empfangen. Wenn er seiner Familie den Rücken kehrt, ist er verstoßen für den Rest seines Lebens. Und für diesen Weg müsste er eigentlich die Stadt – sein La Paz, mein La Paz – verlassen.

Diesen Wust an Gedanken schiebe ich immer wieder beiseite. Meine Entscheidung ist gefallen. Ich werde David erklären, dass ich ihn wiedersehen will, eine Zukunft mit ihm im Blick habe und dass das nur gelingen kann, wenn wir uns die vier Tage voneinander fernhalten.

Victor und ich stehen uns so nah, dass ich den Wunsch in mir verspüre, ihm von meiner Entscheidung für die viertägige Rückkehr selbst zu erzählen. Ich habe ihm selbst nie von David und mir erzählt. Ich will ihn anrufen, doch auch wenn er es vor wenigen Monaten war, der mir sagte, dass ich mit David zusammenkommen soll, so habe ich doch Skrupel, offen auszusprechen, dass wir eine Beziehung führen und dass ich noch mal wiederkommen möchte. Zwei Tage überlege ich, ob ich dieses Telefonat führen soll. Victor ist mein Arbeitskollege, mein Freund, mein Bruder. Seine Meinung ist mir wichtig und er ist es, der mich immer wieder aufgeklärt hat, mir das Leben auf der Straße erklärt hat. Also wähle ich am zweiten Tag schließlich seine Nummer. Meine Neugierde ist groß, wie es den Jungs geht und was er glaubt, wie sie wohl nach ihrer Wut beim Abschied auf mich reagieren würden, wenn ich nun doch erneut auftauche. Ich spüre meine Angst. Er könnte mir sagen, dass die Jungs mich nicht sehen wollen und ich mich vielleicht sogar in Gefahr begeben würde. Ich sitze auf der Veranda vor meinem Zimmer in Sucre und höre auf das Freizeichen. Viel schneller als gedacht höre ich Victors Stimme. Bei meinen Worten „Hallo, Bruder Victor" stellt sich ganz von allein Entspannung bei mir ein. Ich kann an seiner Stimme hören, dass er sich über meinen Anruf freut. Ich erkundige mich nach den Jungs und er berichtet, dass sie schon direkt nach meiner Abreise bei ihm gewesen sind und gefragt haben, ob ich tatsächlich gegangen bin. Victor macht eine kurze Pause. Dann sagt er unvermittelt: „Hermana, sie vermissen dich sehr." Erstaunt stelle ich fest, dass Victor offenbar selbst durchs Telefon spüren kann, was ich denke, denn er spricht weiter, ohne dass ich meine Frage aussprechen muss. „David war auch hier. Er fragte mich, ob ich etwas davon wüsste, dass du vor deinem Abflug noch mal zur Soforthilfe zurückkommst. Außerdem wollte er wissen, ob du dich bereits bei mir gemeldet hast. Er wollte wissen, ob es dir gut geht." Aus Victors Worten kann ich entnehmen, dass David ihm nicht erzählt hat, dass wir beide zusammen sind und so entscheide ich, ebenfalls unser Geheimnis für mich zu behalten. Im Hintergrund höre ich Pati. Sie hat offenbar heraushören können, dass ich am Telefon bin. Ich sage Victor nun rundheraus, dass ich tatsächlich noch mal für vier Tage zurückkehre. Ich nehme wahr, dass Victor Bedenken hat, kann ihn aber nicht mehr fragen, was er denkt, denn Pati entreißt ihm das Handy und fragt lauthals überdreht in den Hörer, ob ich tatsächlich noch mal wiederkomme. Als ich „Ja" sage, flippt sie aus und verkündet meine Rückkehr mit freudigem Geschrei in den Räumlichkeiten des Kontaktzentrums. Sie legt auf und nimmt mir damit die Möglichkeit, Victor zu fragen, was seine Bedenken sind. Ich entscheide mich trotzdem dagegen, ihn erneut anzurufen. Die Reaktion von Pati macht mir Mut und mit diesem Gefühl will ich zurückkommen. Immer mit dem Ziel vor Augen, dass es nicht lange dauern soll, bis ich in La Paz leben kann.

Die letzten Tage verbringe ich jede freie Sekunde im Kinderheim. Gott sei Dank habe ich eine Woche erwischt, in der die Krankenschwester nicht da ist, die mich vor vielen Monaten davon abgehalten hatte, Maria Antonia und den anderen Kindern Nähe zu geben. Somit kann ich meine Zeit vollkommen frei mit den Kindern verbringen. Ich kuschele mit Maria Antonia, wickele sie, wasche sie sanft und wiege sie in den Schlaf. Der Gedanke, sie gemeinsam mit Paul zu adoptieren, der mich monatelang quälte, ist ausgedacht. Ich traue mir nicht zu, die Verantwortung für ein so wundervolles Geschöpf zu übernehmen. Die Angst, ihr nicht gerecht zu werden, ist zu massiv. Ich kann anhand von Mercedes sehen, was es bedeutet, ein Kind zu adoptieren. Mercedes ist nun jedes Wochenende bei meiner Familie, sie darf sogar die Nächte in Christas Armen verbringen. Jedes Mitglied dieser wundervollen Familie hat sich in dieses kleine wundervolle Mädchen verliebt und genießt ihre Anwesenheit. Wenn ich zwischenzeitlich in Sucre war, wurde ich überschwänglich von ihr begrüßt. Christa und Pablo sind die ersten Schritte gegangen, um eine Adoption in die Wege zu leiten. Sie haben sich einen Anwalt genommen, haben Formulare ausgefüllt, um zunächst die Pflegschaft zu übernehmen. Ich bekomme all dies durch die Erzählungen von Christa mit und bin schon beim Zuhören überfordert. Wie kompliziert wäre das erst, wenn die Adoption interkontinental stattfände. Ich habe das Gefühl, im Moment mit meinem eigenen Leben vollkommen überfordert zu sein. Dann eine gute Mutter für ein Mädchen zu sein, das mir so sehr ans Herz gewachsen ist, dass es weh tut, wenn ich sie nur ansehe, übersteigt meine Vorstellungskraft.

Wer soll auf die Kleine aufpassen, wenn ich in die Schule gehe? Natürlich gibt es in Deutschland die Möglichkeit, Maria Antonia in einer Krippe anzumelden, aber ist das dann besser, als sie im Kinderheim zu lassen? Vermutlich schon! Diese Gedanken treiben mir die Tränen in die Augen. Ich schaffe es nicht und ich schäme mich dafür. Ich werde „mein Kind" hier im Kinderheim zurücklassen. Diese Entscheidung ist gefallen und tut unendlich weh. Bestimmt ist es auch nicht der richtige Weg, nun jede Sekunde mit ihr zu verbringen, sie zu küssen wie eine Mutter sie küsst, ihr bei Schmerzen den Bauch zu streicheln, ihr liebevoll Schlafmelodien zu summen, damit sie zur Ruhe kommt, um sie dann schlussendlich zurückzulassen. Ich fühle mich furchtbar. Und doch bleibe ich bei meiner Entscheidung.

Dann ist die Zeit in Sucre vorbei. Ein letztes gemeinsames Essen, eine letzte gemeinsame Fahrt zum Bus-Terminal und eine letzte Verabschiedung. In meinem Kopf ist mir dieser Zustand klar, aber er dringt nicht in mein Herz. Es würde brechen, wenn ich diese Emotionen zulassen würde. Nicht einmal Tränen laufen. Ich bin innerlich wie betäubt. Meine Gastmama spricht. Ich sehe ihre Lippen, wie sie Worte des Abschieds formen. Ich höre Bruchstücke, dass ich immer wieder herzlich willkommen sei, aber die Mauer, die ich um mein Herz gebaut habe, lässt kein Gefühl durchdringen. Ich umarme meine Familie zum Abschied und besteige nun wirklich zum allerletzten Mal den Bus, der mich nach La Paz und somit zum vorerst letzten Abschnitt meines bolivianischen Lebens bringen wird. Nicht einmal jetzt, als ich allein im Bus sitze, will ich der Wahrheit in die Augen schauen. Starr und resigniert sitze ich auf dem Platz und warte, bis meine Augen vor Müdigkeit zufallen. Vor der Abreise habe ich die Haushaltshilfe meiner Familie, mit der ich mich im letzten Jahr angefreundet habe, gebeten, gemeinsam mit mir einen Brief an David zu formulieren. Dabei fühlte ich ein schlechtes Gewissen, denn ich hatte Christa nichts von David erzählt. Zu groß war die Angst, dass sie mir diesen Traum ausreden und schlechtmachen würde. Mir ist bewusst, dass sie das niemals aus Boshaftigkeit tun würde. Lediglich zu meinem Schutz würde sie mir einen Spiegel vorhalten wollen. Doch ich bin mir meiner Sache sicher. Sie kennt das Leben auf der Straße nicht. Weiß nicht, wie wundervoll jeder einzelne meiner Jungs sein kann und hat keine Ahnung davon, wie viel David mir bedeutet.

Ich habe Dominga gebeten, dass sie diesen Brief vertraulich behandelt und sie hat zaghaft mit dem Kopf genickt. Sie formuliert meine Gedanken zu Sätzen und erklärt an meiner Stelle David, dass wir die folgenden vier Tage keine Beziehung leben dürfen. Dass wir mit dieser Entscheidung dann aber eine Zukunft haben, sollte er sich für eine Reha entscheiden. Immer wieder drängt sich der Gedanke auf, wie es sich wohl anfühlen würde, wenn David mir mit Ehrlichkeit begegnen und mir sagen würde, dass ihm diese Hürde zu groß ist. Manchmal lasse ich den Gedanken zu und lächele fast schon übermütig dabei, dass ich in diesem Fall Seite an Seite mit ihm auf der Straße leben würde und wir gemeinsam das Leben „auf der anderen Seite" bestreiten würden.

Trauer, Optimismus, Wut, Freude, Tränen...

Die warmen Strahlen der aufgehenden Andensonne wecken mich. Verschlafen genieße ich diesen wundervollen Anblick, der mir ein wohlig gutes Gefühl gibt. Meine Stadt, mein Leben, ich bin zurück.
All mein Hab und Gut des letzten Jahres habe ich nun bei mir. Schon verrückt, wenn man überlegt, dass man mit so wenig Dingen im Leben zurechtkommt. Ich winke mir ein Taxi heran und lege meinen Reiserucksack und eine weitere Tüte mit Dingen, die nicht mehr in den Rucksack gepasst haben, in den Kofferraum. Zu Hause klingele ich einige Male, bis mir die Tür von Juanita geöffnet wird. Sie begrüßt mich herzlich und ich erkläre ihr, dass ich pünktlich an der Arbeit sein muss und daher nur Zeit habe, schnell mein Gepäck ins Zimmer zu legen. Etwas enttäuscht lasse ich sie zurück und verschwinde noch mal kurz ins Badezimmer. Ich lege etwas Schminke auf. Ich möchte mich gut fühlen, wenn ich David heute den Brief überreiche, der ihn auffordert, eine Entscheidung zu treffen – für eine Reha, damit wir ein gemeinsames Leben führen können. Natürlich möchte ich mich von meiner schönsten Seite zeigen. Ich hänge so sehr in diesen Träumen, dass ich den Gedanken kaum zulassen kann, dass er sich gegen die Reha und somit gegen uns entscheiden könnte.
Mein Herz klopft mir bis zum Hals, während ich im Bus Richtung CC fahre. Als ich das Kontaktzentrum betrete, werde ich mit großer Freude empfangen. Viele Umarmungen und liebe Worte, obwohl ich nur wenige Tage in Sucre war und auch nur noch wenige Tage in La Paz sein werde. Manchmal stelle ich mir die Frage, ob mir diese anhaltende Liebe, die mir von allen Seiten entgegengebracht wird, in Deutschland fehlen wird. Hier bin ich absolut authentisch und werde geliebt und gemocht, ohne dass irgendwelche Erwartungen an mich gestellt werden.
Ich geselle mich zu den Waschfrauen auf den Balkon, natürlich mit dem Hintergedanken, während der Gespräche von oben zu sehen, wenn meine Jungs und David auf der Straße in Richtung Kontaktzentrum kommen. Es dauert nicht lange, da bewegt sich eine große Gruppe Jungs auf das Gebäude zu. Ich erkenne viele meiner Chicos, auch David ist dabei. Es sind aber auch einige Jungs, die ich während meiner Arbeit auf der Straße noch nicht kennengelernt habe.

Ich warte auf dem Balkon und kann durch das kleine Fenster ihr Eintreffen beobachten, ohne dass sie mich sehen. Ich möchte überrascht tun, wenn David aus der Tür auf den Balkon heraustritt. Es wäre mir peinlich, wenn er denkt, dass ich bereits auf ihn gewartet habe. Die Eisentür öffnet sich. Als sich Davids und mein Blick treffen, erschreckt er fürchterlich und zuckt dabei zusammen. Kurz angebunden sagt er mir ohne eine weitere Geste „Hallo" und verschwindet zurück in den Flur. Ich bleibe wie vom Donner gerührt zurück. Während ich versuche einzuordnen, wieso er mich mit einer solchen Distanz begrüßt, kommen meine Jungs vom Fluss auf den Balkon und reden wild auf mich ein. Kurz erinnere ich mich an den Abschied zurück. Bitterböse haben sie mich beleidigt und verflucht. Nun scheint all dies vergessen. Mit überschwänglichen Umarmungen und einem Wortschwall brüllen sie auf mich ein. „Du bist wieder bei uns." „Bleibst du jetzt für immer?" „Was ist mit dir und David?" Ich versuche, trotz des Chaos in meinem Kopf auf die Fragen einzugehen, nur kann ich keine Antwort darauf finden, was mit mir und David ist. Kurzerhand erkläre ich, im Wissen, dass meine Hermanos dieses Gespräch mitbekommen, dass ich während der letzten vier Tage keine Beziehung zu David aufrechthalten kann. In meiner Jackentasche ertaste ich den Brief, der für David bestimmt ist. Es scheint, als würde dieses dünne Papier meine linke Schulter herunterziehen. Ich weiß nicht einmal, ob ich diesen Brief nun wirklich noch übergeben soll. Meine Ängste scheinen mich zu übermannen und noch immer stehe ich wie angewurzelt auf derselben Stelle des Balkons. Die Euphorie der Jungs über mein Zurückkommen ebbt langsam ab und jeder beginnt, seinen Aufgaben nachzugehen: Wäsche waschen, Duschen oder ein kurzes Nickerchen machen, in Sicherheit vor allen Gefahren auf der Straße.

Ich fasse all meinen Mut zusammen und begebe mich in den Flur. Unauffällig, aber innerlich vollkommen aufgewühlt suche ich mit den Augen sämtliche Orte ab, an denen er sich aufhalten könnte. Ich entdecke ihn schnell im großen Aufenthaltsraum. Seinen Kopf hat er auf seinen verschränkten Armen auf dem Tisch abgelegt und schaut an die Wand. Ich bewege mich langsam zu ihm und setze mich neben ihn auf die Bank. So unauffällig wie möglich lege ich meine Hand auf seinen Rücken. Er zuckt bei der Berührung zusammen und dreht seinen Kopf zu mir. Als er sieht, dass die Hand auf seinem Rücken meine ist, legt er den Kopf wieder auf seine Arme, hat seinen Blick

aber weiter auf mich gerichtet. Ich frage ihn, was los ist. Er zuckt mit den Schultern und erklärt kurz angebunden, dass er traurig sei.
Bevor das Gespräch fortgesetzt werden kann, setzen sich die Jungs zu uns an den Tisch. Sie haben Uno-Karten dabei und fordern mich auf, mit ihnen eine Runde zu spielen. Ich bin im Dienst und unter diesen Umständen kann ich mein Gespräch mit David nicht fortsetzen. Also willige ich ein und beobachte, wie David sich erhebt und in einer der Ecken im Raum auf dem Boden Platz nimmt. Seinen Kopf lehnt er an die Wand, sodass sich unsere Blicke nicht treffen können. Ich bemühe mich, so schlecht wie möglich zu spielen und bin erleichtert, als Milton gehässig feststellt: „Verloren, Hermana".
Das ist mein Stichwort und ich erhebe mich vom Tisch und setze mich neben David auf den Boden. Ich lege meine Hand auf sein Knie, doch auch darauf erhalte ich keine Reaktion. Dann ergreift er doch das Wort. „Ich wollte dich gestern anrufen", sagt er kühl und knapp. Ich atme tief ein und frage ihn betont liebevoll, was ihn davon abgehalten hat. Ich erhalte keine Antwort auf meine Frage, stattdessen steht er auf und geht zielstrebig auf den Balkon. Ich folge ihm und wiederhole meine Frage. Von der Liebe in meiner Stimme ist nicht mehr viel übrig. Sein Verhalten verwirrt mich. Offensichtlich will er mit mir reden. Er ist ja auf den Balkon gegangen, wo man einigermaßen ungestört ist. Aber er sagt nichts. Er starrt einfach durch mich hindurch. Langsam packt mich die Wut und ich nehme seine Schultern in die Hand und schüttele ihn, dabei schreie ich ihn schier an: „Was ist los mit dir, David? Warum bist du so kalt zu mir? Freust du dich überhaupt nicht, mich wiederzusehen?" Ich höre die Autos am CC vorbeifahren. Die Geräusche der Stadt begleiten uns, aber von David kommt kein Ton. Er löst sich aus meinem Griff und ergreift offenbar die Flucht. Im Gehen sagt er: „Ich werde dich später anrufen." Mit gekränktem Sarkasmus in der Stimme schreie ich ihm hinterher, dass ich auf seine letzten Anrufe noch immer warte. Er lässt sich von meiner Provokation nicht aufhalten, sondern verlässt ohne einen weiteren Blick das CC. Ich schaue ihm nach, bis ich im Erdgeschoss die Eisentür zuknallen höre.
Nachdenklich setze ich mich zurück in den Aufenthaltsraum, auf genau den Platz, wo bis eben noch David in der Ecke kauerte. Mit angewinkelten Knien sitze ich nun da und überlege, was genau diese letzte Stunde passiert ist. Ich

verstehe gar nichts mehr. Irritiert nehme ich wahr, dass sich eins der Mädchen, die ich nur flüchtig von der Arbeit kenne, zu mir setzt. Es ist die junge Frau, die ich vor einigen Wochen mit ein paar meiner Jungs völlig zugedröhnt auf der Straße gesehen habe, aber gesprochen habe ich mit ihr noch nie. Unsicher schaue ich sie fragend an. Ich zucke leicht zusammen, als sie mich vorwurfsvoll anspricht. „Hast du eigentlich eine Vorstellung davon, wie schlecht es David in der letzten Woche ging?" Ich will zu einer Rechtfertigung ansetzen, aber die junge Frau spricht weiter: „Die ganze Woche hat er von niemandem anderen gesprochen als von dir. Wie sehr er an dir hängt, wie sehr er dich liebt, dass er sich nichts Schöneres vorstellen kann, als mit dir für immer zusammen zu sein…" Mir schießen die Tränen in die Augen, und schon wieder lässt sie mir keine Sekunde, um auf ihren Vorwurf einzugehen. Stattdessen spricht sie weiter: „In seiner Trauer hat er die ganze Zeit Alkohol getrunken. Er war sich sicher, dass du nur seinen Schmerz über dein Gehen lindern wolltest, als du sagtest, dass du wiederkommst. Er hat fest damit gerechnet, dass er dich nie wiedersehen wird. Als er dann heute erfuhr, dass du im Kontaktzentrum bist, musste er kommen, nur um dich zu sehen. Aber er wusste, wenn er mit dir spricht, wirst du den Alkohol riechen und hältst ihn für einen Versager." Fast erleichtert nehme ich ihre Worte auf. Scham ist es, was ihn zum Gehen gebracht hat. Schon wieder erwacht in mir Optimismus. Wenn er sich wegen seiner Alkoholfahne so mies fühlt, wird er sich ganz sicher für eine Reha entscheiden, damit wir beide Zeit miteinander verbringen können. Ich nehme den Brief aus meiner Jackentasche und überreiche ihn der jungen Frau mit der Bitte, dass sie ihn David geben soll. Das sichert sie mir zu und verlässt das Kontaktzentrum.
Die verbleibenden Arbeitsstunden verbringe ich deutlich zuversichtlicher. Ich helfe Victor beim Tee vorbereiten und albere mit den Leuten herum. Tröste Menschen, denen es gerade nicht so gut geht und freue mich, noch weitere Tage hier sein zu können. Als die letzten Teebehälter aufgewaschen sind und alle das CC verlassen haben, ziehe auch ich meine Jacke an und steige die steile Treppe hinab. Aus dem Kinderhort dringen laute Kinderstimmen in den Flur. Ich weiß, dass Ulrike ebenfalls dort ist, möchte aber gerade nicht einfach hineinplatzen und entscheide mich somit dagegen, sie zu begrüßen. Ich öffne die grüne Eisentür und steige über die Schwelle. Dabei stoße ich mir zum hundertsten Mal den Kopf an der viel zu niedrigen Öff-

nung. Ich halte mir die Hand an die Stelle, die nun an meinem Kopf schmerzt. Dabei sehe ich, dass gegenüber drei Menschen auf der Mauer sitzen. Es sind die Frau, der ich eben den Brief überreicht habe, Mathilda, die wunderschöne Frau mit ihrem Sohn, und David. Er sitzt zwischen den beiden Frauen und weint bitterlich. Ich überlege blitzschnell, wie ich mich verhalten soll. Wenn ich herübergehe, wird mich Ulrike aus dem Fenster sehen können. Ihre Worte hallen in mir wider. „Kein Kontakt zu David!" Wenn ich einfach gehe, wird David das sicher als Desinteresse werten. Ich fühle mich zerrissen. Dem Mann, der mir so viel bedeutet, geht es offensichtlich so schlecht, dass er ungeniert dasitzt und damit rechnen muss, vielleicht sogar darauf spekuliert, dass ich ihn dabei sehe. Mir sind jedoch die Hände gebunden. Wenn ich nun herübergehe und Ulrike mich dabei sieht, dann muss ich davon ausgehen, nächstes Jahr nicht wieder zur Soforthilfe kommen zu können. Zum ersten Mal seit ich Diez kennengelernt habe, freue ich mich, ihn zu sehen. Er schlendert gerade auf meiner Straßenseite entlang und sein Ziel sind offensichtlich David, Mathilda und die andere junge Frau, die America heißt. Ich schaue ihn flehentlich an. „Bitte, Diez. Sag David, dass er in zehn Minuten am Internetcafé in der Parallelstraße sein soll. Ich werde dort auf ihn warten." Er sieht mich irritiert an und meint: „Ich kann ihm das doch nicht sagen, wenn seine Freundin bei ihm ist." Verunsichert schaue ich wieder zu der Gruppe. Ich schüttele den Kopf, als mir auffällt, dass America nun auf Davids Schoß sitzt. Das ergibt doch nun alles keinen Sinn mehr. Die Stimme an Diez gerichtet, aber David und seine „Freundin" nicht aus den Augen lassend, sage ich: „Wenn das so ist, hat sich das Ganze sowieso schon erledigt." Diez schaut abwechselnd zu mir und zu David herüber. Dann beginnt er, verunsichert zu lachen: „Ach Hermana, war doch nur ein Scherz. Ich richte David deine Botschaft aus." Ohne ein weiteres Wort geht er über die Straße und nähert sich David und den beiden Frauen. Ich gehe direkt zum Internetcafé und warte geraume Zeit. Nach einer halben Stunde gebe ich auf. Nun ist es mir schon fast egal, dass Ulrike mich sehen könnte. Ich muss jetzt wissen, was hier läuft. Was sollte dieser dumme Spruch von Diez? Sind America und David tatsächlich ein Paar?

Was ergibt das dann für einen Sinn, dass sie mir erzählt, David habe die letzte Woche so massiv wegen mir gelitten? Ich verstehe überhaupt nichts und will der Sache auf den Grund gehen. Als ich um die Ecke schaue und die

Mauer sehe, auf der die drei eben noch saßen, erkenne ich, dass David weg ist. Ich erspare mir den Gedanken, dass er nun vor dem Internetcafé sitzen und auf mich warten könnte. Stattdessen setze ich mich zu den beiden Frauen. Nun ist es Mathilda, die dasitzt und weint. Ich nehme sie liebevoll in den Arm und sie lehnt sich erleichtert an mich. Ich frage nach dem Grund ihrer Tränen. Die Antwort, die darauf folgt, entgeistert mich vollkommen: „Ich habe mich wahnsinnig in David verliebt." Ich will mir meinen Schreck nicht anmerken lassen. Meinte Diez, dass Mathilda Davids Freundin ist? So gefasst wie möglich versuche ich, mehr Informationen zu bekommen. „Hast du David geküsst?" Verwundert nickt Mathilda nur kurz. Ich ärgere mich über meine Frage. Viel wichtiger wäre doch gewesen, sie zu fragen, warum sie weint, wenn sie sich in David verliebt hat. Wenn Diez die Wahrheit gesagt hat, dann sind sie doch bereits zusammen. Fast schon erschrocken höre ich die Frage von Mathilda, die an mich gerichtet ist. „Hermana Claudia, auch du hast dich verliebt, nicht wahr? Dein Herz gehört David, oder?" Was sollte nun ein Leugnen bringen? Also sage ich die Wahrheit. „Ja Mathilda, ich habe mich in David verliebt, aber ich werde in vier Tagen verschwunden sein. Ich wünsche euch von Herzen alles Gute. Vielleicht schaffst du es ja, David von den Drogen wegzubekommen. Du bist eine wundervolle Frau und ich erkenne in dir eine Kraft, die dafür genügt, ein gutes gemeinsames Leben zu beginnen." Mathilda nickt geistesabwesend. Sie ist in irgendwelchen Gedanken gefangen, aber ich spüre, wie die Kraft aus mir weicht und so kann ich nicht weiter fragen, was mit Mathilda ist. Mehr als ihr und David mein Glück zu wünschen, kann ich gerade nicht geben. Mir fällt auf, dass America, die sich aus diesem Gespräch gänzlich herausgehalten hat, nun dasitzt und fast schon hämisch grinst.
Ich denke mir nichts weiter dabei und verabschiede mich von den beiden Frauen. Nachdem ich mich nur wenige Meter entfernt habe, setze ich mir meine Kopfhörer auf und stelle meinen MP3-Player auf volle Lautstärke. Ich möchte nichts um mich herum mitbekommen. Ich will mit der Musik in meine Welt abtauchen. Ich mag Mathilda. Sie ist anders als viele Menschen von der Straße. Wenn ich sie sehe, fühle ich Optimismus und denke, sie ist kein Mädchen von der Straße. Wenn ich jedoch an David denke, überkommt mich Wut über sein Handeln. Was ergibt all das für einen Sinn? America sagt mir, dass es ihm so schlecht ergangen sei, Diez sagt, dass David eine neue

Liebe habe... Ich fühle Wut über die Unklarheit der Situation. Plötzlich scheinen meine Beine nachzugeben, so heftig trifft mich der Schreck, als mich eine Hand auf meiner Schulter berührt. Durch die laute Musik habe ich nicht bemerkt, dass mir Mathilda mit ihrem Sohn gefolgt ist. Ihre Rufe kamen nicht bei mir an und so hält sie mich an der Schulter fest und fordert mich auf, die Kopfhörer abzunehmen. Als ich sie höre und mein Herz noch immer von dem großen Schreck hämmert, kann ich kaum glauben, was sie sagt: „Hermana, das Ganze ist ein Missverständnis. Erinnerst du dich, als wir uns vor einigen Tagen nachts auf der Straße begegnet sind? Bei mir und meinem Sohn war ein Mann. Auch er heißt David. Mein Herz gehört diesem David, nicht deinem David." Die Worte umhüllen mich warm. „Mein David." Vor Freude falle ich ihr um den Hals. Ich küsse sie auf die Wange und sehe auch in ihrem Gesicht ein Lächeln. Die Stimmung ist so voller Freude, dass es nun nicht mehr passt, sie nach dem Grund ihrer Tränen bezüglich des anderen Davids zu fragen.

Ich verabschiede mich von ihr und setze meine Kopfhörer wieder auf. Schnell stelle ich etwas fröhlichere Musik ein, die meine Stimmung untermalt. Mit den Klängen von Culcha Candela, die den Besonderen Tag besingen, laufe ich mit einem glücklichen Grinsen im Gesicht den Prado entlang. Ich schiebe den Gedanken beiseite, dass sich eigentlich außer der Information, dass Mathilda nicht in „meinen David" verliebt ist, nichts verändert hat. Zwar müsste ich mir eingestehen, dass noch immer dieselben Fragen im Raum stehen. Nämlich: Wen meinte Diez mit „Davids Freundin" und warum hat er sich nicht auf das Gespräch beim Internetcafé eingelassen? Aber meine Freude hat so viel Kraft, dass ich diese Fragen einfach ignoriere.

Auf dem Prado kommen mir Milton und Fabricio entgegen. Ich setze mich gemeinsam mit ihnen auf die Treppen, die zum Kino hochführen. Um die Mittagszeit stört sich keiner an unserer Anwesenheit. Ich frage, so beiläufig wie möglich, ob einer der beiden David gesehen hat. Milton wird ernst und sagt: „Hermana." Ich erschrecke bei diesem Wort. Milton hat mich noch nie so genannt. „Du musst auf dich aufpassen. David ist in der letzten Woche mit America zusammengekommen und sie steht permanent unter Drogen. Sie ist gefährlich, auch wenn man es ihr nicht ansieht. David hat damit gerechnet, dass du nicht mehr wiederkommst." Das soll nun die Rechtfertigung sein, dass David direkt nach meinem Gehen mit einer anderen Frau zusammenkommt? Nun hat mich die Wut ganz und gar im Griff. Diesmal jedoch nicht auf David oder gar America. Nein, auf mich selbst. All die Wut, die in mir aufsteigt, gebührt mir alleine. Ich habe mich trotz der klaren Ansage von Ulrike den Regeln der Soforthilfe widersetzt. Habe nicht erkennen können, was diese Verbindung zwischen David und mir mit „meinen" Jungs macht. Dass sie sich wieder einmal vernachlässigt und zurückgesetzt fühlen. Meine Gefühle David gegenüber waren so mächtig, dass ich meinen Fokus auf die Arbeit immer mal wieder verloren habe. Es war mir wichtiger, David nahe zu kommen und dabei habe ich mich nicht mehr gänzlich auf meine Jungs konzentriert. Sie haben mir gesagt, dass ich für sie wie eine Mutter war, die sie nie hatten. Ich habe sie vor den Kopf gestoßen, habe ihnen durch mein Handeln gezeigt, dass David mir wichtiger war. Bin ich nicht mit der Aufgabe, „die Welt zu retten", losgezogen? Letztendlich habe ich viel darin investiert, meine Zeit mit David zu verbringen, um ihm nahe zu sein. Zumindest sind das jetzt gerade meine Gedanken.

Ich habe mich in Träume fallen lassen, mit David an seiner Seite auf der Straße zu leben. Natürlich kam das nie tatsächlich in Frage, aber ich schäme mich gerade schon für die Idee und die Gedanken, in denen ich mich habe gehen lassen. Wo waren denn die letzten Wochen und Monate meine Normen und Werte und mein Vorsatz, mich in diesem Jahr gänzlich der Hilfe anderer Menschen zu widmen? Was habe ich meinen Eltern angetan, als ich ihnen sagte, ich habe mich in den Gangchef verliebt und will in Bolivien bleiben? Doch wenn ich ehrlich zu mir selbst bin, sind selbst all diese Fragen geheuchelt. Denn hätte es mit David ein Happy End gegeben, so würde ich mir vermutlich all diese Fragen nicht stellen, sondern würde im siebten Himmel schweben.

Um Milton nicht vor den Kopf zu stoßen, nehme ich mir noch Zeit, weiter mit den beiden Jungs zu sprechen, aber selbst dabei komme ich mir wie eine Heuchlerin vor, denn am liebsten würde ich alleine sein und in meinem Selbstmitleid zergehen. Nachdem die Jungs selbst unruhig werden und weiterziehen wollen, stehe ich auf und gehe zum Schlafplatz der Intucables. Ich erinnere mich zurück, dass wir noch vor wenigen Tagen eng umschlungen in einer der Toilettenkabinen lagen und uns so nah kamen, dass wir kurz davor waren, miteinander zu schlafen. Ich will die ganze Geschichte nun ein für alle Mal geklärt haben. Was fühlt David für mich und haben wir Hoffnung

auf eine gemeinsame Zukunft oder werden sich unsere Wege nach meiner Abreise für immer trennen? Vermutlich wird es genau darauf hinauslaufen. Doch das muss dann auch ausgesprochen werden. Ich möchte nicht, dass wir in dieser offenen Situation auseinandergehen und niemand weiß, woran er ist. Natürlich wäre es einfach, kein Wort mehr darüber zu verlieren. Aber schon der Gedanke zerreißt mich, zurück in Deutschland zu sein und nicht zu wissen, was ich für David bedeutet habe. Wenn ich ihn nicht suche, muss ich damit rechnen, dass wir uns bis zu meiner Abreise nicht mehr sehen werden. Da sich die Chicos del Rio nur zum Schlafen und in den Vormittagsstunden am Schlafplatz neben der Kanalisation aufhalten, vermute ich, dass ich bessere Chancen habe, ihn bei dem Toilettenrohbau anzutreffen. So wie ich David kennengelernt habe, wird er dieser Konfrontation lieber aus dem Weg gehen. Vielleicht, weil er so noch in dem Wunschdenken bleiben kann, dass wir uns eines Tages wiedersehen werden? Vielleicht aber auch nur, um nicht benennen zu müssen, dass er möglicherweise nie wirkliche Gefühle für mich hatte, sondern die blonde Gringa genutzt hat, um sich zu profilieren.
Die Dunkelheit der Nacht hat La Paz schon fest in ihrem Griff. Die Sterne sind durch die Stadtbeleuchtung kaum wahrnehmbar. Ich fühle mich unbehaglich, weil mir der Schutz der Jungs fehlt. Hinter jedem Schatten vermute ich Gefahr. Ich bin erleichtert, als ich die kahlen Mauern des Toilettengebäudes erkennen kann und stelle mich davor. Ich beginne, nach David zu rufen. Irgendwas hält mich davon ab, den unbeleuchteten Rohbau zu betreten. Allerdings ist zu dieser späten Stunde die Chance recht gering, überhaupt jemanden anzutreffen, weil in der Regel genau jetzt die Drogengeschäfte auf Hochtouren laufen. Ich rufe erneut und bekomme wieder keine Antwort. Nun höre ich Schritte aus dem Inneren des Gebäudes. Meine Hoffnung ist groß, dass es David ist, der sich in seiner Stimmung hier zurückgezogen hat. Aber gleichzeitig habe ich auch Angst vor dem bevorstehenden Gespräch mit ihm. Als ich die Gestalt, die schnellen Schrittes auf mich zukommt, erkenne, sacke ich vor Enttäuschung zusammen. Es ist Cintia, das einzige Mädchen der Chicos del Rio. Sie ist die Schwester von Milton. Ihr Gang und ihr Körpersprache lassen erkennen, dass sie unter Drogeneinfluss steht. Sie kommt mit einem dermaßen aggressiven Blick auf mich zu, dass ich automatisch zwei Schritte zurückweiche. Unvermittelt schreit sie mich an: „Was willst du von David? Er ist mit meiner Freundin America zusammen!"

Ich antworte ihr, dass ich das weiß und dass ich lediglich mit David sprechen möchte. Ich denke bei mir, dass es sie nichts angeht, über was ich mit ihm reden will. Plötzlich geht alles ganz schnell. Sie tritt auf mich zu und ich spüre ein Messer an meinem Hals. Ich merke, wie sich die Klinge in meine Haut drückt. „Lass David in Ruhe. Er und America sind glücklich. Du bist es, die in diese Beziehung eindringt." Ich habe Angst. Plötzlich fängt sie an zu grinsen. Ihr Gesichtsausdruck ist dermaßen unberechenbar, dass ich Panik verspüre. Hämisch lacht sie mich aus. „Du bist schwanger von David, hab' ich recht? Du willst mit ihm sprechen, um ihm zu sagen, dass in dir sein Kind heranwächst."

In meiner Panik kann ich ihren Worten nicht folgen und schüttele verständnislos mit dem Kopf, soweit es das Messer an meinem Hals zulässt. Sie macht eine ausladende Handbewegung um ihren Bauch. Erst dann begreife ich die Worte, meine Stirn legt sich in Falten und ich antworte ihr: „Nein, ich bin nicht von David schwanger. Ich habe nicht mit ihm geschlafen." Nun ist sie verwirrt: „Warum habt ihr nicht miteinander geschlafen?"

Mein Herz schlägt mir bis zum Hals. Ich befürchte, dass sie ihren Körper wegen der Drogen nicht mehr genug unter Kontrolle hat und mir aus Versehen die Halsschlagader durchschneidet. Das Adrenalin schießt mir durch den Körper. Ich glaube, genau das ist es, was mir in diesem Moment Mut verleiht. Es scheint, als würde ich ferngesteuert eine Entscheidung treffen, von der mein Leben abhängt. Es liegt an mir, in die Handlung zu gehen. Ich versuche, meinen Rücken durchzustrecken, ohne dass das Messer mich noch mehr verletzt. Ich baue mich vor ihr auf. Jetzt bin ich es, die in aggressivem Ton spricht. „Nimm das Messer herunter", befehle ich ihr, doch sie reagiert nicht. Sie steht mir in unveränderter Position gegenüber und die Klinge ist bei meiner leichten Bewegung wieder in meinen Hals eingedrungen, jedoch diesmal etwas weiter unten.

Ich überlege, ihr zu erklären, dass ich auf Grund meiner Erziehung nicht mit David geschlafen habe, befürchte aber, dass sie meiner Erklärung nicht folgen könnte. Also bleibe ich bei meiner Strategie, die Kontrolle über die Situation zu erlangen und will gerade meinen Befehl wiederholen, als wir beide zusammenzucken. Eine fremde Stimme spricht uns an. Laut und energisch werde ich gefragt, ob man mir helfen könne. Cintias Messer ist in der Dunkelheit in ihrer Tasche verschwunden und ich entspanne mich ein

wenig. Noch kann ich mich nicht gänzlich beruhigen, weil ich nicht weiß, was hier gerade passiert. Es ist zu dunkel, um die Situation zu überblicken. Erst langsam filtern meine Augen die Szene.
Zwei Polizisten stehen mit Sturmgewehr im Anschlag vor uns. Einer der beiden spricht mit mir, der andere zielt auf Cintia. Fieberhaft versuche ich, die Situation einzuschätzen. Wenn ich mir nun von den Polizisten helfen lasse, wird Cintia mit aufs Revier genommen. Wenn ich den Polizisten sage, ich brauche keine Hilfe, muss ich mir sicher sein, dass von Cintia keine Gefahr mehr für mich ausgeht. Ich habe keine Zeit, um lange abzuwägen. Die Polizisten wiederholen ihre Frage und schauen dabei missbilligend Cintia an. Kurz kommt mir der Gedanke, dass sie als Straßenmädchen niemals Gehör bekommen wird. Vermutlich wird sie direkt in das Frauengefängnis gebracht und hat keine Möglichkeit, sich zu verteidigen. Auch wenn ich mir nicht sicher bin, ob ich außer Gefahr bin, rät mir mein Bauchgefühl, Cintia nicht den Polizisten auszuliefern.
Ich kenne mich genau in solchen Situationen. Situationen, die absolut grenzwertig sind. Besonders dann bleibe ich absolut klar und rational, wäge ab, was gerade notwendig ist und mein Gehirn arbeitet auf Hochtouren. Mit gespieltem Selbstbewusstsein erkläre ich den Polizisten, dass ich die Situation unter Kontrolle habe. Ich arbeite bei der Soforthilfe und habe lediglich noch ein Gespräch mit einer Klientin. Misstrauisch schauen sie erst mich und dann Cintia an, bevor sie die Waffen mit einer schnellen Bewegung herunternehmen. Sie erklären mir, dass ich solchen Menschen von der Straße nicht trauen darf und vorsichtig sein müsse. Ich bedanke mich unterwürfig und verabschiede mich von ihnen mit einem mulmigen Gefühl im Bauch.
Cintia und ich schauen den beiden Polizisten hinterher, bis sie außer Sichtweite sind. Dann wende ich meinen Blick schnell wieder Cintia zu, um zu überprüfen, ob sie das Messer noch mal herausnimmt.
Bevor ich handeln kann, springt sie mich an. Meine Panik steigt ins Unermessliche. Ich weiß, dass ich ihr nun ausgeliefert bin. Die Polizei wird nicht erneut kommen, um mir Hilfe zu leisten. Doch statt eines Messers an meinem Hals fühle ich die Arme von Cintia, die mich in einer festen Umarmung halten. Jetzt verstehe ich gar nichts mehr. Ich kann die Umarmung nicht erwidern, zu verunsichert bin ich gerade. Leise, kaum wahrnehmbar, flüstert Cintia mir ein „Entschuldigung" ins Ohr. Anscheinend hat das überraschende

Auftauchen der Polizisten auch sie wieder klargemacht. Doch mit dieser Reaktion hätte ich niemals gerechnet. Nun bin ich offensichtlich außer Gefahr. Das Adrenalin weicht aus meinem Körper und schüttelt ihn unkontrolliert durch. Der Druck fällt ab und alle meine Muskeln zittern.
Immer noch verwirrt breche ich meine Suche nach David für heute ab. Ich verabschiede mich von Cintia und gehe zur nächsten Straße, wo ich einen Bus nach Hause heranwinke. Im Bus denke ich über die letzten Minuten nach. Welch eine absurde Situation. Ich hatte soeben ein Messer am Hals, das gehalten wurde von einem Mädchen, das wütend auf mich war und unter Drogeneinfluss stand. Das hätte durchaus anders ausgehen können. Was für ein unbeschreibliches Glück, dass die Polizei exakt in diesem Moment aufgetaucht ist und eigentlich schon ihre Anwesenheit ausgereicht hat, um die Situation zu entschärfen. Ich bin unsagbar froh, dass ich auf meinen Instinkt gehört und Cintia nicht den Polizeibeamten ausgeliefert habe.
Es dauert einige Zeit, bis ich im Bett in den Schlaf finde. Immer und immer wieder gehe ich im Kopf den Tag durch. Erst die Situation mit David. America, die mir Davids Verhalten erklärt hat und dann die Information, dass David ausgerechnet mit dieser jungen Frau nun zusammen ist. Nach wie vor ist das für mich ein Rätsel. Und gerade sie war es, der ich meinen in Sucre mühsam formulierten Brief für David gegeben habe. Und zum krönenden Abschluss die Situation mit Cintia.
Als ich die Augen öffne und trotz einigen Stunden Schlaf müde und erschöpft aufwache, weiß ich eigentlich schon, dass ich David vermutlich heute nicht finden werde und meine Fragen unbeantwortet bleiben. Im CC bekomme ich mit, dass David untergetaucht ist. Ich suche sämtliche Plätze in der Stadt ab, wo er sich normalerweise aufhält, finde ihn aber nicht. Auch der folgende Tag verspricht keine Antworten. Ich versuche, ganz bewusst die Entscheidung zu treffen, die letzten Tage zu genießen, indem ich mich in die Arbeit schmeiße. Ich will nicht, dass diese wertvolle Zeit in La Paz, die ich eigentlich in Sucre mit meiner Familie verbracht hätte, nun sinnlos ist. Ich habe die Entscheidung getroffen, früher nach La Paz zu kommen, um die Zeit mit David zu verbringen, obwohl klar war, dass wir in dieser Zeit kein Paar sein können… Da nun beides außer Frage steht, versuche ich, die Zeit mit den Menschen von der Straße zu nutzen, die eine so große Bedeutung in meinem Leben und in meinem Herzen haben.

Es ist bereits Halbzeit. In zwei Tagen sitze ich im Flieger nach Brasilien und meine Zeit in Bolivien ist beendet. Mein Kollege Ivano, dem ich nach wie vor nicht traue, weil er in den vergangenen Wochen immer wieder gezeigt hat, dass er keinen guten Charakter hat, spricht mich im CC unvermittelt an. Er fragt mich nicht, ob wir abends zusammen essen, er legt es ohne Rücksicht auf meine Wünsche einfach fest. Gleich nachdem das CC schließt zieht er seine Jacke an, schnallt sich den Rucksack auf den Rücken und wartet im Flur, wo ich nicht unbemerkt von ihm das Kontaktzentrum verlassen kann. Ich folge ihm widerwillig in ein kleines nahegelegenes Café. Das Haus sieht sehr heruntergekommen aus und wir betreten den Eingang, um den Gastraum direkt wieder zu verlassen und in dem Hinterhof zwischen kahlen Wänden an einem Tisch, bestehend aus einer alten Kiste und wackeligen Stühlen, Platz zu nehmen. Auf den Stühlen liegen alte Decken. Es ist kalt. Die Sonne ist bereits untergegangen, wobei die Strahlen diesen Hinterhof wohl nie erreichen. Ich wickele mich fest in die Decke ein. Die Besitzerin selbst kommt zu uns an den Tisch. Ivano kennt sie offensichtlich, denn sie wird überschwänglich mit den obligatorischen Küssen begrüßt. Ich kassiere einen kritischen Blick von ihr und habe das Gefühl, dass Ivano sehr bewusst mit mir genau in dieses Café gegangen ist. Anscheinend will er die wunderschöne Frau mit ihren schwarzen langen Haaren und ihrer perfekten Figur mit mir eifersüchtig machen. Dieses Treffen ist mir von Anfang an zuwider gewesen, doch nun halte ich die Nähe zu Ivano kaum noch aus. Wichtigtuerisch schickt er die junge Frau wieder in den Gastraum, denn er habe etwas Wichtiges mit seiner Begleitung zu besprechen. Dabei sieht er mich mit ernstem Blick an. Mit seiner Geheimnistuerei macht er mir Angst. Ich fühle mich unwohl und möchte am liebsten einfach nur noch aufstehen und gehen. Doch die Neugierde hält mich auf.
Er schaut mich lange an, bis er mir ernster Stimme fragt: „Sag mal, hast du sie eigentlich noch alle?" Mir fallen auf Anhieb so viele Situationen ein, für die ich diese Frage mit „Nein" beantworten müsste, dass ich ihn schweigend anstarre. Nach einer ausgedehnten Pause setzt er erneut an: „Wie kannst du dich auf einen Klienten einlassen? Und dann auch noch auf den Anführer einer Gang? Hast du eine Ahnung, was das bedeutet? Nicht nur, dass du dich damit in Gefahr gebracht hast, du hast es auch hingenommen, den Ruf der Organisation zu schädigen. Wie sehr kann man die Soforthilfe zukünftig

ernstnehmen, wenn sich die Mitarbeiter mit den Klienten einlassen? Du musst überhaupt nicht versuchen, dich da rauszureden. Die Jungs haben mir alles erzählt. Hast du denn tatsächlich geglaubt, dass David das Leben auf der Straße wegen einer jungen hübschen Gringa aufgibt? Du kennst doch langsam die Strukturen."
Fast schon provokant bleibe ich ruhig und stark auf meinem Stuhl sitzen. Ich spüre jede einzelne Strebe und konzentriere mich auf sie. Das hilft mir dabei, nicht einzuknicken. Auf keinen Fall werde ich mir die Blöße geben und Ivano zeigen, dass er mich mit jedem einzelnen seiner Worte trifft. Er spricht unbeirrt weiter, diesmal mit einem fiesen Unterton: „Victor hat dir doch viel mehr erklärt, als es notwendig gewesen wäre, oder Hermana?" Das letzte Wort betont er abfällig und zieht es in die Länge. Ich fühle, dass er immer noch nicht fertig ist mit seinem Vortrag und schweige weiter. „Du hast doch nicht ernsthaft geglaubt, dass David wirklich Gefühle für dich hat, oder?" Offensichtlich ist dieser Satz sein dramatischer Schlusspunkt und nun erwartet er eine Antwort von mir. Ich schäme mich. Nicht wegen seiner Worte, sondern weil er so laut gesprochen hat, dass die Besitzerin des Cafés und sämtliche Gäste zuhören können. Ivano genießt seinen Auftritt und blinzelt immer wieder in das Innere des Hauses, um abschätzen zu können, wie viel Aufmerksamkeit er für seine Predigt bekommen hat. Immer noch ruhig schaue ich ihn an und versuche, mir nicht anmerken zu lassen, dass es mich einiges an Mut kostet, ihm die Stirn zu bieten. Äußerlich gelassen schaue ich ihm in die Augen und antworte bestimmt: „Doch Ivano, das habe ich geglaubt. Du weißt überhaupt nichts!" Erschrocken zucke ich zusammen, als er unvermittelt aufspringt und sein Stuhl dabei nach hinten auf den Steinboden kippt. „Hermana Claudia, wo lebst du denn?" Jetzt fühle ich mich angegriffen und habe das Gefühl, mich rechtfertigen zu müssen. Ich weiß, dass ich naiv bin und trotzdem bin ich überzeugt, dass ich in den letzten Monaten durch meine Jungs und durch Victor deutlich mehr vom Leben auf der Straße gesehen habe als er. Ja, vielleicht haben die Jungs ihm was erzählt. Aber wer weiß, wie er sie zum Reden gebracht hat. Mit Empathie und Nächstenliebe wohl kaum.
Ich erhebe mich ebenfalls von meinem Stuhl. „Jetzt mach mal einen Punkt, Ivano. In deinen Augen bin ich im reichen Deutschland groß geworden und damit hast du recht. Du hast ebenfalls recht, dass ich absolut ahnungslos nach

Bolivien gekommen bin. Du fragst mich, in welcher Welt ich lebe… Ich lebe in einer Welt, in der ich daran glaube, dass man mit Liebe mehr erreicht als mit Strenge, Überheblichkeit und Arroganz. Mit der Frage, wo ich herkomme, stellst du meine Art zu arbeiten in Frage. Das ist nicht fair. Ja, ich glaube, dass David und ich eine Chance haben, einzig weil wir uns lieben. Ja, es kann sein, dass ich mich täusche, aber ich werde nicht aufgeben, bevor ich überhaupt angefangen habe, dafür zu kämpfen. Das ich damit der Organisation schaden könnte, habe ich in Kauf genommen und das tut mir aufrichtig leid! Doch was in meinen Augen viel schlimmer ist, ist dass ich durch die Beziehung zu David meinen Jungs von der Straße das Gefühl gegeben habe, sie seien weniger wert. Das ist ein Fehler, den ich beheben muss. Da ist die Organisation in meinen Augen zweitrangig."
Offensichtlich ist er ein wenig besänftigt, denn er nimmt den Stuhl vom Boden und setzt sich wieder hin. Ich folge seinem Beispiel und nun antwortet er nickend in einem deutlich ruhigeren Ton: „Ja du hast recht. Du hast die Jungs mit deinem Verhalten verletzt. Doch sie kamen nicht zu mir, um sich darüber zu beschweren, sondern weil sie sich um David sorgen. Anscheinend hattest du das richtige Gefühl, denn David hat sich tatsächlich in dich verliebt. Und nun gehst du und lässt ihn leidend zurück." Nun bin ich es, die sich im Ton vergreift und viel zu laut auf seine Aussage reagiert. „Was denkst du denn, Ivano? Meinst du, ich habe mir das so ausgesucht? Ich wollte das alles nicht, aber wir haben uns verliebt. Ich fühle mich so zerrissen, dass ich meine Mutter in Deutschland angerufen habe, um ihr mitzuteilen, dass ich für immer in Bolivien bleiben werde, damit ich bei David bleiben kann."
Boshaft beginnt er, mich auszulachen: „Und wo wolltest du leben? Wolltest du zu David auf die Straße ziehen? Hättest du dich vielleicht um den Haushalt in dem Loch in der Kanalisation gekümmert? Wie lächerlich, dann hätten wir mit dir ja bald eine weitere Klientin gehabt." Er untermalt seine Worte mit langgezogenem Kopfschütteln. Ich funkele ihn wütend an. „Nein, das wollte ich nicht. Ich habe lange genug darüber nachgedacht, um zu erkennen, dass David eine Reha hätte machen müssen, damit wir ein gemeinsames Leben führen können. Ich wollte dir nur zeigen, dass ich ihn nicht einfach gleichgültig zurücklassen wollte." Gemeinsam verfallen wir in Schweigen. Kein Argument sorgt dafür, dass sich diese ausweglose Situation ändert. Dieses ganze Gespräch ist nicht dafür da, irgendetwas zu verbessern. Womöglich

wollte Ivano sich und seinem Frust einfach nur Luft machen. Ich fühle mich nach diesen Worten noch miserabler und beschließe, zu gehen. Niedergeschlagen und hilflos bezahle ich die Rechnung und mache mich auf den Heimweg.

Ivano und ich sprechen die verbleibende Zeit nicht mehr über unser Gespräch. Ich nutze bewusst die Zeit, um mit jedem meiner Jungs noch mal einzeln ein Gespräch zu führen. Ich erkläre ihnen, wie besonders sie sind und genieße die nahen Momente, in denen wir gemeinsam weinen und lachen. Ich fühle, dass ich meine Schuld damit nicht begleichen kann und komme aus dem Strudel der Niedergeschlagenheit nicht mehr heraus. Ivano sagt mir am letzten Tag, ich soll mir nichts einbilden. David würde seine America lieben und sein Leben wie bisher weiterleben. Ich müsse kein schlechtes Gewissen haben. Ich bin ein wenig dankbar, dass er offensichtlich versucht, mir Frieden mitzugeben. Aber trotzdem schmerzen seine Worte.

In mir keimt immer wieder die Hoffnung auf, dass David doch noch mal Eigeninitiative zeigt und einen so großen Willen verspürt, mich noch einmal zu sehen, dass er vielleicht zum Flughafen kommt. Also teile ich Ulrike mit, dass sie mich nicht begleiten soll, weil ich den Schmerz des Abschiedes lieber alleine ertragen möchte. Sie zeigt Verständnis und ich habe ein schlechtes Gewissen.

Ich nehme mir direkt vor dem Kontaktzentrum ein Taxi. Meine Hermanos stehen an der Tür und verabschieden mich. Sie heben den Reiserucksack in den Kofferraum und umarmen mich herzlich. Ich funktioniere nur noch und halte mich an dem Gedanken fest, dass David vielleicht am Flughafen auf mich warten wird. Wie betäubt sitze ich im Taxi. Die interessierten Fragen des Taxifahrers, die mir sonst immer willkommen sind, wiegele ich mit einsilbigen Antworten ab. Ich habe keinen Kopf, zu erklären, wohin ich fliegen werde und wie lange ich mich in Bolivien aufgehalten habe. Meine Gedanken sind ein einziges Chaos. Ich stelle mir vor, wie David vor dem Flughafen wartet. Gleichzeitig übermannt mich der Gedanke, in wenigen Tagen auf Katja, Simon und Paul zu treffen, die einen tollen Urlaub in Brasilien mit mir erleben wollen. Und dann kommt die Heimkehr nach Deutschland. Ich fühle mich schwach und ausgelaugt. Trostlos ziehen die Häuser an mir vorbei und ein letztes Mal genieße ich den Blick auf diese mächtige Stadt. Wir erreichen den kleinen überschaubaren Flughafen. Ich bezahle den Taxifahrer und schnalle mir den Reiserucksack auf den Rücken. In meiner Hand halte ich eine große bolivianische Reisetüte, die vollgestopft ist mit den Dingen, die nicht in den Rucksack gepasst haben. Schnell schaue ich mich um, scanne mit meinen Augen die kleine Wartehalle ab. Meine Hoffnung versiegt. David ist nicht hier. Nein, er wird mir nicht mehr auf Wiedersehen sagen und all die offenen Fragen bleiben unbeantwortet.

Ich bin deutlich früher da, als ich es sein müsste. Ich wollte, dass David und ich noch Zeit miteinander verbringen können, wenn er gekommen wäre. Ich suche mir ein ruhiges Plätzchen vor den Eingangshallen. Durch meine Kopfhörer schallt Michael Jackson. Neben mir blühen Blumen in einem großen Kübel. Ein Jahr ist es her, als ich in diesem Land ankam und so wie heute neben einem Blumenkübel Platz nahm, um auf meine Gastmama zu warten. Niemandem hätte ich geglaubt, der mir hätte erzählen wollen, was ich in diesem Jahr erleben würde. Die Reisen, die Begegnungen, die Arbeit im Kinderheim, meine kleine Maria Antonia, dann die Entscheidung, nach Brasilien zu gehen, um in einer Favela zu arbeiten, die Hospitation bei der Soforthilfe, die mir plötzlich das Gefühl gegeben hat, angekommen zu sein. All das fühlt sich so absurd an, und doch habe ich es erlebt. Meine Jungs, die tiefe Verbindung zu Victor, der mir die Straßenwelt geduldig und liebevoll erklärt hat, und dann David.

Erst jetzt verspüre ich eine tiefe Erschöpfung. Meine Glieder fühlen sich so schwer an, dass ich das Gefühl habe, nicht mehr aufstehen zu können. Aber die Zeit drängt nun langsam. Ich muss an den Schalter und mein Ticket vorzeigen, mein Gepäck aufgeben und durch den Zoll gehen. Wieder schaltet sich mein Körper in den Funktionsmodus. Ich gehe. Ich verlasse dieses Land, mein Leben, um in meine „Heimat" zurückzukehren, die sich ferner anfühlt als alles Bisherige. Ich denke an meine Eltern, meinen Bruder, meine Freunde, doch in meinem Körper und in meinem Kopf bleibt die Leere. Ich kann schon jetzt förmlich spüren, wie ich mich innerlich dagegen wehre, gefragt zu werden, wie meine Zeit war. „Und, war es schön?", „Was hast du erlebt?", „Na, wie war es denn?". Mir wird schlecht. Wie soll ich diese Fragen beantworten?

Ich stelle mich am Ende der Schlage des Ticketschalters an. Ein letztes Mal schaue ich mich um, beobachte die Menschen, die um mich herum ihre Lieben begrüßen oder verabschieden. Ich sehne mich nach dem Mann mit seinem schweren Zipper, den ich vor wenigen Monaten kennenlernen durfte, aber er ist nicht unter den wenigen Menschen, die sich mit mir in der kühlen Wartehalle aufhalten.

Freundlich schaut mich die Frau am Schalter an und fordert mich auf, ihr das Ticket zu überreichen. Fast widerwillig gebe ich es ihr und lege meinen Reiserucksack auf das Gepäckband. Sie klebt die großen Aufkleber um den Gurt und wünscht mir eine gute Reise. Ich folge dem kleinen Strom der Menschen, die sich nun vor dem Zoll aufhalten. Ich lasse mich durchsuchen und steige direkt danach in ein kleines Flugzeug, das mich nach Sao Paulo fliegen wird. Es sitzen kaum Menschen in der Maschine, ich habe eine ganze Sitzreihe für mich. Ich drücke beim Start meine Nase an das Fenster und beobachte jedes kleine Detail von La Paz. Die Tränen fließen meine Wangen hinunter. Als nicht mal mehr die kleinste Hütte vom Flugzeug aus zu erkennen ist, lehne ich mich im Sitz zurück, stelle meinen MP3-Player auf volle Lautstärke und mache meine Augen zu. Direkt falle ich in einen unruhigen Schlaf und erwache erst, als wir zur Landung in Sao Paulo ansetzen.

Ankunft in Brasilien

Diese Stadt erscheint gigantisch aus der Luft. Viel größer als La Paz. Mir fällt gleich auf, dass alles deutlich westlicher erscheint. Die kleinen Autos, die auf den mehrspurigen Straßen durch die Stadt fahren, sehen aus wie Spielzeugautos und die mächtigen Hochhäuser wirken auf mich wie Miniaturgebäude. Auch in Bolivien gibt es mehrspurige Straßen, diese sind aber ohne Kennzeichnung und somit fahren die Autos wild durcheinander. In Sao Paulo wirkt vom Flugzeug heraus alles geordnet und perfekt geplant.

Deutlich länger als in La Paz warte ich an diesem wahnsinnig großen Flughafen auf mein Gepäck. Ich bin erleichtert, dass mein Rucksack angekommen ist. Das ist keine Selbstverständlichkeit, wie ich von Reisebekanntschaften immer wieder zu hören bekam. Mal wieder schnalle ich ihn mir auf den Rücken. Nur eine Tür trennt mich von wieder vollkommen fremden Menschen, die mich hier in einem mir vollkommen fremden Land abholen und in deren Obhut ich mich nun begeben werde. Mein Onkel hatte diesen Kontakt vor einigen Wochen hergestellt. Ich kann bei den Eltern einer Frau aus seiner Kirchengemeinde unterkommen. Sie seien nett, wurde mir noch mitgegeben, und nun stehen sie vor der großen Glastür, die sich über einen Bewegungsmelder öffnet. Ich werde fast erschlagen von der Menschenmenge, die mich außerhalb der geschützten Ankunftshalle erwartet. Überall sind Menschen, die mich kurz interessiert beäugen, bis sie feststellen, dass ich nicht die Person bin, auf die sie gewartet haben. Mein Blick schweift über die Menschenmenge und ich erkenne ein Schild, auf dem mein Name steht. In meinem Hals befindet sich ein dicker Kloß. Mir ist nicht nach einem herzlichen Willkommen, ich möchte mich viel lieber vergraben und in meiner Trauer bleiben. Aber der Mann mit dem Schild strahlt mich an, als er sieht, dass ich mich angesprochen fühle. Die kleine, ältere und etwas rundliche Brasilianerin, die neben dem europäisch aussehenden Mann steht, strahlt gleichermaßen und scheint meine Gastmutter zu sein. Ich bewege mich zwischen all den Menschen nur behäbig auf sie zu. Herzlich werde ich in den Arm genommen. Der Mann spricht in akzentreichem Deutsch auf mich ein. Die Frau spricht Portugiesisch und ich verstehe kein Wort. Höflich lächele ich beide an und folge ihnen zum Auto.

Der Weg ist lang und offensichtlich freut sich der ältere Mann, dass er sich nach wohl geraumer Zeit in seiner Muttersprache mit einem Menschen unterhalten kann. Ich bin eher schweigsam und höre mir seine Erklärungen an, die er mir zu vorbeiziehenden Gebäuden gibt. Bis wir in meinem Zuhause auf Zeit ankommen, vergehen zwei Stunden. Noch immer in Sao Paulo, aber in einem sehr ruhigen Viertel, präsentieren sie mir ihr Zuhause. Die kleine süße Frau geht direkt in die Küche und bereitet etwas Festliches zu essen vor. Der Mann zeigt mir mein Zimmer. Ein kleines gemütliches Gästezimmer im zweiten Stock, von wo aus eine Tür auf das Dach der Garage führt. Innerlich jubele ich. Es gibt also eine einfache Möglichkeit, zu rauchen. Vorsichtig spreche ich mit meinem Gastvater, ob ich draußen rauchen darf. Sichtlich irritiert stimmt er widerwillig zu. Rauchen sei in seinen Kreisen sehr unüblich. Sofort sind wir beim wohlbekannten Thema: der Glaube an Gott. Da der Kontakt über die Kirchengemeinde meines Onkels zustande gekommen ist, geht er offenbar davon aus, dass auch ich gläubig bin. Er lädt mich für den folgenden Tag in den Gottesdienst ein und ich lächele nichtssagend als Antwort. Ich werde von diesem älteren Ehepaar wundervoll liebenswert aufgenommen, und doch sträubt sich mein ganzer Körper gegen das Wohlfühlen. Es fühlt sich so an, als sei mein Herz mit all meinen Emotionen, der Euphorie und meinem Herzschlag in La Paz geblieben. Es strengt mich wahnsinnig an, auf meine Gasteltern nicht unhöflich zu wirken und ich bin dankbar, als ich mich nach einem köstlichen Mahl in mein Zimmer zurückziehen darf.
Am Abend bin ich mit meinen Eltern und Paul zum Telefonieren verabredet. Als ich das Telefon unten im Wohnzimmer klingeln höre, renne ich die Treppe hinunter und beeile mich, schnellstmöglich diesen schrillen Ton zu beenden. Nicht weil ich mich so sehr freue, mit meinen Liebsten aus Deutschland telefonieren zu können, sondern weil ich nicht für Aufmerksamkeit sorgen will. Ich setze alles daran, nicht aufzufallen. Zuvor hatten wir schon mit der Tochter meiner Gasteltern telefoniert. Sie lebt in Deutschland und ist mit meinem Onkel befreundet. Ich fragte höflich, ob sie sich in Deutschland bei ihrem Mann wohlfühlen würde und sie erklärte mir, dass es als Brasilianerin gar nicht so einfach sei, in dieser dörflichen Umgebung in der Nähe des Edersees heimisch zu werden. Ihr Vater fiel ihr ins Wort und sagte, nun habe sie in mir ja eine neue Freundin, wenn ich wieder in Deutsch-

land bin. Hätte man diese ganze Situation in ein Wort packen müssen, es wäre wohl „Überforderung" gewesen.
Nun höre ich die Stimme meines Papas im Hörer und ich erzähle ihm, dass es mir nicht so gut geht. Der Abschied von meinen Menschen in La Paz zieht mich so sehr runter, dass ich dort und überhaupt nirgendwo anders mehr zu Hause sein werde, erkläre ich ihm. Egal was er in diesem Moment antworten würde, es würde an meinem Gefühl nichts ändern. Das scheint er zu spüren, denn er versucht nicht, wie ich es erwartet habe, mich aufzumuntern. Er zeigt mir mit einem langen Schweigen sein Verständnis. Nach einem ungewöhnlich kurzen Telefonat legen wir beide auf. Es dauert nur wenige Minuten, da klingelt das Telefon, das neben mir auf dem Bett liegt, erneut. Nun ist Paul dran. Er ist voller Vorfreude auf die bevorstehende Reise und unser Wiedersehen. Wir besprechen alle Formalitäten. Wann kommt ihr Flieger in Salvador an, wo werden wir die ersten Nächte verbringen? Es sind Fragen, die er verständlicherweise beantwortet haben will, die ich aber noch nicht beantworten kann. Ich erkläre ihm, dass ich in zwei Tagen nach Salvador fliegen und mich vor Ort um eine Unterkunft kümmern werde. Wenn er, Katja und Simon in drei Tagen ankommen, wird alles vorbereitet sein. Er soll sich keine Sorgen machen. Ich erwische mich dabei, wie ich genervt die Augen verdrehe und dann begreife, dass ich vor nicht einmal einem Jahr noch genauso Planungssicherheit haben wollte und erst hier in Bolivien lernen durfte, dass nicht alles so koordiniert wie in Europa und speziell in Deutschland abläuft. Bevor wir das Gespräch beenden, stelle ich an der Stimmlage von Paul fest, dass ihn irgendetwas bedrückt. Ich fühle plötzlich mein schlechtes Gewissen und überlege, ob ich nur deswegen glaube, dass Paul irgendwas auf dem Herzen hat. Ich will mich schon verabschieden, als er das Wort ergreift. Ich muss schlucken.
„Claudia, ich möchte dir eine Frage stellen und ich will, dass du die Wahrheit sagst!"
Mein Herz stockt. Fieberhaft gehe ich im Kopf durch, wie Paul von David hätte erfahren können und hoffe, dass nun einfach etwas vollkommen anderes kommt, doch meine Befürchtungen werden wahr. „Hattest du was mit einem anderen?" Um Zeit zu schinden, stelle ich schnell eine Gegenfrage: „Wie kommst du darauf?" Er antwortet ebenfalls sehr schnell: „Schatz, das ist egal. Ich will nur wissen, ob es stimmt." Erst jetzt wird mir klar, dass ich

in all der Zeit in keinem Moment an Pauls Treue gezweifelt habe. Ich antworte mit „Nein" und schäme mich. Paul bleibt dran und erklärt, dass ihm jemand gesagt hat, dass ich fremd gegangen sei. Ich schwitze und winde mich innerlich. Die Stille im Hörer macht es noch schlimmer und irgendwann platzt es einfach unüberlegt aus mir heraus, dass es da einen Jungen gab, der immer wieder versucht hat, mich zu küssen. Und einmal habe ich mich nicht dagegen gewehrt. Ich fühle mich schon beim Aussprechen meiner Worte erbärmlich. Paul gibt sich mit dieser Erklärung zufrieden. Er ist vor allem wütend und kommt sich wie ein Volltrottel vor, weil er den anderen in Deutschland beteuert hat, dass ich so etwas niemals tun würde. Ich höre ihn am Telefon schwer atmen, bevor er die nächste Frage stellt, mit der ich hingegen nun schon rechnen musste: „Wieso hast du es mir nicht erzählt?" Ich antworte wieder vollkommen unbedacht und zutiefst angeekelt von mir selbst: „Es hatte keine Bedeutung für mich." Sein verständnisvolles „Okay" beendet für heute unser Telefonat.

Ich setze mich raus in die kühle Nacht und lehne mich an die Hauswand. Die Tränen kullern meine Wange herunter. Ich habe David verleugnet. Ich habe Paul belogen, mein Leben in La Paz beendet und warte nun auf meinen Freund und meine Freunde, um mit ihnen Urlaub zu machen. All das, was sich mit David so groß anfühlte, nimmt mir die Luft zum Atmen, nun wo es nicht mehr da ist. Nach einigem Nachdenken wird mir immer klarer, dass ich vor Paul aus meiner tiefsten Angst heraus die Unwahrheit gesagt habe: DAS ALLEINSEIN.

Wenn ich Paul die Wahrheit sage, dass David die größte Rolle in meinem Leben spielt, die je ein Mann in meinem Leben gespielt hat, so wird er vollkommen verständlich gehen. Aber ich habe im Moment kaum noch Hoffnung, David jemals wiedersehen zu dürfen. Ich brauche mindestens ein Jahr, um mir das Geld für einen Flug nach Bolivien zusammenzusparen. Wer weiß, ob David bis dahin noch am Leben ist. Wer weiß, ob ich für ihn nicht doch nur irgendeine Gringa war, mit der er sich profilieren konnte. Der Gangchef, der mal was mit einer Hermana hatte… Doch keine Erklärung genügt annähernd, um mein schlechtes Gewissen zu beruhigen. Ich habe Paul gegenüber nicht zu David gestanden, den ich liebe. Gleichzeitig spiele ich ein falsches Spiel mit Paul, der mich liebt und ein Jahr lang auf mich gewartet hat. Was bin ich nur für ein Mensch. Die Vorstellung, nach Deutschland zurückzurei-

sen und alleine zu sein, halte ich nicht aus. Schon die Vorstellung, überhaupt wieder in Deutschland zu sein, zwingt mich in die Knie. Ich will zurück, möchte weiterarbeiten, will Menschen helfen und mein Leben sinnerfüllt leben und fühlen.
Weinend schlafe ich ein.

Ein Tag in Sao Paulo

Am folgenden Morgen wache ich recht früh auf. Ich hatte bewusst einen Tag Pause in Sao Paulo eingeplant, der sich jetzt unendlich lang anfühlt. Ich muss irgendetwas machen. Ich kann nicht in diesem so gastfreundlichen Haus bleiben, alles hier engt mich ein. Ich rechne mit Widerstand meiner liebevollen Gastfamilie und packe meinen Rucksack, noch bevor ich nach unten zum Frühstück gehe. In Gedanken lege ich mir Argumente zurecht und begebe mich wohlweislich in einen Kampf, den ich gewinnen muss.

Meine Gasteltern begrüßen mich liebevoll und herzlich. Die Gastmama ist eine hervorragende Köchin und hat voller Hingabe ein fantastisches Frühstück gezaubert. Ich setze mich lächelnd an den Tisch, als mein Gastvater direkt meinen Rucksack entdeckt und fragt, was ich vorhabe. Ich atme tief ein und erkläre, dass ich in die Stadt will. Von den gestrigen Gesprächen im Auto weiß ich, dass sie die Innenstadt für äußerst gefährlich halten. Ob das der Grund ist, warum ich genau dort hinwill… vermutlich! Meine Gastmutter ist außer sich. „Claudia, das kannst du nicht machen. Es ist viel zu gefährlich, du kennst dich nicht aus und du weißt nicht, wo es gefährlich ist. Es sind so viele Straßenräuber unterwegs, du wirst ganz sicher überfallen und ausgeraubt." Aber in diesem Metier fühle ich mich gerade unbesiegbar. Ich kenne alle Tricks, ich weiß, auf was ich zu achten habe – so erkläre ich es diesem liebevollen Ehepaar, das eine wahnsinnige Angst hat, mir könnte etwas passieren. Sie erklären mir, dass es anders als in Bolivien sei. Hier haben die Leute keine Messer, sondern Schusswaffen. Beim Gedanken an Schusswaffen erwische ich mich bei einem überheblichen Lächeln. Immerhin hatten ja erst ein paar Tage zuvor Polizisten ihre Waffen auf mich gerichtet. Kein Mensch dieser Welt kann mich in diesem Moment von meinem Plan abhalten. Ich umarme meine Gasteltern, verspreche, mich zwischendurch zu melden und dass ich bis zum Abendessen wieder zurück bin. Ich verlasse das Haus, wohlwissend, dass ich meine Gastgeber mit einer furchtbaren Angst zurücklasse.

Ich laufe zur nächsten Metro-Station und versuche, mich zurechtzufinden, was mir schnell gelingt. Das Netz ist einfach zu verstehen und ich schreibe mir meine Station auf, zu der ich am Abend wieder zurückmuss. Mit nur wenigen Menschen steige ich ein, doch innerhalb der zwei Stunden, die ich in der Bahn sitze, füllt sich der Waggon. Ich fahre vorbei an westlich aussehenden Häusern, heruntergekommenen Hütten. An Kindern, die direkt an den Bahngleisen spielen, Geschäftsmännern, die an den Stationen auf den Zug warten, Müttern, die ihre Kinder stillen. Kurz ertappe ich mich, dass ich mich wie im Alto fühle. Wenige Minuten später scheint es jedoch eher eine europäische Großstadt zu sein. Ich erkenne nun keine einzige Ähnlichkeit mehr mit Bolivien.

In der Innenstadt verlasse ich die Bahn und schlendere durch die Straßen. An den Rändern des Asphalts zieren Bäume die Wege und die Geschäfte sind deutlich europäischer. Die Sprache der Menschen hört sich zwar ähnlich wie Spanisch an, und doch verstehe ich nichts. Ich fühle mich alleine. Wie ferngesteuert laufe ich in die abgelegeneren Straßen. Es dauert nicht lang, da erblicke ich die erste Straßengang, die vor einem Computergeschäft herumlungert. Ich setze mich etwas abseits von ihnen auf eine Mauer und versuche, sie so unauffällig wie möglich zu beobachten. Jeder der vorüberziehenden Menschen wechselt beim Anblick der Gruppe die Straßenseite. Kommt ihnen ein Mensch zu nah, wird er angepöbelt. Jeder einzelne steht unter Drogen und ist kaum Herr seiner Bewegungen. Es scheint mir, als sei diese Gruppe von Grund auf aggressiver als meine Jungs von der Straße, wobei mir hier vermutlich der objektive Blick fehlt. Wer weiß, wie meine Jungs ungesehen von mir mit vorbeilaufenden Passanten umgehen.

Wozu „meine" Chicos fähig sind, sollte ich später noch schmerzlich erfahren.

Mir wird schlecht bei dem Gedanken, dass Brasilien eine ganz eigene Art hat, mit Straßengangs umzugehen. Geschäftsmänner und Ladenbesitzer, die sich bedroht oder beim Geldverdienen gestört fühlen, schließen sich zusammen und beauftragen Leute, die sich um den „Müll" kümmern. Die Gangs verschwinden auf unerklärliche Weise. So ist es mir erzählt worden. Mir fällt das Massaker unter der „Puerto de las Americas" ein, wo so etwas auch in meinem geliebten La Paz geschehen ist. Kopfschüttelnd verbanne ich die Gedanken aus meinem Kopf.

Warum sitze ich eigentlich hier? Ich suche bewusst die Nähe zu Menschen, die von allen anderen bewusst gemieden werden. Ich mache das aus purem Egoismus. Aber immerhin ist mein Verstand noch so klar, dass ich weiß, dass ich vorsichtig sein muss. Es sind nicht meine Jungs, mit denen ich wochenlang Kämpfe ausfechten musste, damit sie ins Vertrauen kamen. Es sind Gangs, die mich als leichte Beute sehen. Nicht der Reiz der Gefahr bringt mich in ihre Nähe. Es ist die Aufgabe, die mir fehlt. Ich fühle mich gerade absolut ungebraucht. Ich habe meine Arbeit beendet und bin wieder in einem mir unbekannten Land. Diesmal, um Urlaub zu machen. Anders als Touristen verbringe ich jedoch nicht meinen freien Tag damit, in der Weltmetropole Sao Paulo shoppen zu gehen oder auf anderen Wegen das Großstadtfeeling zu erleben. Ich versuche, so unauffällig wie möglich den Gangs der Straße nah zu sein, um mich besser zu fühlen.

Abends schlafe ich deutlich beseelter ein als in der Nacht zuvor.

Aber ich weiß auch: Morgen geht eine Reise los, zu der ich mich überhaupt nicht bereit fühle.

Eine weitere Begegnung mit meinem Schutzengel

Schon wieder sitze ich im Flugzeug. Diesmal reise ich von Sao Paulo nach Salvador. Die Flugzeit ist kurz und ich freue mich sehr, als ich das Meer sehe. Ich nehme mir fest vor, dass ich zwar erst ein Hostel suche, um für die Ankunft meiner Freunde vorbereitet zu sein, aber auf jeden Fall heute noch im Meer schwimme. Die Sonne scheint und die Temperaturen sind vermutlich für Brasilianer recht kühl, aber für mich absolut ausreichend, um das Meer zu fühlen.

Ich handle mit dem Taxifahrer einen hoffentlich guten Preis aus und fahre direkt an die Promenade, jedoch recht nah dem Flughafen, damit das Abholen und Ankommen meiner Freunde sich nicht zu sehr in die Länge ziehen. An der Promenade reihen sich teure Hotels aneinander. Ich gehe in eine Parallelstraße und sehe einige Hostels, die einen einladenden Eindruck machen. Im ersten, das ich betrete, gibt es nur wenige Zimmer. Es sind ungewöhnlicherweise ausschließlich Doppelzimmer. Bei dem Preis muss ich schlucken, aber meine Freunde kommen unmittelbar aus Deutschland. Ich erkenne hier einen gehobenen Standard und möchte, dass sie sich wohlfühlen. So schmeiße ich mein Gepäck in eines der Zimmer, buche ein weiteres für morgen und ziehe mir meinen Bikini unter meine Kleidung.

Ich fühle den Sand unter meinen Füßen, ziehe Hose und Oberteil aus und denke noch kurz: Hoffentlich wird mir nichts geklaut. Ich renne sofort über den schmalen Strand zu den vielen Surfern ins Wasser. Die Wellen sind gigantisch und es kostet mich einige Mühe, sie zu überwinden, damit ich zum Schwimmen ins tiefere Wasser komme. Vom Strand aus sah es so aus, als sei zwischen den Wellen, die direkt am Ufer brechen, und denen weiter draußen, die von den Surfern beritten werden, ein Bereich, der ziemlich flach und zum Schwimmen geeignet ist. Als ich diesen jedoch erreiche, ergreift mich die Strömung. Ich bin länger nicht mehr geschwommen und obwohl ich eine geübte Schwimmerin bin, übermannen mich diese Kräfte. Die Strömung zieht mich immer näher zu einem felsigen Strandabschnitt, der mir im Vorfeld gar nicht aufgefallen ist. Gleichzeitig scheint es, als würde mich die Kraft des Wassers gewaltsam in die Tiefe ziehen wollen. Ich strampele, schlucke das salzige Wasser, huste und schreie. Aus Leibeskräften versuche ich, dagegen anzukommen. Doch meine Kraft reicht nicht aus. In meiner Panik schreie ich immer wieder schrill um Hilfe, wenn ich kurz an die Wasseroberfläche komme. Als meine Angst ihren Höhepunkt erreicht und ich mich panisch damit auseinandersetze, dass ich hier und jetzt ertrinken werde, packt mich eine starke Hand und zieht mich neben sich auf ein Surfbrett. Der Mann fordert mich wortlos dazu auf, mich an dem Board festzuhalten, während er versucht, uns mühsam an Land zu bringen. Meine Kraft ist jedoch aufgebraucht und ich kann mich nicht mehr festhalten. Ich rutsche vom Surfbrett und wieder zieht mich das Wasser in die Tiefe. Erneut spüre ich den festen Griff, der mich diesmal etwas mühsamer auf das Board hievt. Der Mann selbst, der mir gerade das Leben rettet, bleibt im Wasser und kämpft sich mit dem Surfbrett und mir schwimmend Zentimeter um Zentimeter voran. Ich bekomme nicht mehr mit, wie wir den Strand erreichen. Zu viel Wasser befindet sich in meiner Kehle, ich kann nicht mehr atmen und verliere das Bewusstsein. Erst als ich würgend am Strand liege, um mich herum Rettungsschwimmer aufgebracht rufen und hektisch umherlaufen, komme ich wieder zu mir. Einer der Männer misst mit seinen Fingern meinen Puls am Handgelenk und überzeugt sich davon, dass ich ihn wahrnehme. Auf Englisch und Spanisch versuche ich, die Männer zu fragen, wo sich der Surfer befindet, der mich an Land gebracht hat. Mein Lebensretter… Doch niemand kann mir die Frage beantworten. Keiner von den vielen Menschen, die sich um mich herumscharen, hat wohl gesehen, wie ich an Land gekommen bin. Erst als ich in den brechenden Wellen am Ufer lag, wurde ich von den Rettungsschwimmern entdeckt und auf den Strand gezogen.

Noch heute bewegt mich diese Geschichte. Ich wollte mich bei meinem Lebensretter bedanken und bekam nie die Gelegenheit dazu. Ich bin überzeugt, dass ich nach dem kleinen Mädchen, das Marie und mich auf dem Weg zum Machu Picchu gerettet hat, nun zum zweiten Mal einem Schutzengel begegnen durfte.

Der Brasilienurlaub

Ungeduldig stehe ich am Ankunftsgate und bin positiv überrascht über mich selbst, dass ich mich auf meine Freunde freue. Noch immer habe ich Bedenken, wie Paul und ich wohl auf dieser Reise miteinander umgehen werden. Die wenigsten Vorbehalte habe ich bei der Begegnung mit Simon. Wir werden diese Reise als Abenteuer erleben, während wir vermutlich die anderen beiden mitreißen müssen. Ich habe Simon vor fünf Jahren bei einem Überlebenstraining der Schule kennengelernt. Wir wanderten fünf Tage durch den Wald, kochten Suppe auf dem Feuer und schliefen unter freiem Himmel. Wenn jemand sich mit den Gegebenheiten hier anfreunden kann, dann definitiv er. So ist meine klare Vorstellung von den kommenden zwei Wochen. Anschließend haben Paul und ich noch eine Woche zu zweit, nach seiner Abreise möchte ich eine weitere Woche alleine hierbleiben, um mich emotional auf meine Rückkehr vorbereiten zu können.
Nervös schaue ich auf mein Handy, vor fünf Minuten ist ihre Maschine gelandet. Vermutlich stehen sie bereits am Gepäckband und warten darauf, dass ihre Koffer auftauchen. Als einer der ersten Ankömmlinge durchläuft Paul die große Glastür und rennt auf mich zu. Er nimmt mich fest in den Arm und küsst mich überschwänglich. Ich stelle fest, dass er gut aussieht, viel besser als in meiner Erinnerung. Als Katja und Simon zu uns treten, findet erneut eine überschwängliche Begrüßung statt. Für einen kurzen Moment sind alle Sorgen und Bedenken verschwunden, doch sie kommen auf einen Schlag wieder, als Simon später angewidert die Toiletten des Hostels beäugt. Auch das Zimmer, das für mich einen gehobenen Standard hat, sagt ihm nicht zu und ihm fallen viele Dinge auf, die er kritisiert. War es nicht genau Simon, von dem ich dachte, dass es mit ihm am entspanntesten ablaufen wird? Entgegen meiner Prognose sind es Katja und Paul, die vollkommen offen und freudig in dieses Abenteuer eintauchen.
Paul und ich ziehen uns am ersten Abend zurück, um noch einmal über den „anderen Mann" zu sprechen. Ich bleibe beschämt bei meiner Aussage und sage ihm gleich danach, dass er bitte Verständnis haben soll, dass ich mich körperlich noch nicht wieder auf ihn einlassen kann. Ich bin sehr durcheinander und die kommende Zeit in Brasilien ist eine Herausforderung für mich, sage ich ihm. Ich habe riesige Schwierigkeiten mit dem Abschied von

Bolivien. Er gibt sich damit zufrieden und so blicke ich entspannter auf die folgenden Wochen, denn wir hatten schon immer ähnliche Vorstellungen von Urlaub.

Die erste Woche verbringen wir auf einer der kleinen Inseln der Bahia-Inselgruppe. Wir suchen uns ein winziges Hostel, wo wir die einzigen Besucher sind. Die Besitzer, eine italienische Familie, sind höflich distanziert und wir entspannen einige Zeit abwechselnd am absolut leeren Strand und in den Hängematten im Garten des Hostels. Katja, Simon und Paul scheinen damit zufrieden zu sein. Mein Bedarf an Abenteuern und Aufregung ist von den letzten Monaten gedeckt und ich merke, dass mir diese ruhige Zeit guttut und die Freiheit schenkt, über das Erlebte nachzudenken. Aber immer wieder kommt bei mir Unverständnis auf, dass meine Freunde um die halbe Welt reisen, um dann nur zu chillen.

Schon am Abend des zweiten Tages merke ich, dass ich Zeit für mich brauche. Ich melde mich kurz bei den anderen ab und sage, dass ich am Strand spazieren gehe. Ich drehe mich schon um, als Simon im Befehlston ruft: „Nein, Claudia. Das ist zu gefährlich." Verwirrt wende ich mich ihm wieder zu, will mich auf keine Diskussion einlassen und wiederhole meine Worte in ruhigem, aber bestimmtem Ton: „Ich werde ein wenig am Strand spazieren gehen." Ich koche vor Wut. Was bildet sich Simon ein? Monatelang habe ich von niemandem Vorschriften bekommen. Nun kommt er aus Deutschland und meint, mir erzählen zu können, wie ich mich zu verhalten habe. Bin ich es, die seit Monaten auf diesem Kontinent zu Hause ist, oder er? Ich werde barsch. „Simon, ich war die letzten neun Monate alleine in Südamerika. Ich habe wunderschöne, aber auch fürchterliche Dinge erlebt, habe großartige Menschen kennengelernt, mit Menschen von der Straße gearbeitet, mich im Gefängnis aufgehalten und nun willst du mir vorschreiben, dass ich hier auf einer gottverlassenen Insel nicht spazieren gehen soll, weil du es für *zu gefährlich* hältst?" Er geht an mir vorbei und baut sich an der Tür des Gartenzauns auf. Nun bin ich völlig entgeistert. Katja und Paul schauen angespannt zu. Noch einmal sagt Simon: „Du wirst nicht alleine aus diesem Garten gehen!" In mir brodelt es. Doch zugleich fühle ich mich mit einem Mal so schwach, dass ich in unser Zimmer gehe, ohne ein weiteres Wort zu verlieren. Ich lasse mich auf das Bett fallen und fange an, kraftlos zu weinen. Simon ruft mir noch hinterher: „Claudia, du hattest nun lange genug Zeit, dich auszuleben. Du hast uns Emails geschrieben, bei denen ich beim Lesen dachte, dass ich dich nie wieder sehen werde. Jetzt sind wir zusammen hier und ich werde nicht zulassen, dass einem von uns etwas passiert. Ich werde euch beschützen!" Zum ersten Mal seit vielen Monate weine ich nicht aus Betroffenheit oder Rührung, sondern vor Wut. Ich fühle mich vollkommen entmündigt und eingeengt.

Die folgenden Tage werden für mich zur Zerreißprobe. Ich spüre, dass sowohl Katja und Simon als auch Paul die Claudia erwartet haben, die sie vor Monaten verabschiedet haben. Aber diese Claudia werde ich nie wieder sein. Wir bereisen touristische Hotspots in Brasilien, die Iguazú-Wasserfälle in Argentinien, aber mein Herz scheint versteinert. Paul akzeptiert mein Verhalten, stellt keine Fragen, von denen er weiß, dass er die Antwort nicht hören möchte. Schweigend nehmen wir hin, dass sich der Abschied in unserer Beziehung breitmacht.

Die Anspannung zwischen Simon und mir hält an. Nach vielen Diskussionen hält er sich zwar mit seinem anmaßenden Verhalten zurück, aber nur mir gegenüber. Nun ist es Katja, die er vor den vermeintlich gefährlichen nächtlichen Besuchen der Copacabana oder anderen Ausflügen bei Nacht schützen muss. Er verbietet ihr, mit uns zu kommen. Paul und ich besuchen Nachtmärkte und haben zwischen all meinen Sehnsuchtsgedanken immer wieder schöne Momente, die wir als Freunde genießen. Wenn wir zu viert unterwegs sind und in einer Gegend, die Simon für sicher hält, haben wir eine gute gemeinsame Zeit. Unser gemeinsamer Genuss ist gutes Essen und so versuchen wir häufig, unangenehmen Gesprächen aus dem Weg zu gehen und beschränken uns auf die Auswahl köstlicher Speisen. Die letzten Tage zu viert verbringen wir in Sao Paulo.

Dann naht der erste Abschied. Morgen fliegen Katja und Simon zurück nach Deutschland. Wir besuchen Chinatown und tauchen noch einmal in eine vollkommen fremde Welt ab. Das gibt Simon wohl den Rest und einen denkwürdigen Abschluss für die möglicherweise schlimmste Reise seines Lebens. Aber noch ist der Tag gar nicht vorbei. Brasilien an sich ist recht teuer. Ich habe unser Budget mit den Reisen im Hinterkopf kalkuliert, die ich bisher in andere südamerikanische Länder unternommen habe. Wir vier haben nun aber eine andere Form von Urlaub gemacht, haben einiges für Eintrittsgelder und besonders gutes Essen ausgegeben. Also suchen wir ein möglichst güns-

tiges Hostel. Wir werden fündig. Von außen scheint es recht heruntergekommen und auch die Zimmer sind recht abgewohnt. Am Nachmittag schien es noch, als seien wir die einzigen Gäste. Als wir abends zurückkommen und einchecken, fällt mir die Verunsicherung der Rezeptionistin auf. Sie schaut auf, als ich sage, dass wir ein Zimmer für eine Nacht und das andere Zimmer für gleich zwei Nächte buchen wollen. Es dauert einen Moment, bis die Frau, die irgendwann in ihrem Leben mal ein Mann war, die Preise zusammengerechnet hat. Ich bin auch davon irritiert, dass sie das Geld sofort haben will. Wir bezahlen die geforderte Vorkasse und gehen zum Abendessen noch mal vor die Tür.
Immer wieder schaue ich Katja sehnsüchtig an. Ich wünschte, ich könnte ihr alles erzählen. Wir sind schon sehr lange befreundet. Ich würde ihr in den schillerndsten Farben die Begegnung zwischen David und mir beschreiben. Aber mir fehlt der Mut. Ich habe das Gefühl, dass mich sowieso niemand verstehen wird. Ich kann die warnenden Stimmen meiner Freunde aus ihrem beschützten Leben heraus schon hören: „Wie kannst du dich auf einen Gangchef einlassen?" Auch wenn mein Bedürfnis, mit ihr darüber zu sprechen, übermächtig scheint, halte ich mich zurück. Wir haben sowieso kaum Gelegenheiten für Gespräche zu zweit, wo wir doch gerade gemeinsam mit unseren Freunden Urlaub machen. Simon würde sofort spüren, wenn Gespräche hinter seinem Rücken laufen. Vielleicht würde er nach unseren Konflikten in den vergangenen Tagen unterstellen, dass sie gegen ihn gerichtet sind.
Nach dem letzten gemeinsamen Abendessen kehren wir zurück in unsere kleine, vorhin noch verlassene Absteige. Schon vor der Tür erwartet uns eine kleine Menschenansammlung. Auch der Flur ist voller Gäste. Musik dröhnt aus der Anlage an der Rezeption und Paare stehen knutschend und fummelnd vor der frisch gestylten Empfangsdame, die alle Hände voll zu tun hat, den Gästen gerecht zu werden. Mich beschleicht ein Verdacht, der mich zum Grinsen bringt. Katja, Simon und Paul verstehen die Szene, die sich hier vor unseren Augen abspielt, nicht. Ich bin nun so lange in meinem südamerikanischen Leben, dass ich begreife, dass wir uns in einem Stundenhotel eingemietet haben. Noch bevor ich meinen Freunden die Situation erkläre, gehe ich offen und herzlich in den Flur. Wir werden von den vielen wundervollen Paaren überschwänglich begrüßt. Die Stimmung ist heiter und voller sexueller Spannung von den wartenden Liebespaaren. Es sind junge Leute, die sich

wegen der Religion und der Erziehung ihrer Eltern nur heimlich an Orten wie diesem treffen können. Ich kann erkennen, dass Katja, die sich vor der großen Reise am meisten mit der hiesigen Kultur auseinandergesetzt hat, als Erste begreift, was hier läuft. Wissend und vielleicht sogar ein bisschen provozierend gegenüber Simon grinsen wir uns an. Wir beide behalten unsere Erkenntnis erst mal für uns. Ich frage, ob die anderen nicht auch Lust haben, an der Rezeption einen Drink zu bestellen, bevor wir ins Bett gehen. Simon zieht sich zurück, wobei er die Situation diesmal wohl nicht als gefährlich einschätzt, denn er „erlaubt" Katja, noch mit uns im Flur zu bleiben. Nun hat wohl auch er mitbekommen, um welch eine Art Hotel es sich hier handelt. Er geht aufs Zimmer, nachdem er uns mitgeteilt hat, wie eklig die Vorstellung von einem Bett ist, das sonst nur für eine „besondere Stunde" von Gästen genutzt wird. Paul, Katja und ich genießen die ausgelassene Stimmung noch für einige Stunden, bevor auch wir schlafen gehen, um am nächsten Morgen pünktlich am Flughafen zu sein.

Die Taxifahrt zum Flughafen dauert nicht lang und beim Aussteigen bemerken wir bereits, dass etwas nicht stimmt. Die Angestellten streiken und es bedarf einer langen und herausfordernden Diskussion meinerseits mit den Flughafen-Mitarbeitern, damit Katja und Simon mit dem einen Flugzeug, das nach Europa starten wird, mitfliegen dürfen. Als das geschafft ist, die Koffer aufgegeben sind und wir uns nun alle vier gegenüberstehen, herrscht wieder diese angespannte Stimmung. Simon ist durch die drohende Verlängerung des Urlaubs voller Wut und Katja tut mir leid, dass sie nun gemeinsam mit ihm für viele Stunden im Flieger sitzen wird. Der Abschied fällt sehr knapp aus. Simon scheint froh zu sein, dem Land, dem Urlaub und unserer Gesellschaft schnellstmöglich entfliehen zu können.

Nun sind viele Jahre vergangen und ich kann rückblickend erkennen, dass Simon so gehandelt hat, wie er es zu diesem Zeitpunkt für richtig hielt. In unserer Clique hatte er schon immer die Rolle des Beschützers. Nach seiner Aussage, dass er beim Lesen meiner Emails manchmal dachte, dass er mich nicht lebend wiedersehen würde, konnte er sich in diesem, ihm unbekannten Land kaum anders verhalten. Er brauchte scheinbar Kontrolle, die ich ihm nicht mehr bereit war zu geben. Dazu kam, dass ich in dieser Zeit wohl schon langsam und unbemerkt in eine Depression verfiel. Ich muss ein wenig wehmütig schmunzeln, wenn ich diese Zeilen schreibe, denn wie oft habe ich seit dieser Zeit Sehnsucht nach Schutz und Geborgenheit gehabt. Ich wirke offensichtlich nach außen so stark und unverwundbar, dass mich Menschen, die mich nicht kennen, überhaupt nicht so einschätzen und sehr verunsichert reagieren, wenn sie feststellen, dass ich mich allzu häufig von Ängsten leiten lasse.

Wenn ich an Simon und unsere Teenagerzeit zurückdenke, dann fühle ich eine absolute Warmherzigkeit, für die ich ihm noch heute sehr dankbar bin. Er hätte Ungerechtigkeit niemals durchgehen lassen, sondern kämpfte für jeden, bei dem es sich für ihn anfühlte, als benötige er Schutz. Wir waren damals in einer Situation, die für uns beide gänzlich neu war. Er ist durch seinen Kontrollverlust in die Übergriffigkeit gerutscht und ich habe so sehr für meine Autonomie und Freiheit gekämpft, dass wir einfach nicht mehr auf einen Nenner kamen.

Paul und ich verlassen den Flughafen und lächeln uns mit trauriger Gewissheit an. Wir haben nun noch sieben Tage, die wir ebenfalls, wie schon die letzten Wochen, als Freunde verbringen werden. Ich bin Paul wahnsinnig dankbar, dass wir beide das Ende erkennen. Es wird vermutlich noch eine Überwindung, es irgendwann auszusprechen, aber nichts drängt uns dazu. Noch können wir einen gemeinsamen Weg gehen und in Freundschaft das Ende einer jugendlichen, langen, liebevollen und wertvollen Zeit teilen. Auch wenn ich David nicht kennengelernt hätte, hätte es für Paul und mich keinen gemeinsamen Weg mehr gegeben. Zu sehr haben uns die vielen Monate ohne einander, in einer Zeit, in der wir so sehr auf der Suche nach der eigenen Persönlichkeit waren, verändert. Was einst gepasst hat, ist nicht mehr zurückzuholen. Unsere Werte, unsere Vorstellung vom Leben und unser Horizont haben sich verändert. Mein Herz hängt an dem Leben in Bolivien, an meinen Jungs, an der Vorstellung, tatsächlich helfen zu können und dem eigenen Leben damit einen Sinn zu geben. Und mein Herz hängt an David. Wir gehen ernsten Gesprächen aus dem Weg und legen den Fokus auf die Sehenswürdigkeiten, die sich uns bieten. Küsse und Nähe bleiben aus. Damit kann anscheinend auch Paul leben.

Auch ihn verabschiede ich am Flughafen und bleibe nun noch einige Tage in Sao Paulo bei meiner lieben Gastfamilie. Kurz überlege ich, ob ich noch einmal nach La Paz fliege, verwerfe dann jedoch den Gedanken, weil ich mir den Flug nicht mehr leisten kann. Ich nutze die Zeit, um die letzten Monate schriftlich festzuhalten und damit zu verarbeiten. Die Angst vor der Rückkehr nach Deutschland lähmt mich. Ich merke, dass ich mich wohl selbst belüge, wenn ich denke, dass ich in die Verarbeitung gehe. Stattdessen fühle ich mich Bolivien, mit all den Geschichten, Erlebnissen und den Menschen, noch viel verbundener, während ich auf dem Dach der Garage sitze und meine Tagebücher abtippe.

Tatsächlich sollte dieser Verarbeitungsprozess noch viele, viele Jahre dauern und ist nun in dieses Buch gemündet.

Die Rückkehr nach Deutschland

Heute ist es soweit. Meine Sachen sind gepackt und im Auto meiner lieben Gasteltern verteilt, die mir gestern zum Abschied ein Festessen bereitet haben. Das wollte ich aus Überzeugung nicht verschmähen. Es gab Feijoada, das Nationalgericht Brasiliens.
Es wird unter anderem aus Schweinerippchen, Schweinepfoten, Schweineohren und einigen anderen Wurstarten zubereitet. Das verlangte mir einiges ab. Ich bin keine große Fleischesserin. Aber offensichtlich hatte ich die ungewohnte Speise zu schnell aufgegessen, denn im Handumdrehen hatte ich Nachschlag auf meinem Teller. Lächelnd und mit flauem Magen aß ich unter den Augen meiner Gasteltern und ihres Sohnes eine weitere Portion.
Nun sitze ich also im Flugzeug. Ich reise ab. So viele Monate, die ich hier auf diesem Kontinent verbracht habe, gehen zu Ende. Meine Gefühle zu beschreiben, fällt mir schwer. Ich habe Angst, erneut in ein fremdes Land zu kommen, das einst meine Heimat war und dem ich mich nun so fremd fühle.
Am Flughafen warten meine Eltern, mein Bruder und auch Paul. Die gleiche Gruppe, die mich vor einem Jahr zu meinem Abflug begleitet hatte.
In diesem Jahr ist mein anderthalb Jahre jüngerer Bruder zu einem wunderschönen jungen Mann geworden, meine Eltern sind ein wenig gealtert und ich bin mit dem Mädchen, das sie damals zur Abreise in eine ferne Welt begleiteten, nicht mehr zu vergleichen. Zu Hause werde ich mit Willkommensbannern am Haus und einer Überraschungsparty mit all meinen Freunden begrüßt.
Es fühlt sich einerseits schön an, alle wiederzusehen, aber es bringt mich andererseits auch in eine übermächtige Überforderung. Ich fühle mich, als sei ich unter einer Glaskuppel. Als wenn ich mich vor den ganzen Einflüssen, die auf mich einprasseln, abschirmen muss. Alle berichten mir kurz von den größten Ereignissen der letzten Monate und sagen immer wieder, wie schade es sei, dass ich dies oder jenes nicht miterlebt habe. In solchen Momenten weiß ich kaum eine Antwort. Je länger dieses Fest anhält, desto mehr verstumme ich. Am Abend sitze ich mit einigen wenigen am Lagerfeuer und starre auf der Party, die extra für mich ausgerichtet wird, schweigend und in mich gekehrt in die Flammen. Ich bin wieder „zu Hause". Wenige Tage später findet eine Geburtstagsparty einer engen Freundin statt. Ich bin

eingeladen und versuche, diese Feier als gelungene Ablenkung anzunehmen. Ich ziehe bolivianische Kleidung an, mit der ich mich dem Land verbundener fühle. Paul und ich haben den Schritt des Abschieds aus unserer Beziehung noch nicht geschafft. Wir gehen gemeinsam auf die Feiern, verlieren uns dort aber schnell aus den Augen. Die Musik, die Lichter, die vielen Menschen: Es dauert nicht lange, da überfordert mich die Situation. Ich ziehe mich zurück, gehe in die Nacht, in die Dunkelheit hinaus und lege mich auf den warmen Asphalt der nachts ungenutzten Straße. Ich schaue in den Sternenhimmel, schließe meine Augen und hoffe darauf, in Bolivien zu sein, wenn ich sie wieder öffne. Mir laufen die Tränen die Wange hinunter und meine Sehnsucht schnürt mir die Kehle zu.

Eine Stimme lässt mich zusammenzucken. Sie gehört zu Jens, einem langjährigen engen Freund. Er war viele Jahre mit Patricia zusammen. Paul und ich, Jens und Patricia, wir waren ein eingeschworenes Quartett. Wir verbrachten unsere Zeit im Jugendzentrum, feierten zusammen Partys, machten die ersten Ausflüge mit dem Auto und hatten eine tolle Jugend zusammen. Auch für Jens hat das vergangene Jahr eine drastische Veränderung mit sich gebracht. Patricia hat Schluss gemacht. Eine für ihn schreckliche Situation. Er liebte sie und hat nach nur wenigen Wochen der Beziehung sein Zuhause bei ihr gefunden. Seine Kindheit und Jugend waren im Vergleich zu meiner kaum aushaltbar, von Kälte und schlimmen Erlebnissen geprägt. Ich glaube, genau deshalb ist er mir wahnsinnig ans Herz gewachsen. Bevor ich Paul kennenlernte, schwärmte ich für Jens. Schon damals hat mich der traurig wirkende, deutlich kleinere, aber ältere Junge mit seinen blonden Locken, den blauen Augen und seinem eher schüchternen Auftreten gefesselt. Als ich damals einen Versuch gestartet hatte, ihn zu küssen, hatte er mich sehr irritiert angesehen und erklärt, dass ich ihm zu groß sei. Wir lachen noch heute häufig herzlich über diese Situation.

Nun sitzt er in seiner Trauer um Patricia mir gegenüber. Er erzählt ein wenig von der Trennung und fragt, wie es mir in Bolivien ergangen ist. In den vergangenen Tagen habe ich kaum darüber gesprochen. Es scheint mir, als würde ich jede Geschichte verlieren, sobald sie ausgesprochen ist. Jetzt jedoch komme ich ins Erzählen. Jens hört aufmerksam zu, und irgendwie erinnert er mich an meine Jungs, an David. Ich verfalle in einen Rederausch, in Begeisterung, in Trauer, in Freude, und plötzlich fühle ich wieder. Ich fühle all diese Emotionen, von denen ich dachte, ich habe sie verloren. Ich bin überwältigt von meinen Gefühlen, die seit meiner Heimkehr in mir vor sich hin brodelten und keinen Raum hatten, herauszukommen. Zu groß war die Angst, dass sie mich übermannen und ich daran zerbreche. Jens und ich sitzen bin in die Morgenstunden auf der Straße und die Sonne geht langsam auf. Keiner der Partymenschen nimmt draußen Notiz von uns und so habe ich das Gefühl, alles erzählen zu können, was mir wichtig ist.

Irgendwann rutscht Jens neben mich und flüstert mir zu, dass er schon immer von meiner Begeisterungsfähigkeit beeindruckt war. Dann nimmt er mein Gesicht in seine Hände und küsst mich leidenschaftlich. Ich lasse es zu, denke an David, fühle mich ihm so nah durch diesen Kuss mit einem anderen Mann. Egoistisch nehme ich gerade alles an Gefühlen, was ich bekommen kann. Ich fühle mich wie ausgehungert. Doch hätte ich gewusst, dass die Trauer und das Gefühl des Alleinseins danach so fürchterlich qualvoll sind, wäre ich lieber in meiner Dumpfheit geblieben. Nun plagt mich zusätzlich das erneute schlechte Gewissen Paul gegenüber und auch Jens gegenüber fühle ich mich unehrlich. Ich bin nicht an ihm interessiert. Ich nutze den Kuss nur, um David nah sein zu können.

Um zumindest diese quälenden Gedanken loszuwerden, erkläre ich Jens direkt nach dem Kuss, dass der Kuss nur aus der Situation heraus entstanden ist und für mich keinerlei Bedeutung hat. Er scheint Verständnis dafür zu haben. Mit Paul suche ich kurz darauf das Gespräch. Gemeinsam sitzen wir im Auto und es regnet. Die Tropfen fallen beim Rauchen durch die geöffnete Scheibe. Ich erkläre ihm, wie dankbar ich für die gemeinsamen Jahre bin und benenne die Distanz, die zwischen uns herrscht. Die Veränderungen, die durch meine Zeit in Bolivien stattgefunden haben. Er versteht jedes Wort und doch spüre ich, dass für ihn die Trennung weiter entfernt war, als ich es dachte. Er trauert, wird wütend und kommt dann doch wieder ins Verstehen. Ich erzähle ihm weder von dem Kuss mit Jens noch von dem, was zwischen David und mir stattgefunden hat. Ich fühle mich mies. Aber nach unten war für meine Gefühle auch vorher schon kaum noch Luft.

Nun stehe ich vor einem riesigen Scherbenhaufen. Die folgenden Wochen überfordern mich dermaßen, dass ich in einen Überlebensmodus verfalle, in dem es nur noch ums Funktionieren geht. Ich beginne meine Ausbildung zur Erzieherin und arbeite nebenher in einer Kneipe, um schnellstmöglich an

Geld zu kommen, das ich möglicherweise für einen erneuten Flug nach Bolivien nutzen kann, treffe mich mit Freunden, die mir immer wieder spiegeln, dass ich mich verändert habe. Ich kann ihre Wahrnehmung verstehen, nur weiß ich selbst nicht mehr, wer ich bin. Ich fühle mich nicht mehr wie die Claudia, die ich beim Abflug war, finde mich als die Claudia, die ich durch Bolivien wurde, nicht mehr in Deutschland zurecht und habe große Schwierigkeiten, Probleme, von denen mir hier erzählt wird, ernst zu nehmen. Ich empfinde sie als lächerlich im Vergleich zu dem Leid, was ich in Südamerika gesehen habe. Das war doch immer meine Stärke! Ich konnte zuhören und gemeinsam mit Freunden Lösungen für ihre Herausforderungen und Nöte finden. Jetzt sitze ich meistens abwesend da und kann keine Meinung finden, kein Verständnis aufbringen und habe kein Gefühl mehr für mein eigenes Leben.

Mein Papa und meine Mama können nur hilflos zusehen, wie ich mich mehr und immer mehr zurückziehe und emotional verkümmere. Papa rät mir, nach all meinen Erlebnissen einen Therapeuten aufzusuchen. Er vermutet, dass ich traumatisiert bin und mich deshalb nicht mehr in meinem Leben in Deutschland zurechtfinden kann. Meine Gedanken sind pausenlos in Bolivien, bei meinen Jungs, bei meinen Hermanos und bei David. Jeden Morgen, wenn ich in meinem Zimmer bei meinen Eltern aufwache, erschlägt mich die Enttäuschung, dass ich nicht in La Paz bin. Die Aussage, die ich von meinen Freunden am häufigsten höre, ist: „Mensch Claudi, wo ist denn deine Lebensfreude hin?" So sitze ich wenige Wochen später bei einem mir fremden Mann, auf dessen Türschild „Verhaltenstherapeut" steht. Ich erzähle ein wenig, nachdem er mich dazu aufgefordert hat. Aber schnell bemerke ich, dass er sich an den wenigen Fetzen aufhält, die ich von Deutschland erzähle. Immer wieder geht er auf das Verhältnis zwischen meinen Eltern und mir ein, obwohl ich am liebsten einfach nur von Bolivien erzählen würde.

Wenn ich gänzlich in meiner Sehnsucht und Dumpfheit gefangen bin, suche ich immer öfter die Nähe zu Jens. Da auch er in einem großen Bedürfnis gefangen ist, verbringen wir immer wieder unsere Nächte im Auto sitzend, küssend und händchenhaltend. Er in Sehnsucht nach Nähe und ich fühle mich dadurch meinen Jungs verbundener. Es sind seltene Momente, die mich fühlen lassen. Da wir beide keine Gefühle füreinander haben, kommt mir dieses seltsame Konstrukt weniger seltsam vor.

Einige Monate vergehen. Kurz vor Silvester gesteht Jens mir, dass er sich in mich verliebt hat. Sofort beende ich das, was zwischen uns ist. Unsere Freundschaft ist damit gebrochen. Er ist wütend auf mich, versucht aus dem Verliebtsein herauszukommen und mich stattdessen zu hassen. Es tut mir leid für ihn, aber ich bin gefangen in meiner Trauer. Ich finde mich furchtbar und kann mich selbst kaum ertragen. Ein Zustand, der wohl niemals wieder enden wird. Kaum möglich, dass sich mein Leben noch einmal in irgendeine Richtung ändert. Ich bin bereits ein halbes Jahr wieder in Deutschland. Ich kann niemanden fragen, wie es meinen Jungs geht. Der Einzige, der eine Emailadresse hat, ist Ivano. Er antwortet auf keine meiner Nachrichten. Ulrike kann ich schlecht fragen, sie hat keinen Bezug zu den Chicos. Und schon gar nicht kann ich sie nach David fragen.

Heute würde ich meinen Zustand von damals als depressiv bezeichnen...

Je länger ich weg bin, desto weniger traue ich mich, überhaupt zu jemandem aus Bolivien Kontakt aufzunehmen. Alles in mir schreit nach Schuld. Ich habe meine Jungs im Stich gelassen, mit welchem Recht kann ich mich überhaupt noch mal nach ihnen erkundigen? Die ersten Wochen nach meiner Abreise war ich dermaßen in meiner Trauer, dass es sich anfühlte, als würde ich bei jedem Kontakt nach Bolivien zusammenbrechen. Aus Angst ließ ich es sein. Dann vergingen so viele Wochen, dass ich mich schämte, mich überhaupt noch zu melden. Meine Jungs müssen davon ausgehen, dass ich sie vergessen habe und sie mir nicht wichtig sind, sonst hätte ich mich ja längst gemeldet. Nach nun so vielen Monaten ist die Hürde zu groß. Auch sehe ich keine Möglichkeit, je wieder dieses Land zu bereisen. Meine Jungs wiederzusehen. Ich lebe hier mein privilegiertes Leben und habe kein Recht, jemals wieder in ihres einzudringen. Ich werde in meiner Schuld bleiben, die falsche Entscheidung getroffen zu haben, sie verlassen zu haben, um nach Deutschland zurückzukehren.

Das Frühjahr hat begonnen. An irgendeinem scheinbar vollkommen unbedeutenden Tag öffne ich wie fast jeden Tag mein Emailprogramm. Ich lade die neu erhaltenen Nachrichten. Es durchfährt mich ein Schauer. Zum ersten Mal seit meiner Abreise erhalte ich eine Nachricht aus Bolivien. Es fühlt sich an wie eine Ewigkeit, bis sich die Mail endlich öffnet. Es ist nur ein Satz.

Hermana Claudia, ruf mich sofort an,
Ivano

Es bleibt keine Zeit zum Nachzudenken. In meinem Zimmer ist es dunkel, lediglich der Bildschirm meines Laptops hüllt den Raum in ein schummriges Licht. Ich greife nach dem Hörer des kabellosen Festnetztelefons und wähle so schnell ich kann die Nummer von Ivano. Ich wage nicht, eine Sekunde darüber nachzudenken, welche Botschaft mich erwartet. Nur ein Freizeichen und direkt höre ich Ivanos Stimme. Keine Begrüßungsworte, keine Hoffnung, keine albernen Floskeln, lediglich die Worte:

„Marcos ist tot."

Die kleine Pflanze an Gefühl, die in mir keimt, bricht. Ohne eine Antwort von mir, ohne irgendwelche weiteren Worte lege ich den Hörer wieder auf. Kann nicht begreifen, was ich gerade gehört habe. Wie mechanisch hole ich tief Luft. Ich renne in das Schlafzimmer meiner Eltern und schreie aus Leibeskräften. All meine Verzweiflung schreie ich raus. Doch es verschafft mir keine Linderung. Aufgebracht fragen meine Eltern, was mit mir los ist. Ich schreie noch immer. Schreie heraus, dass Marcos tot ist, dass ich nichts mehr tun kann. Ein großer Schreck durchfährt meine Eltern, denn sie haben verstanden, dass mein Bruder tot ist. Ohne dieses Missverständnis zu begreifen, gefangen in meiner Welt, wehre ich ihre Versuche ab, mich in den Arm zu nehmen, und stolpere die Treppe hinunter, um in Papas Büro zu gelangen. Zitternd und aufgebracht greife ich nach dem Hörer seines Telefons. Allzu häufig ist die Verdingung über das kabellose Funktelefon zu schlecht. Ich wähle nun Victors Nummer. Mein Victor, mein Bruder, mein bolivianischer Vater, mein Seelenverwandter. Er geht sofort ans Telefon. Auch nach so vielen Monaten bedarf es nicht vieler Worte, um dieselbe Verbindung wie in Bolivien zu fühlen. Er versteht meinen Anruf, versteht die ausbleibenden Anrufe nach meiner Heimreise nach Deutschland. Still weinen wir gemeinsam. All die Trauer und die Hilflosigkeit beweinen wir gemeinsam ohne Hemmungen. Noch einmal höre ich in meinen Gedanken die Worte von Marcos. „Hermana, wenn du in einem Jahr wiederkommen wirst, werden vielleicht einige von uns nicht mehr hier sein, weil sie durch ein Messer oder die Kälte auf der Straße ums Leben gekommen sind."

Schon damals habe ich ihn ernst genommen, aber begreifen konnte ich seine Worte nicht. Nach langen Minuten des Schweigens frage ich meinen Bruder Victor, wie es dazu kommen konnte. Er beginnt zu berichten: „Marcos arbeitete eines Nachmittags wie üblich als Schuhputzer auf dem Plaza San Francisco. Der Platz war voller Menschen und er bemerkte, dass ein kleiner Junge, vielleicht zehn Jahre alt, von einem deutlich älteren Jungen bedroht wurde. Der Ältere wollte dem Kleinen die Tageseinnahmen klauen. Als dieser kleine mutige Kerl sich wehrte, zückte der Ältere ein Messer. Marcos kannte den Jungen. Immer wieder haben sie sich auf dem Platz getroffen und beide ihre Dienste angeboten. Marcos mochte ihn. In seiner Fürsorge wollte er ihn schützen, stellte sich dazwischen. Das Messer, das dem Kleinen lediglich genügend Angst machen sollte, um dem älteren Jungen die wenigen Bolivianos zu sichern, stach in Marcos Hauptschlagader. Die Verletzung war schwer und es dauerte nur wenige Sekunden, bis Marcos dort, zwischen all den vorbeilaufenden Passanten, den Schuhputzern, dem Geruch nach Abgasen, vermummt unter seiner Sturmmaske, seinen letzten Atemzug aufsaugte und starb."

Die Tränen laufen ungehemmt mein Gesicht herunter. Die Schuld schnürt mir meine Kehle zu. Hätte ich es verhindern können, wenn ich geblieben wäre? Hätte ich Marcos davon überzeugen können, doch die Reha zu beginnen, dem Leben auf der Straße den Rücken zu kehren? Ich höre Victors schweren Atem durch den Hörer. Bevor ich auflege, höre ich wie ferngesteuert meine Stimme, schwer und voller Schuldgefühle:

„Hermano Victor, ich komme zurück, so schnell ich kann!"

Epilog

„Ich war heilfroh, als Claudia weg war. Ich war einfach nur erleichtert, weil ich dann wusste: Es ist nichts passiert." So erinnert sich Ulrike 15 Jahre später. Die 20-Jährige, die da 2007 bei der Soforthilfe in La Paz gelandet war, war anders als die unzähligen weiteren Praktikantinnen und Freiwilligen, die Ulrike in ihren vielen Jahren dort betreut hat.

Das beginnt schon damit, dass Claudia über einen normalen Bewerbungsprozess niemals von der Soforthilfe genommen worden wäre. Freiwillige waren damals als Bestandteil des Personals dort noch nicht etabliert. Vor ihr war nur eine einzige andere junge Frau dagewesen. In den kommenden Jahren änderte sich das. Die Kontakte kamen zu Ulrikes Zeit aber ausschließlich über den direkten Draht zwischen der Soforthilfe und christlichen Gemeinden in Deutschland zustande. Dabei fanden in aller Regel junge Menschen den Weg nach La Paz, die sich in ihren Gemeinden in Deutschland engagierten. Die Freiwilligen besuchen in La Paz sonntags ganz selbstverständlich den Gottesdienst – Claudia tat das nicht. „Wir wussten, dass sie in einer christlichen Familie aufgewachsen ist. Ich habe mich gefragt: Aber wo ist das denn jetzt hin?", sagt Ulrike und kann darüber heute lachen.

Claudia hatte sich bei mehr als 80 Organisationen für einen Freiwilligendienst beworben. Sie erhielt ausschließlich Ablehnungen. Der Grund: Sie war nicht getauft und engagierte sich nicht in der Kirche. In ihrer frei-evangelischen Gemeinde wurde man damals frühstens mit 14 Jahren getauft. Als Teenagerin sah sie ihren Glauben für diese Entscheidung aber nicht als gefestigt genug an. Im Gegenteil: Sie entfernte sich zunehmend von dieser Gemeinschaft. Sich für eine Zusage bei einem Freiwilligendienst taufen zu lassen, lehnte sie als Doppelmoral ab.

Also ging sie privat organisiert, über Kontakte von Freunden und Familie, nach Bolivien. In ein Land, das sie auf der Karte erst einmal suchen musste. Den Kontakt zur Soforthilfe stellte ein Freund ihres Vaters her, dessen Gemeinde regelmäßig an die Organisation in La Paz spendet. Claudia war, egal wie höflich man es formuliert, auch hier, um einem Geldgeber einen Eindruck davon vermitteln zu können, wie die Soforthilfe arbeitet. Der 20-Jährigen war das so nicht bewusst. Aber bei den Freiheiten, die Claudia im Gegensatz zu anderen Freiwilligen genoss und die sie sich auch herausnahm, spielte dieser Faktor durchaus eine Rolle, erzählt Ulrike. Die Praktikantin, die vor Claudia da war, wurde im Kinderhort Cati und in der Krippe Mi Casita eingesetzt. Claudia hatte in Sucre schon viele Monate in einem Kinderheim gearbeitet und nun etwas anderes im Sinn. „Sie kam zu uns und hat gesagt, wo sie arbeiten will. Und das war auf der Straße." Als kurzer Zwischenstopp für zwei Wochen, so wie es anfangs gedacht war, wäre das auch in Ordnung gewesen. Als dauerhaften Einsatzort gab es die Straßenarbeit für weibliche Freiwillige bei der Soforthilfe auch nach ihrer Zeit nicht. Doch dann blieb Claudia, lebte in einer Gastfamilie, die ihre Familie aus Sucre für sie organisiert hatte. Üblich wurde später die Unterbringung bei Familien, die zu christlichen Gemeinden gehören, mit denen die Soforthilfe in La Paz verbunden ist.

Ulrike hatte also keine Kontrolle darüber, was die junge Blondine in ihrer Freizeit tat. Immer wieder begleitet man Claudia, wenn sie fieberhaft überlegt: Könnte Ulrike etwas ahnen? Warum hat Ulrike mich dieses oder jenes gefragt? Weiß sie von meinem Ausflug mit den Chicos? Weiß sie von David und mir? Gerade mal einen Tag, nachdem die 20-Jährige David kennenlernt, spricht Ulrike das Thema Männer an. Tatsächlich war der Zeitpunkt Zufall und das Gespräch eines, das Ulrike mit Dutzenden jungen Frauen geführt hat. „Ich habe das immer recht früh mit den Freiwilligen thematisiert. Wenn man als Ausländerin, als Weiße, ganz besonders als blonde Frau nach Bolivien kommt, ist man etwas Besonderes. Es ist immer mal wieder vorgekommen, dass sich junge Frauen in Kollegen bei der Soforthilfe, in Gastgeschwister oder Mitglieder der Gemeinde verliebt haben. Die südamerikanischen Männer haben ja auch einfach was", sagt die 50-Jährige, die von 2004 bis 2013 in Bolivien gelebt hat. Aber: Dass eine Freiwillige, für deren Betreuung Ulrike bei der Soforthilfe grundsätzlich zuständig war, sich in jemanden „von der Straße" verliebt, das passierte nur bei Claudia. Nach ihrer Abreise führte Ulrike das Männer-Gespräch fortan mit späteren Freiwilligen früher und mit mehr Nachdruck.

Wie tief die Verbindung von Claudia und David ist, das erfährt Ulrike tatsächlich erst, als Claudia es ihr gesteht. „Vorher hatte ich ein vages Gefühl. Ich wusste, dass Claudia nah dran ist am Leben unserer Klienten und ich wusste auch, dass es zu nah war. Aber was genau passiert ist, das wusste ich damals nicht." Klar war für Ulrike: Claudia war nun mal da. Nun musste ein gangbarer Weg gefunden werden. Zum Beispiel, als die junge Frau mit Marcos ins Rotlichtviertel möchte, um seine Schwester zu suchen. Die Schwester erwähnt Claudia, das Rotlichtviertel lässt sie weg, wobei sie gegen ihr Ideal verstößt, niemals zu lügen – auch keine wichtigen Dinge bewusst zu unterschlagen. Es war für Claudia eine schwer aushaltbare Situation, aber aus ihrer Sicht damals die einzige Möglichkeit. So bekommt sie von Ulrike die Erlaubnis mit dem Angebot, sofort anzurufen, wenn sie Hilfe braucht. „Menschen zu suchen, das war nicht die Aufgabe der Soforthilfe. Bei der Arbeit dort kommt man ständig in Kontakt mit Armut, Gewalt, schlimmen menschlichen Schicksalen. Dabei muss man sich abgrenzen, auch weil man gar nicht allen helfen kann. Claudia hat eine solche Nähe zu den Menschen aufgebaut, dass sie in Bereiche gekommen ist, für die wir keinesfalls zuständig waren."

Vom Wort Nähe ist es nur ein kleiner Schritt zur Nächstenliebe. Ein Christ wird in diesem Buch vermutlich viele, viele Stellen finden, wo man die Bibel danebenlegen und sagen könnte: „Claudia hat doch genau so gehandelt." Das kann sie nur im Umfeld ihren Kollegen, den Hermanos und Hermanas, deren Triebfeder ihr Glaube ist. Das blendet Claudia damals aus, obwohl sie an der Arbeit fast täglich bei Predigten dabei ist. Dass sie „anders" ist, wird ihr beim Alltagsthema Rauchen vor Augen geführt. Das gilt in Bolivien als unchristlich und führt immer wieder zu Irritationen bei Einheimischen – auch bei ihren Chicos, die ihr deshalb unterstellen, dass sie ja gar keine echte Christin sein kann.

Nicht nur die christlichen Ideale ihrer Kollegen, auch der Glaube zweier Menschen im fernen Deutschland hilft ihr dabei, dass sie tun kann, was sie tut: der Glaube ihrer Eltern Bianca und Uli. Denn insbesondere ihr Papa wusste Bescheid. Im Gegensatz zu Ulrike ließ Claudia ihren Vater immer wieder daran teilhaben, wie sie sich in gefährliche und auch in lebensgefährliche Situationen begeben hat. So hat es Uli auch in Erinnerung: „Die Gefahr war konkret. Das sieht man am Tod von Marcos."

Der Vater kannte seine Tochter. Er wusste, dass sie nicht einfach während der regulären Arbeitszeiten ihren Dienst verrichten und danach brav nach Hause gehen würde. „Mir war klar, dass es so laufen würde. Es hätte nichts gebracht, ihr etwas verbieten zu wollen. Verbote feuern Claudia an. Das war schon immer so. Wenn es eine Grenze gab, dann wurde gebohrt. Sie hat genauso wie ich und auch wie meine Mutter ein absolut ausgeprägtes Helfersyndrom, das damals ungehindert herauskam und natürlich auch noch mit Abenteuern verbunden war. Und mir war klar, dass ich aus der Entfernung wenig helfen konnte, sie nicht beschützen konnte und auch nichts verhindern konnte."

Uli sah zwei Möglichkeiten, um seiner Tochter beizustehen, die er beide nutzte. Die eine: Claudia konnte immer anrufen. Auch mitten in der Nacht. Das kam während ihrer Zeit in Bolivien auch mehrere Dutzend Male vor. Und Claudia konnte immer alles erzählen. Von ihren Gefühlen für David sagte sie zwar viele Monate lang nichts, „aber ich habe gespürt, dass bei David noch mehr dahinter war als das Bedürfnis, jemandem zu helfen". Alles andere erzählte sie. Wie geht ein Vater damit um, wenn er immer wieder hört, dass sein Kind sich in Gefahr begibt?

Seine zweite Möglichkeit, ohne die die erste kaum vorstellbar gewesen wäre, war das Gebet. „Ich konnte all das gänzlich abgeben an Jesus und an Gott." Zur Situation, als Claudia dem Mafia-Drogendealer eine moralische Standpauke hält, sagt Uli: „Wenn das einer ihrer Jungs gemacht hätte, hätte er das nicht überlebt." Und wie reagierten Mama und Papa, als sie von diesem Wahnsinn hörten? Die Gebete nach diesem Telefonat waren ganz besonders intensiv, sagt Uli. Mehr konnten die Eltern nicht tun. Doch daraus schöpften sie viel Kraft. „Gottes Motiv für sein Handeln an uns ist seine Liebe für uns. Wenn ich diesen Halt nicht hätte, hätte ich nicht so loslassen können." Auch Gebete konnten natürlich keine Gewissheit darüber geben, ob die Tochter wieder lebend nach Hause kommt. „Es sterben auch Christen an Krebs oder bei Unfällen, obwohl für sie gebetet worden ist. Auch an Gott bleiben viele

Fragen, auf die wir in dieser Welt keine Antwort bekommen. Aber mir ist klar: Ich habe es nicht in der Hand." Immer wieder, wenn man Uli auf Bolivien anspricht, sagt er: „Den schwersten Unfall ihres Lebens hatte Claudia ein paar Hundert Meter entfernt von zu Hause." Es war ein Reitunfall.

Und wie war es für Ulrike, die zwar nicht über so viele Details Bescheid wusste wie Uli, die aber das Leben in La Paz kannte? Hatte sie Angst um Claudias Leben? „Ja. Die hatte ich bei jeder Freiwilligen, bei Claudia noch mal mehr", sagt Ulrike. „Aber Claudia war auch stark. Sie hatte nicht nur ihren eigenen Kopf und ihre eigenen Ideen, sondern sie schafft das auch. Das habe ich schon damals gedacht: Da kommen ja mal zwei Sachen zusammen." Als Claudia kurz vor der Fertigstellung dieses Buches bei einem Telefonat diese Worte hört, kommen ihr die Tränen (Ja, das passiert wirklich so häufig). Ihr Engagement damals hatte Hand und Fuß. „Sie hatte ein Herz für die Menschen der Straße. Die Leute waren ihr so richtig, richtig wichtig. Sie war zu 100 Prozent mit dem Herzen dabei. Es war total ihr Ding. Das habe ich gesehen, das haben vor allem die Mitarbeiter gesehen, die täglich mit ihr gearbeitet haben." Am Anfang war da viel Mitleid. Ulrike kann sich gut daran erinnern, wie die junge Deutsche, die gerade erst ihr behütetes Elternhaus verlassen hatte, zu Beginn ihrer Zeit bei der Soforthilfe weinte und sagte: „Die sind so alt wie ich." Aber dann kamen ganz viele Gedanken. Was kann ich tun? Wo kann ich helfen? „Claudia hat gesagt: Dafür muss doch gekämpft werden. Das war eine Stärke, die war Wahnsinn. Sie hat sich mit 100 Prozent reingestürzt, wo ich dann gesagt habe: Stopp mal. Claudia wollte natürlich die Welt retten." Ihr Aktionismus musste zumindest anfangs erst mal in geordnete Bahnen gelenkt werden. Dass Ulrike ihr kurz nach dem Kennenlernen der Chicos del Rio verbietet, zwei von ihnen zu einem Ausflug zum Karneval in eine andere Stadt mitzunehmen, hat sie für mehrere Leser des ersten Buches zur Heldin gemacht.

„Ich denke, es hat vor allem dadurch funktioniert, dass Claudia nicht alles verheimlicht hat", sagt Ulrike. Das hätte die junge Deutsche aufgrund ihrer Erziehung auch gar nicht gekonnt. Das gänzliche Ablehnen von Lügen prägt die erwachsene Claudia noch heute. Dieses Ideal gibt sie nun auch an ihre eigenen Kinder weiter. Mit der Claudia von heute verbindet Ulrike ein inniges Verhältnis. Mit der 20-Jährigen von damals lag sie nicht unbedingt auf einer Wellenlänge. „Unser Verhältnis war damals nicht immer leicht. Aber wir waren als zwei deutsche Frauen in La Paz auch unabhängig von der Soforthilfe Verbündete. Es war sehr wichtig, dass wir uns immer wieder gesehen und ausgetauscht haben. Und dabei hatte ich immer das Gefühl: Sie denkt über das nach, was sie tut", berichtet Ulrike. Die Sorge um Claudia blieb aber trotzdem. Gewalt gehört in La Paz zum Alltag, auch Ulrike selbst hat das erlebt. Und bei Drogenabhängigen kann man Manches einfach nicht einschätzen. So froh, wie Ulrike bei Claudias Abreise war, so erschrocken war sie, als die junge Frau ankündigte, dass sie wiederkommen will. „Meine Güte, das war furchtbar."

Die menschlichen Abgründe, in die wir mit Claudia im nächsten Buch blicken, werden noch einmal wesentlich tiefer werden.

Text: Christopher Ziermann

Nachwort der Autorin

Wie viel Mut hat es mich gekostet, das erste Buch zu veröffentlichen... Das Prinzip ist Hoffnung – Gringa. Menschen, die mir wichtig sind, hatten mir damals Mut gemacht, zu dem Geschriebenen zu stehen. Nun sind zwei weitere Jahre vergangen und jetzt halten wir ein weiteres Buch in den Händen. Das Prinzip ist Hoffnung – Hermana. Von der interessierten, naiven und ein wenig mutigen Gringa wurde ich zur Hermana. Noch immer interessiert, naiv und mutig, aber auch erfahrungsreicher und dadurch, soweit mir das möglich war, noch vorbehaltsloser.

Die Beziehungen wurden noch intensiver, die emotionale Bindung zu den Menschen noch tiefgründiger. Im Gegensatz zum Anfang meiner Zeit in Bolivien wurde das Reisen deutlich unwichtiger. Dafür stand nun die Arbeit im Fokus. Einer der Testleser, ein sehr wichtiger Freund in meinem Leben und dann auch Lektor und Verfasser des Epilogs, sagte zu mir, dass er bei den ersten Sätzen von „Hermana" befürchtet hat, dass es sich beim zweiten Teil der Reihe nun um einen Liebesroman handelt. Ich stockte bei seinen Worten, doch er sprach weiter. Sein Eindruck habe sich beim weiteren Lesen am Schluss bestätigt. Es ist ein Liebesroman zwischen dir, Claudia, und diesen wundervollen Menschen von der Straße. In dieser Geschichte spielt David eine nicht unerhebliche Rolle. Das ist für eine schwärmende 20-Jährige auch ganz normal. Aber im Kern geht es um die Liebe zu den Chicos del Rio und all den anderen, die als Klienten und Mitarbeiter zur Soforthilfe in La Paz gehören.

Sei gespannt, lieber Leser, wie diese und die vielen anderen Geschichten weitergehen werden. Ich nehme nicht zu viel vorweg, wenn ich sage, dass du überrascht sein wirst, wie sich das Leben der Hermana und der wundervollen Menschen von der Straße im dritten Teil entwickelt.

Auch jetzt nimmt mein Leben seinen Lauf und die letzten beiden Jahre hielten viel Unvorhergesehenes für mich bereit. Gerne hätte ich mich euphorischer mit dem Bewerben des ersten Buchs beschäftigt. Gleichermaßen interessiert war ich an dem, aus dem Buch entstandenen Angebot, als Bildungsreferentin Menschen auf ihre Zeit im Ausland vorzubereiten. Doch das Leben hielt in den letzten Jahren andere Aufgaben für mich bereit.

Meine liebe Konni, mit der ich nach wie vor zusammen diese Zeilen schreibe, und mich schweißt dieses Projekt immer enger zusammen. Gemeinsam durften wir die Veröffentlichung unseres ersten Buchs feiern, wir bereiteten uns akribisch auf Lesungen vor und waren den Tränen nahe, als wir darüber informiert wurden, dass „Gringa" zum Buch des Jahres in der Kulturgemeinschaft Großalmerode ernannt wurde. Vor zwei Jahren, als wir uns nach langem Hin und Her entschieden hatten, das erste Buch zu veröffentlichen, hätten wir nicht im Traum daran gedacht, dass wir im ersten Jahr mit dem Buch Spenden in Höhe von 1300 Euro einnehmen würden. Sie kamen dem Kinderheim „Tata Juan de Dios" in Sucre zugute, in dem ich einen Großteil meiner Zeit verbrachte, die ich im ersten Buch geschildert habe. Von diesem Geld konnte das Kinderheim zwei Wäschetrockner kaufen, die kaputten Fliesen im Hof austauschen, um die Verletzungsgefahr für die dort spielenden Kinder zu beseitigen, und das Dach ausbessern, das die Kinder vor Sonnen und Regen schützt.

Meine größte Angst, dass ich auf massive Verurteilung treffe, wenn ich mein Tagebuch veröffentliche, wurde nicht im Geringsten bestätigt, sondern das Gegenteil war der Fall. Durch dieses Buch erhielt ich so viel Liebe und Wertschätzung, Verständnis und Interesse, dass ich häufig verblüfft und einfach nur gerührt war.

Die Testleser sind sich einig: „Gringa" und „Hermana" sind kaum zu vergleichen, aber ohne „Gringa" gäbe es kein „Hermana". Daher sind beide Teile in all ihrer Unterschiedlichkeit wichtig. Zu „Gringa" wurde uns oft zurückgemeldet, wie schön es für die Leser war, dass sie beim Lesen der Reiseberichte eine Art Erleichterung spürten, bis man dann wieder in den bedrückenden Alltag des Kinderheims und später in den schweren Alltag der Straße abtauchte. In „Hermana" bleibt die Leichtigkeit auf der Strecke, dafür wird diese von der Spannung abgelöst. So wie ich es auch bereits im Nachwort von „Gringa" beschrieben habe, ist die Geschichte echt gelebt. Wir können uns keine Leichtigkeit dazu dichten, keine witzigen Anekdoten einfügen oder leichte Reisen beschreiben.

Ich bin wahnsinnig dankbar dafür, nach wie vor mit Konni so effektive und wertvolle Zeit verbringen zu dürfen. Bin berührt von den Menschen, die kontinuierlich nachfragten, wann das zweite Buch veröffentlicht wird und voller

Leidenschaft, wenn ich mit Menschen über „Gringa" ins Gespräch kommen darf.

Danke an meine lieben Testleser, die sich die Zeit genommen haben, das Buch noch besser zu machen, danke lieber Christopher für deine Arbeit als Lektor (auch wenn du mich nicht von allen Formulierungsvorschlägen überzeugen konntest) und danke an meine Familie, besten Freunde und Herzmenschen, die mich in den vergangenen beiden Jahren noch intensiver und näher begleitet haben als je zuvor.

Danke lieber Marvin, dass du auch dieses Buch formatiert und ihm damit den letzten Schliff verpasst hast und danke für das wunderschöne und für mich sehr bedeutungsvolle Cover, Kevin. Danke an Gudrun Schankweiler-Ziermann und Benjamin Matthias für das finale Lesen und Korrigieren. Ohne meine Eltern und Franzi, die sich montags zwei Stunden voller Liebe um meine Kinder kümmerten, wäre dieses Buch nie entstanden. Ich bin absolut zutiefst berührt, dass so viele Menschen Teil dieses für mich so wertvollen Projektes sind.

Außerdem bin ich meinem Papa und „Ulrike" total dankbar für eure liebevollen und vor allem ehrlichen Worte, die dazu führen, dass dieses Buch abgerundet endet. Danke Christopher für deine diesbezügliche Idee und die damit verbundene Vehemenz...

Mir ist es wahnsinnig wichtig, mich für die Zeit zu bedanken, die mir von meinen Eltern, Lisa, Hella, Christopher, Benni, Marcus, Konni und ihrer Familie, Tannika und Kim, Jessy, Andrea, Julia, Steffi, Mille, Jini, Nadine, Elke R., Elke P., Ann-Christin, meiner lieben Gastfamilie aus Sucre und so vielen anderen unglaublich besonderen Menschen geschenkt wurde. Ohne euch wären die letzten zwei Jahre kaum schaffbar gewesen!

Ich bin äußerst gespannt, wie nun „Hermana" ankommen wird. Ob sich die Leserschaft verändert, ob Verständnis da ist für mein Handeln und das Handeln der Menschen, mit denen ich mein Leben in Bolivien geteilt habe, und welche Details besonders auf Interesse stoßen.

Sowohl in Gringa als auch in Hermana beschreibe ich meine Wahrnehmung. Erlebnisse schildere ich nach meinen Empfindungen und bewege mich bewusst in Bolivien im Bereich der Ärmsten und der am wenigsten Gesehenen. Für jeden Satz bin alleine ich verantwortlich.

Personenverzeichnis

Familie Sucre:
Gastmutter	=	Christa
Gastvater	=	Pablo
Gastbruder Deutschland	=	Enrico
Gastbruder mittlerer	=	Daniel
Gastbruder jüngerer	=	Alexander
Adoptivschwester	=	Mercedes

Familie La Paz:
Schwester von Pablo	=	Juanita

Freunde:
Enger Freund aus Sucre	=	Michael
Meine engste Freundin	=	Marie

Kinderheim:
Großartige Schwester	=	Felicitas
Schwester Oberin	=	Valentina
Mein Ziehmädchen	=	Maria Antonia

La Paz Connection (deutsche Freunde aus La Paz):
Reicher Typ aus Köln	=	Lorenzo
Fette Macheten-Narbe	=	Till
Studiert Geographie	=	Thomas

Mitarbeiter der Soforthilfe La Paz:
Chef und Frau des Chefs	=	Joseph u. Natascha
Stellvertretende Chefin	=	Ulrike
Hochnäsiger Mitarbeiter	=	Ivano

Mein Team bei der Soforthilfe:
Leiter der Gefängnisarbeit = Manuel
Leiter des Centro de Contacto = Jorge
Straßenprediger = Diego
Straßenarbeiter / Verbündeter = Victor
Fahrer = Ramos

Chicos del Rio:
Gangchef = David
Der Schatten und bester Freund von David = Sombras
Aufmüpfiger und angsteinflößender Typ = Diez
Bruder von Cintia = Ronald
Breite Markenkäppi = Milton
Freundin von Milton und Schwester von Ronald = Cintia
Onaniert ständig / Lockenpracht = Ronaldinho
Schüchterner Junge, mit Aknenarben = Marcos
Freundlicher Typ mit fehlendem Schneidezahn = Amadeo
Der Jüngste, mit Segelohren = Justin
Argentinier, nur vorübergehend bei den Chicos = Fabricio

Menschen, mit denen ich gearbeitet habe:
Wunderschöne Frau, enge Freundin von David = Matilda
Vermeintliche neue Freundin von David = America
Mutter von bettelnden Kindern = Pati

Meine deutschen Freunde, die mich in Brasilien besuchten:
Mein Freund = Paul
Meine langjährige Freundin = Katja
Der fürsorgliche Freund = Simon

Freunde aus Deutschland:
Freundin, mit der ich viel telefoniere = Samanta
Freundin, mit der der Kontakt abbricht = Patricia
Ex-Freund von Patricia = Jens

Spendenprojekt

Informationen zur Spendenaktion beim Kauf dieses Buchs.

Für jedes verkaufte Buch / E-Book wird ein Euro an die Soforthilfe La Paz gespendet.

Kurzinformation zur Soforthilfe La Paz (Quelle: www.soforthilfe-lapaz.org)

Die Soforthilfe La Paz e.V. hilft sozial benachteiligten Menschen in La Paz (Bolivien), indem sie ihnen Hilfe zur Selbsthilfe anbietet.

Diese Menschen leben am Rande der Gesellschaft – in extremer Armut, unter menschenunwürdigen Umständen und zum großen Teil in Obdachlosigkeit.

Egal ob als Kind oder Erwachsener – die Menschen, die zu uns kommen oder die wir aufsuchen, sind täglicher Gewalt, Aggression und Missbrauch ausgesetzt. Ohne Unterstützung und Begleitung haben sie oft keine Chance, jemals aus dem Kreislauf von Armut, Ausgrenzung von Bildungsangeboten, Gewalt und Sucht herauszukommen.

Die Soforthilfe La Paz e.V. hilft ungeachtet der Hautfarbe, Herkunft, Religion oder dem Geschlecht: Damit Leben nicht nur ein Überlebenskampf bleibt, bieten wir im ambulanten und stationären Bereich Bedürftigen seelsorgerliche Lebensberatung, psychologische Unterstützung, sozialpädagogische Hilfe und Teilnahme an Rehabilitationsmaßnahmen an, an deren Ende die Integration in die Gesellschaft, Lebensbejahung und Zukunftshoffnung stehen.

Homepage:
www.soforthilfe-lapaz.org

Wenn Sie zusätzlich den Verein Soforthilfe La Paz e.V. unterstützen möchten:

Bankverbindung

Spendenkonto der Soforthilfe La Paz e.V.
Sparkasse Pforzheim Calw
IBAN DE78 6665 0085 0000 7247 42
BIC PZHSDE66XXX

Weitere Infos siehe Homepage.

Über den aktuellen Stand der Spendenaktionen können Sie sich jederzeit auf meiner Facebook-Seite „Claudia Wagener – Autorin" informieren.

Nach wie vor geht ein Euro, das entspricht knapp der Hälfte der Marge jedes verkauften Buchs/E-Books von „Gringa" an das Kinderheim Tata Juan de Dios.

Angaben zum ersten Teil der Buchreihe „Das Prinzip ist Hoffnung"

GRINGA

Ein persönlicher Erlebnisbericht

Eine junge, behütet aufgewachsene Frau reist nach Bolivien, in ein ihr unbekanntes Land. Der Plan ist, für ein Jahr in einem sozialen Projekt zu arbeiten.

Doch welcher Plan geht schon auf?

Sie findet sich stattdessen im größten Abenteuer ihres Lebens wieder!

Zwischen faszinierenden Reiseerlebnissen und den ihr täglich begegneten Abgründen der menschlichen Seele schließt sie Freundschaften zu Menschen aller gesellschaftlicher Schichten.

Tiefgründige Beziehungen führen zur Erkenntnis, dass sich jedes Vorurteil mit der Betrachtung des einzelnen Schicksals auflöst. Sie versucht daher, Brücken zu bauen, wo es nur Abgründe gibt.

selbstkritisch – fesselnd – emotional – empathisch – erschütternd: GRINGA

ISBN: 978-3-752-66820-9